普通高等教育"十三五"规划教材

金 融 学

主 编 董作文　孙晶晶　孟钊兰
参 编 贾双双　曹伟迪　娄自强　董瑞兴

机械工业出版社

本书围绕货币、银行和金融市场三大主题，分四个部分展开：第一部分介绍金融学的基本概念，包括货币的定义、演变、职能、层次、货币制度，利率的定义、利率的决定、利率的风险结构和期限结构，汇率的定义、汇率的决定和汇率的变动等金融体系中重要的要素；第二部分介绍金融体系的主要构成部分，包括资金融通的过程、金融机构的职能、银行和非银行金融机构的经营管理，金融市场的职能、分类，金融工具的特点、类型，金融工具需求的决定因素，金融监管的经济学分析，银行、证券、保险的监管等；第三部分介绍货币理论，包括存款创造、货币乘数、货币供给的决定因素、货币需求理论的演变、宏观经济中的货币均衡等；第四部分介绍中央银行和货币政策，包括中央银行的产生、职能、结构、独立性以及货币政策的目标、工具、传导等相关知识。

本书的突出特色是知识构架简洁清晰，内容紧贴应用型高校教学实际，包含丰富的知识链接和阅读材料。

本书适合经管类专业应用型本科、高职高专院校的学生使用。

图书在版编目（CIP）数据

金融学／董作文，孙晶晶，孟钊兰主编．—北京：机械工业出版社，2019.3（2025.7重印）

普通高等教育"十三五"规划教材

ISBN 978-7-111-62094-5

Ⅰ.①金⋯ Ⅱ.①董⋯ ②孙⋯ ③孟⋯ Ⅲ.①金融学-高等学校-教材 Ⅳ.①F830

中国版本图书馆 CIP 数据核字（2019）第 035189 号

机械工业出版社（北京市百万庄大街 22 号　邮政编码 100037）

策划编辑：刘鑫佳　宋青文　　　责任编辑：刘鑫佳　易　敏
责任校对：梁　静　　　　　　　封面设计：张　静
责任印制：常天培

河北虎彩印刷有限公司印刷

2025 年 7 月第 1 版　第 4 次印刷
184mm×260mm・16 印张・395 千字
标准书号：ISBN 978-7-111-62094-5
定价：49.80 元

电话服务　　　　　　　　　　网络服务
客服电话：010-88361066　　　机　工　官　网：www.cmpbook.com
　　　　　010-88379833　　　机　工　官　博：weibo.com/cmp1952
　　　　　010-68326294　　　金　书　网：www.golden-book.com
封底无防伪标均为盗版　　　　机工教育服务网：www.cmpedu.com

前　言

金融是现代经济的核心，在国民经济和社会发展中具有极为重要的作用。金融业务发展的客观要求决定了现代金融机构的竞争主要是人才的竞争。金融改革的实践证明，复合型金融人才是金融业发展所必需的，也是金融业改革深化所必需的，尤其是基层金融机构的业务操作更需要高素质的复合型金融人才。金融业人才须具备一定的经济、法律知识，了解银行、证券、保险、期货、会计等相关知识，掌握相关的专业技能及基本技能，具有良好的职业操守、较强的人际交往能力以及组织协调能力。金融业人才需求趋势对金融人才的培养提出了新的要求。

由于金融学教材的现状与人才培养趋势之间存在一定的落差及矛盾，加之应用型高校学生的认知现状与认知特点，因此，开发适合应用型高校经管类专业学生适用的金融学教材显得尤为重要。本书的特色有：

（1）教材内容紧贴应用型高校教学实际，多以知识链接和阅读材料的形式展开，并增加了网络金融、民营银行等内容。

（2）知识体系完整，构架简洁清晰，且每章章末设置习题。

（3）注重实践性，本书在每章章末加入目前社会金融领域的相关案例，时效性强，与金融实践联系紧密。

本书主要内容包括四个部分：货币、金融机构与金融市场、货币理论、国际金融。第一部分货币，包括货币、信用、利率；第二部分金融机构与金融市场，包括金融体系、商业银行、金融市场；第三部分货币理论，包括货币供求、通货膨胀、中央银行与货币政策；第四部分国际金融。

本书由董作文、孙晶晶、孟钊兰主编，董作文负责总纂与审定。所有编写人员及分工如下：董作文负责编写第4章、第7章、第8章，孙晶晶负责编写第1章、第2章、第3章，董瑞兴负责编写第9章、第10章，曹伟迪负责编写第6章，娄自强、孟钊兰负责编写第11章，贾双双负责编写第5章。

由于编写人员水平有限，书中错误在所难免，希望各位专家学者不吝指正。

编　者

目 录

前 言

第 1 章 货币与货币制度 ... 1
1.1 货币与货币的职能 ... 2
1.1.1 货币的起源 ... 2
1.1.2 货币形态的演变 ... 4
1.1.3 货币的职能 ... 7
1.1.4 货币层次的划分 ... 10
1.2 货币制度 ... 13
1.2.1 货币制度的构成要素 ... 13
1.2.2 货币制度的演变 ... 15
1.2.3 我国现行的货币制度 ... 19

本章小结 ... 19
习 题 ... 20

第 2 章 信用与信用工具 ... 22
2.1 信用概述 ... 23
2.1.1 信用的含义及特征 ... 23
2.1.2 信用关系的要素 ... 23
2.1.3 信用的产生与发展 ... 24
2.1.4 信用的作用 ... 25
2.2 现代信用的形式 ... 25
2.2.1 商业信用 ... 26
2.2.2 银行信用 ... 27
2.2.3 国家信用 ... 28
2.2.4 消费信用 ... 30
2.2.5 国际信用 ... 32

2.3 信用工具 ··· 33
2.3.1 信用工具的含义及一般特征 ·· 33
2.3.2 短期信用工具 ··· 35
2.3.3 长期信用工具 ··· 37
本章小结 ··· 41
习　　题 ··· 42

第 3 章　利息与利率 ·· 46
3.1 利息及其本质 ··· 46
3.1.1 利息的定义 ··· 46
3.1.2 利息的本质 ··· 46
3.2 利率及其种类 ··· 48
3.2.1 利率的定义 ··· 48
3.2.2 利率的种类 ··· 48
3.3 利息与利率的计算 ··· 51
3.3.1 单利与复利 ··· 51
3.3.2 现值与终值 ··· 52
3.4 利率的决定与影响因素 ··· 57
3.4.1 利率决定理论 ··· 57
3.4.2 影响利率水平的其他因素 ··· 60
3.5 利率的结构 ··· 61
3.5.1 利率的风险结构 ··· 61
3.5.2 利率的期限结构 ··· 62
3.6 我国的利率市场化改革 ··· 64
3.6.1 利率市场化的含义 ··· 64
3.6.2 我国利率管理体制的历史沿革 ··· 65
3.6.3 我国利率市场化改革的进程 ··· 66
本章小结 ··· 68
习　　题 ··· 68

第 4 章　金融体系 ·· 70
4.1 金融体系的构成 ··· 71
4.1.1 金融机构体系 ··· 71
4.1.2 金融市场体系 ··· 72

4.1.3　金融工具体系 …………………………………………………………… 73
　　　4.1.4　金融网络信息资源体系 ………………………………………………… 74
　4.2　金融机构体系的一般构成 …………………………………………………………… 75
　　　4.2.1　银行机构体系：中央银行、商业银行、专业银行 …………………… 75
　　　4.2.2　政策性金融机构 ………………………………………………………… 77
　　　4.2.3　非银行金融机构 ………………………………………………………… 77
　　　4.2.4　金融监管机构 …………………………………………………………… 79
　4.3　我国金融机构体系 …………………………………………………………………… 79
　　　4.3.1　我国金融机构体系的形成 ……………………………………………… 79
　　　4.3.2　我国金融机构体系的改革与发展 ……………………………………… 81
　　　4.3.3　我国现行的金融机构体系 ……………………………………………… 83
　本章小结 ………………………………………………………………………………………… 86
　习　　题 ………………………………………………………………………………………… 86

第5章　商业银行 …………………………………………………………………………… 93
　5.1　商业银行概述 ………………………………………………………………………… 94
　　　5.1.1　银行的产生 ……………………………………………………………… 94
　　　5.1.2　商业银行的性质 ………………………………………………………… 95
　　　5.1.3　商业银行的类型 ………………………………………………………… 95
　　　5.1.4　商业银行的组织制度 …………………………………………………… 96
　　　5.1.5　商业银行的功能 ………………………………………………………… 97
　5.2　商业银行的主要业务 ………………………………………………………………… 98
　　　5.2.1　商业银行的负债业务 …………………………………………………… 98
　　　5.2.2　商业银行的资产业务 …………………………………………………… 100
　　　5.2.3　商业银行的中间业务 …………………………………………………… 102
　　　5.2.4　商业银行的表外业务 …………………………………………………… 103
　5.3　商业银行经营原则与管理理论 ……………………………………………………… 104
　　　5.3.1　商业银行的经营原则 …………………………………………………… 104
　　　5.3.2　商业银行的经营管理理论 ……………………………………………… 105
　本章小结 ………………………………………………………………………………………… 107
　习　　题 ………………………………………………………………………………………… 107

第6章　金融市场 …………………………………………………………………………… 110
　6.1　金融市场概述 ………………………………………………………………………… 110
　　　6.1.1　金融市场的含义及特征 ………………………………………………… 110

6.1.2　金融市场的构成要素 ……………………………………………… 111
　　6.1.3　金融市场的分类 …………………………………………………… 112
　　6.1.4　金融市场的功能 …………………………………………………… 113
6.2　货币市场 ……………………………………………………………………… 114
　　6.2.1　同业拆借市场 ………………………………………………………… 115
　　6.2.2　票据市场 ……………………………………………………………… 116
　　6.2.3　国债市场 ……………………………………………………………… 117
　　6.2.4　可转让存单市场 ……………………………………………………… 119
　　6.2.5　回购协议市场 ………………………………………………………… 120
6.3　资本市场 ……………………………………………………………………… 121
　　6.3.1　发行市场 ……………………………………………………………… 121
　　6.3.2　流通市场 ……………………………………………………………… 125
　　6.3.3　证券投资基金市场 …………………………………………………… 128
　　6.3.4　创业板市场 …………………………………………………………… 130
6.4　其他金融市场 ………………………………………………………………… 130
　　6.4.1　衍生金融市场 ………………………………………………………… 131
　　6.4.2　黄金市场 ……………………………………………………………… 133
　　6.4.3　外汇市场 ……………………………………………………………… 134
本章小结 ……………………………………………………………………………… 135
习　　题 ……………………………………………………………………………… 135

第7章　货币供求与均衡 …………………………………………………………… **137**

7.1　货币需求 ……………………………………………………………………… 138
　　7.1.1　货币需求的含义 ……………………………………………………… 138
　　7.1.2　货币需求的主要决定因素 …………………………………………… 139
　　7.1.3　货币需求理论 ………………………………………………………… 140
7.2　货币供给 ……………………………………………………………………… 142
　　7.2.1　货币供给与货币供给量 ……………………………………………… 143
　　7.2.2　商业银行存款货币的创造 …………………………………………… 143
　　7.2.3　货币供给的决定因素 ………………………………………………… 146
7.3　货币供求均衡 ………………………………………………………………… 150
　　7.3.1　货币均衡与货币失衡 ………………………………………………… 150
　　7.3.2　货币均衡与社会总供求平衡 ………………………………………… 151
　　7.3.3　货币失衡及其调整 …………………………………………………… 152

本章小结 152
　　习　　题 153

第8章　通货膨胀与通货紧缩 **162**
　8.1　通货膨胀及其度量 162
　　8.1.1　通货膨胀的含义 162
　　8.1.2　通货膨胀的类型 164
　　8.1.3　通货膨胀的度量 165
　8.2　通货膨胀的成因及其治理 165
　　8.2.1　通货膨胀的成因 165
　　8.2.2　通货膨胀的治理 169
　8.3　通货膨胀的社会经济效应 170
　　8.3.1　产出效应 170
　　8.3.2　强制储蓄效应 171
　　8.3.3　收入分配效应 171
　　8.3.4　资产结构调整效应 172
　8.4　通货紧缩 172
　　8.4.1　通货紧缩的含义 172
　　8.4.2　通货紧缩的分类 173
　　8.4.3　通货紧缩的成因 173
　　8.4.4　通货紧缩对社会经济的影响 174
　　8.4.5　治理通货紧缩的一般措施 176
　　本章小结 177
　　习　　题 178

第9章　中央银行 **182**
　9.1　中央银行的产生与发展 183
　　9.1.1　中央银行产生的客观必然性 183
　　9.1.2　中央银行产生与发展的历史阶段 184
　　9.1.3　中央银行制度的基本类型 185
　9.2　中央银行的性质与职能 186
　　9.2.1　中央银行的性质 186
　　9.2.2　中央银行的职能 187
　9.3　中央银行业务 188
　　9.3.1　资产业务 188

9.3.2　负债业务 ……………………………………………………………… 189
　　　9.3.3　中间业务 ……………………………………………………………… 189
　　　9.3.4　中央银行体系下的支付清算系统 …………………………………… 190
　本章小结 ……………………………………………………………………………… 192
　习　　题 ……………………………………………………………………………… 192

第10章　货币政策 ……………………………………………………………… 195

10.1　货币政策及其构成 …………………………………………………………… 196
　　　10.1.1　货币政策的含义 …………………………………………………… 196
　　　10.1.2　货币政策的构成要素 ……………………………………………… 196
　　　10.1.3　货币政策的调控机理 ……………………………………………… 196
10.2　货币政策的目标 ……………………………………………………………… 196
　　　10.2.1　货币政策的最终目标 ……………………………………………… 196
　　　10.2.2　货币政策的中介目标与操作指标 ………………………………… 199
　　　10.2.3　货币政策目标的新发展 …………………………………………… 202
10.3　货币政策工具 ………………………………………………………………… 204
　　　10.3.1　一般性货币政策工具 ……………………………………………… 204
　　　10.3.2　选择性货币政策工具 ……………………………………………… 211
　　　10.3.3　直接信用控制 ……………………………………………………… 212
　　　10.3.4　间接信用控制 ……………………………………………………… 212
10.4　货币政策传导机制 …………………………………………………………… 213
　　　10.4.1　货币政策传导过程 ………………………………………………… 213
　　　10.4.2　货币政策传导的主要途径 ………………………………………… 214
10.5　货币政策效应 ………………………………………………………………… 214
　　　10.5.1　货币政策有效性理论 ……………………………………………… 214
　　　10.5.2　影响货币政策效应的因素 ………………………………………… 216
　本章小结 ……………………………………………………………………………… 217
　习　　题 ……………………………………………………………………………… 218

第11章　国际金融 ……………………………………………………………… 221

11.1　国际收支 ……………………………………………………………………… 222
　　　11.1.1　国际收支的内容 …………………………………………………… 222
　　　11.1.2　国际收支调节 ……………………………………………………… 223
　　　11.1.3　国际储备 …………………………………………………………… 225

11.2 外汇与外汇制度 ·· 226
  11.2.1 外汇与汇率 ·· 226
  11.2.2 汇率制度 ·· 229
11.3 国际货币制度 ·· 232
  11.3.1 国际货币制度的产生与发展 ································ 232
  11.3.2 浮动汇率制度 ·· 233
  11.3.3 欧元的诞生及其意义 ·· 233
11.4 国际金融机构 ·· 234
  11.4.1 国际金融机构的形成和发展 ································ 234
  11.4.2 主要国际金融机构简介 ······································ 234
本章小结 ·· 242
习　　题 ·· 242

参考文献 ·· 245

第1章 货币与货币制度

【教学目标】

通过本章的学习，掌握货币形式的演变、货币的职能、货币层次的划分及货币制度的演进，了解货币的产生与本质、货币制度的内容及我国现行的货币制度。

【导入案例】

小岛上的石头货币

耶普岛（Yap）是一个位于太平洋西部的小岛，人口约为6300人，面积100.2km²。由于当地不出产金属，于是石头便成为当地最重要的资源。当地居民把大部分劳动都耗费在搬运石头和磨制石头上，石头逐渐成为当地劳动的代表物，并发展出以石头充当媒介的交易模式。当地居民把自己的这种交换媒介称作"斐"（Fei）。

斐是由大而坚硬、厚重的石轮组成的，在石轮的中间有一个孔，可以在孔中插入一根杆，方便搬运。斐大小各异，直径3.5cm~3m不等。对于当地人来说，斐体积的大小，代表着价值的大小。虽然其计算单位比较粗糙，而且缺乏准确度，但从居民拥有多少斐大致能计算出他拥有多少财富。交易时也会要求按照商品的贵贱支付不同大小、数量的斐。由于这些斐巨大且不易搬运，因此在交易完成后，斐本身一般并不挪动，只是由斐的主人做一个口头声明，告诉大家这块斐易主就行了。这些斐一般都整齐地摆放在村落外的一片空地上，这就是耶普岛居民们所谓的"石币银行"，如图1-1所示。

图1-1 石币银行中的石头货币——斐

在这个小岛上，关于斐发生了许多有趣的故事，以下是其中的几件。

（1）在这个小岛上有一户很富有的家庭，这家人拥有一块非常大的斐，对于当地人来说这是一笔巨大的财富。然而，没有一个人，甚至这家人自己亲眼看见过或触摸过这笔财富。这是因为在很多年前，这家人的一位祖先，曾经在远处的小岛上找到了这块大得出奇并极具价值的斐。可是在将其搬上木筏，运送回家的过程中，海上起了风暴，为了保护众人的生命，大家砍断了木筏的缆绳，斐也因此沉入了海底。这些人回家后，所有的人都证明说，这块斐的体积极大，质地优良，斐的丢失也不能怪罪于拥有者。于是从那时开始，所有的人都从心底里承认，虽然斐在物理上已经消失，但理论上这块斐依然存在，只是不在这个人的家中，斐的购买力并不能因斐所处的地点改变而有所改变，所以这户人家拥有这块斐所代表的财富。

（2）由于耶普岛本地并不出产制造斐的石灰石，早些年间，耶普人为了获得制造斐的石料需要付出很大的代价。他们需要横渡大洋，到 250n mile 以外一个叫帕劳的岛上开采，并且驾驶着非常简陋的独木舟运载石料，而石料是用贝壳制成的工具开采的，并且在运输过程中还经常遇上风暴，随时都有生命危险。但是这一切在 1871 年发生了变化。在这一年，一位名叫戴维·奥基夫的美国人驾驶的小船在该岛附近触礁。当他乘着舢板离开他的破船，登上耶普岛时发现，竟然有这么一群人用如此简陋的方式来搬运石头。于是，奥基夫决定帮助这些人，他用修复后的船作为耶普人来往于耶普岛和帕劳之间的运输船，并提供凿子、斧头等铁器，帮助当地人开采。作为回报，耶普人给了奥基夫许多椰仁干作为报酬。正是由于奥基夫的帮助，当地人开采石头变得容易，但同时他们发现石头价值也变得比以前低了。一个曾经当过批发商和银行保管员的耶普人说："现在我们想要多少就可以搞到多少石头，这么容易得来的石头值不了多少钱。"

（3）1898 年，德国从西班牙手中获得了耶普岛的所有权。当时，岛上道路的状况非常差，因此德国人计划改造这里的交通状况。有几个部落首领接到通知，让他们必须把道路修好，而且要维护好。但是，对这些赤脚走路的当地人来说，当时用大块的珊瑚胡乱铺就的道路已经非常适宜了。所以，这个命令下达了很久都没有得到响应，工程迟迟无法开工。最后，德国统治者决定向抗拒命令的部落首领征收罚金，并想出了一个办法。他们派出了一个人，走遍了那些抗拒命令地区的每一家石屋（Failu）和公共聚会场所（Pabai），去收取罚金。到那儿之后，这个人只需在一块最有价值的斐上画上黑色的十字，表明这块斐已经被政府征收了。很快这个办法就发挥了效果，那些贫苦的当地人马上就修好了连接岛屿两端的道路，而且修得很齐整。看到工程已经完成，德国人又派出了几个人，擦掉画在斐上的十字。一眨眼的工夫，罚金抵消了，幸福的耶普人又重新获得了他们对斐的所有权，并尽情享受着自己的财富。

1.1　货币与货币的职能

1.1.1　货币的起源

关于货币的起源有多种学说，中国古代货币起源学说主要有先王制币说和交换起源说，西方货币起源学说主要有创造发明说、便于交换说和保存财富说，但是这些学说都未能科学完整地解释货币的起源。马克思用劳动价值理论科学地阐明了货币产生的客观必然性，认为货币是商品生产和商品交换发展的必然产物，是商品经济内在矛盾发展的必然产物，是价值形式发展的必然产物。

1. 货币的产生源于交换

在远古的原始共同体中，劳动产品归整个共同体所有，并由共同体统一分配。随着社会分工和私有制的出现，每个生产者只生产一种或几种特定的产品，其生产的产品不是供生产者本人消费，而是供其他社会成员消费，并且每个专门从事某一种社会分工劳动的生产者也需要别人的劳动产品，因而必然需要交换，即用自己所生产的产品来交换别人的产品。只要产品能够交换出去，就说明生产产品所投入的劳动为社会所需要，私人劳动转化为社会劳动，而该产品也就称之为商品。商品交换的基本原则为等价交换原则。然而，价值是抽象的，它只能通过交换才能体现出来，通过交换，价值能够取得可以捉摸的外在形式，这就是价值形式。

2. 价值形式的发展——货币的产生

在漫长的历史进程中，交换在不断发展，商品价值表现出来的形式也相应地不断发展。价值形式大致经历了四个发展阶段：简单的或偶然的价值形式、扩大的价值形式、一般价值形式和货币形式。

（1）简单的或偶然的价值形式。简单的或偶然的价值形式是指一种商品的价值偶然地通过另一种商品表现出来。如：

$$一只羊 = 两把斧子$$

即一只羊的价值表现为两把斧子。这种最初形式的物物交换发生于原始社会末期，由于当时剩余产品很少，因此带有偶然的性质。当羊的所有者需要斧子，而斧子的所有者也恰好需要羊时，交换才能发生，这时一只羊的价值体现为两把斧子。然而，一旦有一方不需要对方的商品，交换就不会发生。因此，虽然交换很简单也很快速，但寻找交换对手却可能是一个非常漫长的过程。随着进入交换的商品种类的增多和范围的扩大，这种简单的或偶然的价值形式必然向着扩大的价值形式发展。

（2）扩大的价值形式。随着生产力和社会分工的发展，交换已经表现为经常性的行为，从偶然的物物交换发展成扩大的物物交换，即一种商品经常性地通过一系列商品表现出来，即：

$$一只羊 = 两把斧子/一袋粮食/十捆烟叶$$

此时，一只羊的价值，不仅由两把斧子表明，而且也由一袋粮食、十捆烟叶表明。对于一种物品的价值可由许多种商品表现出来，而所有商品都可成为表现其他商品的等价物这种情况，马克思称之为扩大的价值形式。

对于不断发展的交换来说，物物的直接交换日益暴露出它的局限性，尤其对于扩大的价值形式而言，商品交换较之以前更容易发生，但由于没有一个大家公认的、都能接受的商品，交换的发生依然需要多重巧合，仍然需要花费大量时间寻找交易对手。

（3）一般价值形式。伴随着商品交换的进一步发展，当日益增多的物品进入频繁交易的过程中时，必然会有某种商品进入交换的次数较多，其使用价值也较多地为进入市场的人们所需要。于是，在众多进入交换的商品中逐渐分离出一种大家普遍愿意接受的物品，即一般等价物。表现为：

$$两把斧子/一袋粮食/十捆烟叶 = 一只羊$$

即以羊作为交换的一般等价物。这样，直接的物物交换就演变为以一般等价物为媒介的商品交换，交换过程表现为：物—一般等价物—物。在这种形式下，商品交换就更容易发生了。但此时充当一般等价物的商品还没有固定在某一种商品上，在不同时期、不同地区会有不同的一般等价物，因此也给商品交换造成了时间和空间上的限制。

（4）货币形式。在第二次社会大分工即手工业从农业中分离出来以后，商品生产和商品交换又有了新的发展，客观上要求一般等价物固定在一种商品上，于是货币产生了。

由此可见，货币是在商品交换过程中自发产生的，是商品交换过程发展的必然结果。一旦没有商品交换，货币也将退出历史舞台。

3. 货币的本质

马克思关于货币的起源揭示了货币的本质，认为货币是固定充当一般等价物的特殊商品，并能反映一定的生产关系。

首先，货币是商品。是具有价值和使用价值的统一体。如果货币失去了商品的基本属性，它就失去了与其他商品相交换的基础，也就不可能在交换中被分离出来充当一般等价物。

其次，货币是特殊商品。其特殊性表现在两方面：一是货币是一切商品价值的表现材料。在商品交换中产生货币之后，普通商品进入交换领域，需要先与货币交换，只要这种商品能交换到货币，商品的价值就得到了体现。因而，货币就成了一切商品价值的表现材料。二是货币具有与其他一切商品相交换的能力。普通商品只能以其特定的使用价值来满足人类的需要，因而不可能同其他一切商品直接交换。而货币是人们普遍接受的商品，拥有货币就意味着能随时换取任何商品，从而获得各种商品的使用价值。

最后，货币作为一般等价物可以体现一定的生产关系。商品与货币交换的实质是人类劳动的交换，货币作为交换的媒介，体现出商品经济条件下这种人与人之间劳动交换的相互关系。

1.1.2　货币形态的演变

货币是固定充当一般等价物的特殊商品。充当货币的材料或物品称之为币材，通常具有价值较高、易于分割、易于保存、便于携带的性质。随着商品生产流通的发展和扩大以及经济发展程度的提高，货币形式经历了从低级向高级发展的演变过程。根据货币产生及发展的过程，通常将货币分为四种形式：商品货币、代用货币、信用货币和电子货币。

1. 商品货币

商品货币是指商品作为货币的价值与作为普通商品的价值相等的货币。商品货币是足值货币，是货币最原始、最朴素的形式，它本身既作为商品，又作为货币充当交换媒介。在商品货币的发展阶段，主要有实物货币和金属货币两种形态。

（1）实物货币。世界上最早的货币是实物货币。所谓实物货币，是以自然界存在的物品或人们生产的物品充当货币材料的货币。中外历史上实物货币种类很多，中国历史上影响较大的实物货币有贝币、谷、帛等。

知识链接

贝是我国最早的货币，早在公元前 2000 年左右的夏商时期，贝币就已经出现了。贝产于南方的海里，对于建国于北方的夏朝、商朝而言，比较稀有，价值较高，而且贝本身又具有坚固耐用、携带方便的特点，是理想的货币材料。作为实物货币，贝的单位是朋，1朋等于10贝。用人们生产出来的某种商品作为货币的国家也很多，如我国曾用布帛作为货币，在古代欧洲等地也有用牛、羊作为货币的记载。据《荷马史诗》记载，当时给第一名角斗士的奖品价值12头牛，一名工艺娴熟的女奴价值4头牛等。埃塞俄比亚及我国四川地区曾用盐作为货币，美洲曾用烟草、可可豆等作为货币。

然而，许多实物货币都形体不一，不易分割、保存，不便携带，且价值不稳定，因此不是理想的交易媒介。

（2）金属货币。实物货币具有的局限性，使金属货币逐渐成为普遍的交易媒介。金属货币是以铜、银、金等金属作为货币材料的货币，其中以贵金属黄金作为货币材料的时期是金属货币发展史上的鼎盛时期。金属货币有两种形式：一是称量货币，二是铸币。

金属货币最初是以块状流通，每次交易都要鉴定金属条块的成色，称量重量，有时还要按交易额的大小分割金属块，非常不方便。随着商品生产和交换的发展，有些富裕的、有名望的商人在货币金属块上打上印记，标明重量和成色，以便于流通。当商品交换进一步发展并突破地方市场的范围后，对于金属块的重量、成色要求更权威的机构加以证明。最有权威的，自然就是国家。

铸币是由国家的印记证明其重量和成色的金属块。所谓国家的印记，包括形状、花纹、文字等。最初各国的铸币有各种各样的形式，但后来都逐步过渡到圆形。圆形最便于携带并不易磨损。以我国为例，我国最古老的金属铸币是铜铸币，在西周及春秋战国时期，铜铸币主要有三种形制：布、刀和铜贝。到战国中期，圆形方孔的圜钱在秦国广泛流通，秦始皇统一中国前后，正是这种形态的铜铸币统一了中国的铸币流通。之后是西汉至隋末的五铢钱，唐朝的开元通宝，以及以后各朝代铸造的元宝或通宝等，都是圆形方孔，这种形制的铜铸币一直沿用到清朝末期。银铸币是直到清朝末期才开始铸造，最初是有龙的图案的"龙洋"，袁世凯的北洋政府铸造了有袁世凯头像的银元，1927年国民党政府铸造了有孙中山头像的银元。西方金属铸币的典型形式是银元。用黄金铸造的金币出现得也很早，英国早在13世纪中叶就有了金币。西方的金属铸币通常具有圆形、无孔、铸有统治者头像的特点。

相对于实物货币而言，金属货币具有价值稳定、易于分割、易于储藏的优势，而且具有统一的价值衡量标准，但是金属货币携带不便，并且具有自身难以克服的弊端，即其数量的多少受金属的存储和开采量的限制，不能灵活适应经济发展对交易媒介的需求。

2. 代用货币

代用货币是用以代替贵金属货币流通并能够与所代表的贵金属自由兑换的纸制货币，其本身的价值低于它作为货币的价值。由于代用货币能够与所代表的金属货币自由兑换，因此其发行必须有足量的贵金属做保证，以满足随时兑现的要求。由银行发行的代用货币就是银行券，我国四川地区早期发行的交子也属于代用货币。

> **知识链接**
>
> 交子是世界最早使用的纸币，最早出现于四川地区，发行于北宋前期（1023年）的成都。最初的交子实际上是一种存款凭证。北宋初年，四川成都出现了为不便携带巨款的商人经营

现金保管业务的"交子铺户"。存款人把现金交付给铺户，铺户把存款数额填写在用楮纸制作的纸卷上，再交还存款人，并收取一定的保管费。这种临时填写存款金额的楮纸券便谓之交子。

随着市场经济的发展，交子的使用也越来越广泛，许多商人联合成立专营发行和兑换交子的交子铺，并在各地设立分铺。由于铺户恪守信用，随到随取，交子逐渐赢得了很高的信誉。商人之间的大额交易，为了避免铸币搬运的麻烦，也越来越多地直接用交子来支付货款。后来交子铺户在经营中发现，只动用部分存款，并不会危及交子的信誉，于是他们便开始印刷有统一面额和格式的交子，作为一种新的流通手段向市场发行。

与金属货币相比，代用货币有以下优点：
（1）印刷纸币的成本较之铸造金属货币要低。
（2）避免了金属货币在流通中的自然磨损和人为磨削，可以节约贵金属。
（3）降低了运送货币的成本与风险。
（4）一定程度上缓解了金属币材的紧缺。

然而，代用货币的发行量仍受到贵金属储备的限制，不能满足经济发展的需要。随着金本位制的崩溃，代用货币也逐渐退出了历史舞台，被信用货币所取代。

3. 信用货币

信用货币是由国家法律规定，以国家权力为后盾，不以任何贵金属为基础的，通过信用程序发行和创造，独立行使货币各种职能的货币。

20世纪30年代，由于世界性经济危机，主要资本主义国家已经没有足够的黄金储备来满足银行券的偿兑需求，到20世纪70年代末，各国均已放弃金本位，宣布所发行的纸币不再兑换成金属货币，信用货币应运而生。信用货币作为交换媒介必须具备两个条件：一是人们对政府的信心。一国货币体系的崩溃往往与国家政权的风雨飘摇密切联系在一起。二是货币发行的立法保证。如果没有完善的法律保证，必将出现金融市场的混乱状况。

信用货币的主要形式是现金、银行存款等。它具有易携带、易分割、不易磨损、不易伪造等优点，可以满足人们日常进行的大宗和零星的各种商品和劳务交易。此外，信用货币还具有如下基本特征：
（1）信用货币只是货币符号，不具有内在价值。
（2）信用货币是债务货币。
（3）信用货币具有强制特征。
（4）国家通过控制和管理货币流通实施货币政策。

信用货币的发行受国家政府或中央银行控制。这意味着，信用货币的发行具有弹性。一方面可以随时满足社会经济发展和商品生产流通对货币数量扩张的需求；另一方面，也隐含着货币数量失控的可能性。如何适量控制货币，避免货币数量的过多过少对经济造成的不良影响，是任何一国政府都必须关注的问题。

4. 电子货币

电子货币是指用一定金额的现金或存款从发行者处兑换并获得代表相同金额的数据，通过使用某些电子化方法将该数据直接转移给支付对象，从而能够清偿债务的信用工具。电子货币可被认为是以既有货币为基础的二次货币。目前国际金融机构和各国货币当局尚未在法律上严格界定电子货币的定义。巴塞尔委员会认为：电子货币是指在零售支付机制中，通过销售终端、不同的电子设备之间以及公开网络上执行支付的"储值"和预付支出机制。

电子货币作为一种新型货币形态，具有其特殊性：

（1）货币形态的无纸化。电子货币不同于以往的货币以一种物化的实体表现出来，卡中的货币数量只有通过特殊的技术设备才能读取。

（2）发行主体的多元化。通货是由中央银行或特定金融机构发行，而电子货币有所不同，发行机构既有中央银行也有一般金融机构，甚至非金融机构，且更多的是后者。

（3）货币的非标准化。通货是以中央银行和国家信誉为担保的法定货币，而电子货币大部分是由不同的机构自行开发设计的，其担保依赖于发行者自身的信誉和资产，面临的风险并不一致。同时，其使用范围还受到设备条件、相关协议等方面的限制。

（4）货币流通的国际化和网络化。通过计算机网络，电子货币打破了传统货币在流通上的区域界限。随着经济的国际化和全球化，电子货币将逐渐成为未来经济的主要引擎。

（5）货币风险的多样化。电子货币不仅具有一般性通货膨胀风险、利率变动风险，还有网络系统风险、技术选择风险、信息安全风险和物理性能风险等。

上述货币形态的演变历程实际上是从币材的视角进行描述的。充当货币的材料从最初的各种实物发展到统一的金属，再发展到代用货币、信用货币、电子货币。推动货币形态演变的真正动力是商品生产、商品交换的发展对货币产生的需求。货币是商品交换的媒介，伴随着商品生产的发展，规模越来越大的商品交换对充当交换媒介的货币产生更高的要求，不仅货币的数量要能够随着不断增长的商品数量而保持同步的增长，而且还要使交换更加便利、安全和快速。正是为了适应这种需求，货币对自身的外在表现形式不断地扬弃，从低级逐渐走向高级。

1.1.3 货币的职能

货币是表现、衡量和实现商品价值的工具。在发达的商品经济社会里，货币主要执行五种职能：价值尺度、流通手段、支付手段、储藏手段和世界货币。其中，价值尺度和流通手段是货币最基本的两个职能。

1. 价值尺度

用以衡量和表现所有商品和劳务的价值时，货币执行价值尺度职能。货币执行价值尺度职能时只需要观念上的货币，不需要现实的货币。

货币发挥价值尺度职能的作用在于为各种商品和劳务定价。用货币来表示的商品或劳务的价值称为商品价格，价格是价值的外在表现形式。货币执行价值尺度职能，实际上就是把商品的价值表现为一定的价格。但这并不意味着价格与价值在任何时候都是完全一致的，恰恰相反，在现代经济中，由于受供求关系的影响，商品或劳务的价格经常与其价值产生偏离。尽管如此，从整个社会层面看，由于单个商品和劳务价格的此消彼长，社会商品和劳务的总价格与其总价值还是基本相等的。

价格的倒数是货币的购买力。价格高，货币购买力低；反之，货币购买力高。货币购买力是对所有商品而言的，所以它不是某一商品价格的倒数，而是所有商品价格的倒数。各种商品价格的变动并不一致，其总的变动状况由物价指数来表示，所以货币购买力变动的趋势和幅度是物价指数变动的倒数。

2. 流通手段

货币在商品和劳务交换中起媒介作用时，发挥流通手段职能。这种以货币为媒介的商品交换，称之为"商品流通"。与物物交换不同，货币执行流通手段的职能表现为"卖—货币—买"的过程。执行流通手段职能的货币不能是观念上的货币，必须是现实的货币。

> **知识链接**
>
> 整个社会的货币需求量如何确定？总的来说，流通中所需要的货币量是由社会商品和服务价格总额以及货币流通速度共同决定的。设商品或服务的价格为 P，其数量为 Q，货币流通速度为 V，那么，流通中所需货币量 $M = PQ/V$。如果实际投入流通的货币量大于流通中所需货币量，就会产生通货膨胀；反之，则会产生通货紧缩。
>
> 作为流通手段的货币在交换中转瞬即逝。货币在流通中只是作为交换的手段而不是目的本身，人们获得货币是为了用货币去购买自己所需的商品或劳务，因此，人们关注的是货币的购买力，而非本身价值。只要有购买力，符号票券也能当作货币，纸币、信用货币因此而产生。纸币的产生是从流通手段职能引申出来的。
>
> 货币流通手段职能的发挥，克服了物物交换的困难，降低了交易的难度，缩短了交易的时间，节省了交易成本，提高了交换效率，从而促进了商品流通与市场的扩大。但与此同时却造成了买卖的分离。人们获得货币后并不一定会立即进行消费，而是留作未来消费之用，这样就会造成买卖链条的中断，不利于社会总产品价值的实现和币值的稳定。

3. 支付手段

货币在偿还债务或作单方面支付时发挥支付手段职能。如当买卖以赊销赊购的方式进行时，货币就开始执行支付手段职能。支付手段职能是货币流通手段职能的延伸。在执行流通手段职能时，商品和货币的交付是同时进行的，但在执行支付手段职能时，商品的交付发生在前，货币的支付则在未来某一特定时间进行。因此，货币支付手段职能的出现是信用关系发展的结果，只有当卖方给予买方到期付款的承诺以信任时，货币才承担支付手段的职能，它是在信用交易中补足交换过程的独立环节。

货币支付手段职能的出现便利了商品交换的进行，一定程度上缓解了因流动资金不足所造成的买卖脱节现象，促进了企业产品价值的实现。但同时，货币执行支付手段职能需要有发达的社会信用作为基础，因为在广泛采取赊销赊购方式进行商品买卖时，无疑会产生"债务链"现象，一旦链条中的某一个环节出现信用危机，产生支付困难，就会造成整个链条的中断，导致社会性的信用危机，那时的后果将是不堪设想的。

与发挥流通手段职能的货币一样，发挥支付手段职能的货币也必须是现实的货币。而且货币执行这两种职能是交错进行的，因此也可以把货币的这两种职能合二为一，统称为货币的交易媒介职能。

随着商品交换的发展，货币作为支付手段的职能也扩展到商品流通之外，如工资和各种劳动报酬的支付，支付赋税、地租等，都是货币发挥支付手段职能的体现。

4. 储藏手段

货币退出流通领域被人们当作独立的价值形态和社会财富的一般代表保存起来时发挥储

藏手段职能。人们之所以愿意储藏货币，主要是因为货币具有与一切商品直接相交换的能力，可随时购买商品。货币是社会财富的一般代表，储藏货币等于储藏社会财富。

货币储藏在不同历史阶段的表现形式各不相同。在金属货币制度下，货币储藏的方式是窖藏货币。马克思以金属货币流通为背景，论证了货币储藏的作用是作为调节流通中货币数量的"蓄水池"：流通中货币数量过多时，过多的货币退出流通领域转为储藏；流通中货币数量不足时，储藏的货币相应地进入流通领域。这是金属货币流通条件下一个极其重要的自我调节机制。由于储藏货币具有这种作用，在足值的金属货币流通的条件下，一般不会产生流通中货币量过多的现象，也一般不会发生通货膨胀或通货紧缩。

在当代不兑现信用货币制度下，储藏货币的方式、特点和作用已经发生了明显的变化。其储藏方式一是货币沉淀，即持币人将信用货币保存起来，使之处于暂歇状态；二是银行存款。对企业和个人来说这是货币价值的积累和保存，但从整个社会角度来看，并不意味着有对应数量的真实价值退出流通领域保持不动，在这种情况下，储藏手段的"蓄水池"功能已丧失殆尽。随着信用制度的发展，各种信用工具的出现，不同流动资产、不动资产与货币一起形成资产组合，成为现代货币的价值储藏的各种形式。

5. 世界货币

随着世界各国经济的相互交往和互通有无，商品交换也打破了地域限制，逐渐与他国进行商品交易，形成国际贸易。货币跨出一国国界，在世界范围内执行价值尺度、流通手段、支付手段和储藏手段的职能被称为世界货币职能。

一国货币能够充当世界货币需具备以下条件：①该货币币值稳定；②该货币能够自由兑换；③该货币在国际贸易中具有普遍的接受性。目前，在国际交往中执行世界货币职能的主要有美元、欧元、英镑、日元和特别提款权等。

知识链接

2015 年 12 月 1 日，国际货币基金组织执董会决定将人民币纳入特别提款权（SDR）货币篮子，SDR 货币篮子相应扩大至美元、欧元、人民币、日元、英镑 5 种货币，人民币在 SDR 货币篮子中的权重为 10.92%，美元、欧元、日元和英镑的权重分别为 41.73%、30.93%、8.33% 和 8.09%，新的 SDR 篮子于 2016 年 10 月 1 日起生效。

世界货币的作用主要是作为一般的支付手段，用来支付国际收支的差额；作为一般的购买手段，用来购买外国的商品；作为社会财富的代表，用来实现国与国之间的转移支付，如支付战争赔款、对外贷款以及转移财产等。

以上所述货币的五种职能并不是孤立的，而是具有内在联系的。其中货币的价值尺度和流通手段职能是两个基本职能，其他职能是在此基础上产生的。所有的商品和劳务首先要通过货币价值尺度职能的发挥来表现其价格，然后才能通过流通手段职能实现商品的价值。货币支付手段职能是货币流通手段职能的延伸，与流通手段相互交错进行，二者被统称为货币的交易媒介职能。正因为货币具有流通手段和支付手段职能，可以随时购买商品和劳务，同时，货币能作为交换价值独立存在，可用于各种支付及延期支付，所以人们才储藏货币，货币才能执行作为储藏手段的职能。世界货币职能是其他职能在国际市场上的延伸和发展。

1.1.4 货币层次的划分

在当前不兑现信用货币制度条件下,信用货币的构成十分复杂,货币形式多种多样,包括现金和各种存款货币,不同形式的信用货币对经济的影响存在一定的差异,为准确把握和调控货币运行,需要对信用货币划分层次。

1. 划分货币层次的原则

尽管世界各国货币当局都有自己的货币统计口径,但是,无论存在着何等差异,其划分的基本依据都是一致的,即货币资产的流动性。

货币资产的流动性是指货币资产转变为现实购买力的能力。测量某种货币资产流动性的强弱包括两方面的含义:一是能否迅速变现,二是变现成本。能随时变现且不受损失的货币资产,其流动性强;凡是不易随时变现,或变现中遭受损失较大的货币资产,其流动性弱。例如,现金是流动性最强的货币资产,具有直接的现实购买力;定期存款则需要经过提现或者转成活期存款才能成为现实购买力,而且还可能存在利息损失,故流动性较弱。流动性不同的货币在流通中转手的次数不同,形成的购买力不同,从而对商品流通和其他各种经济活动的影响程度也就不同。具有完全流动性的是现金和活期存款,直接作为流通手段或支付手段使用,其运动直接引起市场商品供求的变化,因而流动性最强。

货币资产流动性的强弱,一方面与一国金融制度有关,另一方面也与一国金融市场发达程度有关,因此,各国货币当局对货币层次的划分不尽相同。

2. 主要国家和国际金融机构对货币层次的划分

(1) 国际货币基金组织对货币层次的划分。目前,国际货币基金组织将货币划分为三个层次:

1) 通货。它是指流通于银行体系以外的现钞,包括居民、企业或单位持有的现钞,但不包括商业银行的库存现金。由于这部分货币可随时用于购买和支付,因而流动性最强。

2) 货币。它由通货加上私人部门的活期存款构成。由于活期存款可以随时签发支票进行购买与支付,所以其流动性仅次于现金。大部分国家将这一层次的货币简称为 M_1,又叫狭义货币。

3) 准货币。它主要包括定期存款、储蓄存款、外币存款等。准货币本身虽不能直接用来购买,但在经过一定的程序之后就能转化为现实的购买力,故又称之为"亚货币"或"近似货币"。大部分国家将这一层次的货币划入广义货币 M_2 中。

(2) 美国联邦储备银行对货币层次的划分:

M_1 = 流通中的现金 + 旅行支票 + 活期存款 + 其他支票存款(如 NOW 账户、ATS 账户等)

$M_2 = M_1$ + 储蓄存款 + 小额定期存款 + 隔夜回购协议 + 隔夜欧洲美元 + 货币市场存款账户 + 货币市场共同基金

$M_3 = M_2$ + 大额定期存款 + 长于隔夜期限的回购协议和欧洲美元

$L = M_3$ + 其他短期流动资产(如储蓄券、商业票据、银行承兑票据、短期政府债券等)

(3) 欧盟对货币层次的划分。欧洲中央银行将货币分为狭义货币、中间货币和广义货币三个层次，具体划分如下：

狭义货币：M_1 = 流通中的现金 + 隔夜存款

中间货币：M_2 = M_1 + 期限为两年以下的定期存款 + 通知期限三个月以内的通知存款

广义货币：M_3 = M_2 + 回购协议 + 货币市场基金（MMF）+ 货币市场票据 + 期限为两年以内的债券

（4）日本银行对货币层次的划分：

M_1 = 流通中的现金 + 活期存款

$M_2 + CD^{\ominus}$ = M_1 + 准货币$^{\ominus}$ + 可转让存单

$M_3 + CD$ = $M_2 + CD$ + 邮政、农协、渔协、信用合作和劳动金库的存款以及货币信托和贷方信托存款

广义流动性 = $M_3 + CD$ + 回购协议债券、金融债券、国家债券、投资信托和外国债券

（5）中国人民银行对货币层次的划分。我国从1984年开始探讨对货币层次的划分，1994年第三季度开始正式按季公布各个层次货币供给量的统计指标。目前我国将货币划分为以下三个层次：

M_0 = 流通中的现金

M_1 = M_0 + 活期存款

M_2 = M_1 + 定期存款 + 储蓄存款 + 其他存款 + 证券公司客户保证金

其中，M_1是通常所说的狭义货币供应量，M_2是广义货币供应量，$M_2 - M_1$是准货币。我国货币层次的划分之所以与其他许多国家不同，把流通中的现金单列为第一个层次，主要是因为在我国以活期存款为依据签发的支票和银行卡的使用范围还存在一定程度上的局限性，因而与发达国家相比较，活期存款等的流动性明显低于现金。而现金，尤其是居民手中的现金，在我国的今天，由于其支用最为方便，依然是最活跃的购买力。当然，这也是多年来我们一直把现金等同于货币的那种根深蒂固的观念的反映。

综合来看，虽然各国货币当局的货币层次划分各不相同，但都认为只有M_1具有完全的流动性，是人们普遍接受的交易媒介，是标准货币。而M_1以外的货币资产都只是准货币，是一种以货币计值，虽不能直接用于流通但可以随时转换成通货的资产。准货币主要由银行定期存款、储蓄存款及各种短期信用流通工具等构成。准货币虽不是真正意义上的货币，但因可随时转化为现实的货币，故对货币流通有很大影响，是一种潜在货币。

需要说明的是，各国对货币层次的划分都是相对的、动态的。随着各国金融机构和金融市场的发展，金融产品越来越丰富，越来越多的金融工具具有了不同程度上的货币性。货币的外延也越来越大，统计口径越来越宽，货币层次也会随之调整。从美国、欧盟及日本的货币层次划分上，我们可以非常明确地看到这一点。在这些金融制度更发达，金融产品更丰富的国家，越来越多的金融产品被纳入了货币的统计范畴，如国库券、商业票据、金融债券等，货币层次也相应较多。

⊖ CD是指大额可转让定期存单，也作CDs。

⊖ 准货币是指活期存款以外的一切公私存款。

知识链接

随着金融创新的发展，具有较强流动性的新型金融工具不断涌现，如 ATS 账户、NOW 账户等，它们突破了传统的货币概念，使货币层次的内涵和外延都发生了很大的改变，货币层次的划分也越来越复杂。

金融创新，特别是大量金融业务及金融工具创新后，涌现了许多新型账户，这些账户的出现使传统货币层次划分出现混乱，如 ATS、NOW 等新型账户都具有开列支票的功能，类似于活期存款，应划入 M_1 项下。但这些账户余额又大部分存放在投资性储蓄账户上，实际上应属于 M_2。

自动转账系统（Automatic Transfer System，ATS）是 20 世纪 70 年代出现的一种创新，在这种业务中，客户同时在银行开立储蓄账户和活期存款账户。活期存款账户的余额始终保持 1 美元，其余余额存入储蓄账户以取得利息收入。当客户需要签发支票时，客户可用电话通知开户行，银行自动把相应金额从储蓄账户转到活期存款账户上进行支付。这原本是为了规避对活期存款利息管制而进行的创新，事实上却提高了储蓄存款的流动性。

可转让支付命令（Negotiable Order of Withdrawal Account，NOW），是储蓄账户，可以付息，同时也可以开出有支票作用的"可转让支付命令"。该支付命令与支票在实质上无异，能用来直接提取现或对第三者支付，经过背书后还可转让，因此，实际上也使储蓄账户具有了支票存款账户的性质。

类似的还有大额可转让定期存单（Negotiable Certificate of Deposit，CDs）。为了避免利息损失，定期存款一般都是到期支取，CDs 只有到期后才能到银行提取本息，但在到期前它可在二级市场上通过自由流通、转让而变现，这样在规避利息损失的同时，提高了定期存款的流动性。

由于类似的金融创新，原有的货币层次已无法准确地反映货币的构成状况，各国需要对货币层次的划分不断进行修改。如英国 1970 年～1984 年修改货币定义九次之多；美国在 1971 年～1984 年共修改货币定义七次。尽管频繁修改，金融创新带来的难题并未完全解决，如电子货币、多功能信用卡和 E-money 等对应的货币层次，因此可以预见对货币层次的划分必将继续深化并不断进行调整，而且一国金融创新速度越快，货币所包含的内容越多，对货币层次进行的调整也就越频繁。

3. 货币层次划分的意义

以流动性为标准划分货币层次，对于考察市场均衡、实施宏观调节具有重要意义。流动性实质上反映了货币发挥交易媒介职能的能力大小。流动性越强，即在流通中周转越便利，形成购买力的能力就越强；流动性越弱，则在流通中周转就越慢，因而形成购买力的能力也越弱。

对货币层次进行划分后，可以清楚地发现，M_0 是流通中的现金，与消费物价密切相关，是最活跃的货币；M_1 反映居民和企业资金松紧变化，代表直接的购买力，商品供应量应该和 M_1 保持合适的比例关系，M_1 的变动是经济周期波动的先行指标；M_2 流动性较弱，它不仅反映了现实的购买力，也反映了潜在的购买力，即 M_2 反映的是社会总需求变化和未来通货膨胀的压力状况。研究 M_2，特别是掌握其构成的变化，对整个国民经济状况的分析、预测都有特别重要的意义。

1.2 货币制度

货币制度简称币制，是指一个国家或地区以法律形式确立的货币流通结构及其组织形式。它是国家对货币的有关要素、货币流通的组织与管理等加以规定所形成的制度。完善的货币制度能够保证货币币值和货币流通的稳定，保障货币正常发挥各项职能。现存的货币制度可分为国家货币制度、国际货币制度和区域性货币制度三类。

1.2.1 货币制度的构成要素

典型的货币制度包括币材的确定，货币单位的确定，货币的种类，货币的铸造与发行，货币支付能力的规定及货币发行的准备制度等。

1. 币材的确定

规定货币材料是货币制度的基本内容，是货币制度的基础，也是一种货币制度区别于另一种货币制度的依据。规定哪种或哪几种商品为币材，从表面看是由政府确定，事实上是政府对已经形成的客观事实从法律上加以肯定，不是可以随心所欲指定的。中国没有以黄金作为本位币，一个国家的经济条件限制了币材的选定。

哪种或哪几种商品一旦被规定为币材，即称该货币制度为该种或该几种商品的本位制。比如以金为币材的货币制度称为金本位等。在很长的历史时期中，往往有两三种币材并行流通。反映在法令上，也往往是对几种币材同时予以承认。就中国来看，从先秦直到清代，铜一直是官方认定的币材。但先是贝，后是金，然后是帛，再后是白银，与铜并行流通且大都为官方所认定。比照习惯的称谓，也可叫作铜贝本位、铜金本位、铜帛本位、铜银本位等。在西欧，则有很长一段金、银并行流通的时期。当政府明确金、银都是法定币材时，称之为金银复本位制。单由黄金垄断流通，在先进工业化国家的历史也不长。最早是英国，也是直到1816年才正式宣布实行金本位。

19世纪末20世纪初，世界主要工业化国家普遍实现了金本位制。然而，到20世纪30年代，均转化为不兑现的货币制度。到20世纪70年代之后，各国的法令中都抹掉了以任何商品充当币材的规定。这就是说，在过去货币制度中最重要的一个构成要素——币材消失了。目前，各国实行的是不兑现的信用货币制度，不再对币材做出规定。

2. 货币单位的确定

货币单位的确定包括两个方面：货币单位的名称和货币单位的"值"。

货币单位的名称最早与货币商品的自然单位和重量单位相一致，后来由于种种不同原因，日益与自然单位、重量单位脱离：有的是保持原名，内容发生变化；有的则完全摆脱旧名，重立新名。法律规定的名称，通常都是以习惯形成的名称为基础。

> **知识链接**
>
> 按照国际习惯，一国货币单位的名称往往就是该国货币的名称。几个国家同用一个货币单位名称，则在前面加上国家名号。如 Dollar，意译为元，是很多国家货币的名称，再加以

国名则成了该国的货币名称。美元就是美国的货币名称，加元（Canadian dollar，CAD）就是加拿大的货币名称。Lira，音译为里拉，是意大利货币单位的名称，也是货币的名称，没有其他国家采用同名单位，则不冠国名。我国有些特殊，货币的名称是人民币，货币单位的名称是"元"，两者不一致。外国人搞不清，往往按照他们的习惯，把我国的货币叫作"中国元"。

货币单位的确定更重要的是确定币值。当铸币流通时，就是确定单位所包含的货币金属的重量和成色。当流通中只有不兑现的货币而尚未与黄金脱离直接联系的情况下，则是确定本国货币单位的含金量，或确定本国货币与世界上占主导地位的货币如美元的固定比价。当黄金在世界范围内非货币化之后，则是维持符合自身利益的本国货币与外国货币的比价，即汇率。这可能要求波动幅度不超过一定范围，也可能要求自己的币值偏低，或可能要求自己的币值偏高。无论如何，当币材的构成要素消失之后，货币单位的确定则成为货币制度中的核心构成要素。

3. 货币的种类

货币的种类包括本位币和辅币，本位币又称主币。

用法定货币金属按照国家规定的规格经国家造币厂铸成的铸币称为本位币或主币。本位币是一国流通中标准的基本通货，其最小规格是一个货币单位。由于商品价格和服务付费很多是不到一个货币单位或在货币单位之后有小数，因此还需要小于一个货币单位的流通手段。这就出现了辅币制度。辅币多由贱金属铸造，为非足值通货。铸造权由国家垄断，铸造数量一般也有限制，铸造收益归国家。贵金属铸币退出流通后，辅币制度则保存了下来。

知识链接

我国在金属货币流通时一直未形成规范的辅币制度。当铜钱与银两流通时，铜钱可解决小额支付问题，但银两与铜钱并无固定比价：比价因银与铜各自本身价值的高低变化而变化。清末曾铸铜元，企图建立辅币制，但未成功，铜元与银元的比价仍然随着银与铜各自的贵贱波动。1935年法币改革后，确定辅币有"角"（1/10元）和"分"（1/100元），但由于恶性通货膨胀而未起作用。如1948年国民党统治区100元以下货币收购价为2000元/斤，旧报纸收购价为6000元/斤。有人统计，若以一元"金圆券"购物，一张大饼需120斤，一担煤需6000斤。直至1955年新人民币发行后，角票、分票与硬角币、硬分币的制度才真正确立。

在当前信用货币制度下，主币和辅币的发行权都集中于中央银行或政府指定机构。

4. 货币的铸造与发行

货币铸造与发行的流通程序主要分为金属货币的自由铸造与限制铸造、信用货币的分散发行与集中垄断发行。

所谓自由铸造，是指公民有权把经法令确定的货币金属送到国家的造币厂铸成铸币。造币厂代公民铸造，或不收取费用，或收取很低的熔炼打造成本。公民有权把铸币熔化，但却严格禁止私自铸造。自由铸造制度的意义在于可以使铸币价值与其所包含的金属价值保持一致。因为铸币的市场价值若偏高，人们会把贵金属运到造币厂，要求铸成铸币，流通中铸币数量增加；若偏低，人们会把铸币熔成金银锭，流通中铸币数量减少。这实质上是利用货币储藏作为调节流通货币量的蓄水池作用。随着流通中贵金属铸币的日益减少乃至完全退出流通，这种机制也就不存在了。限制铸造则是指铸币只能由国家垄断铸造，金属货币制度条件下辅币为限制铸造。

信用货币的发行分为分散发行和集中垄断发行。信用货币制度实施后，银行券最初是由各个商业银行自主分散发行的。在现代不兑现的信用货币制度下，银行券的发行权基本都收归中央银行或者指定机构。例如，我国的人民币由国家授权中国人民银行垄断发行；美国的美钞由美联储发行，但硬币由财政部发行；我国香港的港元纸币绝大部分是在香港金融管理局的监督下由三家发钞银行发行，包括汇丰银行、渣打银行和中国银行，另有少部分新款10元钞票，由香港金融管理局自己发行，硬币则由金融管理局负责发行。

5. 货币支付能力的规定

金属货币制度下，一般而言主币具有无限法偿能力，辅币则是有限法偿。在信用货币制度条件下，国家对各种货币形式支付能力的规定不是十分的明确和绝对。

无限法偿，即法律规定的无限制偿付能力，其含义是：法律保护取得这种能力的货币，不论每次支付数额如何大，不论属于何种性质的支付，即不论是购买商品、支付服务、结清债务、缴纳税款等，支付的对方均不得拒绝接受。取得这种资格的货币，在金属铸币流通时是本位铸币，后来是不兑现的中央银行的银行券。活期存款虽然在经济生活中是被普遍接受的，但一般不享有法偿的资格。有限法偿主要是对辅币规定的，其含义是：在一次支付行为中，超过一定的金额，收款人有权拒收；在法定限额内，拒收则不受法律保护。

6. 货币发行的准备制度

货币发行准备制度是为了约束货币发行规模、维护货币信用而制定的，要求货币发行者在发行货币时必须以某种金属或某几种形式的资产作为其发行货币的准备。在金属货币制度下，货币发行以法律规定的金或银作为发行准备。早期各国一般都采用百分之百的金属准备，后来各国采用部分准备金制度以适应货币发行日益增加的需求，货币发行准备金的比例要通过货币的含金量加以确定，在货币制度演化过程中，这个比例逐步递减，直至金属货币制度崩溃。在现代信用货币制度下，多数国家主要以外汇资产做准备，也有的国家以物资做准备，还有些国家的货币发行采取与某个国家的货币直接挂钩的方式。各国在准备比例和准备制度上也有差别。目前，各国货币发行准备制度的内容比较复杂，一般包括现金准备和证券准备两大类。

1.2.2 货币制度的演变

货币制度由来久远，从历史发展过程来看，以本位币的变化为标志，货币制度主要经历了银本位制、金银复本位制、金本位制和不兑现的信用货币制度四个阶段，其中前三个阶段也被统称为金属货币制度。

1. 银本位制

银本位制是近代最早实行的货币制度之一。最早实行银本位制的国家有西班牙、墨西哥、秘鲁，后来西欧各国相继采用了银本位制。在实行银本位制的国家，政府颁布法令：白银为币材，由政府的铸币厂铸造的银币为本位货币，在流通中具有无限法偿的能力；银币可以自由铸造，自由熔化；白银和银币可以自由输出和输入；纸币和其他货币可以自由兑换银币。

银本位制盛行了三四百年，即从 16 世纪~19 世纪。但到了 19 世纪末，各国相继放弃了银本位制，而采取金银复本位制或金本位制。这是因为随着时间的推移，银本位制产生了不少的缺陷。

银本位制的主要缺陷是价值不稳。这是因为随着世界银矿的发现和开采技术的提高，白银数量大幅增加，价格不断下降。据记载，中世纪时期，黄金与白银的比价大概为 1:10 ~ 1:13.29，而到 20 世纪初，下跌到 1:39.74。这种情况既不利于国内货币流通，也不利于国际收支，影响一国经济的发展。加上银币体重价低，不适合巨额支付，因而许多国家纷纷由银本位制过渡到金银复本位制。最早实行金银复本位制的是英国。

2. 金银复本位制

金银复本位制是资本主义发展初期最典型的货币制度。它是一种由金银两种金属货币同时作为本位币的货币制度，其基本特征是：金银两种本位币都可以自由铸造、自由熔化，都具有无限法偿能力；两种金属及其铸币可以自由兑换，可以自由出入国境。

实行金银复本位制是当时社会经济环境的客观需要。由于它的货币材料来源既可以是白银也可以是黄金，来源较为充足，所以有利于商品的流通。当需要进行大额交易时可以使用黄金，小额交易则可以使用白银，灵活方便，两种币材之间可以相互补充。

具体来看，金银复本位制包括三种形式：平行本位制、双本位制和跛行本位制。其中前两种形式都具备复本位制的基本特征，是典型的复本位制。

在平行本位制下，金币与银币之间不规定比价，按照各自所包含的金和银的实际价值流通，金币和银币的比价就是市场上生金和生银的比价。英国曾于 1663 年发行金币时实行这种制度，当时英国的基尼金币与先令银币同时在市场上流通。但是，当金币和银币各按其本身所包含的价值并行流通时，市场上的商品就出现了金、银两重价格，而这两重价格随金、银市场比价的不断变动而变动，由此造成了市场价格的紊乱。为了克服由此造成的紊乱，很多国家用法律规定了金币与银币的比价，即双本位制，这是复本位制的典型形态。

在双本位制下，金币与银币之间的比价由国家通过法律的形式确定，两种货币按法定的比价流通。金币与银币之间的比价由法律规定通常比较稳定，但是金、银市场的比价并不会由于法定比例的确定而不再发生变化。当市场上生金、生银的实际比价发生了变化，而国家没有及时调整金币和银币的比价时，就会出现法定比价与市场比价的背离。在这种情况下，实际价值高，而名义价值低的货币（良币）必然会被人们熔化、输出而退出流通领域，而实际价值低、名义价值高的货币（劣币）则会充斥市场，这就是"格雷欣法则"——劣币驱逐良币作用的发挥。

知识链接

在等价交换的条件下，黄金与白银的实际价值表现在市场价格中，而名义价值则表现在国家规定的交换比例，即比价上。例如，金银的市场比价为 1:16（1 单位的黄金能换 16 单位的白银），而政府规定的金银比价为 1:15，则白银的实际价值 1/16 小于名义价值 1/15，相反，黄金的实际价值 16 大于名义价值 15。在这种情况下，白银是劣币，黄金是良币，于是国内人们更愿意拿白银作为货币支付。因为在黄金的实际价值大于名义价值的情况下，人们可以将黄金收藏起来，或者将金币熔化输往国外。再如，1791 年美国实行复本位制，政府将金银比价定为 1∶15，而别国金银的比价为 1∶15.5，于是人们在国内支付，只用白银，不用黄金，把黄金输往国外，换取白银牟利。这样的结果，复本位制实际是变成了银本位制，因为白银驱逐了黄金。1834 年，美国政府又将金银比价定为 1∶16，于是人们在国内支付只用黄金，这样又使复本位制实际变成了金本位制。

随着 19 世纪 70 年代世界银价暴跌时"劣币驱逐良币"现象的出现，部分国家开始实行跛行本位制。在该制度下，虽然金币与银币在法律上拥有同样的地位，但银币事实上被禁止自由铸造，且不具有无限法偿能力，银币实际上已沦为辅币。跛行本位制其实是金银复本位制向金本位过渡的一种形式。美国、法国、比利时、瑞士、意大利等都曾实行这一制度。

金银复本位制不能适应商品经济不断发展的要求，从 19 世纪起，英国及各主要资本主义国家先后放弃了这种货币制度。金银复本位制的失败印证了货币的排他性。

3. 金本位制

金本位制就是以黄金为本位币的货币制度。在世界上，最早实行金本位制的是英国，它在 1816 年通过金本位制法案，之后，许多经济发达的国家也开始实行金本位制。在历史上，曾经有过三种形式的金本位制：金币本位制、金块本位制、金汇兑本位制。其中，金币本位制是最典型的形式。

金币本位制是金本位制的最初形式，其主要特点是：以一定量的黄金为货币单位铸造金币，作为本位币；金币可以自由铸造、自由熔化，具有无限法偿能力；流通中的辅币和银行券可以自由兑换金币；黄金可以自由地输出输入。金币本位制解决了复本位制存在的价格紊乱和货币流通不稳的弊病，保证了流通中的货币对本位币金属黄金不发生贬值，保证了世界市场的统一和外汇行市的相对稳定，是一种相对稳定的货币制度，对各国经济发展和国际贸易的发展起到了积极的促进作用。然而，第一次世界大战的爆发，使各国停止了金铸币流通、银行券自由兑换和黄金的自由输出输入。战争、危机导致黄金匮乏。

第一次世界大战之后，英法等国实行了金块本位制，德国、意大利等战败国则实行了金汇兑本位制。金块本位制和金汇兑本位制是在金币本位制的稳定性因素受到破坏后出现的两种不健全的金本位制。

金块本位制的基本特征是：政府停止了金币的铸造；不允许金币流通，代替金币流通的是中央银行发行的纸币；纸币的发行必须以金块为准备；货币的价值与黄金保持等值关系；人们持有的其他货币不能兑换金币，但可以兑换为金块；黄金仍然可以自由输出输入。由于金块较重，价值较高，规定兑换的限额较大，非一般人所能兑换，因而这种制度被人们称为富人本位制。如英国 1925 年规定兑换金块的最低限是 1700 英镑。

金汇兑本位制的内容与金块本位制大体相同，只是人们持有的其他货币在国内不能兑换黄金，只能兑换与黄金有联系的外币。这实际上是把黄金存于国外，国内中央银行以外汇做准备金，发行纸币流通。进一步说，也就是只能让国内居民购买外汇。外汇虽然代表着并能兑换一定的黄金，但一般难于到国外去兑换黄金，所以人们称这种货币制度为虚金本位制。

在历史上，自从英国率先实行金本位制之后，到 1914 年第一次世界大战之前，主要资本主义国家都实行了金本位制，而且是典型的金本位制——金币本位制。总体而言，金本位制通行了约100年，其崩溃的主要原因有：

（1）黄金生产量的增长幅度远远低于商品生产增长的幅度。黄金不能满足日益扩大的商品流通的需要，这就极大地削弱了金币流通的基础。

（2）黄金存量在各国的分配不平衡。1913年末，美、英、德、法、俄五国占有世界黄金存量的2/3。黄金存量大部分为少数强国所掌握，必然导致金币的自由铸造和自由流通受到破坏，削弱其他国家金币流通的基础。

（3）第一次世界大战爆发。黄金被参战国集中用于购买军火，并停止自由输出和银行券兑现，从而最终导致金本位制的崩溃。

由于以上因素的积累，随着1929年～1933年的世界性经济危机的爆发，任何形态的金本位都不复存在，而代替它们的是不兑现的信用货币制度。由此开始，世界各国实行的都是这种类型的货币制度。

4. 不兑现的信用货币制度

不兑现的信用货币制度是20世纪70年代中期以来各国实行的货币制度，它是以不兑现的信用货币作为流通中货币主体的货币制度。在这种货币制度下，纸币由国家垄断发行，纸币不代表任何金属货币，不能以固定比例兑换黄金等贵金属。在该制度下，贵金属不再作为本位币进入流通领域，货币单位也不规定含金量，流通中的货币都是信用货币。在不兑现的信用货币制度下，币值的确定和外汇汇率的制定都与贵金属的价值无关，而主要取决于货币当局对纸币数量的管理。黄金只作为国际储备资产的一部分，用于国际清算。

不兑现的信用货币的主要特点有：①流通中的货币都是信用货币，主要由现金和银行存款构成，它们都体现某种信用关系；②现实中的货币都通过金融机构的业务投入到流通领域，与金属货币通过自由铸造进入流通有着本质的区别；③国家对信用货币的管理调控成为经济正常发展的必要条件，这种调控主要由中央银行运用货币政策来实现。

不兑现的信用货币制度的实行是货币制度史上的一次革命，它对商品经济的发展产生了巨大的影响：

（1）信用货币的发行不受黄金供给的限制，突破了金属货币物质价值总量的限制，及时满足了不断发展的经济所需要的货币量，推动了商品经济的发展。

（2）信用货币为国家管理社会经济生活提供了强有力的工具。在允许自由铸造的金属货币制度下，货币供给是分散进行的，而不兑现的信用货币制度使货币供给量主要集中于国家手中，国家可以通过货币政策调节货币的供给量、供给方式、供给结构和供给速度等来调整国民经济结构，控制经济增长的速度和规模，以达到宏观控制的目的。

（3）在不兑现的信用货币制度下产生了许多至今不能根本解决的新问题。首先是通货膨胀问题。由于货币供应不受币材价值总量的限制，使流通中的货币量失去了自发调节的机制，这就为通货膨胀创造了基础。不兑现的信用货币制度下的货币投放是通过信贷渠道进行的。贷款产生了派生存款，一方面会形成现金的支取，另一方面又形成存款的转移，而且现金和存款又可以随时转化，这就给货币流通总量的确定增加了难度。再如，国家如何利用货币供给来控制宏观经济问题。既然币值的稳定和货币流通量的适度不能自发实现，需要国家调节，那么，国家实行什么样的货币政策、采用哪些调节手段或政策工具，就成了各国政府经济政策和策略中的重大课题。

1.2.3 我国现行的货币制度

我国现行的货币制度是一种"一国多币"的特殊货币制度。目前不同地区有自己的法定货币：人民币是内地的法定货币。港元是香港地区的法定货币，澳元是澳门地区的法定货币，新台币是台湾地区的法定货币。各种货币仅限于本地流通，各种货币之间可按市场价进行兑换。

人民币于 1948 年 12 月 1 日开始发行，这标志着中华人民共和国货币制度的建立。

目前，我国人民币制度的主要内容包括：

（1）人民币是我国的法定货币，以人民币支付人民币流通区域一切公共的和私人的债务，任何单位和个人不得拒收。人民币主币的单位是"元"，辅币的单位有"角"和"分"两种，分、角、元均为十进制。

（2）人民币不规定含金量，是不兑现的信用货币。人民币以现金和存款货币两种形式存在，现金由中国人民银行统一印制、发行，存款货币由银行体系通过业务活动进入流通。中国人民银行依法实施货币政策，对人民币总量和结构进行管理和调控。

（3）2005 年 7 月 21 日，我国开始实行以市场供求为基础、参考一篮子货币进行调节、有管理的浮动汇率制。人民币汇率不再盯住单一美元，而是按照我国对外经济发展的实际情况，选择若干种主要货币，赋予相应的权重，组成一个货币篮子。同时，根据国内外经济金融形势，以市场供求为基础，参考一篮子货币计算人民币多边汇率指数的变化，对人民币汇率进行管理和调节，维护人民币汇率在合理均衡水平上的基本稳定。

（4）人民币按照经济发行的原则发行。经济发行，也称信用发行，与财政发行相对应，是指根据国民经济发展情况，按照商品流通的实际需要，控制和调节货币发行量。经济发行是在经济增长的基础上增加货币投放，是适应和满足生产发展与商品流通对货币的客观需要，是一种正常的、必要的、有物资保证的发行，可以保持币值和物价的稳定，不会引起通货膨胀。

本章小结

1. 货币产生于商品交换，其本质是固定充当一般等价物的特殊商品。

2. 根据货币产生及发展的过程，通常将货币分为四种形式：商品货币、代用货币、信用货币和电子货币。

3. 在发达的商品经济社会里，货币主要执行五种职能：价值尺度、流通手段、支付手段、储藏手段和世界货币。其中，价值尺度和流通手段是货币最基本的两个职能。

4. 根据货币资产流动性的强弱，通常将货币划分为三个层次：

（1）通货，是指流通于银行体系以外的现钞。

（2）狭义货币 M_1，由通货加上私人部门的活期存款构成。

（3）广义货币 M_2，主要指 M_1 加上定期存款、储蓄存款等。

5. 典型的货币制度包括币材的确定、货币单位的确定、货币的种类、对不同种类货币的铸造与发行的管理、对不同种类货币的支付能力的规定及货币发行的准备制度等。

6. 从历史发展过程来看，以本位币的变化为标志，货币制度主要经历了银本位制、金银复本位制、金本位制和不兑现的信用货币制度四个阶段，其中前三类也被统称为金属货币制度。

习　题

一、复习题

1. 选择题

（1）与货币的出现紧密相连的是（　　）。
　　A. 金银的稀缺性　　　　　　　　　B. 交换的产生与发展
　　C. 国家的强制力　　　　　　　　　D. 先哲的智慧

（2）历史上最早出现的货币形态是（　　）。
　　A. 实物货币　　B. 代用货币　　C. 信用货币　　D. 电子货币

（3）目前世界上几乎所有国家采用的货币形态是（　　）。
　　A. 实物货币　　B. 代用货币　　C. 信用货币　　D. 电子货币

（4）下列属于货币流通手段的是（　　）。
　　A. 偿还欠款　　B. 支付工资　　C. 支付房租　　D. 购物付款

（5）下列属于货币支付手段的是（　　）。
　　A. 一辆车价值20万　　　　　　　　B. 书店购书付款
　　C. 缴纳赋税　　　　　　　　　　　D. 市场买菜

（6）在货币层次划分中，M_1层次的货币指的是（　　）。
　　A. 通货　　　　　　　　　　　　　B. 通货+活期存款
　　C. 通货+定期存款　　　　　　　　 D. 通货+储蓄存款

（7）纸币是从（　　）。
　　A. 货币的价值尺度职能中产生的　　B. 货币的流通手段职能中产生的
　　C. 货币的储藏手段职能中产生的　　D. 货币的支付手段职能中产生的

（8）金银复本位制中，金银两种货币均各按其所含金属的实际价值任意流通的货币制度是（　　）。
　　A. 平行本位制　　　　　　　　　　B. 双本位制
　　C. 跛行本位制　　　　　　　　　　D. 单本位制

（9）在下列货币制度中劣币驱逐良币规律出现在（　　）。
　　A. 金本位制　　　　　　　　　　　B. 银本位制
　　C. 金银复本位制　　　　　　　　　D. 金汇兑本位制

（10）如果金银的法定比价为1:13，而市场比价为1:15，这时，充斥市场的将是（　　）。
　　A. 银币　　　　　　　　　　　　　B. 金币
　　C. 金币和银币同时　　　　　　　　D. 都不是

2. 判断题

（1）执行流通手段的货币，可以是想象的或观念上的货币，也可以是现实的货币。（　　）

（2）税务局向工商企业征收税款时，货币执行价值尺度职能。（　　）
（3）格雷欣法则是在金银复本位制中的平行本位制条件下出现的现象。（　　）
（4）银行券只在不兑现的信用货币制度下流通，在金属货币制度中不存在。（　　）
（5）金币本位制条件下，流通中的货币都是金铸币。（　　）
（6）从货币发展的历史看，最早的货币形式是金属铸币。（　　）
（7）只要是国家铸造的货币都具有无限法偿的能力。（　　）
（8）金币本位制、金汇兑本位制和金块本位制下金币可以自由铸造，辅币限制铸造。（　　）
（9）国家货币制度由一国政府或司法机构独立制定实施，是该国货币主权的体现。（　　）
（10）纸币之所以作为流通手段，是因为它本身具有价值。（　　）

3．名词解释

商品货币　代用货币　信用货币　自由铸造　有限法偿　无限法偿　劣币驱逐良币

4．问答题

（1）货币是如何产生和发展的？它在社会经济生活中执行哪些职能？
（2）货币形态的演变经历了哪几个阶段？
（3）推动货币形式由低级向高级不断演变的动力是什么？你认为未来货币形式会如何变化？
（4）货币制度的构成要素有哪些？
（5）国家货币制度是如何演变发展的？

二、案例应用分析

战俘营里的货币

第二次世界大战期间，在纳粹的战俘集中营中流通着一种特殊的商品货币：香烟。当时的红十字设法向战俘营提供了各种人道主义物品，如食物、衣服、香烟等。由于数量有限，这些物品只能根据某种平均主义的原则在战俘之间进行分配，而无法顾及每个战俘的特定偏好。但是人与人之间的偏好显然是会有所不同的，有人喜欢巧克力，有人喜欢奶酪，还有人则可能更想得到一包香烟。因此，这种分配显然是缺乏效率的，战俘们有进行交换的需要。但是即便在战俘营这样一个狭小的范围内，物物交换也显得非常不方便，因为它要求交易双方恰巧都想要对方的东西，也就是所谓的需求的双重巧合。为了使交换能够更加顺利地进行，需要有一种充当交易媒介的物品，即货币。那么，在战俘营中，究竟哪一种物品适合做交易媒介呢？许多战俘营都不约而同地选择香烟来扮演这一角色。战俘们用香烟来进行计价和交易，如一根香肠价值10根香烟，一件衬衣价值80根香烟，替别人洗一件衣服则可以换得两根香烟。有了这样一种记账单位和交易媒介之后，战俘之间的交换就方便多了。

问题：为何香烟能够成为战俘营中的"货币"？

第 2 章 信用与信用工具

【教学目标】

通过本章的学习,掌握信用的含义及特征、现代信用形式、信用工具的特征、短期与长期信用工具,了解信用的产生与发展及信用的作用。

【导入案例】

案例1:麦道夫骗局

伯纳德·麦道夫是美国华尔街的传奇人物,曾任纳斯达克股票市场公司董事会主席。多年来,他一直是华尔街最炙手可热的"投资专家"之一。他以高额资金回报为诱饵,吸引大量投资者不断注资,以新获得的收入偿付之前的投资利息,形成资金流。这个骗局维持多年,直到2008年次贷危机爆发,他面临高达70亿美元资金赎回压力,无法再撑下去,才向两个儿子,也是其公司高管坦白其实自己"一无所有",一切只是一个"巨大的谎言"。麦道夫的儿子们当晚便告发了父亲,一场可能是美国历史上金额最大的欺诈案这才暴露在世人眼前。

案例2:山西票号——我国最早的信用机构

票号即票庄、汇兑庄,主要办理国家内外汇兑和存放款业务,是为适应国内外贸易的发展而产生的。以前用起镖运送现银的办法,费时误事、开支大、不安全。嘉庆、道光年间,民间有了信局,通行各省,官吏及商人迫切要求以汇兑取代运现,遂诞生了票号。

最早的票号产生于道光年间。最早,山西平遥人雷履泰代替别人管理一家名叫"日升昌"的颜料铺,由于颜料铺生意兴隆,雷履泰把经营范围扩大到了四川,经常到四川采购颜料。但是,雷履泰出入四川采购颜料必须随身携带大量的现金,在以行路困难著称的蜀道上长途跋涉,风险极高,一旦碰到抢劫的土匪,后果不堪设想。于是雷履泰就决定由"日升昌"开出票据,凭票据到四川指定的地点可以兑换现银,即当时的通用货币。这种票据类似于我们今天的汇票,大大提高了支付的效率,降低了交易中的风险。雷履泰用金融票据往来的方式代替了实行了几千年的商业往来必须用金、银作为支付和结算手段的老办法。在意识到这种新结算方式的发展前景后,雷履泰干脆把"日升昌"改建成了一家专门的票号。

"日升昌"是一家特殊的商号。它的与众不同是因为它经营的商品不是一般的货物,而是金融票据、存款、贷款和汇款这些业务,它是中国历史上第一家做这样生意的商号。雷履泰虽然只开办了"日升昌"这一家票号,但他实际上是开创了一个全新的行业。在此后一百多年的时间里,别人仿效"日升昌"的模式,开设了许多类似的商号。因为他们都以经营汇票为主,而且又都是由山西人开办,所以当时的人们和后来的研究学者都把他们统称为"山西票号"。票号办理汇兑、存放款,解决了运送现银的困难,加快了资金周转,促进了商业繁荣。

2.1 信用概述

2.1.1 信用的含义及特征

1. 信用的含义

信用可以从道德范畴和经济范畴两方面理解，本章主要从经济范畴讨论信用问题。

"信有二义，信任与信用。其内容是诚实不欺。"这句话很好地释义了道德范畴的信用：诚信不欺，恪守诺言，忠实地履行自己的许诺或誓言。中国的传统文化对道德范畴的信用极为推崇与提倡。诚信不欺不仅是个人与个人之间正常交往的必要基础，更是企业、国家赖以生存、发展的根本。在现代市场经济中，怎样强调诚信的重要性都不为过。诚信是市场经济持续发展的道德基础。

经济范畴中的"信用"是指建立在信任基础上以还本付息为条件的借贷活动。信用活动中，双方所形成的是债权债务关系。在借贷活动中，债权人将商品或货币借出，称为授信；债务人接受债权人的商品或货币，称为受信；债务人依照承诺还款，称为守信。

道德范畴中的"信用"与经济范畴中的"信用"既有联系又有区别。二者的联系体现在道德范畴信用是经济范畴信用的支撑与基础。如果没有基本的诚信概念，没有借贷双方当事人之间基本的信任，经济运行中就不会有任何借贷行为的发生。二者最大的区别在于道德范畴信用的非强制性和经济范畴信用的强制性。诚信不欺是人类从事任何活动都应该遵守的基本道德规范，但这种道德规范仅受社会舆论、传统习惯和内心信念的约束，却不受成文契约的制约，不具有法律的强制性。而市场经济运行中的借贷活动以产权明晰为基础，以法律条文为保障，借贷合同具有法律效应，借贷双方的权利和义务都受法律的保护和约束。

2. 信用的基本特征

信用的基本特征主要表现在以下两个方面：

第一，信用是价值的单方面让渡。债权人在没有取得等值品的情况下就将出借物给了债务人，这显然不是价值的对等交换，而是价值的单方面让渡，借贷双方构成的是债权债务关系而非等价交换关系，所以信用伴随着风险。

第二，信用以还本付息为条件。由于在信用活动中债权人并没有放弃所有权，故必须偿还；债权人之所以愿意借出，是因为可以从中获益，债务人之所以能够借入，是因为承诺了付息的责任，故还本付息成为信用活动的基本条件。

2.1.2 信用关系的要素

信用本质是一种以偿还本金并支付利息为条件的价值的单方面运动，是一种借贷活动。任何现代信用关系和信用活动都必须具备以下三个方面的要素：

第一，债权债务关系。信用最本质的经济特征就是一种借贷活动，借贷关系要建立，就至少需要两个或两个以上的当事人，即至少需要一个债权人和一个债务人才能够建立起借贷关系。其中，贷出商品或货币的一方为债权人，借入商品或货币的一方为债务人。债权人通过授信取得一定的权利，即在一定时间内向债务人收回一定量商品或货币的权利，而债务人则有按期偿还本息的义务。

第二，时间间隔。信用是一种借贷活动，商品或货币在单方面转移之后需要在一定时间后才能附带一定的利息回流。作为价值运动的特殊形式，信用是价值在不同时间上的相向运动，若没有价值相向运动在时间上的不一致，也就不存在信用活动。所以时间间隔是信用关系建立的第二个要素。

第三，信用凭证。在信用活动中，为了保证借贷的正常进行，借贷标的、信用关系的确立以及借贷双方的权利和义务都必须用书面协议来约定。这种书面协议就是信用凭证，也称为融资工具。理论上讲，信用关系也可以通过口头约定来建立，但口头协议不易核查，容易引起争议，难以受到法律的保护，而且无法在市场上流通转让，因此往往在作为熟人的债务人急需资金时才会出现口头信用。因此，书面凭证是维持信用关系正常发展的必备条件。根据信用的不同条件和类型，产生了不同的信用凭证即不同的融资工具，各种融资工具不仅明确了债权债务关系，还可以流通转让。现代信用就是通过各种不同类型的融资工具来建立和运行的。

2.1.3 信用的产生与发展

1. 信用的产生

人类最早的信用活动，开始于原始社会末期。伴随着社会生产力的发展，剩余产品逐渐增多，原始社会出现了两次社会大分工：畜牧业与原始农业的分工、手工业与农业的分工。这两次社会分工，促进了商品的生产和交换，加快了原始社会公有制的瓦解和私有制的产生。社会分工和私有制的出现，使商品生产周期出现了不一致的现象，造成了财富占有的不均和分化。这样一来，缺少生产资料和生活资料的家庭，为维持生活和继续从事生产，不得不告贷于产品剩余的家庭，通过借贷调剂余缺，信用便随之产生了。

从信用产生的历史考察中我们可以得出一个基本结论：剩余产品和私有制的出现，是信用产生的基础和条件。因为没有剩余产品就没有可供借贷的物品，而私有制的出现，才使得借者和贷者成为不同财产的所有者，他们之间不能无偿占用对方的资产，因此必须采用信用的方式，以还本付息为条件进行借贷。

2. 信用的发展

从信用的发展来看，有两次大的飞跃：一是信用方式的进化，二是信用领域的扩张。

（1）所谓信用方式的进化，是指从实物借贷发展为货币借贷。实物借贷是以实物为对象进行借贷的活动。它产生于商品货币关系不普及、自然经济占主导地位的社会中，是人类社会最早的信用形式。实物借贷是以信用方式进行的物物交换，虽然能够直接满足借者的某种需要，具有直接性、及时性等优点，但这种交换不可避免地会遇到物物交换时的种种困难：借贷对象的供求需要双重巧合；借贷过程中需要耗费大量的人力、物力和时间，成交也十分困难；偿还时需要有数量和质量的要求并易产生矛盾。这都使得信用关系难以获得广泛的发展。

货币借贷是以货币为对象进行的借贷活动。随着经济的发展，货币的产生，商品货币关系逐渐确立，以货币为媒介的商品交换克服了物物交换的困难，货币成为借贷的主要对象。货币借贷克服了实物借贷的局限性，使借贷更为便利和灵活，尤其是随着货币支付手段职能的发展，货币借贷广泛发展起来，从而逐渐取代实物借贷而占据主导地位，成为现代经济生活中的主要借贷形式。

货币借贷的出现使货币与信用从两个完全独立的经济范畴，走向相互结合并日益紧密融合为金融范畴。从此以后货币与信用的发展互为条件，相互促进。

（2）信用领域的扩张是指从消费领域扩展至生产流通领域进而扩大到宏观经济领域。信用的发展，最初是为了满足生活需要，如由于自然条件恶劣导致的粮食歉收，农民为了生存下去不得不借贷。但从第三次社会大分工，即商业分离出来之后，商品生产和交换都大为发展，由于存在季节性、周期性、地区性差异等，商品买卖和货币支付在时间上不一致，因此商品生产者采用赊销的方式，使得信用领域扩展至生产流通领域。不仅如此，信用还进一步进入宏观领域，产生了国家信用，并且成为当代各国政府干预经济的主要方式。由此可见，信用的发展是和商品经济的发展紧密联系的。

2.1.4 信用的作用

1. 优化资源配置

在现代市场经济运行中，经常会出现这种情况，即货币资金盈余者不一定拥有良好的投资项目，或者不一定具有良好的经营管理投资项目的能力；与此同时，拥有良好投资项目的个人或企业又可能缺乏足够的项目启动与运作资金。这种情况下，信用可以调节双方的资金余缺，既让投资项目得到必要的货币资金额，又让货币资金盈余者通过出让资金获得一定的收益。信用调剂货币资金余缺的过程，也是资金、资源重新配置的过程，伴随着资金流向效益高、具有发展前景的企业和行业，资源也得到了最优化的配置。

2. 丰富信用流通工具，节约流通费用

建立在信用基础上的转账结算方式和各种信用流通工具的运用，赊销赊购的交易活动或债权债务关系相互抵销的出现，都大大节约了现金的使用，既节省了与之有关的费用支出，又使节约的现金用于商品交易活动之中，从而加快了货币资金的周转速度。

3. 调节经济

在现代商品经济条件下，信用成为调节国民经济的杠杆。信用的调节功能既表现在总量上，又表现在结构上。金融机构通过各种金融业务，有效地集中和输出货币资金，形成一个良性循环、不断增加的过程，能够为社会生产力的发展提供巨大的推动力。国家借助信用的调节功能既能抑制通货膨胀，也能防止经济衰退和通货紧缩，刺激有效需求，促进资本市场平稳发展。国家利用信用杠杆，通过利率变动和信贷投向的变动还能引导资金的流向，通过资金流向的变化来实现经济结构的调整，使国民经济结构更合理，经济发展更具持续性。

2.2 现代信用的形式

现代信用的形式繁多，按照不同的标准，可以将信用划分为不同的类型。按期限可以将信用划分为短期信用、中期信用和长期信用；按地域可以将信用划分为国内信用和国际信用；按是否以金融机构为中介可将信用划分为直接信用和间接信用；按信用参与主体可以将信用划分为商业信用、银行信用、国家信用和消费信用等。信用在现代市场经济运行中的作用，就是由这些各不相同的信用形式共同发挥作用实现的。本节将介绍几种主要的信用形式。

2.2.1 商业信用

1. 商业信用的含义

商业信用是现代经济中最基本的信用形式,是在商品交易过程中,企业之间直接提供的信用,主要是以商品买卖为基础。商业信用的主体是社会经济生活中最基本的主体——工商企业。商业信用双方都是商品生产者或经营者,是企业间的直接信用。

赊销和预付是商业信用的两种基本形式。厂商所生产的产品需要销售商进行销售,当销售商缺少购买产品所需的资金时,厂商可采取赊销方式,即先将产品赊销给销售商,双方约定一定时期后,该销售商偿还赊销的货款。如果厂商生产的是紧俏商品,则厂商可要求销售商预付一定比例的货款,以保证销售商能够及时得到商品。在现实的经济生活中,赊销和预付是工商企业间经常发生的信用行为。

典型的商业信用中实际包括两个同时发生的经济行为:买卖行为和借贷行为,买卖活动是基础。如厂商向销售商提供商业信用一方面是厂商向销售商卖出了自己的产品,另一方面则是销售商欠厂商以一定货币金额表示的货款,从而发生了债权债务关系。就买卖行为来说,在发生商业信用之际就已完成,即该产品从厂商所有变成销售商所有,就与通常现款买卖一样。而在此之后,它们之间只存在一定货币金额的债权债务关系,这种关系不会因已经属于销售商的这批货物能否销售出去而发生变化。

2. 商业信用的作用和局限性

商业信用在商品经济中发挥着润滑生产和流通的作用,这是其他信用形式所不能代替的。在现实经济运行中,企业间的经济联系往往由于种种原因而受到影响,如生产企业可能由于缺少资金而无法购买原材料,若没有商业信用,上下游企业间的联系就可能中断。如果原材料供应商能为生产企业提供商业信用,则生产企业就可以及时得到原材料从而继续进行生产。商业信用促进了生产和流通的顺畅进行,加快了商品价值的实现过程和资本周转。由此可见,作为现代经济中最基本的信用形式之一,商业信用的发展程度和运行状况直接影响到一国商品经济运行的顺畅与否。

在强调商业信用积极作用的同时,也不能否认商业信用的局限性。

第一,商业信用存在规模上的局限性。商业信用是企业间买卖商品时发生的信用,以商品买卖为基础,因此,其规模会受商品交易总额的限制,生产企业不可能超出所售商品量向对方提供商业信用,况且生产企业本身资金规模有限。

第二,商业信用存在方向上的局限性。商业信用通常是上游企业向下游企业授信,如原材料供应商向生产企业授信,生产企业向销售商授信等,一般很难逆向提供,而不存在买卖关系的其他企业则一般不可能从这种形式上取得必要的信用支持。

第三,商业信用存在着期限上的局限性。商业信用的期限一般较短,会受到企业生产周转时间的限制,通常只能用来解决短期资金融通的需要。

> **知识链接**

我国工商企业之间的商业信用,习惯上不是使用定规形式的票据,而是采取"挂账"的办法,即在账簿上记载债权债务关系。1929年,国民党政府颁布了《票据法》,明确规定商业票据是法定的票据之一,对商业信用较大规模的发展有所推动。

1949年中华人民共和国建立初期,商业信用在我国企业融资活动中广泛存在。据统计,1953年~1954年我国商业信用的规模约占企业流动资金的10%~20%。但随着"一五"期间我国高度集中的计划经济管理体制的逐步确立,国家实施了禁止商业信用的政策。之所以如此,是因为国家认为商业信用与计划经济管理体制相冲突。商业信用作为一种企业间的短期融资方式,在一定条件下可以替代银行信用,成为企业在银行信贷之外的另一条融资渠道。与银行信用相比,商业信用具有自发性、难以实施计划控制的特点。商业信用的这种非计划性特征与计划经济管理体制不相融,因而,随着我国计划经济管理体制的逐步建立,国家取缔商业信用便是很自然的事情。

改革开放后,国家逐渐改变禁止商业信用的政策,商业信用逐步得到恢复。顺应着这样的变化,银行也开始对商业信用的发展给予支持。1981年为了较快销售积压物资,国家正式允许赊销等商业信用合法存在。1982年国务院指示:"对于有利于发展生产,搞活经济,扩大商品销售的商业信用,对于经过批准允许赊销的商品、分期付款和预收货款的,各级银行要给予支持。"同年,上海市首先恢复票据贴现业务。中国人民银行于1984年发布了《商业票据承兑贴现暂行办法》,决定于1985年4月在全国推广。1995年《中华人民共和国票据法》的出台,为商业信用的发展提供了法律依据,促进了商业信用规范化、票据化的发展。近几年来,我国银行承兑汇票的签发额呈现出快速增长趋势,表明我国企业开始越来越多地利用商业信用进行短期融资。

但值得注意的是,由于历史原因导致的商业信用断层,以及我国社会信用环境欠佳,目前我国商业信用依然存在着规模偏小、范围狭窄、规范性弱、失信欺诈、管理效率低等问题。现实经济中,买方拖欠卖方货款的现象司空见惯,坏账率较高,销售风险较大。这种状况造成企业担心信用风险过大,从而大大降低了卖方提供商业信用的积极性。但随着我国社会信用环境的改善和市场化程度的提高,相信商业信用在我国将有广阔的发展空间。

2.2.2 银行信用

1. 银行信用的定义

银行信用是银行或其他金融机构以货币形态提供的信用。与作为直接融资范畴的商业信用不同,银行信用属于间接融资的范畴,银行在其中扮演着信用中介的角色。银行信用的借贷对象就是直接处于货币形态的资本。

2. 银行信用与商业信用的关系

(1) 银行信用是在商业信用广泛发展的基础上产生发展起来的。商业信用先于银行信用产生,但其局限性使其难以满足资本主义社会化大生产的需要,于是,银行信用就在商业信用广泛发展的基础上产生了。在银行信用发展的初期,银行通过办理商业票据贴现等业务将商业信用转变为银行信用。银行办理商业票据贴现时靠的是它们所聚集的货币资金,当这些货币资金不能满足贴现业务的需求时,银行发现可以签发自己的票据来代替企业家的票据,银行的票据就是银行券。在银行信用的发展过程中,越来越多的银行业务独立于商业信用,但票据贴现和票据抵押贷款等依然是现代银行的重要业务。

(2) 银行信用的出现使商业信用进一步得到发展。基于商业信用而产生的商业票据都是具有一定期限的,当商业票据未到期而持票人又急需现金时,持票人可到银行办理票据贴现，及时取得急需的现金，商业信用就转化为银行信用。由于银行对商业汇票的承兑业务以及办理的以商业票据为对象的贷款业务，如商业票据的贴现、票据抵押贷款等，使商业票据及时兑现，促进了商业信用的进一步发展。可以想象，如果没有银行信用的存在，商业票据的流通乃至商业信用的发展都将大打折扣。因此在市场经济中，商业信用的发展日益依赖于银行信用，银行信用很好地弥补了商业信用的不足，使商业信用进一步得到发展。

（3）银行信用与商业信用是并存而非取代的关系。尽管银行信用是现代信用的主要形式，但商业信用依然是现代信用制度的基础。这是因为商业信用直接与商品的生产和流通相关联，直接为生产和交换服务。因此，企业在购销过程中，彼此之间如果能够通过商业信用直接融通所需资金，企业往往首先利用商业信用，而不一定依赖于银行。另一方面，银行信用也越来越以商业信用为基础，因为银行通过为企业办理大量的票据贴现和票据抵押，可以在激烈的竞争中拓展自身的业务领域。因此，银行信用与商业信用是并存而非取代关系。

3. 银行信用的特点

（1）银行信用的货币资金来源于社会各部门的暂时闲置货币。银行通过吸收存款的方式将其积聚为巨额的资金规模，又通过发放贷款的方式将其贷放给货币资金的需求者，不仅能够满足资金需求者小额货币资金的需求，也能够满足其大额货币资金的需要。银行在其中发挥信用中介的职能，银行信用是间接信用。

（2）银行信用是以货币形态提供的信用。它独立于商品买卖活动，具有广泛的授信对象。货币资金是没有方向限制的，所有拥有闲余货币资金的主体都能够将其存入银行，所有需要货币资金的企业只要符合信贷条件都可以获得银行的贷款支持。以银行为中介，资金供求双方被联系起来，其信用方向完全不受商业信用中上下游关系的限制。

（3）银行信用提供的存贷款方式具有相对灵活性。期限可长可短，数额可大可小，可以满足存贷款人在数量和期限上的各种不同的需求。商业信用的成立需要借者和贷者在借贷的期限上取得一致，在银行信用形式下，把短期可贷货币连接起来可以满足较长期的资本需求者，较长期的可贷货币也可以方便地先后贷给较短期的货币需求者。

知识链接

长期以来，银行信用在我国一直居于主导地位。在高度集中的计划经济体制时期，为了集中资金的支配权，我国禁止了其他信用形式的存在，将信用集中于银行，银行信用成为当时经济运行中唯一的信用形式。改革开放以后，其他各种信用形式相继恢复和发展，在国民经济运行中发挥着越来越重要的作用，但总体而言，银行信用依然是我国最主要的信用形式。

2.2.3 国家信用

1. 国家信用的定义及形式

国家信用是指国家作为债权人或债务人的信用活动。

> **知识链接**

通常提到国家信用,似乎就是国家向臣民借债,其实国家往往也是放债人,如我国汉代有官府贷放种子、口粮的做法。隋唐时,官府有专门用来放债和经营商业活动的本钱,收益是官俸的来源。北宋王安石变法,其中有两项重要的措施:一是政府向农民贷款或贷实物;二是向商贩贷款。目的是促进经济发展,增加财政收入。从革命根据地开始直至中华人民共和国成立,革命政权一直对农民发放农贷。在现代经济社会中,国家通常会通过建立政策性金融机构对需要扶植的产业提供资金支持,政府不再作为行为主体直接向这些产业提供国家信用。

现在的国家信用主要是指国家作为债务人。在政府履行经济职能的过程中,当财政收入无法满足财政支出的需要时,政府就需要借助国家信用来筹集资金,特别是当政府通过财政政策干预经济时,通常会主动利用国家信用筹集资金。

国家信用的主要形式是国债,又称公债,是政府举措的债务。其中,发行期限在一年以内的短期国债称为国库券,发行期限在一年以上的则称为中长期国债。国家从国内筹款是内债,从国外筹款是外债。

我国发行的国债可分为凭证式国债、无记名国债和记账式国债三种。凭证式国债是一种国家储蓄债,可记名、挂失,以"凭证式国债收款凭证"记录债权,不能上市流通,从购买之日起计息。在持有期内,持券人如遇特殊情况需要提取现金时,可以到购买网点提前兑取。提前兑取时,除偿还本金外,利息按实际持有天数及相应的利率档次计算。无记名国债是一种实物债券,以实物券的形式记录债权,面值不等,不可记名、挂失,可上市流通。记账式国债是以计算机记账形式记录债权,通过无纸化方式发行和交易,可以记名、挂失。

2. 国家信用的特点

(1) 相对于其他信用形式而言,国家信用的信誉度高,能以一些优惠条件吸引人们减少自身的消费,从而动员使用其他信用形式动员不了的资源,扩大可融资金总量。

(2) 国家信用的安全性强,风险小,因此其融资工具的期限一般较长,具有资金使用的稳定性,所以适用于财政部门。由于其较高的安全性,国债在金融市场上也是广受欢迎的品种,因此国债虽然一般不能提前兑现,但在金融市场上流动性很强,人们也乐于持有。

(3) 国家信用的利息由纳税人承担,而其他信用的利息由借款人承付,所以国债利息是财政的支出,其他信用形式所形成的利息可能部分地成为财政收入。

3. 国家信用的作用

(1) 调节财政收支的临时失衡。国家财政收支出现临时失衡是经常的,即使从整个财政年度看,财政收支是平衡的,但由于财政收入与支出发生时间不一致,也会出现收支矛盾。为了解决这种年度内的暂时不平衡,国家往往通过发行国债来解决。

(2) 调节财政收支,弥补财政赤字。由于种种原因,很多国家政府预算经常出现赤字。一般来说,弥补财政赤字有三种基本方法:增加税收、向中央银行借款或透支、发行政府债券。然而增加税收会受到限制,因为税收过多会影响企业的生产积极性,会遭到社会公众的反对与不满。向央行借款或透支,结果可能导致通货膨胀,因此,各国对这一点一般都有明确的限定,如我国《中国人民银行法》第 29 条明确规定中国人民银行不得对政府财政透支,不得直接认购、包销国债和其他政府债券。目前来看,弥补财政赤字的最好办法是发行政府债券,但应注意债券的规模、期限等。

(3) 调节经济与货币供给。第二次世界大战后,许多西方国家实行凯恩斯主义政策,利用财政赤字扩大需求,刺激经济增长,结果导致财政赤字不断增加,国债的发行规模日益庞大。近年来,许多国家中央银行调控货币供给量的主要手段就是在公开市场上买入或卖出国债,而公开市场操作的有效性,是以一定规模的国债及其不同期限的国债合理搭配为前提条件的。因此,国家信用成为中央银行调节货币供给进而通过货币政策调节一国经济的前提。

> **知识链接**
>
> 我国政府曾于 20 世纪 50 年代发行过三次公债,所筹资金主要用于恢复和发展国民经济、稳定市场,并于 1968 年全部还清。直到 1981 年,我国再没有发行过国债。改革开放后,为推动经济发展,政府采用了投资拉动型的经济增长方式,政府投资作为我国总投资的重要组成部分,在财政收入不足的情况下,需要借助发行国债的方式为政府投资筹集资金。于是,1981 年我国恢复国债的发行,之后,国债的发行一直呈增长态势,至 2015 年年底未偿付的国债余额已达 15.5 万亿元人民币,说明国家信用已经成为我国重要的信用形式之一,在国民经济的发展与调节中发挥着重要的作用。

2.2.4 消费信用

1. 消费信用的定义及形式

消费信用是企业、银行或其他金融机构向消费者个人提供的用于生活消费的信用。消费信用的形式主要有赊销、分期付款、消费信贷和银行向个人提供的信用卡。

赊销是商业信用在消费领域中的表现,是工商企业对消费者个人提供的短期信用,即以延期付款的方式销售,到期一次性付清货款,主要存在于有长期固定经济往来的买卖方之间。

分期付款是消费者购买商品后,先支付部分现款,然后根据与企业签订的合同,在规定的时间内分期加息支付余下的货款。在货款未付清前,商品所有权仍属于卖方。

消费信贷是银行或其他金融机构采用信用放款或抵押放款的方式直接贷款给个人用以购买住房或其他耐用消费品等相对大额和长期的贷款种类。

对一般消费,消费信用多采用信用卡方式,即由银行或其他金融机构发给其客户信用卡,消费者可凭卡在约定单位购买商品或做其他支付,有的还可以向发卡银行透支小额现金。工商企业等每天营业结束时向发卡机构索偿款项,发卡机构与持卡人定期结算清偿。

2. 消费信用的特点

(1) 非生产性。与商业信用和银行信用不同,消费信用提供的贷款并不是用于生产领域，而是用于消费。

（2）期限较长。消费者分期付款买车或者到银行申请房贷，偿还所需时间较长，最长可达 20～30 年。

（3）风险较大。消费信用是完全消费性的，还款主要是由借款人的收入等做保证，因此具有较大的风险。2007 年美国次贷危机的爆发凸显了这一点。

3. 消费信用的作用

（1）消费信用的正常发展有利于促进商品的生产与销售，减少商品积压，有利于社会再生产，尤其是对新产品的推销和产品的更新换代有不可低估的作用。

（2）消费信用的发展能够扩大即期消费需求，调节社会公众购买消费品时在时间上和支付能力上的不一致。

（3）消费信用的发展为消费者个人提供了将未来的预期收入用于当前消费的有效途径，使其实现了跨时间的消费选择，提升了消费者的生活质量，增加了消费者的总效用。

4. 消费信用发展的制约因素

（1）社会商品和服务总供给能力与水平。

（2）居民的实际收入与生活水平。收入水平和生活方式制约着人们的消费水平和消费方式，同时也是消费信贷风险的重要因素，因此是制约消费信用发展的根本原因。

（3）社会资金供求关系。

（4）消费观念与文化传统。

现实中，消费信用往往被企业用作推销产品、扩大产品销路的一种手段，以解决生产与消费的矛盾。它虽然在一定时期内促进了消费和生产的发展，能够暂时缓解生产过剩的矛盾，但是消费信用使消费者提前动用未来的收入进行即期消费，如果消费者对自己未来预期收入判断失误，过度负债消费，就会使消费者的债务负担过重，反而导致其生活水平下降，甚至引发一系列连锁反应，危及社会经济生活的安全。

知识链接

我国居民对个人负债一直持谨慎的态度，靠负债来消费在传统的国人心中是不可想象的，因此，我国消费信用起步较晚。20 世纪 50 年代，我国曾有过为配合耐用消费品的销售而开办的消费信用活动，但规模较小。1995 年，广东发展银行发行了我国第一张真正意义上的符合国际标准的信用卡，商业银行通过信用卡透支向消费者个人提供短期消费信贷开始正式进入市场。之后各家商业银行纷纷推出自己的信用卡，市场规模不断扩大。

商业银行的消费信贷是我国消费信用的主要形式。为配合居民住房管理体制改革，1996 年，中国人民银行开始允许国有商业银行办理个人住房贷款，个人消费信贷起步。自 1998 年以来，为了扩大消费需求，人民银行陆续出台了一系列促进消费信贷的政策，如发布了《个人住房贷款管理办法》，允许所有商业银行开办个人住房贷款业务；发布《关于加大信贷投入，支持住宅建设和消费的通知》；推出《汽车消费贷款管理办法》，并确定首先在四大国有商业银行试点开办；1999 年 3 月，发布了《关于开展个人消费信贷指导意见》，提出把消费信贷作为新的增长点，要求各商业银行积极开办各种消费信贷业务，并将住房、汽车等消费贷款的最高限额由消费品价值的70%提高到80%；1999年9月，又将个人住房贷款的最长期限由20年延长到30年，并将贷款利率降低到同期法定贷款利率以下。这些政策的出台，大大推动了消费信贷业务的发展，消费信贷的规模从1997年的172亿元，发展到2010年的7万亿元。消费信贷的种类也不断增加，有个人短期信用贷款、个人综合消费贷款、个人旅游贷款、助学贷款、个人汽车贷款、个人住房贷款等，其中，住房贷款和汽车贷款是两种最主要的形式。

我国消费信贷的快速增长对提高居民的消费水平、刺激消费、扩大内需发挥了重要的促进作用。但在快速增长的同时，消费信贷的风险也开始逐渐暴露，如2015年信用卡逾期半年未偿还信贷总额为380.27亿元，是信用卡应偿还信贷余额的1.23%。同时，快速攀升的房价也为我国商业银行发放的个人住房抵押贷款带来了隐性风险，美国次贷危机的教训值得借鉴。

伴随着我国经济增长方式的转型，消费在拉动我国经济增长方面将发挥越来越重要的作用，这为我国消费信用的发展提供了广阔的发展空间。但在发展的同时，一定要注重风险的防控，要加快个人信用体系的建设。

2.2.5 国际信用

国际信用是指一切跨国的借贷关系、借贷活动。在生产力水平不断发展的今天，国际分工日益深化，国际资本流动和国际经济交往越加频繁，使国际信用成为进行国际结算、扩大进出口贸易的主要手段之一。国际信用的具体形式可以分为两种：国外商业性借贷和国外直接投资。

1. 国外商业性借贷

国外商业性借贷的基本特征是跨国资金输出者和使用者之间构成借贷双方，主要包括出口信贷、国际商业银行贷款、债券发行、政府贷款、国际金融机构贷款、补偿贸易和国际租赁等多种具体形式。

（1）出口信贷。出口信贷是出口国政府为支持和扩大本国产品的出口，提高本国产品的国际竞争能力，通过提供利息补贴和信贷担保的方式，鼓励本国银行向本国出口商或外国进口商提供的中长期贷款。出口信贷名称的由来就是因为这种贷款由出口方提供，并且以推动出口为目的。正因如此，出口信贷的利率往往低于国际资本市场利率，利差由贷款国政府补贴。根据贷款对象的不同，出口信贷分为卖方信贷和买方信贷。

卖方信贷是指出口方银行向出口商提供的贷款。由于得到了银行的贷款支持，出口商便可向进口商提供延期付款的信用，即允许进口商在订货时先支付一部分现汇定金，通常为合同金额的15%，其余货款在出口商全部交货后的若干年内（一般为5年）分期偿还。买方信贷是出口方银行向外国进口商或进口方银行提供的贷款，直接向进口商提供贷款，一般由进口方银行担保。目前，较多的做法是：先由进出口双方银行签订"买卖信贷总协议"，规定出口方银行向进口方银行提供贷款的使用范围、额度和利率条件等，然后再由进口方银行根据具体的贸易合同和贷款协议向进口商转贷。进口商则在规定的期限内逐次偿还银行贷款并支付利息。

（2）国际商业银行贷款。国际商业银行贷款是指一些大商业银行向外国政府及其所属部门、私营工商企业或银行提供的中长期贷款（多为3~5年）。这种贷款利率水平较高，一般在 LIBOR○之上加一定的附加率。这种贷款通常没有采购限制,也不限定用途,贷款的主要方式有独家银行贷款和银团贷款等。

(3) 债券发行。债券发行是指一国工商企业、政府机构、银行及其他金融机构等,在国际资本市场上以外国货币为面额发行有价证券融集资金。其投资者可以是外国居民也可以是外国的非居民,因此可以看作是一种混合的信用形式。

(4) 政府贷款。政府贷款是一国政府利用国库资金向另一国政府提供的贷款,一般带有援助的性质。这种信用一般是非生产性的,如用于解决财政赤字或国际收支逆差,必要时还用来应付货币信用危机等。

(5) 国际金融机构贷款。国际金融机构贷款即国际金融机构对会员国的贷款。主要包括国际货币基金组织、世界银行及其附属机构,以及一些区域性国际金融机构提供的贷款。这些机构的贷款大多条件优惠,主要目的是促进成员国长期经济发展和国际收支状况的改善。

(6) 补偿贸易。补偿贸易是出口国厂商在进口方外汇资金紧张的情况下,将机器设备、技术和各种服务提供给进口方,待项目建成投产后,进口方以项目的产品或双方商定的其他办法清偿贷款本息。补偿贸易的偿付期限由双方协定。

(7) 国际租赁。国际租赁是一种融资与融物相结合的信用形式。它是由出租人根据承租人的要求,向承租人选定的供货商购买承租人选定的设备,之后以收取一定租金为条件将设备让渡给承租人使用。租赁期满,承租人可以选择将租用的设备退回租赁公司,或根据设备的具体情况作价购买,或继续原租赁关系。

2. 国外直接投资

国外直接投资是一国资本直接投资于另一国企业,成为企业的所有者或享有部分所有权的一种资本流动形式。一般包括一国的投资者到另一国进行股权式的投资、一国的投资者到另一国进行契约式合营以及一国的投资者到另一国进行独资经营等几种情况。

总之,国际信用体现的是国与国之间的债权债务关系,直接表现为资本在国际的流动。对债权国来说是资本流出,对债务国而言是资本流入,这部分流入的资本也被称为"外资",债务国的这些债务就是"外债"。目前,西方发达国家在国际信用中往往是债权国,发展中国家则往往是引进外资的债务国。

2.3 信用工具

2.3.1 信用工具的含义及一般特征

1. 信用工具的含义

信用工具是具有一定格式,载明债权债务关系的书面凭证。在现代经济中,信用工具的交易是帮助实现资金融通的工具,因此信用工具又被称为金融工具。在金融市场上,人们通

○ LIBOR 为 London Interbank Offered Rate 的简称,中文名为伦敦银行同业拆借利率。伦敦银行同业拆借利率是英国银行家协会根据其选定的银行在伦敦市场报出的银行同业拆借利率,进行取样并平均计算成为基准利率。它是伦敦金融市场上银行之间相互拆放英镑、欧洲美元及其他欧洲货币资金时计息用的一种利率。——校者注

过买卖金融工具,实现资金从盈余部门向赤字部门的转移。与商品产品类比,作为买卖的对象,金融工具也经常被称为金融产品,而对于金融工具的持有者来说,金融工具又叫作金融资产。

2. 信用工具的特征

信用工具种类繁多,但各种信用工具一般都具有期限性、流动性、风险性和收益性四个基本特征。

(1) 期限性。期限性又称偿还期,是指债务人在进行最终支付前的时间长度,即债务人必须全部偿还债务前所剩余的时间。不同的偿还期限满足了不同的债权人和债务人对借贷期限的不同要求。如1年以后到期的公司债券,其偿还期限就是1年,一张标明3个月后到期的银行承兑汇票,偿还期为3个月。但对当事人来说,更有现实意义的是从持有信用工具日起到该信用工具到期日为止所经历的时间。假设一张2000年发行、2020年才到期的长期国家债券,某人于2009年购入,那么对于他来说,偿还期限是11年而非20年,他将用这个时间来衡量收益率。

信用工具到期日的特点可以有两个极端:一个是无到期日,如活期存款;另一个是无限长的到期日,如股票或永久性债券。一般来说,债券都有具体的到期日,短的可以是1天,长的也可以是100年。比如美国迪士尼公司1993年发行了期限为100年的债券。一旦到期,凭信用工具对于收益的要求权就终止了。但是,一些信用工具由于发行人的问题,如破产、重组等,也可能被提前终止。

(2) 流动性。流动性是指信用工具能够迅速变现而不遭受损失的能力。信用工具一般都可以在金融市场上流通转让。信用工具流动性强弱包含两个方面的含义:一是信用工具能不能随时自由变现;二是变现过程中损失的程度和所耗费的交易成本的大小。凡能随时变现且不受损失的信用工具,其流动性强;凡是不易随时变现,或变现过程中遭受价格波动的损失,或在交易中要耗费较多的交易成本的信用工具,其流动性弱。中央银行发行的纸币和商业银行活期存款具有最充分的流动性,政府发行的国库券也具有较强的流动性。而其他信用工具,或者是短期内不易脱手,或者是变现时受市场波动影响遭受损失,或者是交易过程中要耗费相当多的交易成本,其流动性都要弱一些。

流动性往往与债务人的信誉成正比。信用工具发行主体的信誉状况越好,信用工具的流动性越强,反之,流动性越弱。如国家发行的债券,银行发行的可转让大额定期存单,信誉卓著的公司所签发的商业票据等,流动性就较强。

(3) 风险性。风险性是指购买信用工具的本金和预定收益遭受损失可能性的大小。持有任何一种信用工具都会有风险,其主要来自两个方面:信用风险和市场风险。

信用风险也称违约风险,是指信用工具发行人不履行合约,不按期归还本息的风险。这类风险与债务人的信誉、经营状况有关。债务人的信用等级越高、经营状况越好,则该信用工具的信用风险越低。然而,风险有大有小,很难保证绝无风险。比如在大银行存款的储户有时也会受到银行破产清理的损失。信用风险也与信用工具的种类有关。例如,股票中的优先股就比普通股风险低,一旦股份公司破产清理,优先股股东比普通股股东有优先要求补偿的权利。信用风险对于任何一个金融投资者都存在,因此,认真审查投资对象、充分掌握信息,至关重要。

市场风险是指由于信用工具市场价格下跌所带来的风险。某些信用工具，如股票、债券，它们的市价是经常变化的。市价下跌就意味着投资者信用工具的贬值。1987年10月19日，是有名的"黑色星期一"，股市暴跌风潮席卷美国，约有一亿八千万的股东在这一天损失财产5000亿美元。信用工具，尤其是长期信用工具，其市场风险更加难以预测，因为政治、经济、政策、市场等诸方面因素的变动都会影响信用工具的交易价格，使信用工具的交易价格具有很强的不确定性。因此，在金融投资中，审时度势，采取必要的保值措施非常重要。

（4）收益性。收益性是指信用工具能够为其持有者带来收益的特性。信用工具的持有者之所以愿意购入信用工具，而将自己的货币资金转让给信用工具的发行者使用，就是因为持有信用工具能够为其带来一定的收益。信用工具为持有者带来的收益主要有两种：一是利息、股息或红利等收入，二是买卖信用工具所获得的价差收入。

信用工具收益性的高低由收益率表示。收益率是指持有信用工具所取得的收益与本金的比率。收益率有三种计算方法：名义收益率、现时收益率和平均收益率。

名义收益率是指信用工具的票面收益与票面金额的比率。如某种债券面值100元，10年偿还期，年息8元，则该债券的名义收益率就是8%。

现时收益率是指信用工具的年收益额与当期市场价格的比率。若上例中债券的市场价格为95元，则现时收益率=8.42%（8/95×100%）。

平均收益率是将现时收益与资本损益共同考虑的收益率。在上述例子中，当投资人以95元的价格购入面值100元的债券时，就形成5元的资本盈余。如果他是在债券发行后1年买入的，那么经过9年才能取得这5元资本盈余。考虑到利息，平均每年的收益约为0.37元。将年资本损益额与年利息收入共同考虑，便得出：债券的平均收益率=8.81%（(0.37+8)/95×100%）。比较前两种收益率，平均收益率可以更准确地反映投资者的收益情况。

（5）期限性、流动性、风险性和收益性的关系。信用工具的四个基本特性，即期限性、流动性、风险性和收益性是密切相连的。一般来说，流动性与期限性是负相关关系，偿还期越长，流动性越弱；偿还期越短，流动性越强，因此，短期信用工具的流动性一般要强于长期信用工具。流动性与收益性之间是负相关关系，投资者接受较低的收益率是为了获得较高的流动性，因此银行活期存款比定期存款的收益率低。风险性和收益性是正相关的。大部分投资者厌恶风险，因此接受高风险必须要有高收益，比如，公司债券比政府债券的收益率高。风险性与流动性是负相关关系，流动性高的信用工具由于能够迅速变现，所以可以规避风险，即风险小。如长期债券的价格波动幅度比短期债券大，风险大，所以其流动性也较低。

金融市场上不同种类的信用工具反映了各种特性的不同组合，因此能够分别满足投资者和筹资者的不同需求。

2.3.2 短期信用工具

信用工具按照偿还期限的长短，可以分为短期信用工具和长期信用工具。偿还期限在一年或一年以内的信用工具称为短期信用工具，如各种票据；偿还期限在一年以上的信用工具称为长期信用工具，如股票和债券等。本节短期信用工具主要介绍商业票据和银行票据。

1. 商业票据

（1）商业票据的含义及基本形式。商业票据是提供商业信用的债权人，为保证自己对债务的索取权而掌握的一种书面债权凭证。商业票据主要分为本票和汇票两种。

商业本票是由债务人向债权人发出的支付承诺书，承诺在约定期限支付一定款项给债权人。商业汇票是由债权人签发给债务人，命令后者支付一定款项给第三者或持票人的支付命令书。商业汇票必须经过债务人承认才有效，债务人承认付款的手续称为承兑。商业汇票按承兑人不同可以分为商业承兑汇票和银行承兑汇票。由企业承兑的商业汇票称为商业承兑汇票，由银行承兑的商业汇票称为银行承兑汇票。后者的信誉要高于前者，因为银行办理承兑后即担负到期向持票人付款的责任，银行承兑汇票是以银行信用作为最后付款保证的汇票。

（2）几种主要的商业票据行为：

1）出票。出票是指创造或签发票据的行为，票据上的义务和权利因出票而产生，是基本的票据行为。

2）承兑。承兑是指票据的付款人在票据上签名盖章承兑字样并保证票据到期付款的行为。

3）背书。票据签发后，票据持有人可以在票据的有效期内对票据进行背书转让。所谓背书，就是指票据的持有人在转让票据时，在票据背面签章并做日期记载。持票人背书转让票据后，就成为票据的背书人，背书人要对票据的清偿承担连带责任。商业票据的背书转让行为使商业票据可以直接充当支付手段用于购买商品或清偿债务，事实上代替了交易中所需的货币资金。但商业信用的局限性也决定了票据流通的局限性，它只能在彼此有经常往来而且互相了解的工商企业之间流通。此外，每张票据的金额都是不同的，支付期限也不同，用以支付不太方便。

4）票据贴现。票据贴现是指票据持有者将未到期的合格票据转让给商业银行以融通资金的行为。贴现利息的计算公式为：

$$贴息 = \frac{票面金额 \times 贴现率 \times 未到期天数}{360}$$

$$客户获得的贴现金额 = 票面金额 - 贴息$$

对于商业银行来说，办理贴现业务相当于发放了一笔短期商业贷款，银行信用替代了商业信用。贴现银行收到票据后，可继续转让也可持有到期。如果在这张票据到期前，贴现银行也出现了融资需求，则贴现银行可将这张票据向其他金融机构进行转让。转让给其他商业银行，称为转贴现；转让给中央银行，称为再贴现。若贴现银行将该票据持有到期但不能向企业收回款项，则可以向法院起诉，或者向进行贴现企业追索，该企业负有连带责任。

5）票据抵押。票据抵押是指持票人将商业票据作为抵押物向商业银行申请抵押贷款的行为。票据抵押贷款的期限不超过票据未到期的期限。与贴现不同的是，作为抵押的票据并不是由商业银行在票据到期时向票据的债务人收款，而是在贷款到期时由借款人向银行还贷赎回票据，只有在不能还贷赎回票据的情况下，银行才处理票据。

6）付款。票据到期时，持票人提交票据，由付款人或承兑人付款，付款后票据上的一切债权债务关系终结。

（3）融通票据。有了背书、贴现、抵押等票据行为之后，商业票据的融资功能大大增强，商业票据作为融资工具的意义甚至大大超过了它用来证明商业信用中债权债务关系的意义。随着货币市场的发展和机构投资者的出现，产生了与商品交易相分离，以纯粹的市场融资为目的的融通票据。因此，在商业票据中，除了具有交易背景的票据外，还有大量并无交易背景而只是单纯以融资为目的发出的票据，即融通票据。相对于融通票据，有商品交易背景的票据称为真实票据。

非金融机构的公司发行期限在一年以内的商业票据，其购买者多为商业银行、投资银行等金融机构，也有非金融机构类企业。融通票据的票面金额已经标准化，多为大额整数，以方便交易。融通票据的发行方式为贴现发行，即出售票据一方融入的资金低于票据面值，票据到期时按面值还款。差额部分就是支付给票据买方（贷款人）的利息，其中，利息率称为贴现率。例如，有人欲将 3 个月后到期，面额 50000 元的商业票据出售给银行，银行按 6% 的年率计算，则贴息为 750 元（50000×6%×3/12）；银行支付给对方的金额则是 49250 元（50000−750）。贴现率的高低取决于商业票据的质量。对于不同资质的企业来说，投资人承受的风险是不一样的。一般来说，企业发行商业票据前都要经过信用评级机构评级，评级越高的商业票据，贴现率越低，发行价格越高。

由于融通票据主要是由信誉卓著的大企业发行，信用质量高、期限短、信息透明，得到广大投资者的青睐，融通票据的发行已经成为很多公司短期资金的重要来源。在发达市场经济国家的商业票据市场上，目前大量流通的是融通票据。

2005 年 5 月 25 日，中国人民银行发布了《短期融资券管理办法》以及《短期融资券承销规程》《短期融资券信息披露规程》两个配套文件，允许符合条件的企业在银行间债券市场向合格机构投资者发行短期融资券，标志着以短期融资券为代表的商业票据市场在我国正式启动。

2. 银行票据

银行票据是由银行签发的，由其在见票时支付一定的金额给收款人或持票人的票据。银行票据主要包括银行本票、银行汇票、银行签发的支票等。

（1）银行本票是指申请人将款项交存银行，由银行签发给申请人凭其在同城范围内办理转账结算或支取现金的票据。银行本票见票即付，信用度高，结算迅速，支付能力强。

（2）银行汇票是指申请人将款项交存当地银行，由银行签发给申请人持往异地办理转账结算或支取现金的票据。

（3）支票是指银行的存款人签发，委托存款银行在见票时无条件支付一定的金额给收款人或持票人的票据。支票的出票人必须在付款银行拥有存款，并签有支票协议。支票都是见票即付的即期票据。支票按其支付方式分为现金支票和转账支票，前者可用来支取现金，后者只能用来转账。

此外，商业汇票经银行承兑后，即称为银行承兑汇票，银行成为该票据的第一付款人，因此也具有银行票据的性质。与商业票据有所不同，商业票据的担保人仅为其发行者，而银行承兑汇票有承兑行的额外担保，因此，银行承兑汇票的收益率略低于商业票据。

2.3.3 长期信用工具

1. 股票

（1）股票的定义及基本特征。股票是股份有限公司在筹集资本时向出资人发行的股份凭证。股票代表着其持有者对股份公司的所有权。这种所有权是一种综合权利，如参加股东大会、投票表决、参与公司的重大决策、收取股息、分享红利等权利。每个股东所拥有的公司所有权份额的大小，取决于其持有的股票数量占公司总股本的比例。股东是公司的所有者，以其出资额为限对公司负有限责任，承担风险、分享收益。具体来说，股票具有以下基本特征：

1）不可偿还性。股票是一种无偿还期限的信用工具，一经认购，持有者不能以任何理由要求退还股本，只能通过二级市场将股票转让给第三方。股票的转让只意味着公司股东的改变，并不减少公司资本。从期限上来看，只要公司存在，它所发行的股票就存在，股票的期限等于公司存续的期限。

2）参与性。股东有权出席股东大会、选举公司董事会、参与公司重大决策。股东参与公司决策的权利大小，取决于其所持股份的多少。从实践来看，只要股东持有的股票数量达到左右决策结果所需的实际多数时，就能掌握公司的决策控制权。

3）收益性。股东凭其持有的股票，有权从公司领取股息或红利，获取投资的收益。股息或红利的大小，主要取决于公司的盈利水平和公司的盈利分配政策。股票的收益性，还表现在股票投资者可以获得价差收入或实现资产保值增值。通过低价买入和高价卖出股票，投资者可以赚取价差利润。在通货膨胀时，股票价格会随着公司原有资产重置价格上升而上涨，从而避免了资产贬值。股票通常被视为在高通货膨胀期间可优先选择的投资对象。

4）流通性。流通性是指股票在不同投资者之间的可交易性。可流通股数越多，成交量越大，价格对成交量越不敏感，股票的流通性就越好，反之就越差。通过股票的流通和股价的变动，可以看出人们对于相关行业和上市公司的发展前景和盈利潜力的判断。

5）价格波动性和风险性。股票在交易市场上作为交易对象，同商品一样，有自己的市场行情和市场价格。由于股票价格要受到诸如公司经营状况、供求关系、银行利率、大众心理等多种因素的影响，其波动有很大的不确定性。正是这种不确定性，有可能使股票投资者遭受损失。价格波动的不确定性越大，投资风险也越大。因此，股票是一种高风险的金融产品。例如，花旗集团在2006年的高峰时期股价最高曾达55.70美元，而在次贷危机发生后的2009年股价曾下跌至1美元以下。因此，如果不合时机地在高价位买进该股，就会遭受严重损失。

（2）股票的分类：

1）按股东权利分类，股票可分为普通股和优先股。普通股是随着企业利润变动而变动的一种股份，是股份公司资本构成中最普通、最基本的股份，是股份制企业资金的基础部分。目前，在上海和深圳证券交易所上中交易的股票都是普通股。普通股股东按其所持有股份比例享有以下基本权利：

①利润分配权。持有普通股的股东有权获得股息和红利，但必须是在公司支付了债息和优先股的股息之后才能分得。普通股的股息是不固定的，由公司盈利状况及其分配政策决定。

②剩余资产分配权。当公司破产或清算时，若公司的资产在偿还欠债后还有剩余，其剩余部分则按先优先股股东、后普通股股东的顺序进行分配。

③公司决策参与权。普通股股东有权参与股东大会，并有表决权、选举权和被选举权，也可以委托他人代表其行使股东权利。普通股股东拥有一股一票的投票权。

④优先认股权。如果公司需要扩张而增发普通股股票时，现有普通股股东有权按其持股

比例，以低于市价的某一特定价格优先购买一定数量的新发行股票，从而保持其对企业所有权的原有比例。

优先股和普通股是相对的，是股份公司发行的、在分配利润和剩余财产时比普通股具有优先权的股份。

与普通股股东相比，优先股股东具有两种优先权：一是优先分配权，即在公司分配股息时，优先股的股东分配在先，但是优先股的股利相对固定，通常股息收益率都是预先确定的；二是优先求偿权，如果公司破产清算，那么在分配剩余财产时，优先股的股东先于普通股股东分配。但优先股股东的权利范围小，没有表决权、选举权和被选举权等。

2）按上市地点和投资者的不同，我国股票可分为 A 股、B 股、H 股、N 股、S 股等。A 股的正式名称是人民币普通股票，它是由我国境内的公司发行，供境内机构、组织或个人（不含台、港、澳投资者）以人民币认购和交易的普通股股票。B 股是由我国境内股份公司发行，以人民币标明票面价值，以外币认购，在境内证券交易所上市，提供给境内外投资者买卖的股票。B 股在上海证券交易所是以美元认购，深圳证交所是以港币认购。H 股、N 股、S 股分别是我国境内股份公司发行的，在香港、纽约和新加坡上市交易的股票。

3）按投资主体的性质不同，我国上市公司股票分为国家股、法人股和公众股。国家股是指有权代表国家投资的部门或机构以国有资产向股份有限公司投资形成的股权。国家股的股权所有者是国家，其股权由国有资产管理机构或其授权单位、主管部门行使。法人股是指企业法人以其依法可支配的资产向股份公司投资形成的股权，或由具有法人资格的事业单位或社会团体以国家允许用于经营的资产向股份公司投资所形成的股权。公众股是指社会公众依法以其拥有的财产投入股份公司时形成的可上市流通的股票。

2. 债券

（1）债券的定义及基本特征。债券，又称"收益债券"，是指政府、金融机构、工商企业等直接向社会借债筹措资金时，向投资者出具的、承诺按约定条件支付利息和到期归还本金的债权债务凭证。债券上通常载明债券的发行机构、面值、利率、付息期、偿还期等要素。一般说来，债券具有以下特征：

1）流动性。债券有规定的偿还期限，从几个月到十几年不等，到期前不得兑付。但债券持有者在债券到期前急需资金时，可以在证券交易市场上将债券转让，也可以以债券作为质押品而获得贷款。因此，债券具有转换为货币的能力，即债券具有流动性。

2）收益性。债券持有者可以按规定的息票利率定期获取债息收入，并有可能因市场利率下降等因素导致债券价格上升而获取债券升值收益。债券的这种收益是债券的时间价值和风险价值的反映，是对债券持有人暂时让渡资金使用权和承担投资风险的补偿。

3）风险性。债券投资具有一定的风险，主要表现在：因债务人破产清算不能全部收回债券本息所遭受的损失；因市场利率上升导致债券价格下跌所遭受的损失；此外，由于债券息票利率固定，因此，在出现通货膨胀时，实际债息收入会下降。

4）返还性。债券到期后，除支付最后一期债息外，还必须偿还票面金额。

（2）债券的分类。债券的种类繁多，按照发行主体，债券可分为政府债券、金融债券和企业债券三大类，每一类债券又可进行不同的细分。

1）政府债券。政府债券是指政府为筹集财政资金而发行的一种债券，是政府向投资者出具的、承诺在一定时期支付利息和到期偿还本金的债权债务凭证。政府债券又可以分为中央政府债券、地方政府债券和政府机构债券。

①中央政府债券。中央政府债券又称为国债，是一国中央政府为弥补财政赤字或筹措建设资金而发行的债券。根据期限的不同，国债可被区分为短期国债、中期国债和长期国债。短期国债又称国库券，是指期限在1年或者1年以内的国债。中央政府发行国库券的主要目的是为了调节年度内财政收支临时性出现的不平衡。中期国债的期限通常在1~10年，长期国债的期限通常在10~20年。中长期国债通常被称为国家公债。中央政府发行中长期国债的目的是为了弥补财政赤字，或者是为了公共建设而筹集资金。国债是以国家财政收入作为还本付息的保证，具有风险小、流动性强等特点，因此，国债又有"金边债券"之称。

②地方政府债券。地方政府债券的发行主体是地方政府，也被称为地方公债或市政债券。地方政府债券主要有两种形式：一般责任债券和收益债券。一般责任债券没有特定的资产来源为该债券提供担保，地方政府许诺利用各种可能的收入来源，如税收、行政收费等清偿债券。在美国，许多一般责任债券必须经过纳税人的同意才能发行。一般责任债券的期限非常广泛，从1~30年不等。与一般责任债券不同，收益债券有特定的盈利项目做保证，通常以某一特定工程或某种特定业务的收入作为偿还本息的来源。例如，发行收益债券可以修建收费的桥梁，所以过桥费可以保证清偿债券本息。如果特定项目的收入不足以偿还，则债券的购买者可能因债券的违约而蒙受损失。收益债券的期限通常与特定工程项目或业务的期限密切相关。地方政府债券的利息所得通常享有免缴地方所得税的优惠。

③政府机构债券。政府机构债券是指政府的有关部门成立的专门机构为向国民经济的某些特定方面提供信贷而发行的债券。因此，这种债券通常是政策性金融机构的资金来源。比如，美国的住宅与城市开发部就建立了一个专门的机构，名为政府国民抵押协会，它通过发行政府机构债券筹集资金，然后将所筹集的资金用于国内的住宅抵押市场。我国的政策性银行发行的金融债券也具有政府机构债券的性质。由于我国的金融市场不够发达，因此，政策性金融机构不是直接向市场发行金融债券，而是将金融债券卖给商业银行，后者将其作为资产持有。

2）金融债券。金融债券的发行主体是银行或非银行金融机构。在英美等欧美国家，金融机构发行的债券归类于公司债券；在中国及日本等国家，金融机构发行的债券则单独归类为金融债券。金融债券发行的目的一般是为了筹集长期资金，它不仅可以为金融机构带来稳定的资金来源，而且金融机构可以根据经营管理的需要，主动选择适当时机发行必要数量的债券以低利率吸收货币资金，故金融债券的发行通常被看作是商业银行资产负债管理的重要手段。由于金融机构的资信度低于一国政府，但比一般非金融公司高，因此，金融债券的信用风险要高于政府债券但低于公司债券，故金融债券的利率水平比公司债券低而比政府债券稍高。金融债券的流动性低于银行存款，因此，一般来说，金融债券的利率要高于同期银行存款利率。

3）企业债券。企业债券是由企业为筹集资金而发行的偿还期在一年以上的债券。企业债券在西方国家等同于公司债券，在中国则泛指各种所有制形式的企业为筹集资金以用于特定目的而发行的债务凭证，是企业筹集资金的一条重要途径。

企业债券按照不同标准可以分为很多种类。最常见的分类有以下几种：

①按债券有无担保，企业债券可分为信用债券和担保债券。信用债券是指仅凭筹资人的

信用发行的、没有担保的债券，信用债券只适用于信用等级高的债券发行人，而且期限较短，利率较高。担保债券是指以抵押、质押、保证等方式发行的债券。其中，抵押债券是指以不动产作为担保品所发行的债券，质押债券是指以有价证券作为担保品所发行的债券，保证债券是指由第三者担保偿还本息的债券。

②按债券可否提前赎回，企业债券可分为可提前赎回债券和不可提前赎回债券。如果企业在债券到期前有权定期或随时购回全部或部分债券，这种债券就称为可提前赎回企业债券，反之，则是不可提前赎回企业债券。当市场利率下降到债券息票利率以下时，赎回发行在外的债券并按较低的市场利率重新发行新债券，将对发行人有利，而对债券持有人不利，因此通常规定在债券发行后一定时期内不得赎回。

③按发行人是否给予投资者选择权，企业债券可分为附有选择权的企业债券和不附有选择权的企业债券。附有选择权的企业债券是指债券发行人给予债券持有人一定的选择权，如可转换公司债券、有认股权证的企业债券、可返还企业债券等。可转换公司债券的持有者，能够在一定时间内按照规定的价格将债券转换成企业发行的股票；有认股权证的债券持有者，可凭认股权证购买所约定的公司的股票；可退还的企业债券在规定的期限内可以退还。反之，没有上述选择权的债券，即为不附有选择权的企业债券。

④按债券的票面利率是否浮动，企业债券可分为固定利率债券和浮动利率债券。固定利率债券是将利率印在票面上并按其向债券持有人支付利息的债券，该利率不随市场利率的变化而调整，每半年或一年付息一次，或一次还本付息。浮动利率债券的利率水平伴随着市场利率的变动而相应调整，通常是在某一基准利率之上加一个固定的溢价。基准利率是事先确定的，可以是政府短期债券利率或同业拆借利率。溢价一般在债券的整个存续期内是固定不变的。

⑤按发行方式，企业债券可分为公募债券和私募债券。公募债券是指按法定手续经证券主管部门批准公开向社会投资者发行的债券；私募债券是指以特定的少数投资者为对象发行的债券，其发行手续简单，一般不能公开上市交易。

本章小结

1. 信用是建立在信任基础上以还本付息为条件的借贷活动。信用关系的基本要素包括债权债务关系、时间间隔与信用凭证。

2. 现代主要的信用形式包括商业信用、银行信用、国家信用、消费信用、国际信用。商业信用是企业之间直接提供的信用，信用双方都是商品生产者或经营者；银行信用是银行或其他金融机构以货币形态提供的信用，是间接信用形式；国家信用是国家作为债权人或债务人的信用活动；消费信用是企业、银行或其他金融机构向消费者个人提供的用于生活消费的信用；国际信用是指一切跨国的借贷关系、借贷活动。

3. 信用工具是具有一定格式，载明债权债务关系的书面凭证，其基本特征包括期限性、流动性、风险性和收益性。

4. 短期信用工具包括商业票据、银行票据等。商业票据主要分为商业本票和商业汇票，商业汇票必须经过承兑才有效，按承兑人不同可分为商业承兑汇票和银行承兑汇票；银行票据主要包括银行本票、银行汇票、银行签发的支票等。

5. 长期信用工具主要包括股票和债券。按股东权利分类，股票可分为普通股和优先股；按发行主体分类，债券可分为政府债券、金融债券和企业债券。

习 题

一、复习题

1. 选择题

（1）信用的基本特征是（　　）。
　　A. 平等的价值交换　　　　　　　B. 无条件的价值单方面让渡
　　C. 无偿的赠予或援助　　　　　　D. 以偿还为条件的价值单方面转移

（2）工商企业之间以赊销方式提供的信用是（　　）。
　　A. 商业信用　　B. 银行信用　　C. 消费信用　　D. 国家信用

（3）国家信用的主要工具是（　　）。
　　A. 政府债券　　B. 银行贷款　　C. 银行透支　　D. 发行银行券

（4）一张剩半年到期的面额为2000元的票据，到银行得到1800元的贴现金额，则年贴现率为（　　）。
　　A. 5%　　　　B. 10%　　　　C. 20%　　　　D. 5.12%

（5）信用工具的流动性与偿还期限成（　　）。
　　A. 反比　　　　B. 正比　　　　C. 倒数关系　　D. 不相关

（6）下列属于所有权凭证的金融工具是（　　）。
　　A. 公司债券　　　　　　　　　　B. 股票
　　C. 政府债券　　　　　　　　　　D. 可转让大额定期存单

（7）下列属于优先股股东权利范围的是（　　）。
　　A. 选举权　　B. 被选举权　　C. 收益权　　D. 投票权

（8）优先股票的特征不包括（　　）。
　　A. 股息率固定　　　　　　　　　B. 股息分派优先
　　C. 具有优先认股权　　　　　　　D. 剩余资产分配优先

（9）下列信用工具中，没有偿还期的是（　　）。
　　A. 银行定期存款　　　　　　　　B. 股票
　　C. 商业票据　　　　　　　　　　D. 可转让大额定期

（10）下列属于长期信用工具的是（　　）。
　　A. 股票　　　　B. 支票　　　　C. 本票　　　　D. 汇票

2. 判断题

（1）信用只有在货币的流通手段职能存在的条件下才能发生。　　　　　　（　　）
（2）某企业将其产品赊销给消费者，则该企业与消费者之间产生了商业信用关系。（　　）
（3）传统的商业票据有本票和支票两种。　　　　　　　　　　　　　　　（　　）

(4) 票据贴现市场的各种贴现，表面上是票据的转让与再转让，实质是资金的融通。（　）
(5) 银行信用是银行或其他金融机构以货币形态提供的信用，它属于间接信用。（　）
(6) 银行信用与商业信用是对立的，银行信用发展起来以后，逐步取代了商业信用。（　）
(7) 由于商业票据的风险性比国库券大，流动性比国库券差，因此，商业票据的利率低于国库券利率。（　）
(8) 政府债券属于直接信用工具。（　）
(9) 相对普通股而言，优先股的"优先"体现在具有优先认购新股权上。（　）
(10) 股票与债券的区别主要在于其投资主体的不同。（　）

3. 名词解释

信用　商业信用　银行信用　国家信用　消费信用　流动性　贴现　转贴现　再贴现

4. 问答题

(1) 简述信用的含义及信用的主要形式。
(2) 什么是商业信用？它有哪些优缺点？
(3) 试述商业信用与银行信用的关系。
(4) 什么是消费信用？大力发展消费信用对经济有何益处？
(5) 试述次贷危机和消费信用的联系以及对我国的启示。
(6) 简述信用工具的特征及类型。
(7) 简述优先股与普通股的联系与区别。

二、案例应用分析

关于华谊兄弟传媒集团融资的案例分析

（一）公司简介

华谊兄弟传媒集团是我国国内一家知名的综合性娱乐集团。它由王中军、王中磊兄弟在1994年创立，开始时是由于投资冯小刚、姜文的电影而进入电影行业，尤其是每年投资冯小刚的贺岁片而声名鹊起，随后全面投入传媒产业，投资及运营电影、电视剧、艺人经纪、唱片、娱乐营销等领域，在这些领域都取得了不错的成绩。2005年，华谊兄弟传媒集团成立。

（二）华谊兄弟采用的多种融资手段

1. 引进其他影业公司合拍影片

《功夫》和《可可西里》均与美国六大电影公司之一的哥伦比亚公司合拍，《大腕》也是与哥伦比亚（亚洲）共同投资2500多万元所拍摄的，《情癫大圣》是与香港英皇合作，与香港寰亚合拍的《天下无贼》《夜宴》投资分别为4000万元、1.28亿元，《墨攻》则采取了亚洲四个主要发行地区的公司联合投资并负责各自区域电影发行的方法。

2. 股权筹资，私募股权投资

除了引入资金，更重要的是引入了审计和财务管理制度，引入了资金方对资金使用的有

3. 运用版权从银行等金融机构贷款

收编冯小刚、张纪中对于华谊兄弟版权融资意义重大。由于有大牌导演、大牌明星加盟作为票房保证，中国信保帮助《夜宴》从深圳发展银行拿到了5000万元的单片贷款，冯小刚的《集结号》争取到5000万元无抵押贷款，张纪中的《鹿鼎记》也得到银行资金支持。

4. 拓展电影后衍生品市场

长达50年的著作权保护期限，使得电影后衍生产品可以异常丰富，版权交易是个尚待开发的巨大金矿。《手机》铃声出售给摩托罗拉、《天下无贼》短信满天飞等创新，则是华谊兄弟成功运作电影后衍生品的结果。

5. 通过贴片广告与植入式广告获得收入

由于受众数量巨大，电影及相关场所天生是个广告载体。在植入式广告的运用上，华谊兄弟的电影也远远超过其他片商，《大腕》《手机》《天下无贼》等电影都大量植入了摩托罗拉、淘宝网等广告，由此带来了不菲的收入。目前，华谊兄弟的收入来源日趋多元化，票房仅占30%左右。

(三) 华谊兄弟股权筹资分析

1. 华谊兄弟发行股票的具体数据

(1) 股票种类：本次发行的股票为境内上市人民币普通股（A），每股面值人民币1.00元。

(2) 发行数量和发行结构：本次发行股份数量为4200万股。其中，网下发行数量为840万股，占本次发行数量的20%；网上发行数量为本次最终发行数量减去网下最终发行数量。

(3) 发行价格：本次发行的发行价格为28.58元/股。

(4) 发行方式：采用网下向询价对象配售与网上资金申购定价发行相结合的方式。本次发行网下配售向询价对象配售的股票为840万股，有效申购为127210万股，有效申购获得配售的配售比例为0.66032544%，超额认购倍数为151.44倍。本次发行网上发行3360万股，中签率为0.6135906494%，超额认购倍数为163倍。本次发行无余股。

(5) 募集资金总额：本次公开发行募集资金总额为120036万元；中瑞岳华会计师事务所有限公司已于2009年10月20日对公司首次公开发行股票的资金到位情况进行了审验，并出具中瑞岳华验字［2009］第212号验资报告。

(6) 募集资金净额：114823.87万元。超额募集资金52823.87万元，其中12966.32万元将运用于影院投资项目，剩余部分将继续用于补充公司流动资金。公司承诺：超募资金将存放于专户管理，并用于公司主营业务。上市公司最晚于募集资金到账后的6个月内，根据公司的发展规划及实际生产经营需求，妥善安排超募资金的使用计划，提交董事会审议通过后及时披露。上市公司实际使用超募资金前，将履行相应的董事会或股东大会审议程序，并及时披露。

(7) 发行后每股净资产：8.50元（按照2009年6月30日经审计的归属于母公司股东权益加上本次发行筹资净额之和除以本次发行后总股本计算）。

(8) 发行后每股收益：0.41元（按照经会计师事务所遵照中国会计准则审计的扣除非

经常性损益前后孰低的2008年净利润除以本次发行后总股本计算）。

2. 华谊兄弟发行股票的分析

（1）发行股票的原因是营运资金短缺：公司当前遇到的最主要的发展瓶颈就是资本实力与经营目标不相匹配，营运资金瓶颈已成为制约公司进一步良性快速发展的最大障碍。资金是公司壮大的重要依托。

（2）股票筹资的作用：发行股票是筹集资金的有效手段，通过发行股票可以分散投资风险，实现创业资本的增值，并且对公司上市起到广告宣传作用。

（3）股票筹资的优点：没有固定的股利负担；没有固定到期日；筹资风险小；可增加公司信誉；普通股筹资限制较少。上市的融资方式显然对华谊兄弟未来的发展具有更加巨大的吸引力。

（4）与其他融资方式的比较：发行股票融资相对于债务融资来讲，因其风险大，资金成本也较高，同时还需承担一定的发行费用，并且发行费用一般比其他筹资方式高。普通股投资风险很大，因此投资者要求的收益率较高，增加了筹资公司的资金成本；普通股股利由净利润支付，筹资公司得不到抵减税款的好处，公司的控制权容易分散。

（5）市场前景：公司对募集资金项目的市场前景进行分析时已经考虑到了未来的市场状况，做好了应对规模扩大后市场压力的准备，有能力在规模扩大的同时，实现快速拓展市场的目标。

（6）在华谊兄弟现有的规模及股东持股状况，分散控制权和被收购的风险较小。

问题：结合案例谈谈股票融资对于华谊兄弟公司发展的影响。

（资料来源：搜狐财经。）

第3章 利息与利率

【教学目标】

通过本章的学习,掌握利息与利率的含义、利率的分类、利率的计算、利率的决定及利率的风险结构,了解利息的本质、利率的期限结构和我国的利率市场化改革。

【导入案例】

拿破仑给法兰西的尴尬

拿破仑1797年3月在卢森堡第一国立小学演讲时说了这样一番话:"为了答谢贵校对我,尤其是对我夫人约瑟芬的盛情款待,我不仅今天呈上一束玫瑰花,并且在未来的日子里,只要我们法兰西存在一天,每年的今天我将亲自派人送给贵校一束价值相等的玫瑰花,作为法兰西与卢森堡友谊的象征。"

时过境迁,拿破仑忙于应付连绵的战争和此起彼伏的政治事件,最终惨败而流放到圣赫勒拿岛,把卢森堡的诺言忘得一干二净。可卢森堡这个小国对这位"欧洲巨人与卢森堡孩子亲切、和谐相处的一刻"念念不忘,并载入他们的史册。1984年年底,卢森堡旧事重提,向法国提出违背"赠送玫瑰花"诺言案的索赔:要么从1797年起,用3路易作为一束玫瑰花的本金,以5厘复利(即利滚利)计息全部清偿这笔玫瑰欠款;要么法国政府在法国各大报刊上公开承认拿破仑是个言而无信的小人。

起初,法国政府准备不惜重金赎回拿破仑的声誉,但却又被计算机算出的数字惊呆了:原本3路易的许诺,本息竟高达1375596法郎。经过冥思苦想,法国政府斟词酌句的答复是:"以后,无论在精神上还是物质上,法国将始终不渝地对卢森堡大公国的中小学教育事业予以支持与赞助,来兑现我们的拿破仑将军那一诺千金的玫瑰花信誉。"这一措辞最终得到了卢森堡人民的谅解。

3.1 利息及其本质

3.1.1 利息的定义

利息是什么?从债权人的角度看,利息是债权人从债务人那里获得的多出本金的部分,是债权人因贷出资金而获得的报酬;从债务人的角度看,利息是债务人向债权人支付的多出本金的部分,是债务人为取得货币资金的使用权所付出的代价。

3.1.2 利息的本质

在现代社会,贷出资金收取利息已经成为很自然的事情,但历史上对于利息却曾有过否定的看法。在 17 世纪中叶之前，利息存在的合理性受到普遍的质疑，希腊著名学者柏拉图就强烈谴责放贷取息的行为，他认为偿付利息现象的存在对整个社会安定构成了重大威胁。在《理想国》中，柏拉图把高利贷者比喻为蜜蜂，谴责他们将蜂针（货币）刺入借款人的身上为取得增值的利息而损害他们，从而使因借债而沦为奴隶的人和放贷取息而变得懒惰的人遍布全国，并建议禁止放贷取息。

随着社会由自然经济向商品货币经济的全面发展过渡，人们日益正视利息的存在。对利息本质的认识主要集中于以下几种观点：

1. 威廉·配第：不便补偿说

17 世纪英国古典政治经济学的创始人威廉·配第指出，利息是同地租一样公道、合理、符合自然要求的东西，他在《赋税论》中指出："假如一个人在不论自己如何需要，在到期之前却不得要求偿还的条件下，出借自己的货币，则他对自己所受到的不方便可以索取补偿，这是不成问题的。这种补偿通常叫作利息。"威廉·配第认为，人们出借货币给自己造成了不方便，因此可以索取补偿，利息正是人们在一定时期内因放弃货币的支配权而获得的报酬。如果借方随时可以拿回货币，则不应该收取利息。配第没有进一步分析出借货币所带来的"不方便"的具体内容，一直到 20 世纪 30 年代，凯恩斯才指出这种"不方便"是一种流动性的丧失。

2. 庞巴维克：时差利息说

奥地利经济学家庞巴维克认为，利息是由现在物品和未来物品之间在价值上的差别所产生的。其理论基础是边际效用价值论，庞巴维克认为，各种商品的价值取决于人们对它的主观评价，不但同一种商品的价值因不同的人对它的主观评价不同而不同，而且同一个人对同一种商品在不同的时间也会有不同的主观评价，从而有不同的价值。庞巴维克根据人们持有商品的时间不同将商品分为"现在物品"和"未来物品"。在借贷活动中，对借入者而言，是"未来物品"转化为"现在物品"，对贷出者而言，则是"现在物品"转化为"未来物品"。由于人们都看重"现在物品"而看轻"未来物品"，按边际效用价值论，"现在物品"的价值就大于"未来物品"。这样借贷活动中的贷出者就要求借入者在归还本金的基础上还必须加上"贴水"，以补偿"现在物品"转化为"未来物品"时的价值损失。庞巴维克指出："这种价值上的差别是一切资本利息的来源。"

英国经济学家马歇尔认为利息是对人们延期消费的一种报酬，美国经济学家费雪认为利息是对"人性不耐"的报酬。这两种观点借鉴了庞巴维克的观点，是一脉相承的。

3. 凯恩斯：流动偏好论

关于利息的来源，凯恩斯的观点明显不同于庞巴维克、马歇尔及费雪等古典经济学家。他认为，利息并不是对延期消费或人性不耐的补偿，而是对人们放弃流动性的补偿。为什么要有补偿，是因为人们存在流动性偏好，即人们普遍喜欢持有可灵活周转的货币。人们持有货币虽然没有收益，但持有货币有着高度的安全性和流动性，因此，在借贷活动中，借入者应该向贷出者支付一定的利息，作为对贷出者丧失流动性的补偿。需要支付利息的根本原因就在于资金的所有权和使用权的分离。

4. 马克思：剩余价值利息说

马克思关于利息本质的分析可以从英国古典经济学家的理论分析中找到线索。如亚当·

斯密在《国富论》中对利息曾这样说明:"以资本贷出取息,实无异由出借人以一定部分的年产物让与借用人。但作为报答这种让与,借用人须在借用期内,每年以较小部分的年产物,让与出借人,称作利息。在借期满后,又以相等于原来由出借人让给他的那部分年产物,让与出借人,称作还本。"

马克思认为,借入者借入的货币必须作为资本来使用,即只能用于生产或流通,不得用于消费。当借款在使用过程中和劳动者结合,便能创造出价值,且还要创造出剩余价值,从而使得收入高于成本。这样,利息的支付才有了基础,即对于创造出的剩余价值必须一分为二,一部分作为企业主收入自留,另一部分作为利息准备还给贷款人。所以利息的实质是利润的一部分,是剩余价值的特殊转化形式,即利息介于零到利润额之间。

3.2 利率及其种类

3.2.1 利率的定义

利率是利息率的简称,是指一定时期内单位本金所对应的利息,是衡量利息高低的指标,具体表现为借贷期内所形成的利息额同所贷资金额的比率。利率是一种重要的经济杠杆,它对宏观经济运行和微观经济运行都有重要作用。

3.2.2 利率的种类

现实生活中利率都是以某种具体形式存在的,如活期存款利率、3个月期的贷款利率、1年期的定期存款利率、6个月期的短期国债利率、隔夜拆借的债券回购利率等。随着金融活动的日益发展,金融活动方式的日益多样化,利率的种类也日益繁多。比如,1999年我国实行的利率就达百种以上,其中有中国人民银行基准利率6种,金融机构法定存贷款利率15种,全国统一同业拆借市场利率7种,各种外汇存贷款利率161种。至于国债、金融债、企业债等,还有许许多多的利率。目前,我国市场上的利率品种已达千种以上,国外发达市场经济国家的利率种类更为繁多。

这些利率,按照不同的分类标准,有不同的分类方法。按照期限长短,可分为长期利率和短期利率;按照计息周期,可分为年率、月率和日率;按照在借贷期内利率是否调整,可分为固定利率和浮动利率;按照决定方式,可分为市场利率和官定利率;按照是否扣除物价上涨因素,可分为名义利率和实际利率;此外,平均利率、基准利率尽管不属于完整意义上的分类,但鉴于其在经济活动中和经济研究中的重要性,也给出必要阐述。

1. 长期利率和短期利率

以借贷期限长短为标准,可以将利率分为长期利率和短期利率。长期利率是指借贷时间在一年以上的利率,短期利率是指借贷时间在一年以内的利率。

总的来说,长期利率一般高于短期利率。但在不同种类的信用行为之间,由于存在不同的信用条件,不能简单对比。至于同一类之间,长期借贷由于风险较大,利率中风险溢价的成分也越大,从而利率越高。但并不总是这样,也有长期利率低于短期利率的情况。

2. 年率、月率和日率

按计算利息的时间周期划分,可将利率划分为年率、月率和日率。年率是指以年为单位计算利息，通常以百分之几表示，单位为分；月率是指以月为单位计算利息，通常以千分之几表示，单位为"厘"；日率是指以日为单位计算利息，通常以万分之几表示，单位为"毫"。按日计息，多用于金融业之间的拆借，习惯叫"拆息"或"日拆"。年率、月率和日率之间的换算关系是：

$$年率 = 12 \times 月率 = 360 \times 日率。$$

中国传统的习惯，不论是年率、月率还是日率都用"厘"作单位，如年息6厘、月息5厘、拆息4厘等，而"厘"本身内涵并不一致。如年息6厘是指百分之六，月息5厘是指千分之五，拆息4厘是指万分之四。过去和现在的民间，也常用"分"作为利率的单位。分是厘的10倍，如曾习惯用以作为利息率高低分界的"3分息"就是指月息3%。

年率、月率和日率这三种利率在经济生活中都有广泛使用的领域。西方国家习惯用年率作为主要的标示形式。中国过去习惯以月率为主，现在已正式采用年率标示。

3. 固定利率与浮动利率

以借贷期内利率是否调整为标准，利率可分为固定利率和浮动利率。固定利率是指在整个借贷期间内按事先约定的利率计息而不做调整的利率。实行固定利率，对于借贷双方准确计算成本和收益十分方便，是传统采用的方式。但是，由于二战后通胀不断，特别是20世纪70年代以后出现了几次大的带有普遍性的通货膨胀，实行固定利率，对债权人，尤其是对进行长期放款的债权人会带来较大的损失。因此，在越来越多的借贷中开始采用浮动利率。

浮动利率是指在借贷期内随市场利率的变化而定期调整的利率。根据借贷双方的协定，由一方在规定的时间依据某种市场利率进行调整，一般调整期为半年。如英国政府自1977年5月发行期限为4~5年的变动利率债券，利率按半年期国债利率加0.5%计算；欧洲货币市场实行的浮动利率调整期为3~6个月，调整的依据为伦敦银行同业拆借市场的同期利率。浮动利率尽管可以为债权人在通胀情况下减少损失，但也因手续繁杂、计算依据多样而增加费用开支，因此，多用于3年以上借贷及国际金融市场上的借贷。

需要说明的是，在实行利率管制的国家，中央银行允许以官定利率为基准在规定范围内上下浮动的利率通常也叫作浮动利率，但实际上是指官定利率的浮动区间，含义上与国际上通用的浮动利率是有区别的。

4. 市场利率与官定利率

利率按照决定方式可划分为市场利率、官定利率和行业利率。

在市场机制下可以自由变动的利率就是市场利率。由政府金融管理部门或者中央银行确定的利率，通常被称为官定利率或官方利率，也称为法定利率，是国家为了实现政策目标的一种经济手段。非政府部门的民间金融组织（如银行公会等）为了维护公平竞争所确定的利率属于行业自律性质的利率，即行业利率。这种利率对其行业成员也有一定的约束性。官定利率与行业利率在一定程度上反映了非市场的强制力量对利率形成的干预，但它们常常只规定利率的上限或下限，在上限之下、下限之上由市场调节。

市场经济的国家虽然以市场为调节经济的主要手段，但并不是没有政府的参与。以利率来说，虽然主要实行的是市场利率，利率随市场的变化而变化，但在不同时期不同程度上都出现过政府管制的现象，并非完全自由化。

5. 名义利率与实际利率

在货币借贷过程中，债权人不仅要承担债务人到期无法归还本金的信用风险，还要承担货币贬值的通货膨胀风险。名义利率和实际利率的划分，正是从这一角度考虑的。按照是否扣除物价上涨因素，利率可分为名义利率和实际利率。名义利率是指包括通货膨胀因素的利率；通常金融机构公布或采用的利率都是名义利率；实际利率是指货币购买力不变条件下的利率。通常，用名义利率减去通货膨胀率即为实际利率。用公式表示名义利率和实际利率之间的关系，可以写成：

$$1 + r = (1 + i) \times (1 + p)$$

式中　r 为名义利率；i 为实际利率；p 为借贷期内物价水平的变动率。

这是目前国际上通用的计算实际利率的公式，但概略的计算公式也可以写成：

$$r = i + p$$

根据实际利率的计算公式，实际利率存在三种情况：当名义利率高于通货膨胀率时，实际利率为正利率；当名义利率等于通货膨胀率时，实际利率为零；当名义利率低于通货膨胀率时，实际利率为负利率。在不同的实际利率状况下，借贷双方和企业会有不同的经济行为。

6. 平均利率与基准利率

平均利率代表一定时期内不断波动的市场利率的平均水平，仅仅具有理论分析的意义。它不是市场利率波动的中心和摆动的基础，相反，平均利率是从市场利率中引申出来的。与不断变动的市场利率不同，平均利率在较长时间内表现为不变的量。平均利率只能是平均利润率的一部分，这是由利息的性质决定的。随着竞争的加剧，平均利润率的下降，平均利率的变化也呈下降的趋势。但这种下降趋势在政府干预下受到一定程度的抑制。

基准利率是指在多种利率并存的条件下起决定性作用的利率，当基准利率变动时，其他利率也相应发生变化。基准利率在整个利率体系中占有重要的特殊地位，发挥着核心和主导作用，反映了全社会的一般利率水平，体现着一个国家在一定时期内的经济政策目标和货币政策方向。在西方国家，基准利率一般是指银行同业拆借利率。如伦敦银行间同业拆借利率（London Interbank Offered Rate，LIBOR），它的变动将决定市场上其他利率如存款利率、贷款利率的变动。我国为进一步推动利率市场化，借鉴国际经验，于2007年1月4日推出了上海银行间同业拆放利率。

知识链接

上海银行间同业拆放利率（Shanghai Interbank Offered Rate，SHIBOR）以位于上海的全国银行间同业拆借中心为技术平台计算、发布并命名，是由信用等级较高的银行组成报价团队自主报出的人民币同业拆出利率计算确定的算术平均利率，是单利、无担保、批发性利率。目前，对社会公布的SHIBOR品种包括隔夜、1周、2周、1个月、3个月、6个月、9个月及1年。

SHIBOR报价银行团现由18家商业银行组成。报价银行是公开市场一级交易商或外汇市场做市商，在我国货币市场上人民币交易相对活跃、信息披露比较充分的银行。中国人民银行成立 SHIBOR 工作小组，依据《上海银行间同业拆放利率（SHIBOR）实施准则》确定和调整报价银行团成员、监督和管理 SHIBOR 运行、规范报价行与指定发布人行为。全国银行间同业拆借中心授权 SHIBOR 的报价计算和信息发布。每个交易日根据各报价行的报价，剔除最高、最低各 4 家报价，对其余报价进行算术平均计算后，得出每一期限品种的 SHIBOR，并于 11:30 对外发布（2014 年 8 月 1 日起改为 9:30 对外发布）。

基准利率的另外一种用法是指中央银行确定的官定利率。在西方国家通常是中央银行的再贴现利率，在我国目前利率还没有完全市场化的情况下，主要是中国人民银行规定的金融机构的存贷款利率和对各金融机构的贷款利率。中央银行通过调整基准利率，告示货币政策意图，引导市场中其他利率发生相应变动，发挥调控功能。

以上对利率种类的划分只是为了更清楚地说明问题，表明不同种类利率的特性。实际上，利率的各种分类之间不是互相隔绝而是可以交叉的，同一种利率可以同时具备几种利率的特性。如我国三年期定期存款利率既是长期利率，又是年利率、固定利率、官定利率和名义利率。各类利率之间或各类利率内部都有相应的联系，它们之间保持着相对的结构，共同构成一个有机整体，从而形成一国的利率体系。

3.3 利息与利率的计算

3.3.1 单利与复利

单利与复利是计算利息的两种最基本的方法。单利是指不管贷款期限的长短，仅按本金计算利息，本金所产生的利息不加入本金重复计算。其公式表示为：

$$I = P \times r \times n$$

式中 I 表示利息；P 表示本金；r 表示利率；n 表示年限。

我国发行的国债和银行存款大多采用单利计息。

复利是单利的对称，俗称利滚利，是指将按本金计算出来的利息额再加入本金，一并计算利息，即息上加息。其本利和计算公式为：

$$S = P(1+r)^n$$

式中 S 表示本利和；P 表示本金；r 表示利率；n 表示年限。

若要计算利息，只需用本利和减去本金，用公式表示为：

$$I = P(1+r)^n - P = P[(1+r)^n - 1]$$

【例 3-1】 银行向借款人发放一笔一次性偿还贷款 10000 元，年利率为 10%，期限为 3 年。若按照单利计息，则 3 年后借款人要向银行支付的利息为：

$$\begin{aligned} I &= P \times r \times n \\ &= 10000 \times 10\% \times 3 \text{ 元} \\ &= 3000 \text{ 元} \end{aligned}$$

【例 3-2】 银行向借款人发放一笔一次性偿还贷款 10000 元，年利率为 10%，期限为 3 年。若按照复利计息，则 3 年后借款人要向银行支付的利息为：

$$\begin{aligned} I &= P(1+r)^n - P \\ &= 10000 \times (1+10\%)^3 - 10000 \text{ 元} \\ &= 3310 \text{ 元} \end{aligned}$$

应该说，复利计息比单利计息更加合理，因为既然货币具有时间价值，那么按期结出的利息理应在下一期再为其所有者带来利息收入，因此，复利更能够反映利息的本质。

我国银行的告示牌上均以单利标示，但实际并没有否认复利原则。以我国储蓄利率为例，可以非常清楚地说明这个问题。

当前我国整存整取一年期利率为1.5%（假设两年内保持不变），两年期为2.1%，若本金为10000元，存期两年，则：

按一年期的整存整取计算两年后的利息和为：

$$10000 \times (1+1.5\%)^2 - 10000 \text{ 元} = 302 \text{ 元}$$

按两年期的整存整取计算两年后的利息和为：

$$10000 \times 2.1\% \times 2 \text{ 元} = 420 \text{ 元}$$

由此可见，一年期储蓄到期立即提取并把本利和再存入一年定期，到第二年期满取得的累计利息回报302元，小于按公布的两年期单利所得的回报420元。同样，两年期储蓄到期立即提取并把本利和再存入一年期的储蓄，到第三年期满所取得的利息累计回报，小于按公布的三年期单利所取得的回报。因此，我国银行存款虽然是按单利计息，但并不违背复利原则，原因就在于不同期限的存款利率水平不同。

此外，在复利计算中，当名义利率相同时，利率周期内计息次数越多，实际利率越大。

3.3.2 现值与终值

1. 单个现金流的现值与终值

货币是具有时间价值的。因此，任何一笔货币资金无论其将来会被怎样运用，都可以按一定的利率水平计算出来其在未来某一时点上的金额，这个金额通常被称作终值，即本利和。其计算公式即为：

$$S = P(1+r)^n$$

与终值相对应，这笔货币资金的本金额被称为现值，即未来本利和的现在价值。根据终值倒推出现值的计算公式为：

$$P = \frac{S}{(1+r)^n}$$

【例3-3】 假定年利率为10%，那么，10000元现金在第3年年末的终值为：

$$S = P(1+r)^n$$
$$= 10000 \times (1+10\%)^3 \text{ 元}$$
$$= 13310 \text{ 元}$$

若知道在第3年年末终值为13310元，要计算P，则计算公式为：

$$P = \frac{S}{(1+r)^n}$$
$$= \frac{13310}{(1+10)^3} \text{ 元}$$
$$= 10000 \text{ 元}$$

将终值换算为现值的过程称为"贴现"，若贴现中采用的利率用r表示，则n年后1元钱的现值可用下式表示：

$$PV = \frac{1}{(1+r)^n}$$

这就是1元的现值贴现系数。在财务管理中有专门的按各种利率计算的不同期限的1元现值贴现表,利用它可以简便地计算出今后某个时点一笔资金的现值。

现值的概念非常重要,它的计算在许多领域被广泛应用,如投资领域。它可以使我们比较各种投资方案的优劣,为投资决策提供依据。

2. 系列现金流的现值与终值

所谓系列现金流是指不同时间多次发生的现金流。现实生活中,很多时候会遇到一系列现金流的情况,如分期付款、还款、发放养老金、分期支付工程款等。系列现金流最典型的表现形式是定期定额的系列收支,经济学上将这种定期定额的支付称为年金,这类系列现金流的现值和终值的计算也被称为年金现值与年金终值的计算。

(1) 年金终值。设这类系列现金流为 A,即每期末支付 A,利率为 r,期数为 n,则按复利计算的每期支付的终值之和为年金终值。用公式表示为:

$$S = A + A(1+r) + A(1+r)^2 + A(1+r)^3 + \cdots + A(1+r)^{n-1}$$

根据等比数列的求和公式可得:

$$S = A\frac{(1+r)^n - 1}{r}$$

若知道 A、r、n,也可以通过查阅年金终值系数表得到 S 的值。

【例3-4】 某人年初打算从今年起每年年末等额存入银行一笔钱以便5年后一次性取出,若银行存款利率为3%(假定利率保持不变),每年末存入银行10000元,那么,5年后他能从银行一次性取出多少钱?

这是一个年金终值计算的问题,这一系列现金流5年后的终值为:

$$S = 10000 + 10000 \times (1+3\%) + 10000 \times (1+3\%)^2 + 10000 \times (1+3\%)^3 + 10000 \times (1+3\%)^4 \text{元}$$

$$= 10000 \times \frac{(1+3\%)^5 - 1}{3\%} \text{元}$$

$$= 10000 \times 5.3091 \text{元}$$

$$= 53091 \text{元}$$

也可以查年金终值表:$r = 3\%$,$n = 5$ 时,年金终值系数为5.3091。

(2) 年金现值。若每期末支付 A,利率为 r,期数为 n,若要按复利计算这一系列现金流的现值之和为年金现值。用公式表示为:

$$P = \frac{A}{1+r} + \frac{A}{(1+r)^2} + \frac{A}{(1+r)^3} + \cdots + \frac{A}{(1+r)^n}$$

根据等比数列的求和公式可得:

$$P = A\frac{1-(1+r)^{-n}}{r}$$

若知道 A、r、n,也可以通过查阅年金现值系数表得到 P 的值。

【例3-5】 某人年初打算在5年内还清目前借的一笔债务,从今年起每年年末等额存入银行10000元。若银行存款利率为3%(假定利率保持不变),那么,他现在借的这笔钱是多少?

这是一个年金现值计算的问题,这一系列现金流的现值为:

$$P = \frac{10000}{1+3\%} + \frac{10000}{(1+3\%)^2} + \frac{10000}{(1+3\%)^3} + \frac{10000}{(1+3\%)^4} + \frac{10000}{(1+3\%)^5} 元$$

$$= 10000 \times \frac{1-(1+3\%)^{-5}}{3\%} 元$$

$$= 10000 \times 4.5797 元$$

$$= 45797 元$$

查年金现值表,可以查到 $r = 3\%$,$n = 5$ 时,年金现值系数为 4.5797。

(3) 不规则系列现金流的现值与终值。现实生活中,除年金外,不规则系列现金流也很常见,这类现金流现值与终值计算的一个重要应用就是投资项目分析中投资方案的比较。在实际的项目投资中,大多数都是连续多年陆续投资,不同的投资方案,投资的年份不同,每年的投资额可能也不同。货币是具有时间价值的,因此,不能将各年度的投资额直接相加进行比较,唯有将各方案不同时间点上的投资额换算成统一时间点上的值,才能进行比较。理论上说,只要换算成任何一个统一时点上的值,都可以进行方案比较,并且不影响结论。实践中,出于计算便利和经济含义更明确的考虑,通常是换算成项目期初进行比较。

【例 3-6】 (跨时期的投资) 某项工程有 A、B 两个投资方案,假设这两个方案的未来收益状况等完全相同,仅仅是每年的投资额不同。其中,A 方案第一年至第三年年初需要分别投入 500 万元、200 万元、200 万元;B 方案是第一年、第二年、第四年年初分别投入 100 万元、300 万元、600 万元。假定市场投资平均收益率为 15%,那么最优方案应该是哪个?

为比较 A、B 两方案的资金投入额,只能将各年度的投资额统一换算成某一时点上的值,不妨全部转换成第一年年初的现值。

A 方案的投资现值之和为:

$$500 + \frac{200}{1+15\%} + \frac{200}{(1+15\%)^2} 万元 = 825 万元$$

B 方案的投资现值之和为:

$$100 + \frac{300}{1+15\%} + \frac{600}{(1+15\%)^3} 万元 = 815 万元$$

收益相同的情况下,投资额越少越好,因此选择 B 方案。

3. 到期收益率的计算

伴随着金融市场的不断发展,信用工具的种类越来越多,常见的信用工具有普通贷款、定期定额偿还贷款、息票债券、永久债券及贴现发行债券等。这五种类型的信用工具对偿付时间的规定有所不同:所以普通贷款与贴现发行债券仅在到期日偿付,而定期定额偿还贷款与息票债券、永久债券则在到期日前定期清偿。如何判断哪种工具能够向持有人提供更多的收入?由于它们清偿的时间不同,所以看起来差异很大。要解决这个问题,我们就需要一个统一的衡量利率高低的指标,来计量不同类型工具的利率。这个指标我们称之为到期收益率,它是衡量利率最精确的指标。

到期收益率是指从债务工具上获得的回报的现值与其今天的价值相等的利率。要更深入地理解这个概念,需要分别计算五种信用工具的到期收益率。

(1) 普通贷款到期收益率的计算。所谓普通贷款，是指贷款人向借款人提供一定数量的资金，借款人必须在到期日一次性向贷款人归还本金，并支付额外的利息。如银行对企业发放的商业贷款就是普通贷款。

【例 3-7】 假定某企业向银行借入资金 100000 元，1 年后到期偿还 110000 元，那么，就这笔贷款而言，银行的到期收益率是多少呢？

根据定义，假设到期收益率为 r，可以建立方程式：

$$100000 = \frac{110000}{1+r}$$

计算可得 $r = 10\%$，即这笔普通贷款的到期收益率为 10%。

(2) 定期定额偿还贷款到期收益率的计算。定期定额偿还贷款也称固定支付贷款，是指贷款人向借款人提供一定数量的资金，在约定的若干年度内，借款人每个期间（如每年或每月）偿还固定的金额，其中既包括本金，也包括利息。分期贷款（如车贷、房贷）与抵押贷款通常都属于这种类型。

【例 3-8】 某人向银行借入资金 100000 元，定期定额偿还贷款要求他在未来的 25 年中，每年偿还 12600 元。若在这 25 年中实行固定利率，问这笔贷款的到期收益率是多少？

假设到期收益率为 r，根据到期收益率的概念和年金现值的有关知识，得到如下方程式：

$$100000 = \frac{12600}{1+r} + \frac{12600}{(1+r)^2} + \frac{12600}{(1+r)^3} + \cdots + \frac{12600}{(1+r)^{25}}$$

即每年偿还额的现值之和等于银行最初所贷出的本金。查年金现值系数表可以得到 $r = 12\%$，因此银行在这笔贷款上的到期收益率为 12%。

从上例可以推导出定期定额偿还贷款的一般公式：

$$LOAN = \frac{EP}{1+r} + \frac{EP}{(1+r)^2} + \frac{EP}{(1+r)^3} + \cdots + \frac{EP}{(1+r)^n}$$

式中　LOAN 为贷款余额；EP 为固定的年偿还额；n 为到期前贷款年限。计算出的 r 即为该笔的到期收益率。

(3) 息票债券到期收益率的计算。息票债券是指在到期日之前每年向债券持有人支付定额的利息，到期再偿还事先规定的最终金额。

知识链接

息票债券之所以被称为息票债券，是因为过去债券持有人通常从债券上撕下所附的息票，送交债券发行人，后者见票后向持有人支付利息。今天，对于大多数息票债券来说，持有人已经不再需要通过寄送息票来领取利息。息票债券可以从三个方面加以识别：一是发行债券的公司或政府机构；二是债券的到期日；三是债券的息票利率，即每年支付的息票利息占债券面值的百分比。中长期国债及公司债券都属于息票债券。

息票债券到期收益率的计算公式为：

$$P = \frac{C}{1+r} + \frac{C}{(1+r)^2} + \frac{C}{(1+r)^3} + \cdots + \frac{C}{(1+r)^n} + \frac{F}{(1+r)^n}$$

式中 r 是到期收益率；P 是息票债券的市场价格；C 是每年定期支付的息票利息（等于债券面值乘以息票利率）；F 是息票债券的面值；n 是息票债券的到期期限。

由上式可以看到，在债券的面值、票面利率和期限已知的条件下，如果知道债券的市场价格，就可以求出它的到期收益率；反之，如果知道到期收益率，便可以求出债券的价格。并且债券的市场价格越高，其到期收益率就越低；反过来，债券的到期收益率越高，则其市场价格就越低。由此可得，债券的市场价格与其到期收益率呈负相关的关系，即到期收益率上升，则债券价格下降；到期收益率下降，则债券价格上升。还可以从另外一个角度解释，利率越高，未来的息票利息与最终偿付的款项所折现的价值就越少，因此，债券的价格必然更低；反之，债券价格越高。正是因为债券价格与到期收益率间的密切相关关系，有不少债券市场直接用到期收益率对债券标价，交易人员则按照到期收益率而不是债券价格进行交易。

（4）永久债券到期收益率的计算。永久债券是息票债券中的一个特例，期限无限长，是一种永不还本、没有到期日、永远支付固定金额利息的债券，又称为统一公债。在拿破仑战争时期，英国财政部发行了最早的统一公债，时至今日仍有交易，不过在美国的资本市场上统一公债已为数不多。

对于统一公债，假定每年末的利息支付额为 C，债券的市场价格为 P，则其到期收益率的计算公式为：

$$P = \frac{C}{1+r} + \frac{C}{(1+r)^2} + \frac{C}{(1+r)^3} + \cdots$$

根据无穷递减等比数列的求和公式可以得到

$$P = \frac{C}{r}$$

从而

$$r = \frac{C}{P}$$

由此可见，统一公债的一个突出特征是：当利率上升时，债券的价格将下跌。债券价格与到期收益率也成负相关，这与前面的结论是一致的。

假如某人用 100 元购买了某种永久债券，每年得到的利息为 10 元，则到期收益率为：

$$r = \frac{10}{100} \times 100\%$$
$$= 10\%$$

优先股也可被看作是一种永久债券。比如一个公司的优先股面值为 100 元，每年的股息率为 9%，现在的市场利率为 10%，则这种优先股的市场价格为：

$$P = \frac{9\%}{10\%} \times 100 \text{ 元}$$
$$= 90 \text{ 元}$$

（5）贴现发行债券到期收益率的计算。贴现发行债券，又称零息债券，即每期不支付利息，一般是折价出售，到期时按照面值偿付，如国库券。

贴现发行债券到期收益率的计算公式为：

$$P = \frac{F}{(1+r)^n}$$

式中 P 为债券价格；F 为面值；r 为到期收益率；n 为债券期限。

通过如上对多种信用工具到期收益率的计算，可以得出一个重要的结论：当期债券价格与收益率呈负相关，利率上升，债券价格下降；利率下降，债券价格上升。到期收益率使不同期限从而有不同现金流状态的债券收益具有可比性。

（6）其他利率计量指标。到期收益率是最精确的利率计量指标，经济学家在使用利率一词时，通常指的就是到期收益率。然而，由于有时到期收益率的计算特别复杂，因此在债券市场上通常使用不太精确的利率指标，如当期收益率和贴现基础上的收益率。

1）当期收益率。当期收益率是息票债券到期收益率的近似值，由于计算比较简单，故报刊经常采用。它被定义为年息票利息除以债券价格，即与统一公债的到期收益率计算公式相同。当一个息票债券距离到期日的期限较长时（如20年或更长），就与永久性支付息票利息的统一公债十分相似。当债券价格等于其面值时，到期收益率就等于年息票利率。由于当期收益率等于年息票利息除以债券价格，当债券价格与面值相等时，当期收益率同样等于息票利率。这意味着，债券价格与其面值越接近，当期收益率就越近似于到期收益率。

当期收益率的一般特征可以归纳如下：债券价格与面值越接近，期限越长，当期收益率就越接近到期收益率；反之，债券价格越偏离债券面值，期限越短，当期收益率就越偏离到期收益率。无论当期收益率与到期收益率的近似程度如何，当期收益率的变动总是意味着到期收益率的同向变动。

2）贴现基础上的收益率。在计算器与计算机诞生之前，美国国库券的交易商对国库券的报价通常采用的是贴现基础上的收益率。这种利率计量方法有两个特征：第一，它使用的是债券面值的百分比收益，而非计算到期收益率时所采用的债券购买价格的百分比收益；第二，它按1年360天而非365天来计算年度收益率。由于这两个特征，贴现收益率低估了以到期收益率来衡量的利率。贴现发行债券的购买价格与面值的差额越大，贴现收益率对到期收益率的低估程度就越大。一般情况下，期限越长，购买价格与面值的差额就越大。

因此，贴现基础上的收益率的特征可以概括为：贴现基础上的收益率低估了到期收益率这一更为精确的利率计量指标；贴现发行债券的期限越长，这种低估程度就越大。即使贴现收益率是不太精确的利率计量指标，贴现收益率的变动总是意味着到期收益率的同向变动。

3.4 利率的决定与影响因素

3.4.1 利率决定理论

利率决定理论是西方金融理论中非常重要的一个内容。在利率决定理论上，古今中外的经济学家们有许多不同的观点。马克思的利率决定理论以剩余价值在不同资本家之间的分割作为起点进行分析，认为利率总是在零和平均利润率之间受供求关系影响而波动。西方经济学家的利率决定理论主要是从供求关系着眼的，他们都认为利率是由供求均衡点所决定的。他们之间的主要分歧在于是什么供求关系决定利率。

1. 马克思的利率决定理论

马克思的利率决定理论建立在其对利息来源与本质分析的基础上。马克思指出，利息是由贷出资本的资本家从借入资本的资本家那里分割来的一部分剩余价值，而利润是剩余价值的转化形式。利息的这种质的规定性决定了它的量的规定性：利息量的多少取决于利润总额，利率取决于平均利润率。马克思认为，利息只能是利润的一部分，因此，利润本身就成为利息的最高界限，平均利润率则成为利率的上限，利率的下限应该是大于零的正数，因为如果利率为零，那么有资本而未营运的资本家就不会把资本贷出。因此，利率总是在零和平均利润率之间波动。马克思进一步指出，在零和平均利润率之间，利率的高低主要取决于借贷双方的竞争。一般来说，如果资本的供给大于资本的需求，利率会较低；反之，利率会较高。

2. 西方利率决定理论

（1）实物资本供求利率决定论。实物资本供求利率决定论又称古典利率理论、实际利率理论，其代表人物有奥地利经济学家庞巴维克、英国经济学家马歇尔、美国经济学家费雪等。这种理论强调非货币的实际因素在利率决定中的作用，认为储蓄和投资是决定利率的两个重要因素。该理论认为，储蓄形成资本的供给，投资形成资本的需求，正如商品的价格是由商品的供求决定一样，资本的价格或使用资本的报酬——利率，则是由资本的供给（储蓄）和资本的需求（投资）二者之间的均衡所决定。通常情况下，当投资大于储蓄时，资本供不应求，利率会上升；反之，当储蓄大于投资时，资本供过于求，利率会下降；只有当投资与储蓄相等时，即投资者愿意借入的资金与储蓄者愿意借出的资金相等时，利率达到均衡水平，如图3-1所示。其中，储蓄（S）为利率（r）的增函数，投资（I）为利率（r）的减函数。

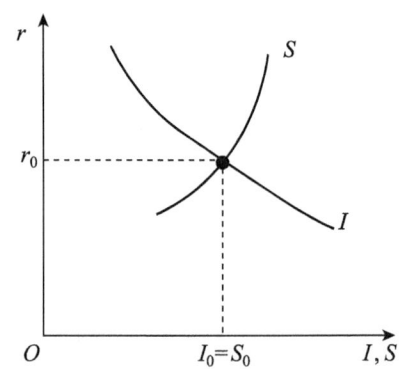

图3-1 利率由投资需求与储蓄意愿的均衡所决定

按照这一理论，只要利率是灵活变动的，就可自动调节，使储蓄与投资趋于一致。因此，经济不会出现长期的供求失衡，它将自动趋于平衡。古典经济学家强调市场能够自动出清，即自动达到平衡，不需要政府干预。

（2）货币供求利率决定论。货币供求利率决定论的代表人物是凯恩斯，因此货币供求利率决定论又被称为凯恩斯流动性偏好利率决定论。

与古典学派的利率理论不同，凯恩斯强调货币因素在利率决定中的作用，认为利率完全取决于货币市场的货币供求状况。他认为，货币供给（M_s）是由货币当局决定的外生变量，独立于利率的变动。货币需求（L）则取决于社会公众的流动性偏好。社会公众流动性偏好的动机包括交易动机、预防动机和投机动机。其中，交易动机和预防动机形成的交易性货币需求与收入成正比，与利率无关。投机动机形成的货币需求与利率成反比。

在凯恩斯的理论框架中，人们储存财富的资产只有两类：货币和债券。凯恩斯使用的货币定义包括通货（没有利息）与支票账户存款（在他生活的年代里，这种存款利息很少或者没有利息），因此他假定货币的回报率为零。在凯恩斯的分析中，对于货币而言，唯一的替代性资产——债券的预期回报率等于利率 r。随着利率的上升（假定所有其他条件不变），货币相对于债券的预期回报率下降，根据资产需求理论，这将导致货币的需求减少。也可以利用机会成本的概念来理解货币需求与利率之间的负相关关系。机会成本是指由于没有持有替代性资产（这里指债券）而丧失的利息收入（预期回报）。随着债券利率 r 的上升，持有货币的机会成本增加，于是，货币的吸引力下降，货币需求减少。据此，凯恩斯得出了货币需求是利率的减函数的结论。

用 L_1 表示交易需求，L_2 表示投机需求，则 $L_1(Y)$ 为收入 Y 的递增函数，$L_2(r)$ 为利率 r 的递减函数。货币总需求可表述为：

$$L = L_1(Y) + L_2(r)$$

然而，当利率下降到某一水平，而债券价格足够高时，市场就会产生未来债券价格下降、利率上升的预期，人们将会卖出债券而持有货币，这样，货币的投机需求就会达到无穷大。这时，无论中央银行增加多少货币量，都会被社会公众持有在手中，从而使利率不能继续下降，这就是所谓的"流动性陷阱"问题。"流动性陷阱"表现在图形中相当于货币需求曲线中的水平线部分。

凯恩斯认为货币供求均衡决定均衡利率，在图形上表现为货币需求曲线与货币供给曲线的交点对应的利率即为均衡利率，如图 3-2 所示。

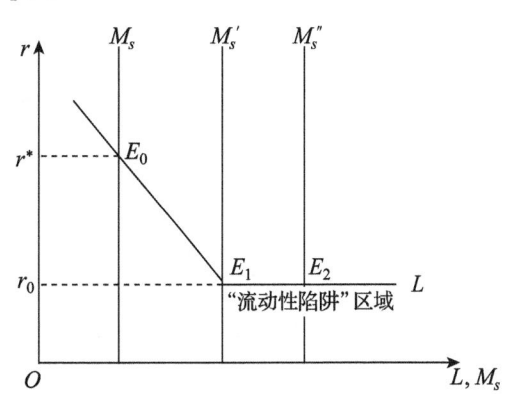

图 3-2　利率由货币的供求均衡所决定

"流动性陷阱"还可以用来解释扩张性货币政策的有效性问题。假定初始货币供应量为 M_s，则相应的初始均衡点为 E_0，初始均衡利率为 r^*。当货币供给量从 M_s 增加到 M_s' 时，货币供求均衡点从 E_0 点移到 E_1 点，均衡利率相应地从 r^* 下降到 r_0，说明市场利率随着银根的放松而下降，这时，货币政策是有效的。若货币供给量继续从 M_s' 增加到 M_s''，货币供求均衡点从 E_1 点移到 E_2 点，由于此时的货币需求曲线处于"流动性陷阱"区域，所以利率还是保持在原有水平上。可见，在"流动性陷阱"区域，货币政策是完全无效的，此时只能依靠财政政策进行调整。

凯恩斯认为，决定利率的所有因素均为货币因素，利率水平与实体经济部门没有任何关系。因此，它属于纯货币分析的框架。在方法论上，它从古典均衡利率理论"纯实物分析"的一个极端跳到"纯货币分析"的另一个极端。

（3）可贷资金利率理论。凯恩斯的利率理论在学术界曾引起争论。反对方的典型代表是英国的罗伯逊与瑞典的俄林。他们提出的"可贷资金论"一方面反对古典学派对货币因素的忽视，认为仅以储蓄、投资分析利率过于片面，另一方面也抨击凯恩斯完全否定非货币因素在利率决定中的作用的观点。

可贷资金理论的主要观点是：利率既不是由投资与储蓄的均衡决定的，也不是货币供给与货币需求的均衡决定的，而是由综合实物因素和货币因素的可贷资金供求决定的。其中，可贷资金的供给主要来自于储蓄、银行信用创造的存款货币和中央银行的货币发行；可贷资金需求则包括投资和货币的净窖藏。

中央银行货币发行为外生变量，不受利率影响，而储蓄和商业银行的信用创造都与利率同方向变动，窖藏货币和投资都与利率反方向变动，这就决定了可贷资金供给与利率同方向变动，可贷资金的需求则与利率反方向变动，两者均衡决定利率水平。

在现代社会中，可贷资金需求表现为债券发行，可贷资金供给则表现为债券购买；利率又与债券价格负向相关，所以解释了债券价格变动的原因，也就解释了利率波动的原因。

总体而言，可贷资金理论首创了综合实物因素和货币因素的一般均衡分析，但由于可贷资金理论只是把长期的实物因素的短期和货币因素简单相加，其科学性一直受到质疑，因此可贷资金理论充其量算得上是一种准一般均衡利率理论。

（4）一般均衡利率决定论。无论是古典学派的实物资本供求利率决定论、凯恩斯的货币供求利率决定论还是新古典学派的可贷资金利率理论，都存在片面和偏颇。为此，希克斯和汉森对以上三种理论加以综合和完善，提出了希克斯——汉森一般均衡模型，即著名的 $IS-LM$ 模型，从理论上分析了利率与国民收入的决定问题。

希克斯和汉森认为，当投资与储蓄相等时，实体经济部门达到均衡，即

$$I(r) = S(Y)$$

其中，投资与利率 r 负相关，储蓄与收入 Y 正相关。储蓄与投资的均衡无法直接决定一个均衡的利率水平，但可以在 $Y-r$ 坐标系中确定一条均衡的 IS 曲线，在 IS 曲线上的任何一点，储蓄与投资都是均衡的，即实体经济部门都处于均衡状态。当收入增加时，储蓄额增加，要保持投资与储蓄的均衡，必须降低利率来刺激投资，因此 IS 曲线是向右下方倾斜的。

货币市场均衡的条件是货币供求均衡，即：

$$L = L_1(Y) + L_2(r) = M_s$$

由于货币供给量是一个外生变量，由货币当局确定，因此：

$$M_s = M_0$$

货币供给与货币需求的均衡无法直接决定一个均衡的利率水平，但可以在 $Y-r$ 坐标中确定一条均衡的 LM 曲线，即 LM 曲线上的任何一点，货币供给与货币需求都是均衡的。当收入增加时，交易性货币需求 L_1 增加，由于货币供给作为一个外生变量是既定的，要保持货币需求等于货币供给，必须增加利率来降低投机性货币需求 L_2，因此，LM 曲线是一条向右上方倾斜的曲线。

希克斯和汉森认为，均衡利率既不由投资与储蓄均衡决定，也不由货币供求均衡决定，而是由 IS 曲线和 LM 曲线的交点决定，如图 3-3 所示，即只有当实体经济部门和货币部门同时达到均衡时，整个国民经济才能达到均衡状态，从而确定均衡的利率水平。

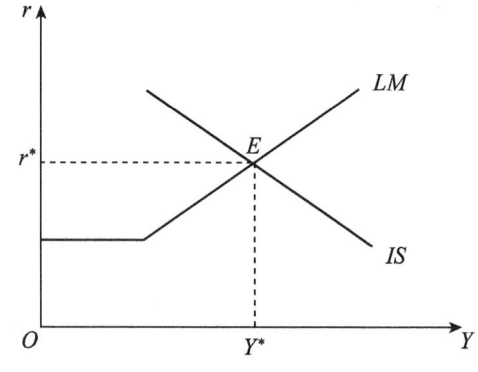

图 3-3　$IS-LM$ 框架下均衡利率的决定

3.4.2　影响利率水平的其他因素

利率决定理论探讨的是决定利率水平的根本性因素，除此之外，现实中的利率水平还受到许多其他因素的影响。

1. 风险因素

现实的经济生活中，风险无处不在，违约风险、流动性风险、政策变动风险、汇率风险等是每一个债权人不得不面对与承担的。风险承担与风险补偿相对应，因此，风险是影响利率水平的一个十分重要的因素。

2. 通货膨胀因素

通货膨胀因素对利率的影响可以从名义利率与实际利率的区分中获得。随着通货膨胀的发生，货币购买力不断下降，本金贬值。通货膨胀越严重，本金的贬值程度越深，资金贷出者的损失就越大。为了避免通货膨胀中的本金损失，资金贷出者通常要求名义利率随着通货膨胀率的上升而上升。只有名义利率与通货膨胀率同比例地上升，实际利率才不会发生变化，也不会降低资金贷出者贷出资金的意愿。

3. 利率管制因素

利率管制是指由政府有关部门直接规定利率水平或利率变动的界限。由此可见，在实施利率管制的国家或地区，利率管制是影响利率水平的一个重要因素。由于管制利率排斥各类经济因素对利率的直接影响，政府确定的管制利率难以准确反映市场中的资金供求关系，不均衡的利率水平容易引起资金的错误配置，降低资金的使用效率，因此，发达市场经济国家通常都实行利率市场化政策，取消利率管制。相比较之下，大多数发展中国家对利率实行管制，原因在于：在经济贫困、国内储蓄不足、投资资金紧张的大背景下，政府希望通过人为管制的低利率政策促进经济的较快发展。

3.5 利率的结构

利率决定理论研究的是利率的总体水平，利率结构理论研究的则是各种结构因素与利率之间的关系。利率的结构主要包括两类：利率的风险结构和利率的期限结构。利率的风险结构考察的是期限相同、风险因素不同的各种信用工具利率之间的关系；利率的期限结构考察的是风险特征相同而期限不同的各种利率之间的关系。

3.5.1 利率的风险结构

利率的风险结构主要是由信用工具的违约风险、证券的流动性及税收等因素决定的。

1. 违约风险

违约风险是指债券发行人无法或不愿履行其之前承诺的利息支付或债券到期时偿付面值的义务，这是影响债券利率的一个重要因素。

没有违约风险的债券被称为无违约风险债券。有违约风险的债券和无违约风险债券之间的利差被称为风险溢价。有违约风险的债券的风险溢价总为正，并且风险溢价随着违约风险的上升而增加。人们在购买某种具有一定风险的债券时，会在原有的利率水平之上要求一定的风险补偿。一般来说，信用等级越高的债券，违约风险越低，所需支付的风险补偿率越低，债券发行者需支付的利率就越低；反之，信用等级越低的债券，违约风险越高，所需支付的风险补偿率越高，债券发行者需支付的利率就越高。

> **知识链接**

由于违约风险对于风险溢价的大小十分重要，因此债券投资者需要了解公司是否会对其发行的债券违约。穆迪投资者服务公司和标准普尔公司是目前国际上公认的具有权威性的信用评级公司，它们根据违约的可能性，对公司债券和市政债券的质量做出评级，从而为投资者提供有关违约风险的信息。穆迪投资者服务公司信用等级标准从高到低可划分为：Aaa级、Aa级、A级、Baa级、Ba级、B级、Caa级、Ca级、C级和D级；标准普尔信用等级标准从高到低可划分为：AAA级、AA级、A级、BBB级、BB级、B级、CCC级、CC级、C级和D级。两家公司的前四个级别，即评级为Baa级或BBB级及以上的债券信誉高，违约风险小，被称为投资级债券；评级低于Baa级或BBB级的债券具有较高的违约风险，被形象地称为投机级债券或垃圾债券。由于这些债券的利率往往高于投资级债券，因此又被称为高收益债券。

2. 流动性

流动性是指金融工具在不发生损失的条件下迅速变现的能力。变现成本一般考虑两个方面：一是交易佣金；二是证券的买卖差价。由于人们总是偏好流动性强的资产，因此，在其他条件相同的情况下，证券的流动性越强，利率就越低；相反，流动性越低的证券，利率将越高。

3. 税收因素

不同国家对不同的证券要征收一定水平的税，如美国的联邦政府债券的利息收入要交所得税，而州和地方政府债券的利息收入可以免交联邦所得税。所以，美国的联邦政府债券虽然违约风险几乎为零，流动性也很高，但其利率却始终高于有一定违约风险且流动性也差一些的州和地方政府债券。证券持有人真正关心的是税后的实际利率，若证券的利息收入的税收因证券的种类不同而存在差异的话，这种差异就必然要反映到税前利率上来，税率越高的证券，其税前利率也就越高。

3.5.2 利率的期限结构

利率的期限结构是指利率与期限之间的变化关系，研究的是风险因素相同而期限不同的利率差异是由哪些因素决定的。

利率与期限的关系通常有三种情形：①利率与期限不相关，各种期限的利率相等；②利率与期限正相关，期限越长，利率越高，期限越短，利率越低；③利率与期限负相关，期限越长，利率越低，期限越短，利率越高。在现实生活中，第一种和第三种情形都很少见，最常见的是第二种情形。

有关利率的期限结构，有两个现象特别值得注意：一是各种期限证券的利率往往是同向波动的；二是长期证券的利率往往高于短期债券。对于这两个现象，西方经济学有三种解释，构成了三个经典的利率期限结构理论，分别是：预期理论（Expectations Theory）、市场分割理论（Segmented Market Theory）和优先聚集地理论（Preferred Habitat Theory）。

1. 预期理论

预期理论最先是由费雪于1896年提出的，后经卢兹等人的发展而形成，是最早的一种利率期限结构理论。由于存在容易理解和方便量化等多种优点,目前该理论在资本市场上仍被广泛地用作利率衍生品种的定价依据。

预期理论假定整个证券市场是统一的,不同期限的证券之间具有完全的替代性。证券购买者以追求利润最大化为目标,对不同期限的证券之间没有任何特殊的偏好;持有和买卖证券没有交易成本,这意味着投资者可以无成本地进行证券的替代;绝大多数投资者都能对未来利率形成准确的预期并依据预期做出投资选择。

在上述假定条件下,一次性长期投资的预期收益和多次连续性地做等量短期投资的预期收益相等,从而可以推出长期债券利率是期限内预期短期利率的平均值。

用一个简单的例子加以说明:假定某一投资者有2年期的闲置资金,打算投资于债券。他可以购买1年期的债券,等到一年后将收回的本息再用于购买1年期的债券,他也可以现在就购买2年期的债券。设在期初时,1年期债券的年利率为 R_t,2年期债券的年利率为 R_{2t},预计一年后的1年期债券年利率为 R_{t+1}。则有近似式:

$$R_{2t} \approx \frac{R_t + R_{t+1}}{2}$$

从上式可以看出,2年期的债券利率等于当前的1年期债券利率和预期的1年后债券利率的平均数。以此类推,可以得到 N 年期的利率等于 N 年期限内预期短期利率的平均值。

预期理论的基本结论是:证券的长期利率是短期利率的函数。因此,长期利率同现在的短期利率之间的关系依赖于现在的短期利率同预期短期利率之间的关系。它们的关系具体表现为:如果未来每年的短期利率一样,现期长期利率就等于现期短期利率,收益率曲线表现为一条水平线;如果未来的短期利率预期要上升,现期长期利率将高于现期短期利率,收益率曲线表现为一条向上倾斜的曲线;如果未来的短期利率预期要下降,现期长期利率将低于现期短期利率,收益率曲线表现为一条向下倾斜的曲线。

预期理论将不同期限的债券看成一个密切联系的统一体,从而为证券市场上不同期限的证券利率的同向波动提供了解释。但预期理论无法解释收益率曲线向上倾斜的现象,因为没有任何理由能让人们总是倾向于相信未来的短期利率会高于现在的短期利率。

2. 市场分割理论

市场分割理论是由卡伯特森(Culbertson)等人于1957年提出的,市场分割理论对预期理论的完全替代假设提出了批评,认为各种期限的证券之间毫无替代性,它们的市场是相互分割、彼此独立的,因而每种证券的利率都只是由各自的供求状况决定的,彼此之间并无交叉影响。

市场分割理论认为产生市场分割的原因有五个:一是投资者可能对某种期限的证券具有特殊的偏好,如注重未来收入稳定性的投资者可能倾向于选择长期证券;二是投资者不能掌握足够的知识,只对其中的某些证券感兴趣;三是不同的借款人往往只对某种期限的证券感兴趣,如零售商往往只需要借入短期资金,而地产商则要借入长期资金;四是某些机构投资者的负债结构决定了他们在短期证券与长期证券之间的选择,如保险公司、养老基金等金融机构的负债多是长期的,所以它们以购买长期证券为主,而商业银行以购买短期证券为主;五是缺少易于在国内市场上销售的统一的债务工具。

市场分割理论对收益曲线通常向上倾斜,即长期利率高于短期利率的现象能够进行直接的解释,那就是人们一般更愿意持有短期证券,而不愿持有长期证券,因而短期利率相对较低。但是由于这种理论将不同期限的证券市场看成是分割的,所以它无法解释不同期限的证券利率往往是同向波动的现象,因此这一理论也有局限性。

3. 优先聚集地理论(流动性溢价理论与期限优先理论)

优先聚集地理论是由莫迪格利亚尼(Modigliani)和苏茨(Sutch)于1966年提出的。优先聚集地理论认为预期理论和市场分割理论对现实缺乏解释力的原因在于它们的假设条件不符合现实,预期理论假设的不同期限的证券之间具有完全的替代性在现实中并不成立,原因是不同的投资者有不同的期限偏好;市场分割理论所假设的各种期限之间的证券毫无替代性在现实中也不成立,原因是投资者的偏好不是绝对的,一旦不同期限的证券预期收益率差额达到一定的临界值后,投资者可能放弃他所偏好的证券,转向投资于预期收益率较高的证券。

仍以前面的题目为例,假如投资者更偏好于1年期证券,只有当2年期证券的预期收益率高出1年期的预期收益率部分超过P时,投资者才会选择2年期证券,那么均衡条件是:

$$R_{2t} = \frac{P}{2} + \frac{R_t + R_{t+1}}{2}$$

这便是最简单的优先聚集地理论表达式,式中的$\frac{P}{2}$,也就是长期利率和短期利率平均值之间的差额,可以被看成是一项期限补偿,它的大小取决于投资者对不同证券期限的偏好程度;正负则取决于投资者究竟偏好于哪种证券,如果投资者偏好于短期证券,则该项为正,反之,则为负。由于长期证券的价格对利率较为敏感,波动性(即风险)比短期证券大,所以期限补偿一般为正数。

优先聚集地理论正是在更接近现实的假设基础上得出的,能够较好地解释长期利率高于短期利率的现象,同样也能解释不同期限证券的利率同向波动的现象。

3.6 我国的利率市场化改革

3.6.1 利率市场化的含义

利率市场化是指货币管理当局将利率的决定权交给市场,由市场主体自主决定利率,货币管理当局则通过运用货币政策工具,间接调控和影响市场利率水平,以达到货币政策目标。

显然,利率市场化是针对利率管制的改革。

利率管制的基本特征是由政府有关部门直接制定利率或利率变动的界限。20世纪30年代~60年代,几乎所有国家都实行了利率管制,其目的在于可以防止金融机构间的恶性竞争,避免利率自由波动导致经济的不稳定,提高储蓄增加投资等。

利率管制具有高度行政干预和法律约束力量,排斥各类经济因素对利率的直接影响。形成利率管制的主要原因有:①经济贫困和资本的严重不足,迫使政府实行管制利率,期望促成经济发展和防止过高的利率给经济带来不良影响;②实行管制利率以抑制比较严重的通货膨胀;③为配合全面的经济控制,如对贸易、物价、投资、生产、外汇等方面的控制,需要对利率实行管制;④不发达的金融市场与数量不多的金融机构容易形成垄断利率及贷款的垄断分配,并发展为利率管制;⑤实行计划经济的国家中,管制利率是配合实现生产、流通与分配计划的一个重要组成部分,以保证实现计划目标及财政信贷的综合平衡等。虽然许多市场经济发达的国家在非常时期也会实行利率管制,但范围有限,并且一旦非常时期结束即解除管制。相比之下,多数发展中国家的利率主要为管制利率。

管制利率与提高资金效率存在着极大的矛盾。减弱对利率的管制往往是发展中国家实施经济改革的主要内容。从国际经验来看,利率市场化是个渐进改革的过程,不可采取一步到位全部取消利率管制的激进方式。如美国的利率市场化,是在专门成立的跨部门过渡性管理机构,即存款机构解除管制委员会的领导下进行的,从酝酿到最终完成花了 13 年(1973 年~1986 年)的时间。他们以大额可转让存单发行与交易为突破口,伴随着诸多金融创新,采取了先存款利率后贷款利率的渐进式改革。又如日本的利率市场化,前后也花了 17 年(1977 年~1994 年)的时间才最终完全放开利率管制,采取的是先国债、后其他品种,先银行同业、后银行与客户,先长期利率后短期利率,先大额交易后小额交易的渐进式过程。中国香港前后则花了 37 年(1964 年~2001 年)的时间才最终完全取消协议利率,实行了利率市场化。

3.6.2　我国利率管理体制的历史沿革

与经济管理体制相适应,我国利率管理体制的发展经历了三个阶段:

(1) 计划经济体制下高度集中的利率管理体制。这种利率管理体制有三个特征:第一,利率由国务院统一制定,中国人民银行负责执行,金融机构没有调整利率的任何权利;第二,利率水平总体低,档次少,存贷利差小,甚至倒挂,这反映了当时我国不讲资金使用效率,视资金信贷为分配物质资料的现实;第三,利率不反映资金供求状况,也没有调节货币供求的功能,利率的调整服从生产关系的调整。这种利率管理体制严重制约了社会生产力的发展。

(2) 有计划的商品经济体制下统分结合的利率管理体制。这种利率管理体制也有三个特征:第一,利率管制权限实行统分结合,由中国人民银行拟定存贷利率的上下限,经国务院批准后实施,主要是给予各专业银行一定的利率浮动权;第二,恢复利率的杠杆作用,重视借贷双方各自的经济利益,重视资金的使用效率,加速资金周转;第三,中国人民银行的利率调控体系开始形成,但仍以直接调控为主,利率调控弹性较小。

(3) 市场经济条件下多层次的利率管理体制。这种利率管理体制强调由市场主导资源配置和货币供求,使利率水平以货币供求为标准,探索利率市场化实现的途径。它有四个特征:第一,中国人民银行进一步下放利率管理权限,同时扩大商业银行贷款利率的浮动权;第二,利率成为间接调控的重要工具,利率水平的高低、利率的期限和利率的结构对融资的影响日益加大;第三,部分利率已经实现市场化,例如,同业拆借利率、国债利率、金融债券利率、外币利率等已实现市场化;第四,利率体系呈现多元化和多层次,已经形成了中央银行基准利率、银行间同业拆借利率、商业银行存贷款利率等多种利率格局并存的局面。

虽然我国利率还没有最后实现完全市场化,但始自 1996 年以来的利率市场化改革至今已取得了极大的进展:从市场来看,本币的货币市场、债券市场、票据市场以及外汇市场已基本实现了利率市场化;从区域看,在农村先行实行了存贷款利率市场化;从产品来看,国债、金融债券、央行票据等非存款金融工具的市场利率已基本放开,贷款利率全部放开。值得一提的是,2007 年 1 月 4 日,SHIBOR 的正式运行,标志着在中国的货币市场,由市场培育基准利率的工作已经展开。SHIBOR 的建立，有利于培育货币市场基准利率体系，提高金融机构自主定价能力，指导货币市场产品定价，完善货币政策传导机制，推进利率市场化改革。

3.6.3 我国利率市场化改革的进程

我国利率市场化改革是社会主义市场经济体制建设的重要内容，它有利于加强金融间接调控，完善金融机构自主经营机制和提高竞争力。

我国利率市场化改革的总体思路是：先放开货币市场利率和债券市场利率，再逐步推进存、贷款利率的市场化，建立健全由市场供求决定的利率形成机制，中央银行通过运用货币政策工具引导市场利率。具体来说，主要有以下五个方面：

（1）利率市场化改革的提出和准备。1993 年《关于建立社会主义市场经济体制改革若干问题的决定》和《国务院关于金融体制改革的决定》最先明确了利率市场化改革的基本设想；1995 年《中国人民银行关于"九五"时期深化利率改革的方案》初步提出了利率市场化改革的基本思路。

（2）放开银行间同业拆借市场利率被视为我国利率市场化的突破口。相对于票据市场和国债市场，我国同业拆借市场规模较大，同业拆借利率比贴现率、再贴现率和国债利率对金融机构具有更重要的影响，同业拆借利率的变动更能及时、可靠地反映资金市场的变化情况。因此，我国的利率市场化首先从放开银行间同业拆借市场利率开始。

1996 年 1 月 3 日，全国银行间同业拆借市场启动，利率由交易双方在中国人民银行确定的上限内协商决定；1996 年 6 月 1 日，中国人民银行在《关于取消同业拆借利率上限管理的通知》中指出，银行间同业拆借市场利率由拆借双方根据市场资金供求自主确定。银行间同业拆借利率正式放开，标志着我国利率市场化进程的正式开始，由此形成了全国统一的同业拆借市场利率——中国银行间同业拆借利率（China Interbank Offered Rate，CHIBOR）。而 2007 年 1 月 4 日 SHIBOR 的正式运行，标志着我国由市场培育基准利率的工作已经展开。

（3）放开债券市场利率是推进我国利率市场化的重要步骤。1997 年 6 月 5 日，中国人民银行下发了《关于银行间债券回购业务有关问题的通知》，决定利用全国统一的同业拆借市场开办银行间债券回购业务，而且银行间债券回购利率和现券交易价格同步放开，由交易双方协商确定。

鉴于银行间拆借利率、债券回购利率和现券交易利率已实现市场化，1998 年 9 月，政策性银行金融债券发行利率实行了市场化。1999 年 9 月，国债发行利率市场化取得突破，成功实现了在银行间债券市场以利率招标的方式发行国债。

（4）逐步推行存、贷款利率的市场化，并按照"先外币，后本币；先贷款，后存款；先长期、大额，后短期、小额"的顺序进行。

首先，外币存、贷款利率市场化展开较早。2000 年 9 月 21 日，实行了境内外币利率管理体制的改革，一是放开了外币贷款利率，二是放开了大额外币存款利率，300 万美元以上的大额外币存款利率由金融机构与客户协商确定。2002 年 3 月，将境内外资金融机构对中国居民的小额外币存款，纳入中国人民银行小额外币存款利率管理范围，实现了中外资金融机构在外币利率政策上的公平待遇。2003 年 7 月，境内英镑、瑞士法郎、加拿大元等小额存款利率放开，由各商业银行自行确定并公布。2003年11月，小额外币存款利率下限放开。2004年11月，放开1年期以上小额外币存款利率，商业银行拥有了更大的外币利率决定权。

其次，尝试大额长期存款利率市场化。1999年10月，中国人民银行批准中资商业银行法人对中资保险公司法人试办由双方协商确定利率的大额定期存款（最低起存金额3000万元，期限在5年期以上不含5年期），进行了存款利率改革的初步尝试。2003年11月，商业银行、农村信用社可以开办邮政储蓄协议存款（最低起存金额3000万元，期限降为3年期以上不含3年期）。到2004年10月29日，决定允许金融机构人民币存款利率下浮。

最后，逐步扩大金融机构存贷款利率浮动区间。1998年3月，中国人民银行改革了贴现利率生成机制，贴现利率和转贴现利率在再贴现利率的基础上加点生成，在不超过同期贷款利率（包含浮动）的前提下由商业银行自定。同年10月31日，将金融机构（不含农村信用社）对小企业的贷款利率最高上浮幅度由10%扩大到20%，农村信用社贷款利率最高上浮幅度由40%扩大到50%。1999年4月1日，金融机构贷款利率浮动幅度再次扩大，县级以下金融机构发放贷款的利率最高可上浮30%。1999年9月1日起，商业银行对中小企业的贷款利率最高上浮幅度扩大到30%。2004年1月1日，将商业银行、城市信用社的贷款利率浮动区间上限扩大到贷款基准利率的1.7倍，农村信用社贷款利率的浮动区间上限扩大到贷款基准利率的2倍，金融机构贷款利率的浮动区间下限保持为贷款基准利率的0.9倍不变。同时明确了贷款利率浮动区间不再根据企业所有制性质、规模大小分别制定。2004年10月29日，不再设定金融机构（不含城乡信用社）人民币贷款利率上限。城乡信用社人民币贷款利率实行上限管理，但其贷款利率浮动上限扩大为基准利率的2.3倍。允许金融机构人民币存款利率下浮，即所有存款类金融机构其吸收的人民币存款的利率，可在不超过同档次存款基准利率的范围内浮动，但不能上浮。2006年8月，贷款利率浮动范围扩大至基准利率的0.85倍。2008年5月汶川特大地震发生后，为支持灾后重建，中国人民银行于当年10月进一步提升了金融机构住房抵押贷款的自主定价权，将商业性个人住房贷款利率下限扩大到基准利率的0.7倍。2012年6月，存款利率浮动区间的上限调整为基准利率的1.1倍，贷款利率浮动区间的下限调整为基准利率的0.8倍。同年7月，再次将贷款利率浮动区间的下限调整为基准利率的0.7倍。自2013年7月20日起全面放开金融机构贷款利率管制，取消金融机构贷款利率0.7倍的下限，由金融机构根据商业原则自主确定贷款利率水平，并取消票据贴现利率管制，改变贴现利率在再贴现利率基础上加点确定的方式，由金融机构自主确定，对农村信用社贷款利率不再设立上限。2015年5月11日起，将金融机构存款利率浮动区间的上限调整为存款基准利率的1.5倍。2015年6月15日，我国存款类金融机构正式推出大额存单。2015年10月24日起，对商业银行和农村合作金融机构等不再设置存款利率浮动上限。

（5）我国利率市场化的最终目标是中央银行不再统一规定金融机构的存贷款利率水平，而是运用货币政策工具间接调节货币市场利率，进而间接影响金融机构存贷款利率水平。其中关键是发挥公开市场操作引导货币市场利率的机制，以及形成货币市场利率对金融机构存贷款利率影响的机制。

本章小结

1. 利息是债务人使用借贷资本的成本，是债权人贷出资金获得的报酬。
2. 利率是一定时期内单位本金所对应的利息，表现为利息额同本金的比率。按照期限长短，可分为长期利率和短期利率；按照计息周期，可分为年率、月率和日率；按照在借贷期内利率是否调整，可分为固定利率和浮动利率；按照决定方式，可分为市场利率和官定利率；按照是否扣除物价上涨因素，可分为名义利率和实际利率。
3. 利息与利率的计算包括单利与复利、现值与终值、到期收益率的计算。
4. 利率的决定理论包括马克思的利率决定理论和西方学者的利率决定理论。其中，西方学者的利率决定理论主要包括实物资本供求利率决定论、凯恩斯的货币供求利率决定论、可贷资金理论及一般均衡利率决定论。
5. 利率的风险结构考察的是期限相同风险因素不同的各种信用工具利率之间的关系，利率的期限结构考察的是风险特征相同而期限不同的各种利率之间的关系。

习 题

一、复习题

1. 选择题

(1) 体现货币时间价值的变量是（　　）。
　　A. 物价水平　　　B. 利息　　　　C. 货币供给量　　D. 货币需求量
(2) 认为利息实质上是利润的一部分，是剩余价值特殊转化形式的经济学家是（　　）。
　　A. 凯恩斯　　　　B. 马克思　　　C. 杜尔阁　　　　D. 俄林
(3) 政府金融管理部门或中央银行确定的利率是（　　）。
　　A. 实际利率　　　B. 官定利率　　C. 行业利率　　　D. 市场利率
(4) 在借贷期限内根据市场资金供求变化定期调整的利率是（　　）。
　　A. 固定利率　　　B. 基准利率　　C. 浮动利率　　　D. 实际利率
(5) 衡量利率最精确的指标通常是（　　）。
　　A. 存款利率　　　B. 贷款利率　　C. 基准利率　　　D. 到期收益率
(6) 一笔贷款 1 年的利息收益为 50 元，而市场平均利率为 5%，那么本金应为（　　）元。
　　A. 1005　　　　　B. 1000　　　　C. 1050　　　　　D. 950
(7) 流动性偏好利率理论是指（　　）。
　　A. 古典利率理论　　　　　　　　B. 新古典的利率理论
　　C. 可贷资金利率理论　　　　　　D. 凯恩斯学派的利率理论
(8) 下列利率决定理论中，哪种理论是着重强调储蓄与投资对利率的决定作用的？（　　）
　　A. 实际利率理论　　　　　　　　B. 流动偏好理论
　　C. 可贷资金理论　　　　　　　　D. 马克思的利率理论

(9) 期限相同的各种信用工具利率之间的关系是（   ）。
   A. 利率的风险结构　　　　　　　　B. 利率的期限结构
   C. 利率的信用结构　　　　　　　　D. 利率的补偿结构
(10) 中国人民银行确定的存贷款利率市场化改革的顺序是（   ）。
   A. 先外币，后本币；先贷款，后存款
   B. 先本币，后外币；先贷款，后存款
   C. 先本币，后外币；先存款，后贷款
   D. 先外币，后本币；先存款，后贷款

2. 判断题
(1) 在我国，月息 5 厘是指月利率为 5%。（   ）
(2) 一般来说，同种利率长期利率比短期利率高。（   ）
(3) 负利率是指名义利率低于通货膨胀率。（   ）
(4) 在通货膨胀条件下，实行固定利率会给债务人造成较大的经济损失。（   ）
(5) 浮动利率是指在借贷期内随市场利率的变化而自由变化的利率。（   ）
(6) 以复利计息，考虑了资金的时间价值因素，对贷出者有利。（   ）
(7) 利率上升，债券价格上升；利率下降，债券价格也下降。（   ）
(8) 凯恩斯认为，利率仅仅决定于两个因素：货币供给与货币需求。（   ）
(9) 凯恩斯认为，预防性货币需求与利率水平呈正相关。（   ）
(10) 一笔为期 5 年，年率为 6% 的 10 万元贷款，用单利计算的到期本利和是 130000 元。（   ）

3. 名词解释
利息 利率 固定利率 浮动利率 名义利率 实际利率 基准利率 利率管制 利率市场化

4. 问答题
(1) 如何理解利息和利率？
(2) 利率决定理论都经历了哪几个阶段？
(3) 简述凯恩斯的利率决定理论。
(4) 利率的风险结构受哪些因素的影响？
(5) 为什么说利率市场化既是过程又是结果？

二、案例应用分析

某人于 2004 年 1 月 5 日将 5 万元存入商业银行，选择了 2 年期的定期存款，将于 2006 年 1 月份到期。但在 2005 年 1 月 5 日由于急于购买住房，需要资金，鉴于定期存款未到期支取将视同活期存款，损失很多利息收入，因此，决定不将存款取出，而是先向商业银行申请 1 年期贷款，然后等存款到期时归还（2004 年 1 月份 2 年期定期存款利率为 2.25%，2005 年 1 月活期存款利率为 0.72%，2005 年 1 月份 1 年期贷款利率为 5.58%）。

问题：上述决定是否合理？试阐述你的理由。

第4章 金融体系

【教学目标】

通过本章的学习,掌握金融机构的职能、金融工具的特征、金融工具的分类,了解股票、债券、衍生金融工具的特点及我国金融体系的历史演变和目前构成。

【导入案例】

海兰信公司的发展历程与资金支持

1. 创立背景

海兰信公司所在的行业是船舶配套电子产业的高科技企业,生产的产品是船载航行数据记录仪(简称 VDR,俗称船用"黑匣子")。VDR 是一种用于记录和保存船舶航行过程中的各种数据的系统。在船舶运行过程中,该设备在预防事故发生以及分析事故原因等方面起到不可替代的作用。2000 年 8 月,中国交通部发布文件,要求所有中国籍沿海航行 300 总吨以上的船舶必须在 2002 年 12 月 31 日之前配备 VDR。交通部这一政策的出台,创造出了一个规模达到 100 亿元的国内 VDR 市场。海兰信的创始人申万秋经过多方面考察,越来越看好这一商机。

2. 新公司的资金压力

VDR 产品开发有两大核心技术门槛,一个是语音技术,另一个是图像技术。当初清华电子系的技术确实能够在实验室做出产品,但是这些产品在实际航行环境中,语音和成像质量很差,不能真正商业化,特别是应对国际市场。这样一来,产品的研发周期明显超出了预期,企业只见钱出,不见钱进。企业一些核心技术人员对公司前景产生了严重怀疑,选择离开。

3. 风险投资的支持

申万秋等几个核心创始人坚持了下来,直到 2003 年 4 月 1000 万元风险投资到位,公司长期以来的资金压力终于有所缓解,人心也相对稳定些。2004 年,海兰信开发的 VDR 产品在中国国内市场占有率达 35%,名列行业第一,这也意味着国产 VDR 产品的市场占有率首次超过欧美和日韩企业的产品。同时,海兰信的 VDR 产品也开始供应多家大型航运企业(如中远集团、长航集团等)和造船企业(如渤海重工、外高桥等),并出口希腊、丹麦、印度、新加坡等十多个国家和地区。

4. 迟来的金融体系的资金支持

作为中关村科技园区的企业,海兰信已被推荐加入中关村代办股份交易系统(三板市场),进行初步"上市",海兰信已如释重负。2010 年 3 月海兰信于深圳创业板市场上市。

4.1 金融体系的构成

金融体系也叫金融系统，是各种金融工具、金融机构、金融市场和制度等一系列金融要素的集合，是这些金融要素为实现资金融通功能而组成的有机系统。它通过吸收存款、发放贷款、发行证券、交易证券、决定利率、创造金融产品并在市场流通等金融行为，实现把短缺的可贷资金从储蓄者手中转移到借款者手中，以购买商品、服务和投资，从而促进经济增长，满足人民生活需要。

4.1.1 金融机构体系

金融机构体系是指金融机构的组成及其相互联系的统一整体。在市场经济条件下，各国金融体系大多数是以中央银行为核心来进行组织管理的，因而形成了以中央银行为核心、商业银行为主体、各类银行和非银行金融机构并存的金融机构体系。在中国，就形成了以中央银行（中国人民银行）为领导，国有商业银行为主体，政策性银行、保险、信托等非银行金融机构，外资金融机构并存和分工协作的金融机构体系。结构合理、功能完善、运行良好的金融机构体系，在促进经济发展、改善社会福利中发挥着关键作用。

1. 金融机构的含义

广义而言，金融机构是一种促进储蓄向投资转化的制度安排，一切从事货币资金在不同经济主体之间转移或融通的金融服务组织都属于金融机构。

狭义而言，金融机构仅指从事间接融资活动的银行。如 20 世纪 70 年代在美国、日本、英国等发达国家金融市场上出现的大量资金从商业银行、储蓄银行等金融机构转移到国债和其他证券上的现象被称为"脱媒"或"非中介化"（Disintermediation），这里显然只是将银行视为"金融机构"。米什金在《货币金融学》中也将金融机构描述为："利用金融机构来进行的间接金融过程叫作'金融中介'，这是将资金从贷款者手中转移到借款者手中的主要渠道。"

2. 金融机构的职能

（1）信用中介。信用中介职能是金融机构最基本的职能。这一职能是指通过金融机构的负债业务，把社会上的各种闲置货币资金集中起来，再通过资产业务把它投向各个部门。金融机构作为货币资金贷出者和借入者之间的中介，通过调节资金余缺、调动闲置资金、将短期资金转化为长期资金等方式实现资金的融通，并从吸收资金的成本与发放贷款的利息、投资收益的差额中获取利差收入，形成利润。同时，金融机构还具有信用创造职能，即通过贷款和投资活动创造存款货币，扩大信用规模。

（2）解决信息不对称，克服逆向选择与道德风险，降低信息成本。资金需求者和供给者之间存在着信息不对称，而由信息不对称带来的问题包括交易前的逆向选择和交易后的道德风险。金融机构可充当储户委托的监督者角色来解决信息不对称问题，克服逆向选择与道德风险，降低信息成本。从银行与借款人之间的关系看，银行通过代理客户结算、转账等业务，以及设立资信调查、评估部门，可以较为充分地了解各个申请借款者的信息，识别出不同资信状况的借款人。当借款人从银行获得贷款之后，银行可通过结算转账等业务了解客户的资金使用情况，跟踪分析客户的资信情况，并可在贷款时采取抵押贷款的形式。这些措施均缓解了资金供需双方之间的信息不对称问题，降低了信息成本。银行与储户之间的信息不对称问题则可由银行的自有资本、有关银行业的各种法规以及银行的声誉机制等得到一定程度的解决。

（3）专业化运作，降低交易成本。借贷双方的交易成本包括三部分：一是事前交易成本，即交易前的搜寻、评估、核实成本；二是合同成本，即洽谈交易、订立合同的成本；三是事后交易成本，即执行交易、监督和控制的成本。交易成本中相当部分是属于不随贷款金额的增加而增加的固定成本，这形成了金融机构相对于个人的优势，即金融机构通过专业化运作，使成本得到分摊，较之多个储户向同一个借款人放贷时的交易成本降低，具有规模经济收益。同时，金融机构通过发挥其支付中介职能，减少了现金的使用，加速了结算过程和货币资金的周转，也起到了降低交易成本的作用。

（4）提供多样化投资机会，降低金融风险。金融交易具有跨时性的特点，交易的结果具有不确定性，投资者需要通过多样化的投资方式来减少不确定性，但需承担多样化投资带来的额外成本，而金融机构的存在有助于降低投资者进行分散化投资的成本。资金供给者和需求者直接进行借贷的风险可以分为两部分：一是结构性风险，即贷款人资金供给的期限、面额与借款人对资金需求的期限及面额存在结构性的矛盾；二是投资风险，即借贷完成之后借款人运用这些资金获利并给贷款人约定回报的不确定性。银行从多个储户那里吸收存款，放贷给多个借款人，调节了借贷数额及借贷期限，化解了结构性风险，并可通过分散化投资、对多个借款人的投资风险进行评估、控制等方式降低投资风险。

4.1.2 金融市场体系

1. 金融市场概述

金融市场又称为资金市场，包括货币市场和资本市场，是资金融通市场。所谓资金融通，是指在经济运行过程中，资金供求双方运用各种金融工具调节资金盈余的活动，是所有金融交易活动的总称。在金融市场上交易的是各种金融工具，如股票、债券、储蓄存单等。

知识链接

资金融通简称为融资，一般分为直接融资和间接融资两种。直接融资是资金供求双方直接进行资金融通的活动，也就是资金需求者直接通过金融市场向社会上有资金盈余的机构和个人筹资。与此对应，间接融资则是指通过银行所进行的资金融通活动，也就是资金需求者采取向银行等金融中介机构申请贷款的方式筹资。

2. 金融市场的特征

金融市场是商品经济发展导致信用形式多样化的必然产物。金融市场与一般商品市场比较，有三个明显的特征：

（1）金融市场上商品的单一性和价格的相对一致性。在金融市场上，交易对象不是具有各种各样使用价值的商品，而是单一货币形态的资金商品。资金商品无质的差别性，只有单一的"使用价值"——获得收益的能力。利息以资本商品"价格"的面貌出现，而利息受市场利润率的制约，并由于竞争的结果，利息率趋向于一致。因此，商品的单一性和价格的相对一致性是金融市场的一个重要特征。

（2）金融市场具有可以非物质化的特征。这一特点是与金融商品的价值本质联系在一起的。在一般商品市场上，买方的目的在于消费，交易活动必定以标的商品在物质上转手作为终点。但在金融市场上，金融产品的交易可以非物质化。金融商品交易的非物质化首先表现为债券、股票的转让并不涉及发行企业相应份额资产的变动；其次，即使在"纸张"上，金融商品的交易也不一定具体化的这些证券在物质上从一人手中转入另一人手中，在有些情况下表现为结算和保管中心有关双方账户上的证券数量和现金储备额的变动。

（3）金融商品交易的非物质化使得交易可以完全凭空进行。这就是金融市场上的"买空卖空"行为。没有金融商品的人可以在金融市场上买入该商品。他们只需在金融市场上进行一次反向业务或以现金结算差价，便不必提供或购入有关金融商品。这完全不同于一般商品市场。

3. 金融市场体系的构成

金融市场体系的构成十分复杂，它是由许多不同的市场组成的一个庞大体系。但是，一般根据金融市场上交易工具的期限，把金融市场分为货币市场和资本市场两大类。货币市场是融通短期资金的市场，资本市场是融通长期资金的市场。货币市场和资本市场又可以进一步分为若干不同的子市场。货币市场包括金融同业拆借市场、回购协议市场、商业票据市场、银行承兑汇票市场、短期政府债券市场、大面额可转让存单市场等。资本市场包括中长期信贷市场和证券市场。中长期信贷市场是金融机构与工商企业之间的贷款市场；证券市场是通过证券的发行与交易进行融资的市场，包括债券市场、股票市场、基金市场、保险市场、融资租赁市场等。

4.1.3 金融工具体系

1. 金融工具的定义

金融工具如股票、期货、黄金、外汇、保单等也叫金融产品、金融资产、有价证券。因为它们是在金融市场可以买卖的产品，故称金融产品；因为它们有不同的功能，能达到不同的目的，如融资、避险等，故称金融工具；在资产的定性和分类中，它们属于金融资产，故称金融资产；它们是可以证明产权和债权债务关系的法律凭证，故称有价证券。绝大多数的金融工具（或称产品）、资产和有价证券均具有不同程度的风险。

2. 金融工具的特征

一般认为，金融工具具有以下特征：

（1）偿还性。偿还性是指借款人拿到借款开始，到借款全部偿还清为止所经历的时间。各种金融工具在发行时一般都具有不同的偿还期。从长期来说，分为10年、20年、50年。还有一种永久性债务，这种公债借款人同意以后可以无限期地支付利息，但始终不偿还本金，这是长期的一个极端。在另一个极端，银行活期存款随时可以兑现，其偿还期实际等于零。

（2）流动性。这是指金融资产在转换成货币时，其价值不会蒙受损失的能力。除货币以外，各种金融资产都存在着不同程度的不完全流动性。其他的金融资产在没有到期之前如果要想转换成货币，就只能打一定的折扣，或者花一定的交易费用。一般来说，金融工具如果具备下述两个特点,就可能具有较高的流动性:第一,发行金融资产的债务人信誉高,在已往的债务偿还中能及时、全部履行其义务;第二,债务的期限短。这样它受市场利率的影响很小,转现时所遭受亏损的可能性就很少。

(3) 风险性。这是指投资于金融工具的本金会遭受损失的风险的可能性。风险可分为两类:一是债务人不履行债务的风险,这种风险的大小主要取决于债务人的信誉以及债务人的社会地位;另一类风险是市场的风险,这是金融资产的市场价格随市场利率的上升而跌落的风险。当利率上升时,金融证券的市场价格就下跌;当利率下跌时,则金融证券的市场价格就上涨。证券的偿还期越长,则其价格受利率变动的影响越大。一般来说,本金的安全性与偿还期成反比,即偿还期越长,其风险越大,安全性越小。本金的安全性与流动性成正比,与债务人的信誉也成正比。

(4) 收益性。这是指金融工具能定期或不定期给持有人带来收益的特性。金融工具收益性的大小,是通过收益率来衡量的,其具体指标有名义收益率、实际收益率、平均收益率等。

3. 金融工具的分类

根据不同的分类方法,金融工具被分为不同的种类,具体如下:

(1) 按金融工具的期限分类,可分为短期金融工具和长期金融工具。短期金融工具是指偿还期限在 1 年或者 1 年以内的各种金融工具,包括票据、借据、短期国库券等。长期金融工具是指偿还期限在 1 年以上的金融工具,如长期债权、股票等。

(2) 按融资形式分类,可分为直接金融工具和间接金融工具。直接金融工具是指金融活动中以书面形式发行和流通的各种具有法律效力的凭证,包括债权债务凭证(票据、债券等),以及所有权凭证(股票),它们是金融市场上交易的对象。而间接金融工具是指在有金融中介参与的间接融资活动中使用的工具,如银行券、存款单、银行票据和保险单等。

4.1.4 金融网络信息资源体系

1. 网络金融的定义

从狭义的观点,网络金融是指在国际互联网上开展的金融业务,包括网络银行、网络证券、网络保险等金融服务及相关内容。它不同于传统的金融活动,在于它是网络空间的金融活动,其存在的形式是虚拟的,运行方式是网络化的,是适应电子商务发展需要而产生的网络时代的金融运行方式。

从广义的观点,网络金融就是以互联网技术为支撑的、在全球范围内的所有金融活动的总称,它不仅包括狭义的内容,还包括网络金融安全、网络金融监督等诸多方面。它是指传统金融与现代信息网络技术高度结合而形成的一种新的金融服务形态。

2. 网络金融的产生与发展

纵观网络金融的发展历史,信息技术运用于金融产业始于 20 世纪 50 年代,但最初应用范围仅局限于银行体系或局域网中,运用的目的主要是提高工作效率。在 20 世纪 90 年代中期,随着国际互联网商业性应用的发展,传统金融开始向网络金融转变。1995 年 10 月,世界上第一家网络银行(美国安全第一网络银行 CSFNB)成立,标志着网络金融业务的真正诞生。网络金融从此在很多国家和地区兴起。网络金融是金融与网络技术全面结合的产物,其包括网上银行、网上证券、网上保险、网上期货、网上支付、网上结算等金融业务。

3. 全球网络金融发展的具体表现

（1）繁荣的网上银行。它凭借低成本、快捷的服务迅速发展。发达国家85%的银行已开始网络服务业务，像花旗、汇丰、樱花等世界著名的银行集团都有自己成熟的网络金融部门。

（2）活跃的网上证券业。最近新加坡与澳大利亚的证券交易所通过联网，实现上市股票的交易，而香港的证券交易所与东京证券交易所、澳大利亚、加拿大、墨西哥以及欧洲的一些交易所也借助网络实现了一天24小时的证券交易。

（3）稳步发展的网上保险业。自美国国民第一证券银行首创通过互联网销售保单业务，美国现已有50%的网络用户，通过互联网查询机动车辆保险费率，有30%的用户倾向于网上投诉。英国于2000年建立"屏幕交易"网站，提供七家保险商的汽车和旅游产品，用户数量以每年7%的速度递增。

（4）电子货币，信用卡等电子支付产品的广泛应用。英国西斯敏斯特银行和米德兰银行1995年开发了智能卡为基础的MODEX电子货币系统。在伦敦建立国际总部，并向美国，加拿大推广了这一系统，大大推动了货币应用。据JUPIRER通信公司统计，2000年美国联网商业的营业额为73亿美元，其中有一半是通过电子货币、智能卡等方式支付的。

4.2 金融机构体系的一般构成

金融机构体系的构成因各国的不同情况而异，每个国家根据自身的历史、经济发展进程、社会生活水平、文化习惯因素等构建其金融机构体系。但各国金融机构体系的基本框架大体相似，一般由中央银行、商业银行、专业银行、政策性银行、非银行金融机构等构成。

4.2.1 银行机构体系：中央银行、商业银行、专业银行

1. 中央银行

中央银行是一国或多国货币体系中的主要监管性银行。中央银行的职能通常包括控制信贷体系、发行钞票、硬币及监管商业银行。中央银行也管理外汇储备、维护本国货币的价值稳定及充当政府的银行。主要的欧美中央银行包括英格兰银行（BOE, the Bank of England）、美国联邦储备银行（FRB, the Federal Reserve Bank）及欧洲中央银行（ECB, the European Central Bank）。我国的中央银行是中国人民银行（PBOC, the People's Bank of China）。

2. 商业银行

商业银行是指以经营工商业存款、贷款为主要业务，并以利润为主要经营目标的金融机构。在英国，商业银行亦称为清算银行（Clearing Banks）。在美国，商业银行亦称金融中心银行（Money Center Banks）。早期的商业银行主要办理工商业存、贷款和票据贴现等业务，后来逐渐向全能化和多样化发展，根据其资本实力，参与证券投资、中长期信贷、消费信贷、租赁、信托和房地产等业务。

> **知识链接**

世界上第一家银行究竟何时何地建立，史学界看法不一。一些学者认为，1171 年建立的意大利的威尼斯银行，是世界上最早的银行。而有些学者认为世界上第一家银行的建立要比这晚得多。公认的近代银行起源于文艺复兴时期的意大利：如佛罗伦萨的巴尔迪银行，1272 年成立；佩鲁齐银行，1310 年成立；麦迪西银行，1397 年成立；热那亚圣乔治银行，1407 年成立等。

14 世纪末开始，银行由意大利传播到欧洲其他国家。如阿姆斯特丹银行，1409 年成立；汉堡银行，1419 年成立；纽伦堡银行，1421 年成立；1454 年，私营瑞典里克斯银行成立。

英国的银行则起源于为顾客保管金银的金匠。1494 年，在政府的支持下，英国出现了第一家股份制商业银行——英格兰银行，标志着现代股份银行业的开端。

3. 专业银行

专业银行是指专门经营特定范围业务和提供专门性金融服务的金融机构，如开发银行、投资银行、储蓄银行、进出口银行、养老基金、共同基金、保险公司、财务公司、信用社等。

（1）开发银行。开发银行是为了满足经济建设长期投资需要而设立的银行，多为国家或政府创办，不以营利为目的。开发银行分为国际性、区域性、本国性三种，如世界银行、亚洲开发银行、中国的国家开发银行等。

（2）投资银行。投资银行是美式用语，主要是指从事证券发行、承销、交易、企业重组、兼并与收购、投资分析、风险投资、项目融资等业务的非银行金融机构，是资本市场上的主要金融中介。投资银行一般不接受公众存款，也不从事一般的贷款业务。在欧洲，投资银行称为商人银行（Merchant Bank），在日本则被称为证券公司（Securities Company）。

（3）储蓄银行。储蓄银行是指专门吸收居民储蓄存款、为居民个人提供金融服务的金融机构。

（4）进出口银行。进出口银行主要是指为一国进出口业务进行融资的机构，多为政府所有。

（5）养老基金。养老基金由企业为其雇员设立，预付款由雇员和雇主共同承担，同时享受政府给予的某些税收优惠。基金一般委托专门的金融机构来管理，其资金一般投资于公司债券和股票。

（6）共同基金。共同基金通过向个人出售基金单位筹集资金，然后投资于多样化的债券、股票及增发新基金单位，投资者则可以在二级市场上转让其持有的基金单位。开放式基金的份额不固定，投资者可以随时申购和赎回基金单位。封闭式基金的基金单位总数确定，发行完成后就不能申购和赎回，但可在二级市场上交易。

（7）保险公司。保险公司是指经营保险业的经济组织，可分为人寿保险公司、财产和意外伤害保险公司及再保险公司等。人寿保险公司的资金主要来源于周期性的保费收入，资金主要投资于收益较高的长期公司债券和长期抵押贷款等。财产和意外伤害保险公司主要对火灾、盗窃、车祸和自然灾害等各种事件造成的财产损失进行保险，资金来源主要是保费，资金主要投资于高信誉级别的政府债券、公司债券、股票和货币市场金融工具等。再保险公司是保险公司的保险公司，对保险公司承担的风险进行分散和转嫁。

（8）财务公司。商业财务公司是由一些大型零售商或大企业建立的，向购买自己产品的消费者提供消费信贷，以促进本公司产品的销售。消费财务公司则主要向那些通过别的渠道很难获得贷款的消费者提供资金，由于贷款规模小、管理成本高，所以贷款利率较高。

（9）信用社。信用社是由共同利益的人自愿组织起来的具有互助性质的会员组织。资金来源于会员的存款和交纳的股金，主要对会员提供短期贷款和消费信贷等。

4.2.2 政策性金融机构

政策性金融机构（Policy-based Financial Institutions）是指那些由政府或政府机构发起、出资创立、参股或保证的，不以利润最大化为经营目的，在特定的业务领域内从事政策性融资活动，以贯彻和配合政府的社会经济政策或意图的金融机构。

政策性金融机构主要产生于一国政府提升经济发展水平和安排社会经济发展战略或产业结构调整的政策要求。一般来说，处在现代化建设起步阶段的经济欠发达国家，由于国家财力有限，不能满足基础设施建设和战略性资源开发所需的巨额、长期投资需求，因此最需要设立政策性金融机构。一些经济结构需要进行战略性调整或升级，薄弱部门和行业需要重点扶持或强力推进的国家，设立政策性金融机构，以其特殊的融资机制，将政府和社会资金引导到重点部门、行业和企业，可以弥补单一政府导向的财政的不足和单一市场导向的商业性金融的不足。

知识链接

政策性银行的产生和发展是国家干预、协调经济的产物。当今世界上许多国家都建立政策性银行，其种类较为全面，并构成较为完整的政策性银行体系。

日本著名的"二行九库"体系，包括日本输出入银行、日本开发银行、日本国民金融公库、住宅金融公库、农林渔业金融公库、中小企业金融公库、北海道东北开发公库、公营企业金融公库、环境卫生金融公库、冲绳振兴开发金融公库以及中小企业信用保险公库。

韩国设有韩国开发银行、韩国进出口银行、韩国中小企业银行、韩国住宅银行等政策性银行。

法国设有法国农业信贷银行、法国对外贸易银行、法国土地信贷银行、法国国家信贷银行、中小企业设备信贷银行等政策性银行；美国设有美国进出口银行、联邦住房信贷银行体系等政策性银行。这些政策性银行在各国社会经济生活中发挥着独特而重要的作用，构成各国金融体系两翼中的一部分。

4.2.3 非银行金融机构

1. 保险公司

保险公司是金融机构的组成部分，是经营保险业务的经济组织。它是以集合多数单位或个人的风险为前提，用其损失概率计算分摊金，以保险费的形式聚集起来，建立保险基金，用于补偿因自然灾害或意外事故所造成的经济损失的具有法人资格的企业。

各国按照保险种类分别建立形式多样的保险公司，如财产保险公司、人寿保险公司、火灾和事故保险公司、信贷保险公司、存款保险公司等,其中,一般以人寿保险公司的规模最大。

保险业务的种类有:

(1) 保险业务最常见的一种分类方法是按保险对象来划分,可分为财产保险、责任保险、人身保险、保证保险等。

(2) 按实施的形式划分,保险可分为法定保险和自愿保险。法定保险也称为强制保险,是由国家通过立法规定的保险。

(3) 按业务承保的方式分类,保险可分为原保险、再保险、重复保险、共同保险等。

2. 投资银行

投资银行是专门对工商企业办理投资和长期信贷业务的银行。投资银行的名称通用于欧洲大陆及美国等工业化国家。英国称之为商人银行,法国称之为实业银行,日本称之为证券公司。尽管名称不同,但从其业务与功能来看,都具有现代投资银行的性质。作为一类典型的非银行金融机构,投资银行与商业银行的区别是明显的。两者的区别表现在三个方面:业务上、功能上以及管理方式上。投资银行在资本市场上承担了金融中介的重要角色,使得资本借给者与资本需求者的交易得以顺利进行。

现代投资银行的主要业务可分为几类:证券承销、证券交易、项目融资、企业兼并与收购、基金管理、风险投资、理财顾问、资产证券化、金融衍生工具业务等。

3. 信托公司

信托是以信任为基础的委托行为。经济活动中的信托是指拥有资金、财产及其他标的物的所有人,为获得更好的收益或达到某种目的,委托受托人代为运用、管理、处理财产及代办有关经济事务的经济行为。信托的特征是对信托财产所有权的分割。信托的基本功能是对财产事务的管理和融通资金。

信托机构的业务种类非常宽泛,按照不同的划分标准,信托业务可以分为不同的种类。

(1) 按信托财产的性质划分,信托可分为金钱信托、动产及不动产信托、有价证券信托等。

(2) 按信托目的划分,信托可分为担保信托、管理信托、处理信托等。

(3) 按委托人的不同划分,信托可分为个人信托、法人信托和个人法人通用信托。

(4) 按受益人的不同划分,信托可分为自益信托、他益信托、公益信托和私益信托。

(5) 按信托事项的法律依据划分,信托可分为民事信托和商事信托等。

4. 租赁公司

租赁是一种信用形式,租赁公司是通过融物的形式起融资作用的企业。美国是最先出现现代租赁的国家。现代租赁是20世纪50年代发展起来的新的租赁形式,它最突出的特点是融资与融物的结合,因此通常也被称为融资租赁或金融租赁。目前国际上租赁行业基本上是由三种类型的机构组成:银行或与银行有关的金融机构所属的租赁公司、属于制造商的租赁公司、综合经营并独立开展业务的租赁公司。

租赁业务的种类有:

(1) 按征税上的不同处理可分为节税租赁和非节税租赁。

(2) 按租赁中出资者的出资比例不同可分为单一租赁和杠杆租赁。

(3) 根据租赁业务的具体方法可以分为直接租赁,转租赁,回租等方式。

5．投资基金

投资基金是按照共同投资，共享收益，共担风险的基本原则和股份公司的某些原则，运用现代信托关系的机制，以基金方式将各个投资者彼此分散的资金集中起来，交由投资专家运作和管理，主要投资于证券等金融产品或其他产业部门，以实现预定的投资目标的投资组织制度。进入20世纪80年代以后，投资基金在世界范围内得到了迅速的发展。

投资基金的种类有：

（1）按组织形态的不同划分，可分为公司型投资基金和契约型投资基金。

（2）按基金券变现方式的不同来划分，可分为开放型投资基金和封闭型投资基金。

（3）按投资目标的不同，可分为成长型基金和收入型基金。

（4）按基金运用规则的不同，可分为固定型投资基金和管理型投资基金。

（5）按投资地域或国界的不同，可分为国内投资基金和国际投资基金。

6．其他非银行金融机构

（1）财务公司。财务公司在国外是指一类通过出售商业票据，发行股票或债券以及向商业银行借贷等方式来筹集资金，并用于向购买汽车、家具等大型耐用消费品的消费者或小型企业发放贷款的金融机构。在我国，财务公司是一类由大型企业集团内部成员单位出资组建并为各自成员提供金融服务的非银行金融机构，其宗旨是支持国家重点集团或重点行业的发展。

（2）信用合作社。信用合作社是由个人集资联合组成，以互助为主要宗旨的合作金融组织。其基本的经营目标是以简便的手续和较低的利率，向社员提供信贷服务，帮助经济力量薄弱的个人解决资金困难，以免遭高利盘剥。信用合作社资金主要来源于其成员交纳的股金和吸收存款，贷款主要用于解决其成员的资金需要。

4.2.4 金融监管机构

1．金融监管机构的概念

金融监管机构是根据法律规定对一国的金融体系进行监督管理的机构。其职责包括按照规定监督管理金融市场、发布有关金融监督管理和业务的命令和规章、监督管理金融机构的合法合规运作等。我国目前的金融监管机构包括银监会、证监会和保监会。

2．金融监管机构的类型

目前各国的金融管理性机构，主要有四类：一是负责管理存款货币并监管银行业的中央银行或金融管理局；二是按分业设立的监管机构，如银监会、证监会、保监会；三是金融同业自律组织，如行业协会；四是社会性公律组织，如会计师事务所、评估机构等。其中，中央银行或金融管理局通常在一个国家或地区的金融监管组织机构中居于核心位置。

4.3 我国金融机构体系

4.3.1 我国金融机构体系的形成

1．中国"大一统"金融体制的初步形成

1948年12月1日，在解放区华北银行、北海银行和西北农民银行的基础上成立了中国人民银行，并于当日开始统一发行人民币，1949年3月按行政区设立分支机构。中华人民共和国成立后,人民保险公司、农业合作银行和信用合作组织成立,对接管的金融机构分别进行改组,将官僚资本银行根据情况直接并入中国银行或继续营业。其中,中央银行、中国农民银行、中央信托局、邮政储蓄金汇业局和中央合作金库及国民政府省市银行全部并入中国人民银行。而中国银行和交通银行则进行改组,私股权益被保留,官股没收,分别成为中国人民银行领导下专门经营外汇业务和工矿交通事业长期信用业务的专业银行。而1952年后,在华外国银行只剩下汇丰和渣打两家英国商业银行。中国人民银行通过逐步收兑各解放区货币,清理国民政府的金圆券,禁止外币流通等措施,建立起了独立和统一的货币制度。1952年,国家又对继续营业的私营金融业率先进行社会主义改造,成立了统一的公私合营银行,成为中国人民银行领导下的办理私营工商业存贷款业务的专业银行。同时,中国银行从独立经营改变为与中国人民银行的国外业务局合署办公,交行与中国人民保险公司改由财政部领导,撤销了农业合作银行,农村合作社由中华合作联合总社和中国人民银行领导。这样,到1953年开始实施"一五"计划时,一个由中国人民银行统一领导和经营管理的金融体系逐步建立起来。

2. "一五"时期高度集中的金融体制的形成与发展

1952年年底,国民经济恢复阶段结束时,中国共产党提出了过渡时期的总路线。根据这一路线,国家制定了"一五"计划,而中国金融体制以过渡时期的总路线为指针,走适合当时经济环境发展所需要的路线。这一时期,为了适应大规模经济建设,金融部门建立了集权式的统一的银行体制和信用制度。在建立计划经济体制的过程中,金融领域也开始建立高度集中的金融体制。从1953年起,国家在基本完成对私营金融业社会主义改造的基础上进一步实现银行的国有化,并对金融业务实行非常严格的计划管理。这一时期的中国人民银行建立了纵向的信贷管理体制,对信贷资金实行"统存统贷"的管理办法,这是改革开放前中国的基本金融制度,即高度集中的银行体制。这一时期的主要变迁是将公私合营银行纳入中国人民银行体系、撤销各大行政区中国人民区行、中国人民建设银行的建立、中国农业银行的再建立及其撤销等。在中国人民银行设立农村金融管理局,管理全国农村金融业务,随着农业生产合作和供销合作的发展,到了1954年基本实现农村信用合作化。至此,中国"大一统"金融体制初步形成。

3. "大跃进"及其后期计划金融体制的强化

1958年~1960年的"大跃进"时期,在极左思想影响下,国家对国民经济管理体制改革的一些探索走进了误区,对金融领域也产生了影响,导致金融管理松弛,信贷失控和货币发行量增加,加剧了国民经济比例失调。

1943年~1945年经济调整的时期,国家对国民经济实行"调整、充实、巩固、提高"的方针,并重新重视发挥银行对经济发展所需资金的融通作用。这一时期计划金融体制的强化对国民经济调整和恢复发展起了积极作用。

4. "文革"时期金融体制的混乱

"文革"给中国带来了巨大的冲击,金融业的发展遭受到了严重的破坏。不少银行机构被合并,保险业逐步消失,保险机构名存实亡。由于放松了金融管理,银行信贷款发放失去控制,挪用严重。货币发行过多,储蓄业务、国外保险及侨汇业务都受到了严重打击。农村信用合作社的集体所有制性质消失,成为一种准全民所有制的农村金融组织。特别是这一时期的金融机构忙于合并，严重影响了金融的统一管理。

5. 改革开放前金融体制的调整与整顿

文革结束后，1977年~1978年两年的整顿时期内基本理顺了运行秩序。1977年，国务院发布《关于整顿和加强银行工作的几项规定》，此规定重新明确中国人民银行是全国信贷、结算和现金活动中心。1978年，中国人民银行与财政部正式分开办公，但中国长期以来形成"大一统"的中国人民银行体制仍在继续运行。这一时期金融体制的根本特征是肩负政府职能的银行和经营商业性金融的银行集于一身，都由中国人民银行承担。

4.3.2 我国金融机构体系的改革与发展

1. 1978年~1993年的金融改革与金融机构体系

1978年~1993年是中国金融机构改革探索与架构初建的阶段。1979年中国农业银行恢复，中国银行和中国建设银行从中国人民银行分离出来。再恢复中国银行的同时，为统一管理外汇，做好外汇收支的计划平衡和检查监督，国家决定设立国家外汇管理总局，中国银行和国家外汇管理总局两块牌子，对内一个机构。1984年，作为第四家国家专业银行，中国工商银行正式成立，并和先前设立的农业银行、中国银行和建设银行一起构成了一个分工明确的国家专业银行体系。1984年，为了适应经济快速发展对资金融通的需要，中国政府一方面尝试专业银行的商业化改革——在竞争中从专业化向综合性、多功能银行转变；另一方面在一定程度上放开银行的准入限制，主要在城市地区恢复或创设了一批新型信用合作社或商业银行。1984年开始，国务院开放商业银行准入，在恢复交通银行并确定交通银行是和其他专业银行一样的全国性综合银行之后，中信银行（1987）、招商银行（1987）、深圳发展银行（1987）、广东发展银行（1988）、华夏银行（1992）等一批股份制商业银行得以成立并发展。中国银行业机构开始多元化，竞争格局初步形成。而外资银行也在中国沿海地区逐步发展，1993年底，外资银行营业性机构共有74家，资产总额89亿美元。

在证券业方面，1987年，经中国人民银行批准，深圳特区证券公司作为改革开放后中国第一家证券公司正式成立，主要办理证券买卖和转让业务。1988年中国人民银行陆续批准33家证券公司，1990年底，沪深两个证券交易所相继成立，证券业进入快速发展阶段。

保险业方面，1979年，中国人民银行决定恢复和加强中国人民保险公司机构，明确中国人民保险总公司为中国人民银行总行领导下的企业单位。1983年，中国人民保险公司成为国务院直属局级经济实体，资本金50亿元。1984年成立新疆生产建设兵团农牧业生产保险公司，专门经营新疆生产建设兵团农场内部的种养业保险。

信托业方面，1979年，中国国际信托投资公司在北京成立。1984年，中国人民银行发布《金融信托投资机构管理暂行规定》。1987年年底，全国各大中城市都相继成立了信托公司，除全资附属公司外，其余各信托投资公司都是独立的企业法人。

2. 1994年以来的金融改革与金融机构体系

（1）金融监管机构体系改革与"分业监管"构架的形成。1995年，《中国人民银行法》颁布实施。该法不仅首次以全国立法的形式确立了中国人民银行作为中央银行的地位，而且确立了中国金融业运行过程中银行、证券、保险三大行业"分业经营，分工监管"的基本发展与监管思路。

机构设置方面：1998 年，按照全国金融工作会议的部署，一级分行设置由按行政区域转变为按经济区域设置，撤销全部省级分行，设立跨省区分行，全国设 9 个一级分行和 2 个营业管理部。同时，成立人民银行系统党委，对党的关系实行垂直领导，干部垂直管理。2001 年，中国人民银行对内部机构职责进行调整，成立银行管理司、银行监管一司、银行监管二司、非银行金融机构监管司、合作金融机构监管司等部门。

职能界定方面：根据 2003 年《中国人民银行法（修正案）》，中国人民银行的职责调整为制定和执行货币政策、维护金融稳定、提供金融服务，同时明确中国人民银行为国务院组成部门，是中华人民共和国的中央银行。

金融监管机构：1998 年，国务院证券委员会撤销，其职能并入中国证监会。中国证监会履行对证券业和中国证券市场的统一监管。1998 年 11 月，中国保监会成立，统一监管保险业、保险机构和保险市场。2003 年将中国人民银行对银行、金融资产管理公司、信托投资公司及其他存款类金融机构的监管职能分离出来，并和中央金融工委的相关职能进行整合，成立中国银行业监督管理委员会。至此，中国形成了中国银监会、中国保监会和中国证监会三大机构共同监管的金融监管机构体系。

（2）商业银行体系的改革与竞争格局重构。1995 年，《商业银行法》颁布实施，以法律形式确立了四大国家专业银行的平等地位及其商业银行性质，1994 年 ~ 2001 年，中国金融机构的主体——四大国家专业银行的商业化改革进程明显加速。2003 年，国家通过中央汇金投资公司向中国银行、中国建设银行注资 450 亿美元，国有独资商业银行股份制改革试点工作正式启动。2004 年中国银行、中国建设银行改制成功（中国建设银行于 2005 年 10 月在香港上市，2007 年 9 月在上海上市。中国银行 2004 年在香港上市，2007 年 4 月在上海上市）。2004 年，中国工商银行通过"A+H"模式同时在上海和香港的上市及投资者的追捧，标志着改革基本取得阶段性成功。1994 年以来，随着《中华人民共和国外资金融机构管理条例》的颁布实施，中国内地的外资银行机构数量及其业务范围也得以不断拓展，北京、沈阳、石家庄等 11 个城市允许外资银行设立营业性分支机构。1998 年以后，为促进银行业开放和我国经济的持续快速的增长，外资银行经营人民币业务的地域范围进一步放宽，由上海扩大到江苏和浙江，由深圳扩大到广东、广西和湖南。2001 年中国加入世贸组织，2002 年中国取消了外资银行办理外汇业务的客户限制，并允许其在上海、深圳、天津、大连经营人民币业务。2004 年，中国银监会降低了对外资金融机构资产总和和运营资本金的要求，鼓励外资金融机构入股中资金融机构。2004 年《中华人民共和国外资银行管理条例》和《中华人民共和国外资银行管理条例实施细则》分别颁布实施，意味着中国按照当初加入 WTO 的承诺，从 2004 年 12 月 11 日起向外资银行全面开放人民币零售业务，取消了对外资银行经营人民币业务的地域和客户对象限制。此后，中国银监会首批批准了 9 家外资银行将其在中国境内分行该职位外资法人银行的申请。2007 年 10 月，中国银监会批准了 21 家外资法人银行。

（3）非银行金融机构体系的改革。证券公司：1999 年，《证券法》正式实施。1999 年以后，证券公司大规模增资扩股，实行以内部扩张为主的兼并重组，券商整体实力壮大。2003 年起，我国开展了券商综合整治，重点目标是化解风险、整顿清理。截至 2004 年，有 29 家高风险和严重违规的券商得到稳妥处置，行业风险指标下降 90%，经营行为的规范程度明显提高。

保险公司：1995年，《中华人民共和国保险法》颁布。1994年，根据《中国人民银行关于改革中国人民保险公司机构体制的通知》，中国人民保险公司对机构体制进行全面改革，改制为中国人民保险（集团）公司，下设中保财产保险有限责任公司、中保人寿保险有限责任公司、中保再保险有限责任公司。中国太平洋保险公司、中国平安保险公司的产险、寿险业务实行了分别记账、分别核算、分别管理。1994年，泰康人寿保险股份有限公司、新华人寿保险股份有限公司、华泰财产保险股份有限公司3家全国性保险公司和华安财产保险股份有限公司、永安财产保险股份有限公司两家区域性保险公司成立，推动了保险业竞争格局的形成。2003年又对中国人民保险公司、中国人寿保险公司和中国再保险公司3家国有保险公司重组改制工作基本完成。

信托公司：根据《国务院办公厅关于转发中国人民银行整顿信托投资公司方案的通知》，截止到1999年年底，中国人民银行对当时的239家信托公司进行全面整顿撤并。2000年，全国信托投资公司的清产核资、资产评估的合规性检查工作完成。2001年，《中华人民共和国信托法》颁布，信托业开始依法发展。2004年，银监会颁布了有关信托业的监管政策，中国信托机构开始新的发展。

基金管理公司：2004年底，中国基金管理公司达到58家，其中中外合资基金公司达到24家。随着2005年以来证券市场行情的上扬，中国基金管理业之间的竞争加剧，基金公司规模两极分化严重。此外2002年合格的境外机构投资者QFII和2004年合格的境内机构投资者QDII制度的引入及其额度的扩大，目前中国基金管理业正呈现多元化发展态势。经过近30年金融机构组织体系改革，中国其他金融机构如股份制商业银行、城市商业银行、外资银行、城市信用社、农村信用社也已经形成了与中国国有商业银行并存、分工、协作和竞争的局面。

4.3.3 我国现行的金融机构体系

目前我国已经形成了由"一行三会"（中国人民银行、中国银行业监督管理委员会、中国证券业监督管理委员会、中国保险业监督管理委员会）为主导、大中小型商业银行为主体、多种非银行金融机构为辅翼的层次丰富、种类较为齐全、服务功能比较完备的金融机构体系。

1. 金融监督管理机构———一行三会

（1）中国人民银行。2003年4月，中国银行业监督管理委员会在北京挂牌成立，中国人民银行对银行业的主要监管职能被分离，按照修改后的《中国人民银行法》的规定，中国人民银行只保留对货币市场的部分监管职能。

中国人民银行作为我国的中央银行享有货币（人民币）发行的垄断权，它是发行的银行。中国人民银行代表政府管理全国的金融机构和金融活动，经理国库，它是政府的银行。中国人民银行作为最后贷款人，在商业银行资金不足时，向其发放贷款，它是银行的银行。

（2）中国银行业监督管理委员会。2003年4月，中国银行业监督管理委员会成立。中国银行业监督管理委员会（简称银监会）的主要职责有：制定有关银行业金融机构监管的规章制度和办法；审批银行业金融机构及分支机构的设立、变更、终止及其业务范围；对银行业金融机构实行现场和非现场监管，依法对违法违规行为进行查处；审查银行业金融机构高级管理人员任职资格；负责统一编制全国银行数据、报表，并按照国家有关规定予以公布；会同有关部门提出存款类金融机构紧急风险处置意见和建议；负责国有重点银行业金融机构监事会的日常管理工作等。

（3）中国证券业监督管理委员会。1992年10月，国务院证券委员会和中国证券监督管理委员会成立。1998年4月，国务院证券委员会与中国证券监督管理委员会合并组成新的中国证券业监督管理委员会（简称证监会）。中国证监会是我国证券业的监管机构，根据国务院授权，依法对证券、期货业实施监督管理。

（4）中国保险业监督管理委员会。中国保险业监督管理委员会设立于1998年11月18日，是我国保险业的监管机构，专司全国商业保险市场的监管职能。

2. 商业银行体系

（1）国家控股的四大商业银行。国家控股的商业银行在我国商业银行体系中处于主体地位，它是从国家专业银行演变而来的，包括中国工商银行、中国农业银行、中国银行、中国建设银行。

（2）股份制商业银行。1987年4月，重新组建后的交通银行正式对外营业，成为新中国成立以来的第一家股份制商业银行。随后，又成立了深圳发展银行、中信实业银行、中国光大银行、华夏银行、招商银行、广东发展银行、兴业银行、上海浦东发展银行、中国民生银行、烟台住房银行（现为恒丰银行）和蚌埠住房储蓄银行（蚌埠市商业银行）等新兴股份制商业银行。股份制商业银行采取了股份制的企业组织形式，股本金来源除了国家投资外，还包括境内外企业法人投资和社会公众投资。

（3）城市商业银行。截至2005年年底，我国共有113家城市商业银行。随着我国经济发展的需要，城市商业银行还将得到进一步发展。城市商业银行按城市划分而设立，不得在不同城市设立分支机构。

（4）农村商业银行。我国首家股份制农村商业银行于2001年11月28日在江苏省的张家港、常熟、江阴组建完成。在农村信用社基础上改制组建股份制商业银行，是中国农村金融体系改革的一大突破。

（5）外资商业银行。目前，我国境内设立的外资银行可分为四类：一是外资独资银行，指在中国境内注册，拥有全部外国资本股份的银行；二是中外合资银行，指在中国境内注册、拥有部分外国资本股份的银行；三是外国银行在中国境内的分行；四是外国银行驻华代表机构。

3. 政策性银行体系

政策性银行是指由政府发起或出资建立，按照国家宏观政策要求在限定的业务领域从事银行业务的政策性金融机构。

目前，我国政策性银行有3家，分别是：国家开发银行、中国进出口银行和中国农业发展银行。

（1）国家开发银行。国家开发银行的贷款分为两部分：一是软贷款，即国家开发银行注册资本金的运用。其主要按项目配股需要贷给国家控股公司和中央企业集团，由其对企业参股、控股；二是硬贷款，即国家开发银行借入资金的运用。国家开发银行在项目总体资金配置的基础上,将借入资金直接贷给项目,到期收回本息。目前国家开发银行的贷款主要是硬贷款。

(2) 中国进出口银行。中国进出口银行的注册资本金为33.8亿元人民币,由国家财政全额拨付。其主要业务是为成套设备、技术服务、船舶、单机、工程承包、其他机电产品和非机电高新技术的出口提供卖方信贷和买方信贷。

(3) 中国农业发展银行。中国农业发展银行的注册资本金为200亿元人民币,由国家财政全额拨付。主要向承担粮棉油收储任务的国有粮食收储企业和供销社、棉花收储企业提供粮棉油收购、储备和调销贷款。

4. 信用合作机构

我国农村合作金融机构(主要是农村信用社,近年来随着改革的深入又产生了农村商业银行和农村合作银行等新形式)是以社员互助合作、民主管理和服务社区社员为特点的具有法人资格的特殊金融机构,是我国金融体系的重要组成部分。

农村信用社的业务主要包括:个人储蓄;农户、个体工商户及农村经济组织存款、贷款、结算业务;代理其他金融机构的金融业务;代理收付款项;买卖政府债券以及其他经相关机构批准的业务活动。

5. 金融资产管理公司

金融资产管理公司是在特定时期,政府为解决银行业不良资产,由政府出资专门收购和集中处置银行业不良资产的机构。设立金融资产管理公司的目的有三个:第一,改善国有商业银行的资产负债状况,提高其国内外资信,同时深化国有商业银行改革,对不良贷款剥离后的银行实行严格的考核,不允许不良贷款率继续上升,从而把国有商业银行办成真正意义上的现代商业银行;第二,运用金融资产管理公司的特殊法律地位和专业化优势,通过建立资产回收责任制和专业化经营,实现不良贷款价值回收最大化;第三,通过金融资产管理,对符合条件的企业实施债权转股权,支持国有大中型亏损企业摆脱困境。

目前,我国有四家金融资产管理公司,即中国华融资产管理公司、中国长城资产管理公司、中国东方资产管理公司和中国信达资产管理公司,分别接收从中国工商银行、中国农业银行、中国银行、中国建设银行剥离出来的不良资产。

6. 信托投资公司

信托投资公司是以受托人身份专门从事信托业务的金融机构。其基本职能是接受客户委托,代客户管理、经营、处置财产。

7. 财务公司

我国财务公司是由大型企业集团成员单位出资组建,以加强企业集团资金集中管理和提高企业集团资金使用效率为目的,为企业集团成员单位提供财务管理服务的非银行金融机构。

8. 金融租赁公司

金融租赁公司是以经营融资租赁业务为其主要业务的非银行金融机构。所谓融资租赁业务,是指出租人根据承租人对租赁物和供货人的选择或认可,将其从供货人处取得的租赁物按合同约定出租给承租人占有、使用,向承租人收取租金的交易活动。

9. 汽车金融公司

汽车金融公司是指提供汽车消费信贷及其他与汽车相关的金融服务的机构。

10. 证券机构

证券机构具体包括：证券交易所、证券登记结算公司、证券公司、证券投资咨询公司、投资基金管理公司等。

11. 保险公司

保险公司是收取保费并承担风险补偿责任，拥有专业化风险管理技术的金融机构组织。

本章小结

金融体系包括金融市场、银行机构、政策性机构、非银行金融机构、金融监管机构以及用于投、融资的各种金融工具。

金融机构包括银行机构、政策性机构、非银行金融机构、金融监管机构，金融机构作为信用中介，能够解决信息不对称，克服逆向选择与道德风险，降低信息成本。同时，金融机构通过专业化运作，可以有效降低交易成本，提供多样化投资机会，降低金融风险。

金融市场又称为资金市场，包括货币市场和资本市场，是资金融通市场。所谓资金融通，是指在经济运行过程中，资金供求双方运用各种金融工具调节资金盈余的活动，是所有金融交易活动的总称。在金融市场上交易的是各种金融工具，如股票、债券、储蓄存单等。

金融工具是指在金融市场中可交易的金融资产，是用来证明贷者与借者之间融通货币余缺的书面证明，其最基本的要素为支付的金额与支付条件。

一般认为，金融工具具有以下特征：偿还性、流动性、风险性、收益性。

根据不同的分类方法，金融工具被分为不同的种类，按金融工具的期限分类，可分为短期金融工具和长期金融工具；按融资形式分类，可分为直接金融工具和间接金融工具；按权利与义务分类，可分为债权债务类金融工具和所有权类金融工具；按是否与直接信用活动相关分类，可分为原生金融工具和衍生金融工具。

习 题

一、复习题

1. 选择题

(1) 直接融资的优点是：(　　)。

　　A. 投资者承担较小的投资风险

　　B. 容易实现资金供求期限和数量的匹配

　　C. 有利于降低信息成本和合约成本

　　D. 可以节约交易成本

（2）直接融资的缺点包括（　　）等。
　　①投资者需要花费大量的时间和成本搜集信息、分析信息
　　②投资者要承担较大的投资风险
　　③不利于通过分散化来降低金融风险
　　④融资的门槛比较高
　　A. ①②③④　　　　B. ①③④　　　　C. ②③④　　　　D. ①②③

（3）金融机构可通过（　　）来筹集资金。
　　①发行存单　　　②提供贷款　　　③发行债券　　　④发行股票
　　A. ①②③　　　　B. ①③④　　　　C. ①②④　　　　D. ①②③④

（4）以下阐述正确的是（　　）。
　　①金融市场是金融资产交易的场所
　　②金融市场是金融资产的供求关系、交易活动和组织管理等活动的总和
　　③金融市场的发育程度直接影响金融体系功能的发挥
　　④金融市场为有形市场
　　A. ②③④　　　　B. ①③④　　　　C. ①②③　　　　D. ①②④

（5）金融创新包括（　　）等在内的创新。
　　①金融工具　　　②金融市场　　　③金融制度　　　④金融机构
　　A. ①②③　　　　B. ①③④　　　　C. ②③④　　　　D. ①②③④

（6）（　　）的金融创新对传统的金融市场和体制带来巨大冲击。
　　A. 20世纪50年代
　　B. 离岸金融市场——欧洲货币市场的建立
　　C. 18世纪英国中央银行制度的建立
　　D. 20世纪70年代不断涌现

（7）当代金融创新的直接导因是（　　）。
　　①国际资本的加速流动
　　②世界范围的放松金融管制
　　③国际债务危机的爆发和影响
　　④电子计算机技术和网络技术在金融领域的广泛应用
　　A. ①②③④　　　　B. ②④　　　　C. ②③④　　　　D. ①③④

（8）以下哪一选项不是金融创新所能产生的积极作用？（　　）
　　A. 金融创新扩大了金融机构的资金来源渠道，扩大了金融服务业务领域
　　B. 有利于发挥利率杠杆在调节金融资源配置中的作用
　　C. 能降低金融系统的风险
　　D. 有利于世界金融和经济的深化发展

（9）金融市场创新不包括（　　）。
　　A. 市场种类的创新　　　　　　　　B. 市场组织形式的创新
　　C. 市场制度的创新　　　　　　　　D. 汇率制度的创新

（10）金融工具的创新具体包括（　　）。
　　①时间衍生　　　②功能衍生　　　③种类衍生　　　④复合衍生

A. ①②③④　　B. ①②④　　C. ②③④　　D. 以上都不是

(11) 以下对金融资产的描述不正确的是（　　）。

A. 市场价值稳定　　　　　　B. 是一种无形资产

C. 是一种未来收益的索取权　　D. 市场价值受市场供求状况影响

2. 判断题

(1) 在现代经济条件下，资金的流动主要是通过金融体系来实现的。（　）

(2) 直接融资的缺点是不利于节约交易成本。（　）

(3) 直接融资有利于降低信息成本和合约成本。（　）

(4) 间接融资的优点是有利于通过分散化来降低金融风险。（　）

(5) 间接融资的优点是投资者需要花费大量的时间和成本搜集信息、分析信息。（　）

(6) 金融体系的基本功能是提供资金的融通渠道。（　）

(7) 金融制度是金融运行的行为规范和制度保障。（　）

(8) 资金短缺单位与盈余单位直接建立融资关系被称为间接融资。（　）

(9) 当代金融创新最有代表意义的就是离岸金融市场——欧洲货币市场的建立。（　）

(10) 希克斯和尼汉斯提出了金融创新理论——规避创新假说。（　）

(11) "交易费用创新假说"的金融创新理论是由美国经济学家西尔伯提出的。（　）

(12) 美国经济学家凯恩提出了金融创新理论——约束引致创新假说。（　）

(13) 金融创新对金融和经济发展只有积极的促进作用，而没有任何消极的影响。（　）

(14) 金融创新消极作用之一是使中央银行难于通过货币供应量的控制来调节宏观经济。（　）

(15) 直接金融是发展中国家资金融通的主要方式。（　）

(16) 金融中介机构存在的必要性之一是它能够"集零为整，续短为长"。（　）

(17) 间接金融是发展中国家资金融通的主要方式。（　）

3. 名词解释

金融体系或金融系统　　直接融资　　间接融资

金融资产　　金融制度　　金融创新

4. 问答题

(1) 金融制度创新理论认为，金融创新的作用有哪些？

(2) 试比较直接融资与间接融资。

(3) 金融体系有哪些基本功能？

(4) 简述"约束引致创新假说"的主要观点。

(5) 简述"规避创新假说"的主要观点。

(6) 简述"交易费用创新假说"的主要观点。

(7) 金融体系的构成要素有哪些？

(8) 试述金融创新的种类。

(9) 金融全球化主要表现在哪些方面？

二、案例应用分析

Aruba 公司案例

（一）商业机会的出现

Aruba 公司全名为 Aruba Networks，是由美籍华人柯万柯先生于 2002 年成立的一家专业研发无线网络产品的公司。尽管当时市场上已有无线网络解决方案（WLAN），实现了终端接口接入的无线化，但其安全性以及高效的整合性仍然存在不少问题。

在移动无线网络市场上，已经有类似思科公司这样的国际巨型企业把持。思科这样的大企业产品线丰富，资本实力雄厚。但是，只要"移动无线网络"新技术能够体现出其独特的优越性，完全可以以其"精"与思科的"大"实现分庭抗礼。例如，"网络"和"无线"都是思科的拿手好戏，它广阔的产品线足以实现安全性、高效管控、移动边缘等特性，但就是因为其产品线过于复杂，缺乏有效的整合，所以留下了巨大的市场空白。

（二）四家小企业的进入

柯万柯先生创业以前曾经担任过多家知名大企业的高级管理者，1998 年创建了 Alteon 网络安全软件公司，这是其第一次创业。由于其产品创意独特，经过 4 年发展逐步取得了市场领导地位。2001 年 Alteon 成功上市，2002 年被 Nortel Networks 以 78 亿美元的天价收购。

凭着自身独特的技术背景、大企业的经营经历及创业经历，柯万柯看中了移动无线网络市场进行第二次创业。

2002 年 2 月，柯万柯在其两名部下的"撺掇"下完成了产品的初期架构设计，并开始投入第一笔资金 2000 余万美元于硅谷创立 Aruba Networks 公司。与之前经营经历完全不同的是，这一次有着很强技术背景及卓越经营领导能力的柯万柯并不打算以管理人员的角色直接参与日常经营，而是完全以投资者的身份出现。在 Aruba 的经营决策中，他更愿意担当一个顾问的角色，为其创业团队出谋划策，同时帮助公司招揽优秀技术人才。

注意到无线移动网络发展前景的也不是只有柯万柯团队。在柯万柯瞄准无线网络市场的时期，另外还有三家公司也同样看到了这一市场并提出自己的产品架构。在 2002~2003 年前后，一共出现了 Aruba、Sybeml、Space、Trapize 四家新创企业，同时研发出新一代的"移动无线网络"技术。值得一提的是，Aruba 并不是其中最早的一家。

（三）风险资本的注入与创新的网络产品成形

对于 Aruba、Sybeml、Space、Trapize 这四家企业来说，谁能够尽快完善自己的产品雏形并推向市场，得到市场认可，谁才能获得与思科、摩托罗拉这些大企业"分庭抗礼"的资格。然而，要加速推动产品研发过程，必然需要追加资金，资本成为影响这些新创企业研发进度的重要决定因素。

在 2002 年创业初期，因为网络泡沫崩溃后风险资本市场萧条，柯万柯只能自己投入创业资金开展研发。从 2002 年 2 月提出产品架构，经过一年多的研发，到 2003 年中期，Aruba 已经初步形成了产品雏形。相比传统的无线网络技术，Aruba 的产品以高效的系统整合效率体现了明显的优越性。在同期的新创企业中,Aruba抢得了先机。

到2003年中期,Aruba、Sybeml、Space、Trapize都面临融资问题。对于这几家IT新创企业来说,此时尚未向市场推出产品,也没有营业收入,债务融资的可能性非常小。而股权融资有三种方式:追加自有创业资金、引入风险投资资金、上市融资。当时这几家企业都不具备上市条件,只能选择追加创业资金或者引入风险投资。

Aruba及其创始人柯万柯面临着抉择:是由柯万柯用自有资金继续支持公司产品技术的研发和完善,还是引入风险投资资金以替代原有股东柯万柯的继续投入。

对柯万柯来说,尽管动用自己的财力支持Aruba发展应该不成问题,但如果完全以自有资金投入企业风险太大。Aruba只是完成了产品构架设计和初步的产品雏形,后期的研发与完善是否能够顺利开展,其他几家公司的研发进度如何,思科、摩托罗拉等巨头会采取什么措施应对这几家企业所开发的新技术,都是未知数。再加上资本市场转暖的大前提下,放弃使用风投资金而完全自担风险也不明智。柯万柯团队2003年7月引入了第一轮风险投资2000万美元,用于后续产品进一步完善。第一轮风投的及时注入,使Aruba得以按照其原有的产品架构设计思路进一步开展研发。2003年底,Aruba公司"具有安全机制的集中管控无线网络"产品系列率先成形。

2003年,IT业开始出现复苏的迹象,人们也开始重拾信心。IT新创企业也再次引起风险投资基金的关注。在这一时期,Sybeml、Space、Trapize等另外三家同行新创企业也各自获得了不同来源的风险资本,相继推出自己的产品系列,同样准备推向市场。

(四) 行业中大企业的并购行动

2004年,四家新创企业都推出了自己的产品系列。新技术、新产品需要通过市场检验才能得到认可,而最好的检验莫过于用户对产品的测试。

一个绝佳的机会恰好出现了:微软公司原本一直使用思科的产品为自己全球177个办公室配置"移动无线网络"。但思科产品复杂的一体化过程不仅限制了效率,大大增加了网络的安装和维护费用,而且网络安全性问题仍然一直存在。在2004~2005年,微软决定面向全球无线移动网络运营商重新进行招标。Aruba的产品从一开始就将其技术上的领先性展现得淋漓尽致,测评过程中一直独占鳌头。这次测评的结果是,微软选择了Aruba的"移动网络"解决方案,而其他三家创业企业和思科的产品被淘汰出局。

中标微软项目给Aruba带来了巨大广告效应,为Aruba迈向市场提供了一个良好的开端。其他风险投资商也开始关注Aruba公司,有利于Aruba公司进一步吸引风险资本。但同时,这也引起了思科、摩托罗拉等行业巨头的重视。

思科作为当时市场的霸主,明显感觉到Aruba等几家新兴企业发展的"移动网络"技术对其产生的潜在威胁。将这一新技术掌握在自己手中是思科继续保持行业霸主地位的必然选择,同时思科当然也不愿失去微软这个大客户。因此,在微软组织测试期间和Aruba被微软选中后,思科两度提出以高价收购Aruba。

Aruba公司面临两个选择:(1)同意被思科收购,作为行业巨头的思科将利用其丰富的产品线和强大的市场能力继续经营Aruba的技术,而创始人柯万柯以及风险基金投资者直接拿到投资回报;(2)拒绝收购,继续寻求新的风投资金注入,独立发展。

Aruba创始人和第一轮风险投资商认为,虽然目前公司产品已经成型,并崭露头角,但在这个时点被并购事实上只相当于出售自己的技术,公司成长能力和高成长价值难以真正体现。况且，Aruba 创始人及其团队对市场的准确定位初现成效，对未来继续研发和经营已有规划，可以通过后续风险投资的引入，按照自己的思路继续独立发展。

两度收购 Aruba 不成的思科将目光投向了另外三家企业。这三家企业虽然起步比较早，但由于对市场缺乏准确的把握以及资金支持，在技术和市场运作中相对落后。除了 Aruba 市场份额超过 5% 以外，其他三家都不足 Aruba 的一半。

可能是对能否继续获得风险投资的支持缺乏信心，2005 年，Space 选择了向思科归顺，当年其市场份额大约为 3.1%。思科收购 Space 后，借助自己强大的资本、丰富的产品线和成熟的市场能力发展 Space 的产品技术，通过组合营销，打压 Aruba 等专业化小企业的单一产品。2004 年 Space 的产品市场占有率显著上升，Space 的"有集中管控的移动网络"技术产品从 2005 年被收购时 3.1% 的市场份额，迅速增长到 2004 年近 15% 的市场份额。加上思科原有同类产品的市场份额，思科占据了无线网络近 35% 的市场份额。

思科的并购意味着竞争的继续加剧，其他两家新创企业 Sybeml 和 Trapize 也面临何去何从的问题：是坚持还是归顺？继 Space 投靠思科后，Sybeml 2004 年投靠了无线网络市场的另一巨头摩托罗拉。然而摩托罗拉与思科存在着很大的差别：思科在无线网络市场上经营多年且将无线网络作为其主营业务来发展，而摩托罗拉业务领域更广阔，无线网络的技术和相关投入的专注度都不及思科，因此其是否有能力或者愿意在无线网络领域下重筹码成为一个问题。事后的结果也表明，摩托罗拉的这次收购并没有像思科收购 Space 一样给 Sybeml 带来质的飞跃，Sybeml 市场份额一直徘徊在原有的水平上。

另一家 Trapize 选择了独立发展。但由于缺乏后续风险投资的支持，市场份额一直在 4% 左右徘徊，"有集中管控的移动网络"技术产品的市场份额也不及 10%。

（五）利用风险资金的支持对抗行业大企业的打压

2004 年 4 月，拒绝了思科两次高价收购的 Aruba 大胆引入了第二轮 2000 万美元风险投资资金，投资于公司的运营资金，保障公司正常运转，并将产品顺利推向市场。

借助第二轮风险投资的支持，Aruba 的产品在市场上得到迅速推广。产品推向市场的第一个会计年度（2004 年 8 月 1 日～2005 年 7 月 31 日），Aruba 实现主营业务收入 1200 万美元，虽然由于初期市场运作等原因造成当年近 3200 万美元的巨额亏损。但公司从思科这样的行业巨头手中争取到微软等一批著名大企业客户，全球无线网络市场份额超过 5%，初步站稳了市场脚跟，取得了主动。

2005 年 12 月，第三轮风投资金 3000 万美元再次注入 Aruba。与以往不同的是，风险投资协议对这一轮资金的注入提出了新的要求：（1）资金全部用于开拓市场，抢占市场份额；（2）创始人柯万柯先生从董事局主席转任 CEO，这也是风险投资家第一次对资金用途以外的人事安排做出规定。风险投资者的意见很清楚——公司的产品的领先性已经得到初步体现，全面得到市场的认可只是时间问题。在这种绝佳的时机，应该准备将公司推向市场，并寻求纳斯达克上市。

3000 万美元全部投放下去的结果是，按当年会计年度计，主营业务收入达到 7250 万美元，亏损也从上一会计年度的 3200 万美元减少到 1200 万美元，全球市场份额突破 10%，"有集中管控的移动无线网络"市场份额达到了近 25%，为下一步将公司成功推向市场做了最好的准备。

六、Aruba 的成功上市

独特的产品架构设计、创业资金和三期风投资金的推动，使 Aruba 一路取得突破，主营业务收入和市场份额都实现了成倍的增长。Aruba 目前已经有 2000 多家企业高端客户，涵盖了高新技术、媒体、金融、教育、医疗、政府、电信、服务等多个行业。微软、谷歌、耶鲁大学等一大批国际知名企业和机构也都是 Aruba 的客户。

经过 5 年的发展，2007 年 3 月 27 日，Aruba 公司在尚未盈利的情况下，在纳斯达克上市。股价在一个季度内稳步攀升 80%，为创始人创造了 18 亿美元的财富。在首次公开发行中，Aruba 仅发行 12% 的股份，绝大多数股份仍在公司创始人柯万柯以及风险投资商手中，这也足见公司决策层以及风险投资家对 Aruba 未来的自信。

此次公开发行募集的 1 亿多美元迅速充实到公司研发和市场开拓，市场份额预计将不断上升。Aruba 有望成为行业巨头。

（资料来源：创业金融体系与新创企业独立发展：两个案例分析，朱武祥，成九雁。）

问题：结合案例谈谈美国的金融体系对于 Aruba 发展壮大所起到的重要作用。

第5章 商业银行

【教学目标】

通过本章的学习,掌握主要商业银行的含义及其功能、商业银行的主要业务和经营原则,了解商业银行的类型和组织制度。

【导入案例】

2018年中国商业银行运行展望:净利润可望增长6.5%

交通银行金融研究中心于2017年12月28日在上海发布《2018年商业银行运行展望》报告。报告认为,虽然局部领域潜在的风险可能会产生一定负面影响,但商业银行资产质量整体稳中向好的趋势不会改变,预计全年不良资产率将落在1.70%~1.75%的区间。2018年强监管将继续,预计表外转表内进一步推进,信贷资产在其他存款性公司总资产中的占比可能进一步上升,银行对信用债的配置仍难有明显增加,负债压力不减。

报告分析,2017年国内商业银行整体经营情况稳中有升,上市银行净利润增速预计为4.0%,净息差逐步企稳,资产配置向贷款、投资类倾斜。资产质量逐步好转,拨备反哺利润,对净利润增长起到一定的正向作用。税收减免政策带动净利润增长1.9个百分点。但非利息收入受制于强监管影响首次出现负增长,预计同比减少3.5%。

报告指出,2018年银行依然面临不小的成本上升压力,预计管理费用小幅提升,整体拉低净利润0.65个百分点。股份行利润增速仍然高于五大行,但受制于负债端的相对劣势,差距进一步缩小,预计增速为6.7%,预计五大行净利润增速为6.3%。正处于扩张期并且处于回归区域经济的城商行、农商行预计仍将分别有12%、13%的净利润增速。

报告分析,2018年监管细则有望进一步出台,资管新政将重点从产品端、销售端、运营端、投资端和管理端等方面重塑商业银行资管业务发展新生态。商业银行智能投顾面临盈利、客户、技术、数据以及风控等困难,同时可能存在保本承诺、代客决策、资产违规、数据采集等风险,未来"率先吃螃蟹"的商业银行将继续保持先发优势,不同规模商业银行将进行智能投顾模式细分布局。

当前,我国已进入中国特色社会主义的新时代,商业银行正面临数十年未有之大变局,机遇与挑战并存,回归本源、深度转型的大幕已经开启。一家银行当前所采取的战略举措,将决定其未来5~10年的核心优势与市场地位。在深化改革方面,商业银行必须真正以市场化为导向,打好整体改革的"协同战",建成责权高度统一的内部体制机制。在转型发展方面,商业银行必须真正以客户为中心,练好竞争策略的"组合拳",彰显战略定力和经营特色。通过推动深化改革、转型发展升级换代、落地见效,为有效服务实体经济、建设现代经济体系做出应有的贡献。

5.1 商业银行概述

商业银行是指吸收公众存款、发放贷款、办理结算类业务的银行类金融机构,是以获取利润为目的、具有独立法人资格的金融企业。在不同的国家,对于商业银行有不同的称谓,如英国的"存款银行"和日本的"城市银行"等。作为间接融资的主要媒介,商业银行具有信用创造的职能,对一个国家的经济有着极其重要的影响。

5.1.1 银行的产生

需要指出的是,本节讨论的"银行"特指商业银行,而不包括投资银行、政策性银行等机构。"银行"(Bank)一词起源于意大利语,原是指早期的货币兑换商办理货币兑换业务时坐的板凳。14世纪和15世纪的欧洲,各国、各地区之间的商业往来日益频繁,但是由于不同国家、不同地区发行的货币在名称、成色、重量、材料等方面各有不同,给人们的交易带来了许多不便。正是在这个背景下,货币兑换商应运而生。

早期的货币兑换商仅仅办理鉴别与兑换货币的技术性业务,同时收取一定的手续费。经过长期的业务活动,货币兑换商的职能也慢慢得到了发展。

扩展的第一个职能是货币保管,货币持有者常常需要有一个地方能安全地保管他们的货币。当时的委托保管与现代的存款不同,不仅没有利息,而且要缴纳保管费。

扩展的第二个职能是汇兑,商人们为了避免长途携带货币的风险,委托货币兑换商进行汇兑。即在此地商人把货币交给货币兑换商,然后持货币兑换商的收据到彼地的指定场所提取货币。后来,商人又将这些收据进行商业支付,并委托货币兑换商代为支付现金。这样,货币兑换商开出的收据变成了早期的"汇票"。随着这些业务的发展,货币兑换商也逐渐演变成为货币经营商。

随着早期资本主义的发展,货币经营商手中积累的资金越来越多。在这样的基础上,自然而然就产生了贷款业务。当货币经营商不仅依靠上述业务积累的资金贷款,而且通过向货币持有者提供服务和支付利息等方法吸收存款来扩展贷款业务时,意味着货币经营业向银行的转变。

1694年,在英国政府的支持下,由英国商人集资合股成立了第一家股份制银行——英格兰银行。它的成立标志着现代银行制度的确立,也标志着世界经济进入了一个新的发展阶段。

> **知识链接**

英语单词"Bank"的意义源于拉丁文中的"Banco"一词,"Banco"的意思是"长板凳"。在中世纪中期的欧洲,各国之间的贸易往来日益频繁,意大利的威尼斯、热那亚等港口城市由于水运交通便利,各国商贩云集,成为欧洲最繁荣的商业贸易中心。各国商贾带来了五花八门的金属货币,不同的货币由于品质、成色、大小不同,兑换起来就有些麻烦。于是就出现了专门为商人鉴别、估量、保管、兑换货币的人。按照当时的惯例,这些人都在港口或集市上坐着长板凳,等候需要兑换货币的人,渐渐地,这些人就有了一个统一的称呼——"坐长板凳的人"。"坐长板凳的人"由于经常办理保管和汇兑业务，手里就有一部分没有取走的现金，他们把这部分暂时不用兑付的现金借给急需用钱的人，以赚取利息。老百姓（现在称为客户）有了闲钱就可以存到"坐长板凳的人"那里去，需要时取出来。这些人就像一个存钱的箱子，所以后来人们又把他们称为"Bank"，这就是银行的英文"Bank"一词的由来。在我国，过去主要使用银子作为流通货币，商铺又常常被称为"行"，所以"Bank"翻译成中文就被称为"银行"。

5.1.2 商业银行的性质

商业银行是以获取利润为经济目标，以多种金融资产和金融负债为经营对象，具有综合性服务功能的金融企业。商业银行与一般企业一样，都是以营利为目的的企业，通过一定的业务实现其价值最大化，都要经营并通过一定的产品和服务营销扩大其市场份额并实现其可持续发展的目的。但是商业银行又是一种特殊的金融企业。

1. 商业银行经营的对象特殊

商业银行以金融资产和负债作为经营对象，经营的是特殊商品——货币，而一般工商企业经营的是物质产品和劳务，从事商品生产和流通。

2. 商业银行与社会经济的相互作用和责任特殊

商业银行对整个社会经济的影响要大于任何一家企业，同时，商业银行受整个社会经济的影响也较之任何一个企业更为明显。商业银行除了对股东和客户负责外，还必须对整个社会负责。一般工商企业只以营利为目的，只对股东和使用自己产品的客户负责。

3. 商业银行经营的业务特殊

商业银行有别于专业银行和非银行金融机构。商业银行的业务更综合，功能更全面，为客户提供所有的金融服务。而专业银行只集中经营指定范围内的业务，提供专门服务。和其他非银行金融机构相比，商业银行能够提供更多、更全面的金融服务，能够吸收活期存款。而其他非银行金融机构不能吸收活期存款，只能提供某一方面或几方面的金融服务。

5.1.3 商业银行的类型

商业银行的类型是指一国商业银行分为哪些不同层次或不同类型，然后由这些不同层次或不同类型的商业银行组成该国商业银行整体的结构。商业银行的类型在各国不尽相同，一般有以下几种划分标准：

（1）按资本所有权划分，可将商业银行划分为私人的、合股的以及国家所有的三种：私人银行由若干出资人共同出资建立，一般规模比较小；股份制商业银行以股份公司形式存在，是现代商业银行的主要形式；国有商业银行由国家或者地方政府出资建立，一般规模比较大。我国商业银行的产权形式大致有四种：国有商业银行、企业集团所有的银行、股份公司制的银行和民营银行。

（2）按业务覆盖地域划分，可将商业银行分为地方性银行、区域性银行、全国性银行和国际性银行。

（3）按经营模式划分，可将商业银行分为职能分工型银行和全能型银行。职能分工型银行是指法律明确规定了商业银行的业务范围,彼此之间不可相互进入。而全能型商业银行又称为综合型商业银行,它们可以经营一切银行业务和证券业务等。

> **知识链接**
>
> 全能型商业银行也称为综合型商业银行,是指商业银行可以经营一切金融业务,包括各种期限和种类的存贷款,各种证券买卖以及信托、支付清算等金融业务。采用这种类型分工的国家以德国、奥地利和瑞士为代表。全能型商业银行的业务比较广泛,经营的主动权和灵活性也比较大。它不但从事短期资金融通业务,而且从事长期信用业务或直接投资于工商企业,还经营信托、租赁、证券等业务,并提供代理、咨询等服务。在历史上,德国、瑞士、奥地利等国家长期实行这种银行体制。全能型商业银行的业务范围宽广,在竞争中处于比较有利的地位。全能型商业银行的特点就在于资产、负债的多元化。

5.1.4 商业银行的组织制度

商业银行的组织制度又称为商业银行的外部组织形式,是指商业银行在社会经济生活中的存在形式。商业银行的组织制度主要有以下几种:

1. 单一银行制

单一银行制又称单元银行制、独家银行制,是指仅设立总行,业务活动完全由总行经营,不下设任何分支行的商业银行组织形式。目前这种制度主要集中在美国。单一银行制能够限制银行业的垄断,促进竞争。银行也能够全力为本地区的经济服务,且银行的独立性较强,能够灵活经营。但是单一银行制不利于商业银行资本的集中,不设分支机构与现代经济的横向发展趋势不符,削弱了商业银行向外部拓展的整体竞争力,因此单一银行制只是特定历史时期的产物,目前单一银行制的银行数量正在减少。

2. 总分行制

总分行制是指除总行以外,在本市及国内外各地普遍设立分支机构,总行一般都设在各大中心城市,所有分支机构统一由总行领导指挥。总分行制能扩大商业银行的经营规模,有利于银行取得规模效应,并且易于吸收存款、调剂资金,充分利用资本。由于放款较为分散,风险也较为分散,总分行制保障了商业银行稳定增长的利润水平。银行总数较少也有利于金融当局的宏观管理。但是总分行制容易造成大银行对小银行的吞并,形成垄断。银行规模过大也可能造成管理上的困难。目前我国的商业银行基本上实行的是总分行制。

3. 银行控股公司制

银行控股公司制又称为集团制商业银行,即由一个集团成立控股公司,再由该公司收购或控制若干独立的银行。虽然控股公司在所有制角度上拥有银行,但是控股公司往往是由银行建立并受银行操纵的组织。这种组织形式在美国最为常见,因为它能规避不许跨州设立银行分支机构的监管。银行控股公司又可以划分为非银行性控股公司和银行性控股公司。前者在持有一家银行股票的同时还可持有多家非银行企业股票,而后者是指大银行直接控制一个控股公司,并持有若干小银行的股份。银行持股公司制的优点在于能扩大银行资本规模,提高银行的风险抵御能力和竞争力,缺点在于容易形成银行的垄断和管理上的不便。

4. 连锁银行制

连锁银行制又称联合银行制，是由某一个人或某几个集团购买若干独立银行的多数股票，从而控制这些银行的业务和经营。但是这些银行在法律上是独立的，也不像银行控股公司制那样存在一个持股公司。连锁银行制的作用与银行控股公司类似，都是为了弥补单一银行制的不足、规避对设立分行的限制而实行的。

5.1.5 商业银行的功能

1. 信用中介

信用中介是指商业银行通过负债业务，把社会上的闲散资金集中到银行，再通过商业银行的资产业务，把它投向需要资金的社会经济各部门，充当资金盈余者和资金短缺者之间的中介，实现资金的融通。这是商业银行最基本、也最能反映其经营活动特征的职能。商业银行通过发挥信用中介的职能，在资金盈余者和资金短缺者之间架起一座桥梁，从而在资金所有权不发生转移的前提下，使闲置的资金资源得到最大限度的利用，对经济活动起到多层次的调节转化作用。其作用主要表现以下几方面：

（1）将暂时从生产过程中游离出来的闲置资金转化为可用资金，实现资源优化配置。在盈利性原则的支配下，资本从效益低的部门流向效益高的部门，从而优化经济结构，实现资源高效配置。

（2）将用于消费的资金转化为能带来货币收入的投资，扩大社会资本总量，加速经济增长。社会闲置资金分散在国民经济各部门，很难直接转换为生产资本，将社会闲置的小额货币资金汇集成巨额资本，将大部分用于消费的货币资金转化为生产建设资本，促进经济增长。

（3）将短期货币资本转化为长期货币资本。商业银行的信用中介职能好比是"蓄水池"，可以把短期资金的稳定余额当作长期资金使用，从而把一部分短期资金转化为长期资金，商业银行的这种借短贷长的功能，对于促进国民经济持续、稳定和平衡发展发挥着重要作用。

2. 支付中介

这是商业银行最传统的职能。支付中介是指商业银行利用活期存款，为客户办理各种货币结算、货币收付、货币兑换和转移存款等业务活动。商业银行通过发挥支付中介职能，一方面可使商业银行持续拥有比较稳定的廉价资金来源；另一方面，可以大大减少资金的使用，节约社会流通费用，增加生产资本的投入。其作用具体表现在以下几方面：

（1）使银行持续拥有比较稳定的廉价资本来源。客户想要利用商业银行的支付中介功能，获得转账结算等服务便利，首先必须在商业银行开立活期存款账户，并存入一定的资金。这使得商业银行能集中大量低息甚至无息资金，有利于降低银行资金成本。

（2）减少了现金的使用，节约了社会流通费用。商业银行广泛提供非现金转账结算和支票收付服务，既可加速资金周转，又可大大减少现金的使用量和流通量，进而使现金的保管费、运转费等社会流通费用大大减少。

3. 信用创造

在商业银行信用中介和支付中介职能的基础上产生了信用创造职能，这是商业银行的特殊职能。信用创造是指商业银行利用其可以吸收活期存款的有利条件，通过发放贷款而衍生出更多存款，从而扩大社会货币供给量。商业银行利用吸收的存款发放贷款，贷款又转化为存款，在这种存款不被提取或不全部被提取的情况下，就增加了商业银行的资金来源，最后在整个银行体系中，就形成了数倍于原始存款的派生存款。其作用表现在信用被不断创造。

4. 金融服务

金融服务是指商业银行利用其在业务发展过程中所获得的大量信息，运用电子计算机等先进技术和工具，为客户提供的其他服务。这些服务有信托、租赁、咨询、经纪人业务及国际业务等，通过提供这些金融服务功能，商业银行既扩大了银行的市场份额，又取得了不少服务收入。商业银行也因此被称为"金融百货公司"。借助于信息技术，商业银行正朝着"电子银行""网上银行"和"手机银行"等方向发展。在竞争的驱动下，各商业银行不断开拓服务领域，推出新的服务项目，提高服务质量。商业银行通过金融服务，一方面扩大了社会联系面和市场份额，另一方面也提高了银行的盈利能力。

5. 调节经济

商业银行是政府调节经济，追求社会经济目标的政策传导工具。商业银行根据政府的宏观经济政策，利用手中的信贷工具，进行适当的调节，比如贷款利率的高低、贷款期限、抵押品的要求等，达到影响企业生产经营活动、影响市场购买力、调节消费的目的，从而实现政府的经济政策目标。此外，商业银行通过其在国际市场上的融资活动还可以调节本国的国际收支状况。

商业银行因其广泛的职能，使得它对整个社会经济活动的影响十分显著，在整个金融体系乃至国民经济中位居特殊而重要的地位。随着市场经济的发展和全球经济的一体化发展，商业银行已经凸现了职能多元化的发展趋势。

5.2 商业银行的主要业务

商业银行的业务，顾名思义，就是商业银行所办理的业务，它是商业银行发挥功能的主要形式。商业银行的主要业务有负债业务、资产业务、中间业务和表外业务。

5.2.1 商业银行的负债业务

商业银行的负债业务是指形成资金来源的业务，是商业银行资产业务和中间业务的基础。广义上来说，商业银行的全部资金包括自有资本和外来资金。自有资本是其开展各项业务活动的初始资金，简单来说，就是其业务活动的本钱，主要有成立时发行股票所筹集的股份资本、公积金及未分配的利润，一般只占其全部负债的很小一部分。一般而言商业银行主要的资金来源是外来资金，它由三大部分组成：存款负债、借款负债和其他负债。

1. 存款负债

存款负债是商业银行对存款客户的一种负债。存款是银行负债业务中最重要的业务，也是商业银行资金的主要来源。客户向银行提供负债的多少和期限，在某种程度上都取决于客户本身，而不是由商业银行决定。从这种意义上来说，商业银行的存款业务是一种被动型负债业务。商业银行的存款主要包括以下几种：

(1)活期存款。活期存款是指没有明确的期限规定,是相对于定期存款而言的,是不需要预先通知可随时提取或支付的存款。活期存款构成了商业银行的重要资金来源,也是商业银行创造信用的重要条件。活期存款一般流动性强、经营成本较高、风险较大。活期存款没有明确的期限,客户可以随时支取,存取频繁、手续复杂,而且还要提供多种服务,经营成本较高,因此商业银行对活期存款客户免费或低费提供服务,一般不支付或支付较少利息。

(2)定期存款。定期存款是相对于活期存款而言的,是一种由存户预先约定期限的存款。定期存款占银行存款比重较高。因为定期存款固定而且期限比较长,从而为商业银行提供了稳定的资金来源,对商业银行长期放款与投资具有重要意义。

2. 借款负债

虽然存款构成银行的主要资金来源,但银行可以根据需要,寻求存款以外的其他资金来源,即形成借款负债。借款负债是商业银行通过票据的再抵押、再贴现等方法从中央银行融入资金和通过同业拆借市场向其他银行借入短期资金,它属于银行的主动负债业务。

(1)向中央银行借款。商业银行向中央银行借款是商业银行为了解决临时性的资金需要进行的一种融资业务。中央银行是银行的银行,必须履行最后贷款人的职能,所以当商业银行资金不足或难以通过其他途径获得资金时,可以向中央银行申请资金融通。向中央银行借款的方式主要有再贴现和再贷款两种方式。再贴现是商业银行将自己办理贴现业务时所买进的未到期票据,再卖给中央银行,即再次申请贴现。再贷款是中央银行向商业银行提供的信用贷款。在市场经济发达的国家,由于商业票据和贴现业务广泛流行,再贴现就成为商业银行向中央银行借款的主要渠道,而在商业票据不普及的国家,则主要采取再贷款的形式。

再贴现和再贷款不仅是商业银行筹措短期资金的重要渠道,也是中央银行重要的货币政策工具。中央银行通过调整再贴现和再贷款利率,可以起到紧缩或放松银根的作用。

(2)同业借款。同业借款是商业银行向往来银行或通过同业拆借向其他金融机构借入短期资金的活动。同业借款的用途主要有两方面:一是填补法定存款准备金的不足,这一类借款大都属于隔夜拆借行为;二是满足银行季节性资金的需求,一般需要通过同业拆借市场来进行。同业借款在方式上比向中央银行借款灵活,手续也比较简便。

(3)回购协议。回购协议是商业银行通过出售证券,获得即时可用资金,同时又以书面协议承诺在未来某一日期按协议的价格重新购回这些证券。回购协议的实质是银行以证券为担保而获得的短期借款。回购协议最常见的交易方式有两种:一是证券卖出和购回采用相同的价格,协议到期时以约定的收益率在本金外再支付利息;二是购回证券的价格高于卖出证券时的价格,其差额就是资金提供者的收益。

3. 其他负债

其他负债是指商业银行利用除存款负债和借款负债以外的其他方式形成的资金来源,主要包括:代理行的同业存款负债、金融债券负债、大额可转让定期存单负债、买卖有价证券、占用客户资金、境外负债等。

在商业银行的负债业务中,自有资本是基础,标志着商业银行的资金实力。存款负债是其主要业务，标志着商业银行的经营实力。借款负债和其他负债是商业银行资金的重要调剂和补充，体现商业银行的经营活力。总之，目前商业银行的负债业务已经不局限于消极地接受活期存款并将其作为唯一的资金来源，而是积极主动地吸收各种存款，并在存款以外的负债业务上显示出很强的创新精神。这一切，对于商业银行在保持大量生息资产的同时又能保持较高流动性具有重要意义。

知识链接

主动负债，一是银行可自主协定负债的金额、期限和利率水平；二是银行可自主决定负债的引进与否；三是银行需直接并且基本是逐笔进行营销。主要包括发行债券、再贷款、再贴现和央行公开市场逆回购、同业拆借和协议存款。被动负债是传统的存款业务，银行规定利率，存款人自行决定存放期限和金额。

两者的区别主要在于银行的自主权，即主动负债银行可以自主决定是否负债、负债水平和债务偿还事项，自主选择债权人，以达到改善银行财务杠杆的目标。而被动负债银行只有规定利率的权限，没有其他权限。

5.2.2 商业银行的资产业务

资产业务，是指商业银行运用资金的业务，也就是商业银行将其吸收的资金贷放或投资出去赚取收益的活动。商业银行盈利状况如何，经营是否成功，很大程度上取决于资金运用的结果，商业银行的资产业务主要包括现金资产、贷款资产、证券资产、固定资产、票据贴现等。

1. 现金资产

现金资产，也称第一准备，是银行为应付存款提取而保存的各种形式的支付准备金的总称。现金资产包括库存现金、交存中央银行的存款准备金、存放在同业的存款、托收中的资金等。

（1）库存现金。库存现金是指银行金库中的现钞和硬币，主要用于应付日常业务支付的需要，如客户提现等。因为库存现金不能给银行带来收益，因此银行一般只保持必需的数额。库存现金太多，影响银行收益；库存现金太少，不能应付客户提现的需求，甚至造成挤提存款，增加银行的风险。

（2）在中央银行的存款。在中央银行的存款是指商业银行的法定存款准备金和超额准备金。法定存款准备金是商业银行按法定存款准备金比率的要求，把吸收的存款存在中央银行的那部分。超额准备金是商业银行的总准备金超过法定存款准备金的部分。法定准备金一般不能动用，商业银行可以动用超额准备金，用于银行之间票据交换差额的清算，应付不可预料的现金提存或等待有利贷款和投资机会。

（3）存放同业资金。存放同业资金是指存放在其他金融机构的存款。在其他金融机构（主要是银行）保持一定存款是为了便于同业之间结算收付和开展代理业务。由于金融机构之间的存款户都属于活期性质，可随时支用，因此商业银行都将存放同业资金视为现金资产。

（4）托收中的资金。托收中的资金是指银行应收的清算款项。具体来看，是商业银行收到以其他商业银行为付款人的票据，已向票据交换所提出清算或已向其他商业银行提出收账但尚未正式记入存放同业或记入在中央银行存款账户中的款项。这部分款项在收妥前不能抵用，但收妥后，或增加存放同业的存款余额，或增加该银行在中央银行准备金账户上的存款余额，成为可以动用的款项，因此与现金的性质类似。

2. 贷款资产

贷款资产是指银行所发放的各种贷款所形成的资产业务。贷款是按一定利率和确定的期限贷出货币资金的信用活动，是商业银行资产业务中最重要的项目，在资产业务中所占比重最大，是商业银行取得利润的主要途径，也是商业银行与客户保持良好关系的重要条件。商业银行的贷款种类繁多，有多种分类方法：

（1）按保障程度（风险程度）划分，贷款可划分为信用贷款和担保贷款。信用贷款是指银行完全凭借客户的信用而无须提供担保品而发放的贷款。信用贷款一般只贷给那些信誉好的客户。担保贷款是指具有一定财务或信用作为还款保证的贷款。根据还款保证的方式不同，具体分为抵押贷款、质押贷款和保证贷款。这种标准划分，有利于银行加强贷款安全性或管理。银行在选择发放贷款的方式时，应根据贷款对象、贷款风险程度来确定。

知识链接

信用贷款是指以借款人的信誉发放的贷款，借款人不需要提供担保。其特征就是债务人无须提供抵押品或第三方担保、仅凭自己的信誉就能取得贷款，并以借款人信用程度作为还款保证。这种信用贷款是中国银行长期以来的主要放款方式。由于这种贷款方式风险较大，一般要对借款方的经济效益、经营管理水平、发展前景等情况进行详细的考察，以降低风险。

担保贷款是指由借款人或第三方依法提供担保而发放的贷款。担保贷款包括保证贷款、抵押贷款和质押贷款。担保贷款是指借款人不能足额提供抵押（质押）时，应有贷款人认可的第三方提供承担连带责任的保证。保证人是法人的，必须具有代为偿还全部贷款本息的能力，且在银行有存款账户。保证人为自然人的，必须有固定经济来源，具有足够代偿能力，并且在贷款银行存有一定数额的保证金，保证人与债权人应当以书面形式订立保证合同。保证人发生变更的，必须按照规定办理变更担保手续，未经贷款人认可，原保证合同不得撤销。

（2）按期限长短划分，贷款可分为短期、中期和长期贷款。短期贷款期限在1年或者1年内（3个月以上、6个月以下为临时贷款），其特点是期限短、风险小、利率高，通常以"放款"的方式发放，主要用于满足借款人对短期资金的需求。中期贷款期限都在1年以上（不含1年）、5年以下（含5年），其特点是期限长、利率高、流动性差、风险大。长期贷款为5年以上（不含5年）贷款。这种划分有利于银行掌握贷款的流动性，便于银行短、中、长期贷款保持适当比例。

（3）按对象和用途划分，贷款可以分为工商业贷款、不动产贷款、消费贷款、农业贷款、融资性贷款等。

(4) 按贷款的质量或占用形态，贷款可以分为正常贷款、逾期贷款、呆滞贷款、呆账贷款等。

3. 证券资产

证券资产主要由一些流动性强、易于变现的证券组成。商业银行的证券业务是指银行参与有价证券买卖而持有证券形成的业务，它是商业银行一项重要的资产业务。商业银行投资于有价证券，一般是为了增加收益和增加资产的流动性。商业银行投资购买有价证券主要包括购买中央政府发行的国家债券、地方政府发行的证券、公司发行的各种有价证券，如股票、债券。这种业务风险大、占用资金时间长，因此，银行投资此业务的比重较小。

4. 固定资产

固定资产是指商业银行在营业过程中所用的房地产、机器、设备等。它数额稳定、不易变现，是商业银行经营管理的物质基础。

5. 票据贴现

票据贴现是指资金的需求者，将自己手中未到期的商业票据、银行承兑票据或短期债券向银行或贴现公司要求变成现款，银行或贴现公司收进这些未到期的票据或短期债券，按票面金额扣除贴现日至到期日的利息后付给现款，到票据到期时再向出票人收款。该业务属于商业银行的资产业务。

5.2.3 商业银行的中间业务

中间业务，是指商业银行代理客户办理收款、付款和其他委托事项而收取手续费的业务，是银行不需动用自己的资金，依托业务、技术、机构、信誉和人才等优势，以中间人的身份代理客户承办收付和其他委托事项，提供各种金融服务并据以收取手续费的业务。银行经营中间业务无须占用自己的资金，是在银行的资产负债信用业务的基础上产生的，并可以促使银行信用业务的发展和扩大。

1. 支付结算业务

支付结算类业务是指由商业银行为客户办理因债权债务关系引起的与货币支付、资金划拨有关的收费业务。

2. 银行卡业务

银行卡是指由经授权的金融机构（主要是指商业银行）向社会发行的具有消费信用、转账结算、存取现金等全部或部分功能的信用支付工具。

知识链接

银行卡按照清偿方式划分，可分为信用卡和借记卡。

信用卡按是否向发卡银行交存备用金分为贷记卡、准贷记卡两类。贷记卡是指发卡银行给予持卡人一定的信用额度，持卡人可在信用额度内先消费、后还款的信用卡。准贷记卡是指持卡人须先按发卡银行要求交存一定金额的备用金，当备用金余额不足支付时，可在发卡银行规定的信用额度内透支的信用卡,利息从透支之日起算。贷记卡账户的存款不计利息,准贷记卡账户的存款计利息。目前国内银行发行的信用卡基本上都是贷记卡。

借记卡与信用卡的区别其实就在于"借记"与"信用"的差别。"信用"意味着"未来支付",持卡人可用自己的信誉获得发卡行一定期限的循环信贷,而"借记"意味着"扣除",持卡人消费或取现的款项从自己的银行账户中扣除,持卡人花的是自己账户中的钱,不存在信贷消费,也就是通常所说的不能透支。借记卡按功能不同,又分为转账卡、专用卡和储值卡。

3. 代理类中间业务

代理类中间业务是指商业银行接受客户委托,代为办理客户指定的经济事务,提供金融服务并收取一定费用的业务,包括代理政策性银行业务、代理中国人民银行业务、代理商业银行业务、代收代付业务、代理证券业务、代理保险业务、代理其他银行银行卡收单业务等。

4. 咨询顾问类业务

咨询顾问类业务是指商业银行依靠自身在信息、人才、信誉等方面的优势,收集和整理有关信息,并通过对这些信息以及银行和客户资金运动的记录和分析,并形成系统的资料和方案,提供给客户,以满足其业务经营管理或发展的需要的服务活动。这类业务主要包括企业信息咨询业务、资产管理顾问业务、财务顾问业务、现金管理业务等。

5. 其他中间业务

其他中间业务包括信托业务、租赁业务、保险自营业务等。

5.2.4 商业银行的表外业务

表外业务是指商业银行从事的不列入资产负债表,但能影响银行当期损益的经营活动,有狭义和广义之分。狭义的表外业务是指那些虽未列入资产负债表,但同表内的资产业务或负债业务关系密切的业务。广义的表外业务除了包括上述狭义的表外业务外,还包括结算、代理、咨询等业务。表外项目也被称为"或有负债"和"或有资产"项目,或者"或有资产和负债"。通常提及的表外业务专指狭义的表外业务。

1. 贷款承诺

贷款承诺是指银行承诺在一定时期内或者某一时间按照约定条件提供贷款给借款人的协议,属于银行的表外业务,是一种承诺在未来某时刻进行的直接信贷。它可以分为不可撤销贷款承诺和可撤销贷款承诺两种。对于在规定的借款额度内客户未使用的部分,客户必须支付一定的承诺费。

2. 备用信用证

备用信用证是一种特殊形式的信用证,是开证行对受益人承担一项义务的凭证。开证行保证在开证申请人未能履行其应履行的义务时,受益人只要凭备用信用证的规定向开证行开具汇票,并随附开证申请人未履行义务的声明或证明文件,即可得到开证行的偿付。

3. 贷款出售

贷款出售是指商业银行在贷款形成之后，将贷款债权出售给第三方，重新获得资金来源并获取手续费收入的一种业务方式。贷款出售与贷款证券化最根本的区别在于贷款出售只是将贷款的全部或一部分所有权从发起银行转移出去，贷款资产本身不发生任何实质性变化。而贷款证券化则将贷款组合转变为可在资本市场上买卖的证券，创造出了新的投资工具，资产性质发生了变化。

知识链接

表外业务与中间业务的联系：①表外业务与中间业务都是收取手续费的业务。手续费是银行向客户提供各种服务所得的报酬，与银行通过信用活动获取的存贷利差收入不同；②传统的中间业务都是表外业务，但表外业务不一定是中间业务，表外业务与中间业务之间有一些重合。如信用证业务属于中间业务，但就其内涵来说，信用证业务又具有担保业务的性质，因此信用证业务既是中间业务又是表外业务；③表外业务与中间业务都是以接受委托的方式开展业务活动。

表外业务与中间业务的区别：①中间人的身份不同。在中间业务中，如支付结算、信托、代理等业务，银行都是以交易双方当事人之外的第三者身份接受委托，扮演中间人的角色；而表外业务却在业务发展中可能发生银行中间人角色的移位，成为交易双方的一方，即成为交易的直接当事人。如贷款承诺，就是由银行和客户签订的信贷承诺协议，并在协议签订时无信贷行为发生，也就不在资产负债表上做出反映，因而是典型的表外业务，但是一旦具备了协议所列的某项具体贷款条件，银行就必须履行协议规定的向客户提供贷款的责任；②业务风险不同，如前所说，商业银行的中间业务，是不直接作为信用活动的一方出现的，不动用或较少动用自己可使用的资金，虽然业务经营中也要承担一定的风险，但其风险程度要明显低于信用业务。③发展的时间长短不同。表外业务是近20年才发展起来的，与国际业务的发展、国际金融市场及现代通信技术的发展紧密联系，而在我国通常被称为银行中间业务的金融服务类业务，大部分是与银行的资产负债业务相伴而生的、长期存在的。

5.3 商业银行经营原则与管理理论

5.3.1 商业银行的经营原则

商业银行经营的原则，一般是指安全性、流动性和盈利性。商业银行是一个以营利为目的的特殊企业，主要通过其资产和负债的经营赚取利润，与其他企业的投资者一样，在经营过程中都面临着如何处理好安全性、流动性、收益性的问题，只是由于银行的性质及其经营特点才使这个问题变得更加尖锐。

1. 安全性原则

安全性原则即要求银行在经营活动中，必须保持足够的清偿能力，经得起重大风险和损失，能随时应付客户提存，使客户对银行保持坚定的信任。商业银行是高风险行业，其风险一方面来自于银行的自由资本较少，主要依靠负债经营；另一方面，银行在经营过程中始终面临着各种风险，如信用风险、市场风险、管理风险、营运风险、道德风险等。若银行不能采取有效措施控制风险，则必然会削弱银行的清偿力，危及银行的经营安全。所以为实现安全性目标，商业银行必须做到以下几点：①合理安排资产规模和结构，注重资产质量；②提高自有资本在全部负债中的比重；③遵纪守法，合法经营。

2. 流动性原则

流动性原则是指商业银行在经营过程中，能够随时应付客户提存需要，满足客户合理的贷款需求。流动性包括资产的流动性和负债的流动性。资产的流动性是指资产的变现能力。衡量资产流动性的标准有两个：一是资产变现的成本，某项资产的变现成本越低，该项资产的流动性就越强；二是资产变现的速度，某项资产的变现速度越快，则该项资产的流动性就越强。负债的流动性是指银行以适当的价格取得可用资金的能力。衡量负债流动性的标准也有两个：一是取得可用资金的价格，价格越低，该项负债的流动性越强；二是取得可用资金的时间，取得可用资金的时间越短，则该项负债的流动性越强。

为满足流动性的需要，商业银行必须做到以下几点：①调整资产结构，维持流动性较强的资产在一个适度的比例；②注重从负债方面来满足银行经营的流动性要求；③加强流动指标管理，实现流动性管理目标。

3. 盈利性原则

盈利性原则是指商业银行经营活动的最终目标，这一目标要求商业银行的经营管理者在可能的情况下，尽可能地追求利润最大化。最大化的利润既为商业银行扩大规模、开拓业务提供了资金支持，也给予股东较高的回报，带动股市价相应上升，从而有利于银行资金的筹措。此外，较高的盈利水平还能够带来银行声誉的提高，增强公众对银行的信任，从而有利于保持银行同社会各界的良好关系，降低业务营运的总成本。

商业银行的盈利主要来自于业务收入与业务支出的差额。商业银行的业务收入主要有贷款利息收入、投资收入与劳务收入等。其业务支出主要包括吸收存款的利息支出、借入资金的利息支出、贷款与投资的损失以及工资、办公费、设备维修费、税金支出等。

根据商业银行业务收入与业务支出的主要内容，商业银行追求盈利水平的提高应做到以下几点：①减少非营利资产，提高营利性资产的比重；②降低资金成本，扩大资金来源；③加强经济核算，节约管理费用开支。

4. 安全性、流动性和盈利性的关系

商业银行的"三性"原则既相互统一，又相互矛盾。流动性是安全性的基础，是商业银行资产安全性的重要保证。没有流动性，商业银行的经营不可能安全。保持盈利是维持商业银行流动性和安全性的重要基础。同时，盈利性与流动性、安全性存在此长彼消的对立关系，而流动性和安全性却存在较为一致的关系。流动性较大的资产，风险就小，安全性也就高。商业银行需要从实际出发，统一协调，寻求最佳的平衡点。

5.3.2 商业银行的经营管理理论

如何实现盈利性、流动性、安全性的要求，是银行经营管理中的主要问题。自从商业银行建立以来，商业银行的经营管理理论经历了资产管理理论、负债管理理论和资产负债综合理论三个阶段。

1. 资产管理理论

资产管理理论是以商业银行资产的流动性为重点的传统管理方法。资产管理理论产生于银行管理的初级阶段。在银行看来，存款的主动权在客户手中，银行的自身管理起不到决定性的影响。而资金运用的主动权却在自己手里，所以银行必然会看重资产管理。于是银行应该重点对资产进行管理，争取通过加强资产管理来协调流动性、安全性和盈利性。

这种理论的主要缺陷在于银行把资产经营建立在对借款人未来收入的预测上，而这种预测不可能完全准确。而且借款人的经营情况可能发生变化，到时不一定具备清偿能力，这就增加了银行的风险，从而损害银行资产的流动性。

2. 负债管理理论

负债管理理论是以负债为经营重点来保证流动性和盈利性的经营管理理论。负债管理理论产生于20世纪60年代中期以后，该理论主要认为银行的流动性不仅可以通过加强资产管理获得，也可以通过向外借债解决。只要存在宽广的借款领域，流动性就有保证。同时，如果负债管理有效，就无须保留大量的高流动性资产，而是完全可以将它们投向收益更高的资产。

该理论的主要特征表现在以下几个方面：首先，以负债作为保证商业银行流动性的经营重点；其次，主动负债是该理论的重要方法；最后，根据资产业务的需要组织负债，让负债去适应、支持资产。但是负债管理理论有一定的缺陷，即提高了银行的融资成本，加大了经营风险，不利于银行稳健经营。

3. 资产负债综合理论

20世纪70年代中期起，由于市场利率大幅上升，负债管理在负债成本及经营风险上的压力越来越大，商业银行迫切需要一种新的、更为有效的经营管理指导理论。而在此时，计算机技术有了很大的发展，在银行业务与管理上的运用越来越广泛，银行经营管理由负债管理转向更高层次的系统管理——资产负债综合管理。资产负债综合理论是指商业银行在业务经营过程中，通过资产和负债的共同调整，协调资产和负债项目在期限、利率、风险和流动性方面的搭配，尽可能使资产、负债达到均衡，以实现安全性、流动性和盈利性的完美统一。由于资产负债管理理论是从资产和负债之间相互联系、相互制约的整体出发来研究管理方法，因而被认为是现代商业银行最为科学、合理的经营管理理论。

商业银行的资产负债管理是银行经营方式上的一次重大变革，它对商业银行、金融界和经济运行都产生了深远影响。对商业银行本身来讲，首先它增加了银行抵御外界经济动荡的能力。资产负债管理运用现代化的管理方法及技术手段，从资产负债的总体上协调资产与负债的矛盾，并围绕解决这一矛盾的关键因素——利率，建立了一整套的防御体系，形成了一个"安全网"，使得银行在调整资产负债结构方面具有极大的灵活性和应变力，从而增加了银行对抗风险的能力。其次，资产负债管理有助于减轻银行"借短放长"的矛盾。利率自由化引起筹资成本的提高，迫使商业银行减少冒险性、放弃性、进攻性的放款和投资策略，采取更为谨慎的态度对待放款和投资。对国民经济而言，商业银行为顾客提供日益多样化的金融工具、服务与融资方式，通过提高放款利率来保持存贷款合理的利差，这在一定程度上能缓和通货膨胀的压力。

知识链接

资产负债比例管理是对银行的资产和负债规定一系列的比例，从而实现对银行资产控制的一种方式，是一种消除和减少风险的银行资产负债管理方法。银行通过资产负债比例管理，使银行资产实现合理增长，达到稳健经营、消除和减少风险的目的。资产负债比例不能狭义地理解为银行资产与其负债的比例，它是综合反映商业银行资产负债管理战略目标和工作策略的比例指标体系，同时，其中一些资产负债指标也是各国政府和中央银行监管商业银行运营的核心内容。

本章小结

本章主要介绍了商业银行的概念、组织制度、主要职能、经营原则和主要业务等。商业银行是指吸收公众存款、发放贷款、办理结算类业务的银行类金融机构，是以获取利润为目的、具有独立法人资格的金融企业。商业银行的组织制度又称为商业银行的外部组织形式，是指商业银行在社会经济生活中的存在形式，主要有单一银行制、分行制和控股公司制。商业银行的职能主要有信用中介、支付中介、信用创造、金融服务、调节经济。商业银行的经营原则是安全性、流动性、盈利性。商业银行的业务主要有负债业务、资产业务、中间业务和表外业务。

习 题

一、复习题

1. 选择题

(1) （　　）是历史上第一家股份制银行，也是现代银行产生的象征。
　　A. 德意志银行　　B. 法兰西银行　　C. 英格兰银行　　D. 日本银行
(2) （　　）是商业银行最基本也是最能反映其经营活动特征的职能。
　　A. 信用创造　　B. 支付中介　　C. 信用中介　　D. 金融服务
(3) （　　）属商业银行传统的业务。
　　A. 备用信用证　　B. 信贷便利　　C. 信用卡业务　　D. 承诺业务
(4) 商业银行经营的基本目标是（　　）。
　　A. 组织和吸收存款
　　B. 资金运用出去
　　C. 通过利差获取经营利润
　　D. 组织和吸收存款，再把这些资金运用出去，通过利差获取经营利润
(5) 商业银行经营与管理的首要原则是（　　）。
　　A. 可靠性原则　　B. 流动性原则　　C. 安全性原则　　D. 盈利性原则

2. 判断题

（1）商业银行创造信用的能力不受任何条件限制。　　　　　　　　　　（　　）

（2）票据贴现是商业银行的负债业务。　　　　　　　　　　　　　　　（　　）

3. 问答题

（1）什么是商业银行？与一般的金融企业有什么区别？

（2）商业银行的职能主要有哪些？

（3）商业银行的主要业务有哪些？

（4）商业银行的经营原则是什么？

二、案例应用分析

商业银行发展现状及转型方向分析报告

随着经济结构调整和发展方式转变上升为中国经济运行的主旋律，商业银行经营环境发生剧烈变化，"高资本消耗、高信贷投放、高成本运营"的传统经营模式难以为继，经营转型成为商业银行与时俱进、以变求存的共同选择。

（一）商业银行面临的困境

第一，中国经济发展方式加速转变，商业银行外延增长的发展模式难以为继。在高投入、高产出的经济增长模式下，中国商业银行走出了一条"融资→放贷→再融资→再放贷"的典型外延扩张路径。但随着经济结构的调整和发展方式的转变，银行业长期以来经济高增长带动信贷高投放、以信贷高投放促进经济高增长的经营环境渐行渐远。

第二，利率市场化加快推进，商业银行以存贷利差为主的盈利模式经受挑战。历史经验表明，无论是美、日等发达国家，还是巴西、智利等发展中国家，利率市场化过程中银行业都遭受了较大冲击，甚至有部分银行破产倒闭，中国商业银行亦不例外。

第三，金融市场深化发展，商业银行传统业务面临冲击。随着"金融脱媒"现象加剧，银行信贷占社会融资总额的比重逐步下降。可以预计，商业银行将面临优质客户分流、贷款增长受限、负债不稳定性增加等诸多考验，存、贷、汇等传统业务增长受到渠道分流的巨大挑战。

第四，审慎监管成为主流，商业银行外部资本约束日趋强化。我国将在目前"一行三会"的分业监管体系基础上，逐步构建逆周期的金融宏观审慎管理制度框架，引入监管新工具。

第五，市场竞争不断加剧，商业银行同质化经营格局难以持续。中国商业银行无论规模大小，都具有很强的"做大做全"倾向，经营呈现高度同质化的特征。

第六，客户需求深刻变革，商业银行服务能力亟待提高。商业银行急需加快产品渠道创新，提升服务能力和效率，满足客户对银行服务需求由单一到复合、由标准化向定制化的重大改变。

（二）商业银行的经营转型方向

第一，成为客户的全方位金融"管家"。由管理信贷资产为主转变为管理客户金融资产为主。财富管理业务以其高成长、高收益、低资本、低风险的特性，迅速成为商业银行的瞩目焦点和转型方向。数据显示，中国已成为全球仅次于美国和日本的第三大财富来源地，2015年中国家庭财富总值达22.8万亿美元，财富管理市场规模达到100万亿元人民币，发展前景极为广阔。

第二，准确把握客户诉求，赢取先发竞争优势。建立与高端客户的关系需要付出长时间的巨大努力，但也将获得显著的回报。在市场尚未充分发育的情况下，如果银行能够及时切入，培育引导客户需求，并通过优质高效的服务建立良好的信任关系，使客户充分认可自身服务价值，就有望与客户建立稳固关系，建立起巨大的先发优势。例如，对于大多数财富管理市场领先的经营机构而言，在对外宣传时，财富管理机构往往只强调一个客户易于理解的标准（如开户门槛等），但实际上内部都有客户价值管理系统（CVM）。

第三，在功能定位上，商业银行要从"专营商店"向"超级市场"转变；在经营模式上，要从"存量持有"向"流量交易"转变；在服务渠道上，要从"钢筋水泥"向"三位一体"转变。

（资料来源：前瞻产业研究院《中国银行业前瞻分析报告》。）

问题：结合案例谈谈我国商业银行转型的原因及转型的方向。

第6章 金融市场

【教学目标】

通过本章的学习，掌握金融市场的含义、特征及分类，金融工具的特征，货币市场及其子市场，资本市场及其子市场等。

【导入案例】

我国的债券市场

债券（Bonds）是政府、金融机构、工商企业等机构直接向社会借债筹措资金时，向投资者发行并且承诺按照一定的利率支付利息并按约定条件偿还本金的债权债务凭证。债券市场是发行和买卖债券的场所，是金融市场的一个重要的组成部分。债券市场不仅为政府、企业、金融机构等提供了稳定的资金来源，为投资者提供了具有良好流动性和盈利性的金融产品，还成为中央银行实现对市场间接调控的重要工具。

拥有一个成熟发达的债券市场是一国金融市场成熟发达的标志，债券市场在融通社会资金、促进储蓄向投资转化、支持经济的高速增长等方面发挥着重要的作用。

（1）债券市场具有融资功能。债券市场作为金融市场的一个重要组成部分，是政府、企业、金融机构及公共团体筹集资金的重要渠道。政府在出现财政赤字和需要扩大公共开支的情况下通过发行国债，可以在不引发通货膨胀的情况下，弥补财政赤字或进行公共建设。而企业通过发行债券这种直接融资的方式，可以避免从银行取得贷款受到的诸多限制，成为企业筹措长期稳定资金的重要渠道。

（2）债券市场具有投资功能。债券作为一种投资对象或金融资产，与银行存款相比，更能体现盈利性和流动性的统一。作为一种长期投资，认购或持有债券可以获得较多的利息收益，同时由于二级市场的存在，可以在到期前急需现金的时候变现。

（3）债券市场具有宏观调控功能。一国中央银行作为国家货币政策的制定与实施部门，通过公开市场业务在债券市场上买卖国债等有价证券，调节货币供应量，实现宏观调控。

由此可见，大力发展债券市场对于我国金融市场的完善是不可缺少的关键一步。

6.1 金融市场概述

6.1.1 金融市场的含义及特征

金融市场（Financial Market）有广义和狭义之分。广义的金融市场泛指资金供求双方运用各种金融工具，通过各式各样的金融交易活动实现资金供求的调剂和有价证券的买卖，如存款、贷款、信托、租赁、保险、票据贴现与抵押等。狭义的金融市场是指资金供应者与需求者通过某种市场的方式直接进行资金融通,自由买卖有价证券的场所。通常所说的金融市场主要是指后者。金融市场可以是有形的市场,也可以是无形的市场。金融市场形成初期一般都有固定场所,但随着商品经济信用活动及科学技术的发展,金融市场逐渐发展成以无形市场为主的市场体系。

> **知识链接**
>
> 金融市场与要素市场或产品市场相比较,具有以下三个方面的特征:
> (1) 金融市场参与者的借贷关系。在金融市场上,市场参与者之间的关系已不是单纯的买卖关系,而是一种借贷关系或投资关系,是以信用为基础的资金的使用权和所有权的暂时分离或有条件让渡。
> (2) 金融市场交易不受时空限制。要素市场或产品市场大多是有形市场,而金融市场则可以是有形市场,也可以是无形市场。在有形市场的情况下,金融市场交易形式主要有两种:一种是交易所方式,另一种是柜台方式。随着经济的发展,交易双方足不出户,通过电信、计算机网络等现代科技手段进行交易的方式越来越普遍。
> (3) 金融市场的交易对象是货币资金。要素市场或产品市场交易的是一般的商品,而金融市场交易的是货币资金这一特殊商品。货币资金的借贷或让渡,是以其转化为资本使用能够带来货币余额增加为条件的。

6.1.2 金融市场的构成要素

金融市场要素是指构成金融市场的元素,它们共同构成金融市场,在市场原则和市场制度安排下形成竞争机制和制衡机制,维持市场正常运行。金融市场构成要素包括参加者、金融工具、证券交易形式和金融监管四部分。

(1) 参加者。金融市场的参加者即金融市场交易主体。这些参加者或是资金的供给者,或是资金的需求者,或是兼具两种身份。金融市场的参加者主要包括个人与家庭、企业、政府和金融机构。

个人与家庭是一切经济金融活动的基石。个人与家庭主要以资金供给者的身份参与金融市场交易,但也时常以资金需求者的身份出现,主要是购买耐用消费品的情况。个人与家庭参与金融市场交易的目的,主要是为了进行货币资金的跨时期配置和风险转移,具体表现在:通过投资实现财富的保值增值;通过借贷消费使消费效用最大化;通过分散投资或套期保值分散风险或转移风险。

企业是金融市场中主要的资金需求者和供应者。一方面,为了维系简单再生产与扩大生产规模,增加固定资产,或弥补流动资金的周转不畅,企业需要及时补充资金,成为金融市场的资金需求者。另一方面,在生产经营过程中会产生暂时闲置的资金,企业会将这部分资金暂时让渡给金融市场中的资金需求者,获得投资收益。

在金融市场中,政府一般为资金需求者。政府参与金融市场交易的目的,主要是为了弥补财政赤字,进行宏观调控,或履行公共经济职能等,在金融市场上发行国债筹措所需资金。有时,政府也会成为金融市场中暂时的资金供给者,如税款集中收进却尚未形成支出时。

金融机构是金融市场中最活跃的主体，它既是资金的需求者也是资金的供给者。金融机构包括存款性金融机构和非存款性金融机构。存款性金融机构是通过吸收各种存款而获得可利用资金，并将其贷给资金需求者或投资于证券等以获取收益。非存款性金融机构通过发行证券或以契约性方式聚集社会闲散资金。

（2）金融工具。金融工具是金融市场交易的客体，是金融市场交易的对象或交易的标的物。金融工具又称为信用工具，是一种表示债权债务关系的凭证，是具有法律效力的契约，一般由资金需求者向资金供给者出具，并注明金额、利率以及偿还条件等。

金融工具一般具有偿还性、流动性、风险性和收益性这四个基本特征。其具体内容已在4.1.3小节论述，此处不再重复。

金融工具种类繁多，分类方法也有多种。按性质不同，金融工具可分为债权凭证和所有权凭证。债权凭证（如债券等）反映了发行人与持有人之间的债权债务关系，所有权凭证（如股票）反映了持有人对公司的所有权关系。按市场属性和期限不同，金融工具可分为货币市场工具、资本市场工具和金融衍生市场工具。货币市场工具是期限在一年以内的金融工具，资本市场工具是期限在一年以上、代表债权和股权关系的金融工具，金融衍生市场工具是建立在基础金融工具或基础金融变量之上，价格变动取决于基础金融工具或基础金融变量的派生工具。

（3）证券交易形式。证券交易形式包括证券交易所和柜台交易。证券交易所是专门的有组织的证券买卖交易的场所。证券交易所是金融市场的服务机构，交易所本身并不买卖证券，只是为买卖双方提供进行交易的场所或设施，是服务于证券交易活动的组织。我国内地的证券交易所包括上海证券交易所和深圳证券交易所。

柜台交易是指在证券交易所以外的市场所进行的债券交易，又称为店头交易或场外交易。交易的证券多为未在交易所挂牌上市的证券，但也包括一部分上市证券。柜台交易是交易商通过电子网络进行集中交易，减少了市场庄家这环节，成本相对交易所要低。

（4）金融监管机构。金融监管机构是根据法律规定对一国的金融体系进行监督管理的机构。其职责包括按照规定监督管理金融市场、发布有关金融监督管理和业务的命令和规章、监督管理金融机构的合法合规运作等。我国目前的金融监管机构包括"一行三会"，即中国人民银行、银监会、证监会和保监会。中国人民银行作为金融市场的监管者，负责执行货币政策、调节货币供应量、公开市场操作、在金融市场上买卖证券。中国银行业监督管理委员会，简称银监会，负责监督管理银行、金融资产管理公司、信托投资公司及其他存款类金融机构，维护银行业的合法、稳健运行。中国证券监督管理委员会，简称证监会，统一监督管理全国证券期货市场，维护证券期货市场秩序，保障其合法运行。中华人民共和国保险监督管理委员会，简称保监会，依照法律、法规统一监督管理全国保险市场，维护保险业的合法、稳健运行。

6.1.3 金融市场的分类

金融市场是由许多相互独立又相互关联的子市场组成的体系。根据不同的标准，金融市场可划分为不同的子市场。

（1）按金融资产的种类划分，金融市场可分为货币市场、资本市场、外汇市场、黄金市场、金融衍生工具市场等。

货币市场是以期限在一年以内的金融资产为交易工具的短期资金融通市场。货币市场主要的功能是满足供求双方对短期资金融通的需求,保持金融资产的流动性。

资本市场是以期限在一年以上的金融资产为交易工具的长期资金融通市场。资本市场的主要功能是满足供求双方对中长期资金融通的需求,实现储蓄向投资的转化,优化资源配置。

外汇市场是进行外汇交易的市场。外汇交易的主要功能是进行国际结算与支付、清理国际债权债务关系、调剂国际资金余缺、实现国际资本流动等。

黄金市场主要是指集中进行黄金交易的市场。尽管各国货币已与黄金脱钩,黄金非货币化趋势已不可逆转,但黄金仍是重要的国际储备资产。

金融衍生工具市场是以金融衍生工具为交易对象的市场。金融衍生工具的主要功能是转移、分散现货金融资产面临的利率、汇率变动,实现为现货金融资产保值的目的。

(2) 按金融资产的交易程序划分,金融市场可分为发行市场和流通市场。所有采取证券化形式并在公开市场交易的金融资产都要经过发行和流通两个交易程序。

发行市场又称为初级市场或一级市场,是资金需求者通过发售金融资产募集资金的市场。发行市场的主要功能是筹资、投资和实现储蓄向投资的转化。

流通市场又称为次级市场或二级市场,是已公开发行的金融资产转手交易的市场。流动市场的主要功能是为金融资产提供良好的流动性,为投资者提供投资机会,为社会提供灵敏反映经济运行状况的信号。

(3) 按金融市场形态划分,金融市场可分为有形市场和无形市场。

有形市场是指有固定交易场所、集中进行交易的市场,一般指证券交易所、期货交易所等有组织的交易市场。有形市场集中反映金融市场的供求关系,通过公开竞价机制形成合理的价格,提高市场的公开性、公平性和效率。

无形市场是指交易所以外的进行金融资产交易的市场。随着通信技术的发展和信用制度的完善,无形市场出现了向网络化发展的趋势,使金融市场进一步扩大了交易范围、延长了交易时间、降低了交易成本、提高了交易效率和市场有效性。但无形市场中交易的安全性等方面还需进一步完善。

(4) 按金融市场所在地域划分,金融市场可分为国内金融市场和国际金融市场。

国内金融市场是以本币计价的金融资产交易市场,反映了对以本币计价的货币资金的供应和需求。

国际金融市场是金融资产在国际进行交易,并引起资本在国际流动的市场。国际金融市场是国内金融市场发展到一定阶段的产物,是与实物资产的国际转移、资本的国际流动、金融业及现代电子信息技术的高度发展相辅相成的。

6.1.4 金融市场的功能

金融市场作为金融资产交易的场所,从整个经济运行的角度看,具有融通资金功能、调节经济功能、配置功能和信息反馈功能。

(1) 融通资金功能。融通资金是金融市场最基本、最主要的功能。金融市场连接资金的需求方和供给方,通过引导众多分散的小额资金,使其汇聚成可以投入社会再生产的资金。在社会经济的运行中,各经济主体必然会出现货币资金的盈余和不足,因而有相互融通的需要。然而，资金盈余方和短缺方均是独立的经济人，有各自的经济利益，只有通过市场机制，在双方利益、风险对等的情况下才能实现货币资金的融通。金融市场创造和提供多种多样的金融工具满足各方的需求，实现最大限度的融通资金。

（2）调节经济功能。金融市场是政府实施宏观经济政策的重要场所。中央银行作为货币政策的制定与实施部门，主要依靠存款准备金、公开市场业务、再贴现和利率等政策工具进行宏观经济调控。金融市场为货币政策的实施提供市场条件，为货币政策的传递提供市场机制。通过对货币供应量的调整，引导资金价格的合理波动和变化，再传导至商品市场和其他要素市场，最后达到合理调节和促进整个国民经济正常运行的目的。

（3）配置功能。金融市场的配置功能表现在资源的配置和风险的再分配两个方面。

市场机制最重要的经济功能是优化资源配置，借助市场机制将资源从利用率低的地区或部门转移到利用率高的地区或部门，实现资源的合理配置和有效利用。通过金融资产的流动，引导货币资金流向最有发展潜力、能为投资者带来最大收益的地区或部门，使有限的资源得到合理利用。

在市场经济中，各经济主体都面临着各种各样的风险。金融市场为投资者提供了在收益、风险及流动性方面存在差异的金融工具，通过对风险的再配置实现分散和转移风险的目的。

（4）信息反馈功能。金融市场历来被称为国民经济的"晴雨表"，是公认的国民经济信号系统。一方面，当政府通过金融市场进行公开市场业务等干预性操作时，会引起金融市场行情变动。这些政策的变动都会通过金融市场传递给企业或个人，有利于企业或个人根据市场行情选择正确的投资时机，把握投资机会。另一方面，在世界金融与经济一体化的背景下，金融市场有着广泛而及时地收集和传播信息的通信网络，使人们及时了解世界经济的发展变化情况。

知识链接

金融资产（Financial Assets）是指单位或个人所拥有的以价值形态存在的资产，是一种索取实物资产的权利，是一切可以在有组织的金融市场上进行交易、具有现实价格和未来估价的金融工具的总称。所有的金融工具对持有者来说都是金融资产，但抛开持有者，孤立地考察金融工具，它们便不能被称为金融资产。如中央银行发行的货币和企业发行的股票、债券，不能简单地说它们是金融资产。对于发行者而言，货币、股票、债券是他们的负债，因此，不能将货币、股票、债券等简单地称为金融资产，而应称为金融工具。金融工具对持有者来说才是金融资产。

6.2 货币市场

货币市场又称为短期资金市场或短期金融市场，是指一年以内（包括一年）的短期金融工具发行和交易所形成的供求关系和运行机制的总和。货币市场是金融市场的基础市场，其性质是短期借贷市场，反映短期债权债务关系。

货币市场可分为同业拆借市场、票据市场、国债市场、可转让存单市场和回购协议市场。

6.2.1 同业拆借市场

(1) 概念及特征。同业拆借市场是各类商业银行之间,以货币资金借贷方式,进行短期资金融通而形成的市场。同业拆借的资金主要用于弥补短期资金的不足、票据清算的差额以及解决临时性的资金短期的需要。在拆借市场上,交易双方形成短期资金借贷关系,头寸盈余者贷出资金,称为拆出;头寸不足者借入资金,称为拆入。同业拆借市场交易量大,能敏感地反映资金供求关系和货币政策意图,影响货币市场利率,因此,它是货币市场体系的重要组成部分。

同业拆借市场的特征主要有:

融通资金期限较短。同业拆借市场资金的期限多数为隔夜、1 天、2 天或 1 个星期,少数有数月至 1 年不等,有些拆借可以不确定拆借日期。

市场利率由供求双方议定,可以随行就市。同业拆借市场上的利率可由双方协商,讨价还价,最后议价成交。

信用拆借。同业拆借市场有严格的市场准入制度,通常只有实力较强、信誉较好,或是相互之间有业务往来的银行和其他金融机构才能进入市场,交易完全是一种信用资金借贷式交易。

交易额较大,且交易具有无担保性。同业拆借市场的参与者都是银行和其他金融机构,对资金的供应和需求较大,市场对交易数额一般没有限制,通常单笔成交金额都很大。而且交易一般不需要担保或抵押,双方都以自己的信用担保,都严格遵守交易协议。

交易成本低,市场效率高。同业拆借市场的交易主要是采取电话协商的方式进行,是一种无形的市场,达成协议后,通过各自在中央银行的存款账户自动划账,手段先进,交易手续简便,成交速度快。

(2) 功能。同业拆借市场是金融机构之间进行短期资金融通的市场,当今已发展成为各金融机构特别是商业银行弥补资金流动性不足和充分有效运作资金、减少闲置资金的重要手段。同业拆借市场的功能主要有:

同业拆借市场提高了金融机构的盈利水平。通过拆借市场,金融机构一方面可以将暂时盈余的资金头寸及时贷放出去,减少闲置资金,以此增加资产的总收益;另一方面,金融机构也不必为了维持一定的法定准备金而保持较多的超额储备金,使得金融机构能更充分、更有效地运用所有资金,增加盈利性资产的比重,提高总资产的盈利水平。

同业拆借市场保障了金融机构运营的安全性。同业拆借市场的存在,使得金融机构可以比较方便地实现短期资金融通来弥补资金缺口,从而满足了金融机构的流动性需要。良好的流动性是金融机构得以正常运作的基本条件之一,也是金融机构实现经营安全的前提。同业拆借的存在又使得金融机构不需要通过低价出售资产来维持流动性,这在一定程度上又保障了金融机构的金融安全。

同业拆借市场反映了资金供求状况,是实施货币政策的重要载体。同业拆借市场的交易价格即为同业拆借市场利率,能够反映同业拆借市场资金的供求状况,以及金融体系的头寸或银根的松紧,是中央银行货币政策调控的重要指标之一。中央银行可以通过调节存款准备金,提高或减少商业银行缴存准备金的数量,使同业拆借市场银根抽紧或放松,使利率上升或下降,进而带动其他利率变动,最后是信贷需求、投资需求、消费需求发生变化,从而实现货币政策调控的目标。

（3）参与者。同业拆借市场的主要参与者是商业银行。商业银行既是主要的资金供应者，又是主要的资金需求者。一方面，商业银行的资产和负债规模比较大，所需缴存的存款准备金较多，为了能够及时足额地弥补资金头寸或流动性的不足，商业银行需要依赖于同业拆借市场，经常临时拆入资金；另一方面，商业银行为了充分有效地运用有限资金，最大限度地减少闲置资金，提高资产的利用率和盈利性，也会向其他商业银行拆出资金。一些非银行金融机构是同业拆借市场的重要参与者，如证券商、互助储蓄银行、储蓄贷款协会等，他们大多以贷款人的身份进行资金拆借，但也有需要资金的时候，如证券商的短期拆入。

交易中介机构是同业拆借市场的重要参与者。他们通过给拆借交易双方充当媒介，获得一定的手续费收益。同业拆借市场的交易中介可以分为两类，一类是专门从事拆借市场及其他货币子市场中介业务的专业经纪商；另一类是非专门从事拆借市场中介业务的兼营机构，多由资信好、信誉高的商业银行充当。

6.2.2 票据市场

票据是具有一定格式、载明金额和日期，到期由付款人对持票人或指定人无条件支付一定款项的信用凭证。常见的票据包括本票、支票和汇票。

本票是由出票人签发的，承诺自己在见票时无条件支付一定款项给持票人或收款人的信用凭证。根据出票人的不同，本票分为商业本票和银行本票。支票是由出票人对存款银行签发的，要求银行在见票时从其活期账户上无条件支付一定款项给持票人或收款人的支付命令书。汇票是由出票人向付款人签发的，要求付款人在见票时无条件向持票人或指定收款人支付一定金额的信用凭证。

票据市场是指各类票据发行、流通转让的场所，包括票据承兑市场、票据贴现市场和票据抵押市场。

（1）票据承兑市场。票据承兑，一般是对商业汇票而言的。所谓汇票承兑，是指在汇票到期前，汇票上记载的付款人或有关银行，对出票人在票面上记载的金额和有关事项在汇票票面做出承认付款的文字记载及签章的一种票据行为。由工商企业承兑的汇票称为商业承兑汇票，由银行承兑的汇票称为银行承兑汇票。

银行承兑汇票由银行提供付款保证，很容易在市场上进行转让、贴现、转贴现和再贴现等，持票人愿意接受这种汇票。票据承兑市场，特别是银行承兑汇票，是货币市场融通资金的主要市场之一。

（2）票据贴现市场。票据贴现是指持票人将未到期的票据转让给银行或有关的金融机构，并向银行或有关金融机构贴付一定的利息，以提前获取现款的一种票据转让行为。贴现时持票人贴付的利息与票据面额的比称为贴现率。贴现利息的支付人是申请票据贴现人，贴现利息从票据金额中扣除。

知识链接

未到期票据贴现付款额计算公式是：

$$贴现付款额 = 票面金额 \times \left(1 - \frac{年贴现率 \times 票据未到期天数}{360}\right)$$

例如，某银行 10 月 10 日收到开户单位持有面额为 40 万元的商业承兑汇票申请贴现，该汇票还有 60 天到期，银行经审查同意贴现并当日办理转账，当日的贴现率为 6%，则银行的贴现付款额为多少？

$$贴息 = \frac{400000 \times 6\% \times 60}{360} 元$$

$$= 4000 元$$

贴现付款额 = 400000 元 − 4000 元
= 396000 元

持票人在票据贴现市场将未到期的票据进行贴现，可以提前收回垫支于商业信用的资金，促进资金周转。如果不急需现金，银行一般将持有的贴现票据持有至到期日，要求付款人或承兑人付款。如果急需现金，可在票据到期之前，将贴现的票据进行转贴现或再贴现。转贴现是指银行将贴现的票据向同业再次进行贴现。再贴现是指商业银行将未到期票据，向中央银行进行贴现的行为。中央银行参与银行承兑汇票再贴现的目的主要是通过调整再贴现率，影响商业银行利率，调节货币供应量。

(3) 票据抵押市场。票据抵押是指持票人以已经承兑的未到期票据为抵押，向银行取得贷款融资。在办理票据抵押时，银行通常要求借款人在票据背面签写名字及日期，如到期欠款人无力偿还，银行可根据背书进行追索。

票据抵押与票据贴现不同。票据贴现是债权的转让，票据到期后银行应先给承兑人收款，如果未能收回才可向贴现申请人追索；而票据抵押中抵押申请人与贷款银行是一种直接的债务债权关系，在票据到期之前，申请人应主动归还贷款，赎回抵押票据，到期再由持票人向票据债务人收款。

6.2.3 国债市场

国债是政府为了满足财政需要而发行的期限在一年以内的短期政府债券。国债的期限有 3 个月、6 个月、9 个月和 12 个月四种，通常是 3 个月。政府发行国债的目的，主要是为了筹措短期周转资金，弥补短期财政收支缺口，为中央银行公开市场业务提供可操作的工具。

(1) 国债市场的发行方式。国债市场由国债发行市场和流通市场组成。国债的发行通常通过拍卖、包销和摊派方式进行。发行方式有三种：平价发行、折价发行和溢价发行。

1) 平价发行是指国债按面值出售，认购者按票面面值支付资金，政府按票面面值取得收入，到期也按票面面值和约定好的利率还本付息。

2) 折价发行，也称为贴现发行，即国债以低于票面面值的价格出售，到期按票面金额兑付。

3) 溢价发行是指国债以超过票面面值的价格出售，认购者按高于票面面值的价格支付购买金，政府按这一增价取得收入，到期时则按票面面值还本。

在发行市场上，国债通常采用贴现发行（即折价发行）的方式，以低于面额的价格发行，到期按面值偿还，面额与发行价格的差额即为贴现利息。在实践中，期限小于一年的大多数证券的收益率都是按单利计算的，其计算公式为：

$$收益率 = \frac{\frac{利息}{售价} \times 360}{到期天数} \times 100\%$$

例如，一张面额 100 美元，售价 98 美元，到期期限 180 天的国债，其收益率为多少？

$$收益率 = \left[\frac{\frac{(100-98)}{98} \times 360}{180} \right] \times 100\%$$

$$= 4.08\%$$

在具体发行过程中，国债通常采用公开拍卖的方式发行。当财政部发布有关拍卖国债的种类和数量的招标信息后，投资者可以进行投标。投标包括竞争性投标和非竞争性投标。竞争性投标是指竞标者在规定的发行规模约束下，分别报出认购国债的数量和价格，所有竞标根据价格从高到低排列。非竞争性投标是指投资者报出认购数量，以中标最高价和最低价的平均数购买。竞标结束后，发行者首先将非竞争性投标数量从拍卖总额中扣除，剩余数额分配给竞争性投标者。发行者从申报价最高的竞争性投标开始依次接受，直至售完。当最后中标标位上的投标额大于剩余招标额时，该标位中标额按等比分配原则确定。

（2）国债的偿还方式。国债的偿还方式有四种：分期逐步偿还、到期一次性偿还、抽签偿还和市场购销偿还。

1）分期逐步偿还是指国家对一种国债规定几个偿还期，每期偿还一定比例，直至国债到期时才把本金全部偿清。这种偿还方式有利于分散国债偿还对国库的压力，避免集中偿还给国家财政带来的困难，但频繁兑付也会加大政府国债偿还的工作量。

2）到期一次性偿还是指国债到期后，连本带利一次性偿还给投资者。这种偿还方式手续简单、易于管理，但集中一次偿还国债本金，有可能在造成财政支出急剧上升，给国库带来压力。

3）抽签偿还是指在国债偿还期内，对国债号码进行抽签对号以确定偿还一定比例国债，然后如约偿还，直至偿还期结束，全部国债都中签偿清为止。

4）市场购销偿还是指国家按照国债市场行情，定期或不定期地从证券市场上购进一定比例的国债，购进后不再卖出。这种方式给投资者提供了中途兑现的可能性，但只适用于各种上市国债，且工作较为繁杂。

（3）国债的特征。国债市场相比于其他货币市场，具有以下几个方面的特征。首先，违约风险低。国债由政府发行，市场风险小，且有国家税收作为担保，没有信用风险，所以国债被认为是一种安全性较好的短期无风险证券。其次，流动性强。由于国债具有低风险的优点，其可出售性很强，便于在市场上进行集中大规模交易，因此国债是一种流动性较高的投资工具。最后，贴现发行。国债通常以低于票面面值的价格贴现发行，到期还本付息。国债的投资者可以享受免缴利息税等优惠，同时由于国债面额小、期限种类较多等优点，备受中小投资者青睐。

在许多国家，国债市场是货币市场中最重要的子市场。国债的交易量是货币市场中交易量最大的，国债交易所形成的利率被看作是最重要的短期利率，有的甚至被视作基准利率。

知识链接

我国的国库券有两方面特点：一方面它是中长期国家债券，其偿还期限有 10 年、5 年、3 年三种；另一方面它所筹集的资金是用于国家重点项目建设和弥补预算赤字。此外，我国的国库券尚未成为中央银行从事公开市场操作业务的工具。在我国，典型意义的国库券数量很少，只在1994年、1996年分别发行过三次记账式短期国债，期限为3个月和6个月，总金额为417亿元，以贴现方式发行。由于国库券的发行没有采用连续方式，基本不能形成有规模的交易市场。

6.2.4 可转让存单市场

（1）可转让存单市场的概念及特征。可转让存单市场是指大面额的可转让定期存单交易和流通的市场。大额可转让定期存单，简称可转让存单（CDs），是商业银行发给存款人的，可以在市场上转让的定期存款凭证。与普通的定期存款不同，它是由银行发行的有固定面额且面额较大，并可以在二级市场上自由转让的存款凭证，通常利率高于同期国债利率。世界上第一张大额可转让定期存单是美国花旗银行于1961年发行的。

大额可转让定期存单与普通定期存单之间存在较大差异：第一，前者规定面额，而且面额较大，而后者的存款金额则由存款人自己决定；第二，前者通常不记名，可以在二级市场上转让，且具有较高的流动性，而后者记名，不可转让流通，缺乏流动性；第三，前者既可以采用固定利率也可采用浮动利率计息，而后者通常采用固定利率计息；第四，前者到期前不能提前支取，但可以在二级市场进行转让，而后者只能在到期时提款，提前支取需要缴纳一定的罚息。

（2）可转让存单的发行及收益。可转让存单通常由较大的商业银行发行，一般通过银行柜台方式发行，也可以通过承销商代理发行。存单一般按面额采用平价发行方式，到期时归还本金并支付利息。投资者购买存单，到期时得到的本利和为：

$$存单面额 \times \left(1 + \frac{年利率 \times 存款天数}{360}\right)$$

投资者投资存单的收益取决于三个因素：发行银行的信用评级、存单的期限和存单的供求量。一般来说，大额可转让定期存单的收益率高于同期的国债收益率。投资者在获得投资收益的同时，也面临着投资风险。投资可转让存单面临的风险有两种：一种是信用风险，即发行存单的银行在存单到期时无法支付本息的风险；另一种是市场风险，即当存单持有者急需资金时，存单不能在二级市场上立即出售变现或以合理价格出售的风险。

知识链接

我国的大额可转让定期存单产生于20世纪80年代。1986年，中国交通银行首次发行大额可转让定期存单。此后，其他商业银行也先后发行大额可转让定期存单，成为当时我国商业银行的一项重要金融创新业务。1989年，中国人民银行下发了《大额可转让定期存单管理办法》和配套文件，规范了大额可转让定期存单市场行为，在一定程度上促进了市场的发展。1990年5月，中国人民银行对大面额可转让定期存单的利率上限加以限制，再加上二级市场发展严重滞后，使大额可转让定期存单的优势无法体现。此后，我国大额可转让定期存单市场逐渐萎缩，到了20世纪90年代末期，已基本消失。2004年，中国人民银行在第四季度《中国货币政策执行报告》中正式提出，开展对大额可转让定期存单的研究工作。大额可转让定期存单将为我国利率市场化进程——放开存款利率上限，起到一定的推动作用。

6.2.5 回购协议市场

（1）回购协议市场的概念。回购协议市场又称为证券购回协议市场，是指通过回购协议进行短期资金融通交易的场所，市场活动由回购与逆回购组成。这里的回购协议是指资金融入方在出售证券的同时和证券购买者签订的、在一定期限内按原定价格或约定价格购回所卖证券的协议。从本质上看，回购协议是一种质押贷款协议，有两个要点：一是虽然回购交易是以签订协议的形式进行交易的，但协议的标的物却是有价证券；二是我国回购协议市场上回购协议的标的物是经中国人民银行批准的，可用于在回购协议市场进行交易的政府债券、中央银行债券及金融债券。

（2）回购协议市场的参与者。回购协议市场是货币市场的重要子市场，该市场的主要参与者包括中央银行、商业银行、非银行金融机构和企业等。中央银行参与回购市场的目的不是为了营利，而是利用回购协议和逆回购协议贯彻货币政策，进行公开市场操作，调控货币供应量，特别是市场中短期资金的供应量。商业银行通常是作为资金需求方参与回购协议市场交易的。商业银行一般持有大量政府债券，可以作为抵押，通过回购协议获得短期资金，并且通过这种方式取得的资金不属于存款负债，不需要缴纳保证金，因此回购协议市场是商业银行取得短期资金的重要场所。非银行金融机构、企业等通常是回购协议市场的资金供给方，回购协议市场是其短期闲置资金的重要投资场所。

（3）回购协议市场风险。回购协议市场的交易双方也面临着一定的风险，包括信用风险和清算风险。信用风险是指交易一方不履行协议，而使另一方遭受损失的可能性。例如，在回购协议到期时，如果卖方不再购回证券，那买方只能保留这些担保品，而此时若市场利率上升，证券价格下跌，买方就会遭受损失。在回购协议市场中，一般采用设置履约保证金和调整回购价格的办法来规避这种风险。在短期回购交易中，为了减少交易费用，节省时间成本，证券的交付一般很少采用实物交割的方式，而是采用账户划转的方式，并以证券保管凭证代替实物证券，这就带来了清算风险。为了避免清算风险，许多国家都要求证券由第三方金融机构统一保管，保管凭证必须以真实足额的证券为依据。

> **知识链接**
>
> 债券回购交易是指债券持有人（正回购方，即资金融入方）在卖出一笔债券、融入资金的同时，与买方（逆回购方，即资金融出方）协议约定于某一到期日再以事先约定的价格将该笔债券购回的交易方式。一笔回购交易涉及两个交易主体（资金融入方和资金融出方）、两次交易契约行为（初始交易和回购期满时的回购交易）和相应的两次清算。
>
> 债券质押式回购交易，指正回购方（卖出回购方、资金融入方）在将债券出质给逆回购方（买入返售方、资金融出方）融入资金的同时，双方约定在将来某一指定日期，由正回购方按约定回购利率计算的资金额向逆回购方返回资金，逆回购方向正回购方返回原出质债券的融资行为。债券买断式回购交易（亦称开放式回购）是指债券持有人（正回购方）在将一笔债券卖给债券购买方（逆回购方）的同时，交易双方约定在未来某一日期，再由卖方（正回购方）以约定价格从买方（逆回购方）购回相等数量同种债券的交易行为。

6.3 资本市场

资本市场是金融市场的主要子市场,是指进行期限在一年以上的长期债务工具以及无到期期限规定的权益工具的交易,实现长期资金融通和转移的市场。资本市场的交易工具具有期限长、流动性低、收益高的特点。这些长期金融工具的交易,一方面可以满足各类经济主体对长期资金的需要,另一方面也为资金进行长期投资提供了场所。因此,资本市场是整个金融体系中进行长期资金配置的重要场所。资本市场按市场职能分为发行市场(一级市场)和流通市场(二级市场)。这里以股票和债券为例说明发行市场和流通市场。

6.3.1 发行市场

发行市场又称为"一级市场"或"初级市场",是指政府、企业(公司)等发行主体发行公债、公司债券、股票等有价证券的市场,是发行主体筹集资金,实现资本职能转化的场所,其主要职能是将社会闲散资金转化为生产建设资金。发行市场由证券发行者、证券承销商(中介机构)和证券投资者三个元素构成。

1. 股票发行市场

股票是股份有限公司发行的、用以证明投资者身份和权益,并据以索取股息和红利的权益凭证。股票市场是以股票作为交易对象的长期资金市场,是进行股票这种权益工具发行和流通转让的市场。股票市场分为发行市场和流通市场。

股票的发行市场,是股份公司直接向投资者出售新发行的股票的市场。股票发行市场主要包括股份公司、证券承销商和股东三个部分。股票发行,是股票从无到有的增创过程,也是股份公司借以筹集资金的过程。

股票发行市场的整个发行过程通常由发行准备阶段和认购销售阶段构成。发行准备阶段需要选择发行方式、选定作为承销商的投资银行、准备招股说明书、定价发行。在认购承销阶段,作为承销商的投资银行,要按与发行公司签订的承销合同的规定,采用包销方式或代销方式向投资者销售股票。

(1) 选择发行方式在股票发行市场上,新股的发行一般有公募和私募两种方式。公募发行是指证券发行人公开向不特定的投资者推销证券,一般采用间接发行,即通过证券发行中介机构进行承销推销。根据发行中介机构承销方式,具体可以分为代销和包销两种形式。其中,包销又包括全额承购包销和余额承购包销。这种发行方式速度快、融资量大,所发行的证券容易形成二级市场,但是发行要求高、手续复杂。私募发行一般都是直接发行,即股票发行者将股票直接推销给特定的投资者,如公司内部发行股票、股息再投资等都属于私募发行。私募发行可以免登记和信用评定,筹资成本低、手续简便,但具有知名度低、证券缺乏市场流通性等缺陷。

> **知识链接**
>
> 首先,投资目标不同。公募基金投资目标是超越业绩比较基准,以及追求同行业的排名。而私募基金的目标是追求绝对收益和超额收益。但同时,私募投资者所要承担的风险也较高。

其次，业绩激励机制不同。公募基金公司的收益就是每日提取的基金管理费，与基金的盈利亏损无关。而私募的收益主要是收益分享，私募产品单位净值是正的情况下才可以提取管理费，如果其管理的基金是亏损的，那么他们就不会有任何收益。

此外，公募基金在投资上有严格的流程和严格的政策上的限制措施，包括持股比例、投资比例的限制等。公募基金因为牵扯到广大投资者的利益，其操作受到了严格的监管。而私募基金的投资行为除了不能违反《证券法》操纵市场的法规以外，在投资方式、持股比例、仓位等方面都比较灵活。

(2) 选定作为承销商的投资银行。在公募发行的条件下，要选定投资银行作为其发行股票的承销商，发行股票的公司需要通过投资银行销售股票并对其所发行的股票进行信誉担保。许多公司都与某一特定承销商建立起牢固的关系，承销商为这些公司发行股票而且提供其他必要的金融服务。但在某些场合，公司通过竞争性招标的方式来选择承销商，这种方式有利于降低发行费用，但不利于与承销商建立牢固的关系。

在私募发行的条件下，发行条件通常由发行公司和投资者直接商定，可以绕过承销环节。投资银行的中介职能减弱了很多，通常是寻找可能的投资者，帮助发行公司准备各项文件，进行尽职调查和制定发行日程表等。

(3) 准备招股说明书。招股说明书是公开发行股票的计划书面说明，并且是投资者准备购买的依据。招股说明书必须包括公司财务信息和经营历史的陈述、高级管理人员的状况、筹资目的和使用计划、公司内部悬而未决的问题等。

在招股说明书的准备过程中，一般要组建专家团并有较明确的专业分工，发行公司的管理层在其律师协助下负责招股说明书的非财务部分。作为承销商的投资银行辅助股票承销的合约部分，发行公司内部的会计师准备所有的财务数据，独立的注册会计师对财务账目的适当性提供咨询和审计。

在私募情况下，注册豁免并不意味着发行公司不必向潜在的投资者披露信息。发行公司通常会雇用一家投资银行代理起草一份类似于招股说明书的文件——招股备忘录，其与招股说明书的区别在于，招股备忘录不包括证券管理机构认为的实质性的信息，且不需要送到证券管理机构审查。

(4) 发行定价。发行定价是股票发行市场的关键环节。如果发行价格太高，会使股票的发行数量减少，进而使发行公司不能筹到所需资金，股票承销商也会遭受损失。如果发行价格太低，股票的承销商工作容易，但发行公司会蒙受损失，对于再发行的股票，价格过低还会使老股东受损。从发行价格与票面金额的关系看，股票的发行可以是平价发行、溢价发行或折价发行。

通常股票发行定价有市盈率法、可比公司竞价法、市场折扣法、贴现现金流量法四种估算方法。

1) 市盈率法。市盈率是指股票的二级市场价格与每股净利润的比率。其计算公式为：

$$市盈率 = \frac{股票市场价格}{每股净利润}$$

2) 可比公司竞价法是指主承销商通过对比可比较的或具有代表性的同行业公司的股票发行价格和他们的二级市场变现进行分析比较，然后以此为依据估算发行价格的定价方法。

3)市价折扣法是指由发行公司和主承销商采用该股票一定时点上或时段内二级市场价格的一定折扣,作为发行底价或发行价格区间的端点。

4)贴现现金流量法是指通过预测公司将来的现金流量,按照一定的贴现率计算公司的现值,从而确定股票发行价格的定价方法。

首次公开发行(IPO)的股票通常要进行三次定价。第一次定价是在发行公司选定投资银行时,发行公司会要求几家竞争承销业务的投资银行给出他们各自的发行价格估计数,在其他条件相同的情况下,发行公司倾向于选择估价较高的投资银行作为他的主承销商。第二次定价是在编制预备招股说明书时,投资银行完成了绝大部分的尽职调查工作后,对发行公司业务和经营状况有了一个全面的了解,再与发行公司谈判商定一个合适的价格区域。第三次定价是在证券管理机构批准注册之后,投资银行就开始与发行公司商讨确定发行价格,对招股说明书做最后的修正。与前两次定价相比,最后一次定价尤为重要。因为它一旦确立就具备法律效力,承销商需按此定价发售新股,因此投资银行不得不谨慎行事,与发行公司进行激烈谈判并通常在公开发行的前一天确定最后的发行定价。

股票的公开发行涉及众多投资者的利益,为保证投资者的利益,促进股票市场健康发展,各国政府都授权某一机构对申请发行股票的公司按一定的条件绩效审核,只有符合发行条件的公司才允许发行股票。

(5)认购与销售方式。发行公司完成准备工作后即可按照预定方案发售新股,承销商则执行承销合同,批发认购股票,然后销售给投资者。一般来说,认购与销售方式分为包销、代销和备用包销三种:

1)包销是指承销商以低于发行定价的价格把公司发行的股票全部买进,再转卖给投资者。这样承销商就承担了在销售过程中股票价格下跌的全部风险。

2)代销是指承销商许诺尽可能多地销售股票,但并不保证能够完成预定销售额,任何没有出售的股票都可以退给发行公司。这样,承销商不承担风险。

3)备用包销是指发行公司与投资银行协商签订备用包销合同,该合同要求投资银行作为备用认购者买下未能售出的剩余股票,发行公司为此支付备用费。

> **知识链接**

股份有限公司申请其股票上市交易,应当报经国务院证券监督管理机构批准,依照有关法律、行政法规的规定报送有关文件,具体程序分为以下4个步骤:

1. 报批核准

公开发行股票符合条件的股份有限公司,申请其股票在证券交易所交易,应当向证券交易所的上市委员会提出申请。上市委员会应当自收到申请之日起20个工作日内做出审批,确定上市时间,审批文件报证监会备案,并抄报证券委。目前,符合上市条件的股份有限公司要经过证监会复审通过,由证券交易所审核批准。

2. 报送文件

股份公司向交易所的上市委员会提出上市申请。申请时应报送下列文件:① 申请书;② 公司登记文件;③ 股票公开发行的批准文件;④ 经会计师事务所审计的公司近3年或成立以来的财务报告和由2名以上的注册会计师及所在事务所签字；⑤证券交易所会员的推荐书；⑥最近一次招股说明书；⑦其他交易所要求的文件。

3. 订立契约

股份有限公司被批准股票上市后，即成为上市公司。在上市公司股票上市前，还要与证券交易所订立上市契约，确定上市的具体日期，并向证券交易所缴纳上市费。

4. 发表公告

根据公司法的规定，股票上市交易申请经批准后，被批准的上市公司必须公告其股票上市报告，并将其申请文件存放在指定地点供公众查阅。上市公司的上市公告一般要刊登在证监会指定的、全国性的证券报刊上。

2. 债券发行市场

债券是债务人为了筹集资金，向债权人发行并承诺按一定利率，在约定的时间还本付息的书面债务凭证。债券市场是以期限一年以上的中长期债券作为交易对象，进行债务工具发行和流通转让的市场。债券的分类是多种多样的，因而债券市场也是多层次的。债券市场按发行者不同可以划分为：政府债券市场、公司债券市场、金融债券市场和国际债券市场。这里将债券市场与股票市场进行类似的划分，也分为发行市场和流通市场。

债券的发行市场是债券进行发行的场所。债券的发行与股票类似，但债券的发行还需包括发行合同书和债券评级两个方面。此外，由于大多数的债券是有期限的，因而债券发行市场上还多了一个偿还环节。

债券发行合同书是说明发债公司与债券持有人双方权益的法律文件，由受托管理人（通常是银行）代表债券持有人的利益，监督各项条款的履行。发行合同书通常包括许多限制性条款，这些条款是为了保护债权人利益。限制性条款一般分成否定性条款和肯定性条款。

否定性条款是指不允许或限制股东做某些事情的规定。例如，对公司追加债务、债务比率、资产抵押等做出某种限制性规定。

肯定性条款是指对公司应该履行某些责任的规定。例如，要求公司的营运资金、权益资本必须达到一定水平以上等。

无论是否定性条款还是肯定性条款，公司都必须严格遵守，否则可能导致违约。但在违约的情况下，债权人并不总是急于追回全部债务，一般情况下会设法由债券受托管理人找出变通办法，要求公司改善经营管理。

债券评级是由评级机构根据债券发行人提供的材料，并通过调查和预测，运用科学的评估手段，对公司的违约风险、债券质量等进行评估。债券评级的结果不仅是投资者投资的依据，也直接影响着发行人的筹资能力和成本。进行债券信用评级的最主要原因，是方便投资者进行债券投资决策。对广大投资者尤其是中小投资者来说，由于受到时间、知识和信息的限制，无法对众多债券进行分析和选择，因此需要专业机构对准备发行的债券还本付息的可靠程度，进行客观、公正和权威的评定，以方便投资者决策。

为了较客观地估计不同债券的违约风险，通常需要由中介机构对股票进行评级。目前最著名的两大债券评级机构是标准普尔公司和穆迪投资服务公司。

债券的偿还，从方式上看，主要有到期一次偿还、定期偿还和任意偿还三种。到期一次偿还是在债券的存续期内不偿付任何的本金或利息,在债券到期时一次性偿还本息。定期偿还是在债券发行后经过一定的宽限期,每半年或一年偿还一定的本金,到期还清余额。这种偿还方式一般适用于发行量大、偿还期长的债券。任意偿还是在债券发行一段时间后,发行人可以任意偿还债券的一部分或全部,具体做法可根据可赎回条款进行,也可在二级市场上买回予以注销。

债券的发行方式分为直接发行和间接发行两种。

直接发行是指发行人自己完成发行程序进行资金募集的方式。直接发行又可分为直接募集和出售发行两种情况:直接募集是发行人不通过中介机构,自己承担发行事务的方式;出售发行是预先不规定发行数额,由发行人在确定的时间内向公众或特点的投资者出售债券,该期限内的债券总额即为发行总额。

间接发行是指发行人通过中介机构处理债券发行事务的方式。现代债券发行,特别是国债发行大部分采取间接发行的方式。间接发行主要有承购包销和招标发行两种方式。承购包销是由若干家银行、证券公司等金融机构组成承销团包销全部债券,再由承销团成员利用自己的销售网络将债券分销给公众投资者的发行方式。招标发行是指债券发行者通过招标的方法,决定债券投资者和债券发行条件的发行方式。

6.3.2 流通市场

流通市场,又称为"二级市场"或"次级市场",是供投资者买卖已发行证券的场所。二级市场主要是通过证券的流通转让来保证证券的流动性,进而保证投资者资产的流动性。

发行市场主要是发行者和投资者之间的纵向关系,流通市场主要是投资者和投资者之间的横向关系。发行市场是流通市场的基础,决定着流通市场上流通的证券种类、数量和规模。流通市场则是发行市场存在、发展的保证,维持着投资者资金周转的积极性和流动性,两者是互为条件、相互依存、互为补充的整体。

1. 股票流通市场

股票流通市场是指投资者之间互相买卖已经发行的股票的场所。股票流通市场的交易只改变股票的所有权,并不会增加社会资金量,但它赋予了股票的流动性和可销性。股票流通市场的流动性及其活跃程度,影响着股票发行市场上发行者的信心,从而间接影响社会资金的动员量。流通市场上形成的交易价格,是股份公司选择发行时机和制定新股发行价格的基础。此外,股票流通市场的集中、大规模买卖可以降低搜寻成本和交易成本,有利于公司控制权的转移,保证权益合同的有效性。股票流通市场按市场组织方式可分为证券交易所市场和场外市场。

(1)证券交易所市场。证券交易所市场,也称场内市场,是进行股票固定、集中交易的场所,采用公开竞价的方式集中交易符合条件的股票。证券交易所市场是股票流通市场的核心,是股票流通的主要组织方式。

股票在证券交易所内进行交易,投资者必须委托有入市资格的证券经纪人在交易所内代为买卖股票。为了保证股票交易的公正、公开、公平,高效有序地进行,证券交易所制定了交易原则和交易规则。

证券交易必须遵循价格优先和时间优先原则。价格优先原则是指价格最高的买方报价与价格最低的卖方报价优先于其他一切报价而成交。时间优先原则是指在买入或卖出的报价相同时,在时间序列上,按报价先后顺序依次成交。时间先后顺序以证券交易所主机接受申报的时间为准。

交易规则保证了股票交易高效、有序地进行。证券交易所主要的交易规则有:①交易单位,交易所规定每次申报和成交的交易数量单位,一个交易单位成为"一手",我国上海和深圳证交所规定股票每100股为一手。②价位,交易所规定每次报价的价格变动的最小单位。③交易时间,交易所有严格的交易时间,在规定的时间内开始和结束集中交易活动,我国上海和深圳证券交易所都是开两市。④报价方式,传统的股票交易采用口头报价并辅以手势,现代证券交易所多采用计算机报价的方式。⑤价格决定方式,除了美国纽约证券交易所外,大部分证券交易所都是指令驱动市场,即经纪人根据投资者的委托指令在证券交易所按连续、公开竞价方式形成证券价格,当买卖双方在价格上一致时,便立即成交,并形成成交价格。⑥交易委托,是指投资者通知经纪人进行证券买卖的指令。⑦涨跌幅限制制度,是指规定一个股价或整个股价指数在每个交易日上涨和下跌的最大限度。⑧大宗交易,在证券交易所进行的证券单笔买卖达到交易所规定的最低限额,可以采用大宗交易的方式。⑨清算和交割,清算是指对证券和资金的应收、应付净额进行处理和计算的过程,交割是指根据清算结果对相应的资金、证券收付的过程。

(2) 场外市场。场外市场是松散的、由各种通信设施联络在一起的、买卖证券交易所以外的未登记上市股票的场所。在证券市场发展初期,股票买卖都是在柜台上进行的,所以场外市场又称为柜台市场或店头市场。目前,场外市场主要是客户和证券经营机构通过电讯工具进行交易。在交易方式上,场外市场一般采用做市商制,即由证券交易商先垫资购买若干证券作为库存,然后开始挂牌对外交易。投资者既可以向证券交易商卖出股票,也可以向其买入股票。

知识链接

股票市场是证券市场中最活跃的一类,股票市场的活跃性,通过股市行情波动表现出来,而最直接反映股市行情波动的就是股票价格。股票的市场价格受多种因素的影响,在同一时期内,有的股票趋于上涨,有的趋于下跌。为了反映股票市场价格的总体走势,世界各股票市场都编制并发布不同类型的股票价格指数。股票价格指数是一个相对数,它反映报告期的价格水平相对于基期价格水平的变动情况。股票价格指数通常以某一确定的日期为基期,并将某一既定的整数作为基期的股票平均价格,采用某种编制方法进行编制。股票价格指数按编制方法的不同,可分为算术股价指数和加权股价指数。

算数股价指数不考虑所选股票的发行量,不考虑不同股票的不同重要性,仅反映报告期的股票价格相对于基期股票价格的变化情况。其计算公式为:

$$股票价格指数 = \frac{1}{n}\sum_{i=1}^{n}\frac{P_{1i}}{P_{0i}} \times 100$$

加权股价指数考虑所选股票的发行量,并把发行量作为反映股票重要性的权数,说明报告期的股票价格相对于基期股票价格的变化情况。加权股价指数根据权数选择的不同可以分为拉氏加权股价指数和帕氏加权股价指数。拉氏股价指数把基期的股票发行量作为权数,帕氏股价指数把报告期股票发行量作为权数。其计算公式分别为：

$$拉氏股价指数 = \frac{\sum_{i=1}^{n} P_{1i} Q_{0i}}{\sum_{i=1}^{n} P_{0i} Q_{0i}} \times 100$$

$$帕氏股价指数 = \frac{\sum_{i=1}^{n} P_{1i} Q_{1i}}{\sum_{i=1}^{n} P_{0i} Q_{1i}} \times 100$$

股票价格指数通常以"点"作为单位，在事先确定的基期股票价格为 100 点的情况下，若计算得到的报告期的股票价格指数为 112，则说明报告期的股票价格相对于基期上涨了 12 点。

股票价格指数的作用主要体现在三个方面：第一，综合反映股票价格的变动情况，作为反映宏观经济景气状况和行业状况的重要指标；第二，综合反映股票市场投资的总体收益水平，作为比较不同投资组合收益水平的标准；第三，作为投资者进行股价技术分析和预测的资料和依据。

2. 债券流通市场

债券的流通市场是指已发行的债券进行流通转让的市场。债券流通市场的主要作用表现在：使短期资金转化为长期建设资金，形成合理的债券价格，使买卖双方利益得到保证；调节资金供求关系，引导资金流动；促进债券发行市场的发展等。与股票的流通市场类似，债券的流通市场也分为证券交易所市场和场外市场。

（1）证券交易所市场。在交易所上市交易的债券一般信用较好，因为债券需符合一定的条件和规定，并经过严格的审核。证券交易所在审查债券以及债券发行主体时，一般要考虑三个方面的因素：首先考虑债券的发行规模。这主要是考虑到上市债券的市场安全性，如果债券规模较小，价格易于波动，也易受大户的操纵。其次要考虑发行主体的经营质量。这主要是从发行主体的经营效益和稳定性方面做出的规定，以提高上市债券的安全性。最后要考虑债券持有者的分散程度。证券交易所对在其中上市的债券要求持有者比较分析，以确保债券较高的流通性。

（2）场外市场，也称为柜台市场。有大量债券因不符合证券交易所的上市条件或其他原因而没有上市交易，为了实现其流动性，满足买卖双方的需求，形成了场外交易市场。许多证券经营机构设有专门的证券柜台，通过柜台进行债券买卖。在柜台交易中，证券经营机构既是交易的组织者，又是交易的参与者。

场外交易市场方式灵活、交易网点多、覆盖面广、交易成本低，能够满足不同类型、不同层次投资者的需求。与证券交易所相比，债券的场外市场交易主要有三个方面的特点：场外交易市场的交易对象是未上市的债券；场外交易市场是一个分散的市场，交易场所不固定，可以通过面谈、电话、电传和计算机网络等方式进行交易；场外交易市场通过协商达成交易价格。

债券交易的方式主要有信用交易、现货交易、期货交易、期权交易和回购协议交易等。
信用交易又称融资融券交易，是指交易者凭借自己的信誉，通过交纳一定数额的保证金取得经纪人信用,进行债券买卖的交易方式。信用交易可以分为保证金卖空和保证金买空两种:保证金卖空是指当某种债券行市看跌时,交易者通过交纳一定数额的保证金,向经纪人融券向市场抛售的交易方式;保证金买空是指当某种债券行市看涨时,交易者通过交纳一定数额的保证金,由经纪人垫款代其购入证券的交易方式。

现货交易是指交易双方在成交后立即交割,或在极短的期限内完成交割的交易方式。所谓交割是指买卖双方一手交钱一手交券,钱券两清的行为。通常为 T+1～T+3,即在交易达成后的 1～3 个工作日内完成交割。

期货交易是指债券交易双方在成交后按照合约规定的条件在未来某一确定远期进行交割的方式。债券期货交易源自商品期货交易,是为了规避债券价格波动风险的一项金融创新。

期权交易又称为选择权交易,是指交易者在给付一定的期权费后,取得一种可按约定价格在规定期限内买进或卖出一定数量的金融资产或商品的权利。债券期权交易的有效期限内可以行使期权也可放弃期权。

回购协议交易是指在卖出债券的时候,事先约定一定时期后按照规定的价格再买回同一债券的交易方式。

知识链接

改革开放以来,我国国债发行方式经历了 20 世纪 80 年代的行政分配、90 年代初期的承购包销,到目前的定向发售、承购包销和招标发行并存的发展过程,总的变化趋势是不断趋向低成本、高效率的发行方式,逐步走向规范化与市场化。

(1) 定向发售。定向发售方式是指定向养老保险基金、失业保险基金、金融机构等特定机构发行国债的方式,主要用于国家重点建设债券、财政债券、特种国债等品种。

(2) 承购包销。承购包销方式始于 1991 年,主要用于不可流通的凭证式国债,它是由各地的国债承销机构组成承销团,通过与财政部签订承销协议来决定发行条件、承销费用和承销商的义务,因而是带有一定市场因素发行方式。

(3) 招标发行。招标发行是指通过招标的方式来确定国债的承销商和发行条件。根据发行对象的不同,招标发行又可分为缴款期招标、价格招标、收益率招标三种形式。

6.3.3 证券投资基金市场

投资基金是指通过发售基金份额,将众多投资者分散的资金集中起来,形成独立财产,由基金托管人托管,由基金管理人分散投资于股票、债券或其他金融资产,并将投资收益分配给基金份额持有人的集合投资方式。投资基金市场是指基金的发行市场以及上市交易(赎回)市场。

1. 基金的发行与募集

证券投资基金的发行也叫基金的募集,它是指基金发起人在其设立或扩募基金的申请获得国家主管部门批准之后,向投资者推销基金单位、募集资金的行为。发行方式就是指基金募集资金的具体办法。常见的基金发行方式有四种:①直接销售发行。直接销售方式是指基金不通过任何专门的销售部门直接销售给投资者;②包销方式。包销方式是指基金由经纪人按基金的资产净值买入,然后再以公开销售价格转卖给投资人,从中赚取买卖差价的方式;

③销售集团方式。销售集团方式是指由包销人牵头组成几个销售集团,基金由各销售集团的经纪人代销,包销人支付给每个经纪人一定的销售费用;④计划公司方式。计划公司方式是指在基金销售过程中,有一公司在基金销售集团和投资人之间充当中间销售人,以使基金能以分期付款的方式销售出去。

2. 投资基金的特征

(1) 集合投资,交易费用低。投资基金将众多投资者的小额资金集中起来,可以发挥资金的规模优势,显著地降低了交易成本,从而使中小投资者也能实现与机构投资者类似的规模收益。

(2) 组合投资,分散非系统性风险。投资基金可以同时投资于数十种,甚至上百种证券,使基金所持有的证券组合的非系统风险充分分散。

(3) 专家经营,专业化管理。投资基金由专业的基金管理人进行经营管理,基金管理人具有高效的组织机构、扎实而广泛的金融证券知识、高超娴熟的投资技巧、丰富的投资经验,能够为基金投资人提供专业的服务。

基金托管,安全性高。为保证基金资产的安全,基金一般要委托基金托管人保管基金资产,而不是由基金管理人保管。基金托管人一般要由专门的机构担任,往往是商业银行等机构,这些机构一般实力雄厚、资信较好、设备先进,可以保证基金资产的安全。

买卖方便,流动性高。投资基金的买卖十分方便,投资者可以根据个人的需求随时买卖基金。封闭式基金的买卖一般通过证券交易所或柜台交易进行,其程序与股票买卖相似。而开放式基金的买卖渠道则更多,投资者可以随时向基金管理公司认购或赎回基金,除此之外,投资者还可以通过基金的代销银行或证券商等买卖基金。

3. 投资基金的分类

(1) 根据不同的标准,投资基金主要有三种分类方法。

(2) 根据组织形式的不同,可以分为契约型基金和公司型基金。契约型基金是基于一定的信托契约进行代理投资的组织形式,通过基金投资者和基金管理人、基金托管人签订基金契约而设立的。公司型基金是依据公司法和基金公司章程,通过向基金投资人募集基金股份而设立的。

(3) 根据基金运作方式不同,可以分为封闭式基金和开放式基金。封闭式基金是指经核准的基金份额总额在基金合同期限内固定不变,基金份额可以在依法设立的证券交易场所交易,但基金份额持有人不得申请赎回的基金运作方式。开放式基金是指基金份额总额不固定,基金份额可以在基金合同的约定时间和场所申购或者赎回的基金运作方式。

(4) 根据募集方式的不同,可以分为公募基金和私募基金。公募基金是指面向社会公开发售基金份额的基金。私募基金是指采取非公开方式向特定投资者发行的基金。

知识链接

基金定投是定期定额投资基金的简称,是指在固定的时间以固定的金额投资到指定的开放式基金中,类似于银行的零存整取方式。人们平常所说的基金主要是指证券投资基金。基金定期定额投资具有类似长期储蓄的特点,能积少成多、平摊投资成本、降低整体风险。它有自动逢低加码,逢高减码的功能,无论市场价格如何变化总能获得一个比较低的平均成本,因此定期定额投资可抹平基金净值的高峰和低谷,消除市场波动的影响。定期定额是分批进场投资的,当股市在盘整或是下跌的时候,由于定期定额是分批承接,因此反而可以越买越便宜,股市回升后的投资报酬率也胜过单笔投资。对于我国股市而言,长期看应是震荡上升的趋势,因此定期定额非常适合长期投资理财计划。

6.3.4 创业板市场

创业板市场是指专门协助高成长的新兴创新公司特别是高科技公司筹资并进行资本运作的市场。创业板市场与大型成熟上市公司的主板市场不同,其主要目的是为高科技领域中运作良好、发展前景广阔、成长性较强的新兴中小型公司提供融资场所。

1. 创业板市场特征

(1) 进入门槛低。主板市场的上市企业中一般要求要"连续三年盈利",而高科技企业由于技术创新能力较强,技术升级换代快,科研成果的产业化时间短,无法达到主板市场的上述条件。因此,创业板市场上市公司经营状况条件放宽,可以不设最低盈利要求等。

(2) 实行风险自负原则。创业板市场最大特点之一是实行"买者自负"的投资原则。监管当局并不对上市公司的内在质量和发展前景作出判断,只对其是否符合上市条件进行合规性审查。因此要求投资者对投资风险进行判断,然后决定投资策略。

(3) 披露为本的监管方式。根据创业板市场的特点,为了抑制过度投机,防范和控制市场风险,提高市场的营运质量和运作效率,在适当放宽股本规模要求的前提下,其他财务和管理指标的信息披露有全面、及时、准确的严格要求,以利于加强监管、提高信息披露的透明度。

(4) 强化保荐人责任。创业板市场与主板市场都实行保荐人制度,但创业板市场属于高风险投资市场,必须强化上市保荐人责任。强化上市保荐人责任,必须要求保荐人有较强的抗风险能力。若所保荐公司上市后出现经营不善、违规等问题,上市保荐人承担连带责任。

2. 创业板市场风险

(1) 上市公司经营风险。创业企业经营稳定性整体上低于主板上市公司,一些上市公司经营可能大起大落甚至经营失败,上市公司因经营失败退市的风险较大。

(2) 上市公司道德风险。创业企业多为民营企业,可能存在更加突出的信息不对称问题,完善公司治理、加强市场诚信建设的任务更为艰巨。

(3) 上市公司技术风险。创业企业将高科技转化为现实的产品或劳务具有明显的不确定性,必然会受到多种可变因素及不确定因素影响,存在技术失败而遭受损失的风险。

(4) 价格波动和流动性风险。创业板上市公司规模小、市场估值难、估值结果稳定性较差,而且较大数量的股票买卖行为有可能诱发股价大幅波动,股价操作也较为容易。

6.4 其他金融市场

除货币市场和资本市场外,金融市场还包括衍生金融市场、黄金市场、外汇市场等。

6.4.1 衍生金融市场

金融衍生产品市场是金融市场发展创新的产物，随着金融衍生工具市场规模的不断扩大，现代国际金融市场体系已经形成货币市场、资本市场和金融衍生工具市场三分天下的格局。金融衍生产品市场是指进行金融衍生产品交易的场所，金融衍生产品是指以信用或杠杆交易为特征，在传统的金融产品，如货币、债券、股票等基础上派生出来的具有新的价值的金融工具，如远期合约、期货、期权及互换等。它们具有两大基本特征：一是依存于传统的金融工具；二是杠杆性的信用交易。

1. 衍生金融市场的分类

（1）金融远期合约市场。金融远期合约是指双方约定的在未来的某一确定时间，以预先商定的价格买卖一定数量的某种金融工具或资产的协议或合约。合约中约定买卖的金融资产称为基础资产或标的资产，约定的买卖价格称为交割价，约定的交易日期称为到期日，允诺买入标的资产的一方称为多方，允诺卖出标的资产的一方称为空方。金融远期合约主要有远期利率协议、远期外汇合约等。

远期利率协议是指买卖双方同意从将来某一商定的日期开始，在某一特定时期内按利率借贷一笔数额确定、以具体货币表示的名义本金的协议。远期利率协议的买方是名义借款人，主要是为了规避利率上升的风险或投机。而卖方是名义贷款人，其目的正好相反。结算时只需要根据协议利率和参考利率之间的差额与名义本金数额相乘，由交易一方给另一方结算金。

远期外汇合约是指交易双方约定在将来某一时间按约定的远期汇率买卖一定金融产品的某种外汇的合约。按照远期的开始日期划分，远期外汇合约又分为直接远期外汇合约和远期外汇综合协议。前者的远期期限是从现在算起的，而后者的远期期限是从未来的某个时点开始算的，因此实际上是远期的远期外汇合约。

在签订金融远期合约前，双方可以就交割地点、时间、价格、合约规模、标的资产的品种等进行谈判，以便尽量满足双方的需要，因而具有很大的灵活性。但是，由于远期合约是非标准化的合约，因此它不便在交易所进行集中大规模交易，不便于流通转让，远期合约的流动性较差。同时，远期合约是在场外市场由交易双方临时商定的，缺乏第三方监督和必要的履约机制，因此远期合约的违约风险较高。

（2）金融期货市场。金融期货合约是指交易方在特定的交易所通过竞价方式成交，承诺在未来的某一期限内，以事先约定的价格买进或卖出某种标准数量金融工具的标准化契约。金融期货市场是在金融远期市场的基础上，为克服金融远期交易中存在的一些缺陷而逐渐发展起来的。期货市场包括利率期货、外汇期货、股票价格指数期货、黄金期货等。

利率期货是指为了转移利率变动所引起的证券价格变动风险而以金融证券为对象的期货合约。利率期货合约通常以固定利率的长期债券作为基础，但是它们只作为计算利率波动的基础，通常在合同期满时并不需要实际交割金融资产，只是通过计算市场利率的涨落结算利率期货合同的实际价值。

外汇期货合约是交易双方签订的协议，允许一方在将来某个限定的时间以约定的汇率从另一方买入一定数量的外汇。20世纪70年代初，随着布雷顿森林体现的崩溃，固定汇率制转为浮动汇率制，外汇市场汇率频繁波动，给国际贸易和国际结算带来风险，为回避和转嫁这种风险，外汇期货交易被引入金融领域。

股票价格指数期货是指保证在将来某时刻以既定价格向合约持有者提供既定的指数所代表金额的合约。合约的标的资产是股票价格指数。它是全球股市剧烈波动的产物，股市大幅度波动，给持股者带来巨大的风险，为转移这种风险，产生了股票指数期货交易。在股票的现货市场和股票价格指数的期货市场进行相反的操作就可以抵消出现的风险。

（3）金融期权市场。金融期权是指赋予买方在规定的时间内以双方约定的价格向期权的卖方卖出或买入一定数量的某种金融工具或资产的权利。期权买方为获得此项权利，需向卖方支付一定的费用，这项费用称为期权费或期权价格。期权买方得到此项权利后有权选择执行或放弃该权利，而期权卖方则只能服从买方的选择。期权合约里约定买卖的金融资产称为标的资产，约定的价格称为协定价或履约价。

金融期权从不同的角度可以分为不同类型的期权。从期权的买方权利划分，金融期权可分为看涨期权和看跌期权。看涨期权是指买方在未来一定时间内以协定价格从期权卖方买入一定数量标的资产的权利。买方之所以购买看涨期权，是因为其预计该标的资产在现货市场上的价格将上涨到期权合约里所约定的协定价格加上期权费的总额之上，从而带来盈利。看跌期权，是指卖方在未来一段时间内向期权买方以协定价格卖出一定数量的某种金融资产的权利。买方购买看跌期权是因为他预计该标的资产在现货市场上的价格将下跌到期权合约里所约定的协定价格加上期权费的总额之下。

从交割时间划分，金融期权可分为美式期权和欧式期权。美式期权是指期权买方在期满日以及之前的任何一天都可以决定是否执行期权并进行实际交割的期权；欧式期权是指期权买方只能在到期日决定是否执行期权，进行实际交割。

从期权合约的标的资产划分，金融期权可分为利率期权、外汇期权、股价指数期权、股票期权等现货期权和金融期货期权等。

（4）金融互换市场。金融互换又称为掉期，是指互换双方达成协议并在一定期限内转换彼此货币种类、利率基础及其他资产的一种交易。互换是比较优势理论在金融领域的运用，根据比较优势理论，进行互换需要满足两方面的条件：一是双方对对方的资产或负债具有需求；二是双方在两种资产或负债上存在比较优势。金融互换包括利率互换、货币互换、远期利率协议、长期外汇交易等。

利率互换是指双方约定在未来一定时间内根据同种货币的同样名义本金交换现金流，其中一方的现金流根据浮动利率计算出来，而另一方的现金流通过固定利率计算。双方进行利率互换的主要原因是在固定利率和浮动利率市场均具有比较优势。在利率互换中，期初或到期日都没有实际的本金交换，只交换利息差额，因此信用风险很小。

货币互换是指交换具体数量的两种货币的交易，交易双方根据所签合同的规定，在一定时间内分期偿还本金及支付未还本金的利息。货币互换产生的主要原因是交易双方在各自国家中的金融市场上具有比较优势。

知识链接

我国期货市场是在经济体制改革的过程中，适应社会主义市场经济体制的建立和经济的发展需要而诞生的。1988年我国开始研究期货理论，我国期货市场从无到有，从小到大，历经风雨，逐步规范，伴随着经济体制改革深化而发展，在市场经济体制建立与完善的过程中发挥着重要的作用。目前我国主要的期货市场有4个：大连商品交易所，主要交易豆粕、豆油、黄大豆一号、棕榈油、玉米、淀粉、鸡蛋、胶合板、纤维板、塑料、pvc、pp、焦煤、焦炭、铁矿石；郑州商品交易所，主要交易白糖、棉花、动力煤、玻璃、PTA、甲醇、强筋麦、早稻、晚稻、粳稻、菜籽、菜籽油、菜粕、硅铁、锰铁；上海期货交易所，主要交易铜、铝、锌、铅、镍、锡、金、银、螺纹钢、热卷、燃油、沥青、橡胶；中国金融交易所，主要交易股指期货。

2. 衍生金融市场的功能

金融衍生产品市场具有两个基本功能：

（1）避险功能。金融衍生产品可以将市场中的风险，如信用风险、市场风险等集中在几个远期、期货期权或互换交易市场上，将风险先集中，再分割，然后重新分配，使套期保值者通过一定方法规避正常经营中的大部分风险，而不承担或只承担极小的风险。当然，这是对单个主体而言，对于整个社会而言，它并不能消除价格风险，相反在过度投机的条件下会给社会增加许多不必要的风险。

（2）价格发现功能。金融衍生产品市场拥有众多的交易者，他们通过类似拍卖的方式确定价格，能够在相当程度上反映出交易者对金融产品价格走势的预期。这一功能使套期保值者和投资者通过衍生产品价格来衡量价格的发展趋势，进而制定各自的经营决策。

6.4.2 黄金市场

黄金市场是指进行黄金买卖的交易场所，是集中进行黄金买卖和金币兑换的交易中心。一般的黄金市场是指有组织管理的机构，用于交易的固定场所，或者虽无固定场所但有专门的交易网络，集中公开地进行叫价买卖黄金的市场。黄金市场是国际金融市场的组成部分，在国际金融体系中发挥着重要的作用。黄金市场一般需要按照有关的法律规定，经所在地政府的批准认可才能设立和运行。

1. 黄金市场的交易品种

（1）实物形式的交易品种主要包括标金、金币和黄金饰品。

1）标金。标金是指按规定的形状、规格、成色、重量等要素精炼加工成的标准化条状金，俗称"金条"。标金最大的优点是流通性强，可在世界各地自由兑换转让，从长期看，标金具有保值功能，是应对通货膨胀的理想投资工具。标金是黄金市场上最主要的交易品种。

2）金币。金币分为投资金币和纪念金币两种。投资金币又称为纯金币，一般由各国政府或中央银行发行。纯金币的价值基本与黄金含量一致，价格基本随国际金价波动。纪念金币是指各国政府或中央银行，为纪念某一题材而限量发行的铸金货币。由于纪念金币具有相应的纪念意义，因而具有一定的历史价值、艺术价值、教育价值和收藏价值，因此价格也要比纯金币高。

3）黄金饰品。广义的黄金饰品泛指含有黄金成分的装饰品，如金质奖牌等；狭义的黄金饰品专指成色不低于58%的黄金材料制成的装饰物。从投资理财的角度看，黄金饰品的实用价值大于投资价值,因此,从严格意义上来说,黄金饰品只是一种保值手段。

(2) 凭证形式的交易品种主要包括黄金账户、纸黄金、黄金股票和黄金基金。

1) 黄金账户。黄金账户是指商业银行为黄金投资者提供的一种黄金交易品种,又称为黄金请求账户。黄金投资者选择黄金账户通过商业银行进行黄金买卖交易时,可在指定的资金账户上进行资金运作,在黄金账户上做交易记录,而无需进行黄金实物的提取交收。

2) 纸黄金。纸黄金又称为黄金凭证,这种凭证代表了持有者对黄金的所有权,因此纸黄金交易实质上是一种权证交易方式。常见的纸黄金类型有黄金储蓄存单、黄金交收定单、黄金证券,以及黄金账户单据等。

3) 黄金股票。黄金股票是指黄金矿业公司发行的上市或不上市的股票。由于买卖黄金股票不仅是投资黄金矿业公司,而且还间接投资黄金,因此这种投资比单纯的黄金投资或股票投资更为复杂。

4) 黄金基金。黄金基金是黄金投资共同基金的简称,即专门以黄金实物、黄金类证券或黄金类衍生交易品种作为投资对象的一种共同基金。黄金基金的投资风险小、收益比较稳定,在通货膨胀时有较好的保值增值功能。

2. 黄金市场的交易方式

黄金市场的交易方式包括现货交易、期货交易、远期交易、期权交易、互换交易等多种交易方式,除现货交易外,其余都是黄金衍生品交易。其中,最主要的交易方式是现货交易和期货交易。

黄金现货交易是指黄金交易双方在成交后的两个交易日内,完成交割、清算等一切手续的交易方式。黄金现货交易的买卖合约中包括:黄金的交收、存入或提取地点,借记或贷记账户、报价货币等。

黄金现货交易分为定价交易和报价交易。定价交易是指金商提供给客户单一的交易价格,无买卖差价,客户按照所提供的单一价格自由买卖,金商只收取少量的佣金。定价交易限定在规定的时间内进行,在定价交易以外的时间则进行报价交易。

报价交易是指买卖双方自行达成的交易,对同一交易者来说,其买入和卖出的报价存在差价。报价交易的价格在很大程度上要受定价交易价格的影响。一般来说,报价交易交割的现货数量要比定价交易的多。

黄金期货合约是买卖双方在交易所签订的、在未来某一确定的将来时间、按成交时确定的价格购买或出售黄金的标准化协议。黄金期货合约的要素主要包括黄金数量、单位名称、保证金、交割月份、最小变动价位、最高交易限量、交割地点、交割方式等。黄金期货交易一般并不真正交收现货,绝大多数的合约在到期日前已经对冲平仓了。

黄金期货交易可分为保值交易和投机交易两种类型。所谓保值交易,是指为了规避黄金市场价格变动带来的风险,买卖黄金期货实现套期保值。投机交易则是指利用金价的波动,通过预测金价未来的涨跌趋势,进行买空或卖空,从而赚取投机利润。保值交易和投机交易优势难以区分,对大多数黄金交易者来说,期货交易既是规避风险的一种方式,也是一种可供选择的投机手段。

6.4.3 外汇市场

外汇市场是专门进行外汇买卖、调节外汇供求关系的市场。

1. 外汇市场的特征

（1）外汇市场是无形市场。外汇市场不像商品市场或其他金融市场那样一定要有具体的交易场所，它主要是指外汇供求双方在特定的地区内，通过现代化的电讯设备及计算机网络系统来从事外汇买卖的交易活动。

（2）外汇市场是全球性的市场。国际外汇市场是一个无形的市场，同时它又是一个24小时不停运转的市场。由于时差的关系，除了星期六、星期日以及一些全球性的节假日外，这个市场都在不停地运转。

（3）外汇市场从整体上看是零和博弈。在外汇市场上，由于汇率是指两国货币的交换比率，汇率的变化也就是一种货币价值的减少与另一种货币价值的增加，因此汇价的波动所表示的价值量是从一个国家转移到另一个国家，而并不代表价值量的变化。

（4）汇率剧烈波动的市场。世界经济发展不平衡加剧以及国际资本流动进一步趋向自由化，世界外汇市场的货币汇率更加涨落不定，动荡剧烈。

（5）外汇市场交易货币相对集中。在外汇市场上交易的对象是各国的货币，但并不是所有国家的货币都可以进行交易，且在可以交易的货币中，有很多货币的交易额是微不足道的。

2. 外汇市场的功能

（1）实现购买力的国际转移。外汇市场的存在，将各种潜在的外汇出售者和外汇购买者联系起来，是各类国际商业往来的经济合作以及各国在文化、科技等领域的交流成为可能。

（2）为国际经济贸易提供资金融通。外汇市场使人们能够在一个国家借款筹资，而向另一国家提供贷款或进行投资，从而使得各种形式的套利活动得以进行，各国的利率水平也因此出现趋同现象。

（3）提供外汇保值和投机的场所。外汇市场的存在为套期保值提供规避外汇风险的场所，也为投机者提供承担风险、获取利润的机会。

本章小结

本章主要介绍了金融市场的含义、特征，金融市场的构成要素、分类及功能等。货币市场是指短期融资工具的交易市场，子市场包括同业拆借市场、票据市场、国债市场、可转让存单市场和回购协议市场。资本市场介绍了股票和债券的发行市场和流通市场，同时介绍了证券投资基金市场及创业板市场。其他金融市场主要介绍了衍生金融市场，黄金市场和外汇市场。

习 题

一、复习题

1. 选择题

（1）如果你计划的投资期限不超过1年，你最可能投资于下列哪个市场？（   ）

A．一级市场　　　B．资本市场　　　C．货币市场　　　D．场外市场

（2）同业拆借市场是金融机构之间为（　　）而相互融通的市场。
　　A．减少风险　　　　　　　　　　B．提高流动性
　　C．增加收入　　　　　　　　　　D．调剂短期资金余缺

（3）上海证券交易所是（　　）。
　　A．一级市场　　　B．二级市场　　　C．柜台市场　　　D．场外交易市场

（4）公司在发行债券时，发行价格等于债券面额，这种发行是（　　）。
　　A．市价发行　　　B．平价发行　　　C．中间价发行　　D．溢价发行

（5）货币市场乃至整个金融市场的指标利率是指（　　）。
　　A．短期国债利率　B．债券回购利率　C．同业拆借利率　D．公司债券利率

2．判断题

（1）一般情况下银行承兑汇票的价格要高于商业汇票。　　　　　　　　　（　　）
（2）货币市场交易与资本市场交易相比较，具有期限长的特点。　　　　　（　　）
（3）没有发行市场就不会有流通市场。　　　　　　　　　　　　　　　　（　　）
（4）金融市场按交易对象划分为货币市场、资本市场、外汇市场、衍生金融市场等。
　　　　　　　　　　　　　　　　　　　　　　　　　　　　　　　　　　（　　）
（5）金融产品的收益性与流动性一般呈反比例变动。　　　　　　　　　　（　　）

3．问答题

（1）金融市场的功能有哪些？
（2）货币市场的子市场有哪些？
（3）大额可转让定期存单有哪些特征？
（4）股票的发行方式有哪些？
（5）期权和期货的区别有哪些？

4．讨论题

（1）阐述证券投资基金的特征。
（2）结合实际，讨论我国金融市场的发展趋势。

二、案例应用分析

请将下列4个金融交易进行分类，并判断它们是否属于以下3种市场：
①货币或资本市场；②初级或次级市场；③公开或协议市场。

注意下列交易适合于上述市场分类中1种以上的类别，答案要选出每一种交易适合的所有的适当的市场类型。这些金融交易包括：

（1）今天你访问了一家当地银行，为购买一辆小汽车和一些家具融资而获得了三年期贷款。
（2）你在附近银行购买了9800元的国库券，今天交割。
（3）某A股普通股票价格上涨，为此你打电话指示经纪人买入100股该股票。
（4）你获得了一笔收入，和当地一家基金公司联系，买入15000元证券投资基金。

第7章
货币供求与均衡

【教学目标】

通过本章的学习,掌握货币需求的概念、传统的货币数量论、凯恩斯学派的货币需求理论及其发展、货币学派的货币需求理论,了解货币层次的划分、货币是流通的程序、货币供给理论的发展。

【导入案例】

Zerohedge:通过贬值来振兴经济?完全是一个谬论

货币贬值,在许多国家看来是应对经济危机、刺激经济发展的一种手段,因为有利于扩大出口和减少进口,所以一直被实施。当下许多央行为了经济复苏、刺激增长,都在竞相宽松贬值,如欧洲央行等。但是,有分析认为,通过贬值来振兴经济,愚蠢至极,它不是通往繁荣的道路,而是通往贫穷的道路。

知名财经博客 Zerohedge 近日发表评论文章称,通过贬值来振兴经济,完全是一个谬论。货币贬值不仅不能振兴经济,还会降低本国货币购买力,从而让国民陷入贫困当中。以下为文章内容:

许多人认为的所谓正确的经济政策其实是胡说八道,其中最无稽的是这样一个观点:可以通过货币贬值来奇迹般地振兴国家经济。凯恩斯的"货物崇拜⊖(Cargo Cults)"也同样毫无意义,该理论认为"总需求"可以拉动"增长"。同样地,通过货币贬值来振兴经济这个观点也是毫无意义的。

如果通过货币贬值可以让经济繁荣发展,那货币贬值最厉害的国家应该是世界上经济最繁荣的国家。而事实上,那些贬值本国货币的国家都陷入了贫穷当中。显而易见的理由就是:因为进口物品成本上涨,会造成通货膨胀,货币贬值会让货币购买力下降。

通过降低债券收益(贬值货币最受欢迎的手段),执政者使得信贷和资产泡沫化,因为人们都寻求借贷低利率钱的来购买实物资产,以此带来收入来源。这致命地扭曲了本国国内经济,并给外汇市场埋下了潜在的风险。

人们痴迷于通过贬值来振兴经济,这个观点是植根于认为出口是增长的关键。在物质丰富的当代世界,促进出口的唯一方法就是采取以邻为壑的策略,通过贬值本国货币来超过竞争对手,使得其他国家的货币在进口本国商品时成本下降。

问题就是,以邻为壑的货币贬值策略给整个经济造成的不利大于出口带来的温和增长。

⊖ 货物崇拜又称货物运动,当货物崇拜者看见外来的先进科技物品,便会将之当作神祇般崇拜。——校者注

在大多数经济中,出口额占整个经济较小的比重。在美国,出口额占美国经济的13.5%,也就是17.4万亿美元美国GDP中有2.35万亿美元是来自出口。

2014年美国出口总额创下新的年度记录,达到了2.35万亿美元,出口了约1.64万亿元的货物,包括资本性货物、生活消费品、原油产品、食品、饲料、饮料、汽车和零部件。而2014年美国服务出口额高达7100亿美元,包括旅游、交通、知识产权的使用费和金融服务。

那些要求货币贬值的人从未提出另一种可促进出口的方法:提高自身生产力,生产出超越竞争对手的产品。现在有如此多贬值货币的呼声是因为通过货币贬值可以不用提高生产力来促进出口。这种取巧的方式绕开了本国经济生产力上的屏障,来促进出口:中央政府实施卡特尔^㊀,允许垄断、国家进行过度监管、各国中央银行进行金融违规操作以民众利益为代价提高利润等。

如果国家以多数人利益为代价来保护少数特权阶级的利益,生产力就会停滞——这正是当下所发生的事情。各国央行通过把资本收益降低为零值来压制对投资的激励,反而滋生出许多投机,这牺牲了对生产力的投资。

作为政治上的权宜之计,货币贬值还有另一个问题:当本国通过货币贬值来抢占市场份额的时候,竞争国家不会坐以待毙:他们也会竞争性地贬值自己的货币,这让以邻为壑策略更加恶性循环,最后让任何试图在货币贬值上赢过对方的国家变得贫穷。

实际上,那些要求货币贬值的国家让持有这些货币的民众变得贫穷。这不是通往繁荣的路,这必定是通往贫穷的道路。没有一个国家是通过货币贬值来繁荣发展的,减少本国货币购买力是自我毁灭之举,而不是通向繁荣。

1997年的东南亚金融危机中,像泰国、马来西亚、印度尼西亚、菲律宾、新加坡、韩国等国的货币贬值均在30%~70%之间,贬值幅度之大实属罕见。然而,这些国家的国际收支却在相当长时期内没有得到根本改善。近年俄罗斯金融危机、土耳其金融危机、巴西金融危机、阿根廷金融危机,这些国家的货币也严重贬值,但货币贬值的国际收支改善效应却不明显。

与此相反,中国顶住1997年东南亚金融风暴的冲击,坚持人民币不贬值,实际上人民币汇率还稳中有升,我国的国际收支状况一年好过一年,外汇储备连年增长,从1997年底的不足1400亿美元增长到2002年底超过2500亿美元。汇率贬值效应为什么失灵,人民币不贬值国际收支盈余反倒增加,这一问题值得大家认真探讨。

7.1 货币需求

7.1.1 货币需求的含义

1. 货币需求

在经济学中,需求是指一种有支付能力的愿望,是一种能力与愿望的统一体。它包括两

㊀ 卡特尔是资本主义垄断组织的形式之一。生产同类商品的企业为了垄断市场,获取高额利润,通过在商品价格、产量和销售等方面订立协定而形成的同盟。参与者在生产、商业和法律上仍保持独立性。——校者注

个基本要素：一是人们希望得到或持有；二是人们有能力得到或持有。从这个角度来说，货币需求是一种建立在需求愿望与需求能力之上的对于货币的需求。具体来说，货币需求是指一定时期内，社会各部门（政府、企业、事业和个人）在既定收入或财富范围内愿意以货币形式持有财产的需要。

2. 名义货币需求和实际货币需求

名义货币需求是指一个社会或一个经济部门在不考虑价格变动时的货币需求量，一般用 M_d 表示。实际货币需求是扣除价格变动以后的货币需求量，就是以某一不变价格为基础计算的商品和劳务量对货币的需求。如果将名义货币需求用某一具有代表性的物价指数 P 进行平减后，就可以得到实际货币需求 $\frac{M_d}{P}$。在现代市场经济中，价格变动是经常性的，因而有必要区分名义货币需求和实际货币需求。

7.1.2 货币需求的主要决定因素

货币需求取决于人们持有货币的动机和财务约束，因此凡是影响和决定人们持有货币的动机和财务约束条件的因素，也就是决定和影响货币需求的因素。决定和影响货币需求的因素主要有以下 6 个方面：

（1）社会商品和劳务总量、货币流通速度和物价水平。马克思的货币流通理论可以用如下公式表示：

$$M = \frac{PQ}{V}$$

式中 M 代表货币需求量；P 代表物价水平；Q 代表社会商品和劳务总量；V 代表货币流通速度。从这个等式我们可以看出，物价水平和货币需求量成正比，其他因素不变的情况下，货币需求量越高，物价水平越高。

（2）收入状况。收入状况是决定货币需求的主要因素之一，这一因素又可以分解为收入水平和收入时间间隔两个方面。

（3）信用的发达程度。如果在一个社会信用发达、信用制度健全、人们在需要货币的时候能容易地获得现金或贷款，那么人们所需要持有的货币就会少些，人们可以将暂时不用的货币先投资于其他金融资产，待需要使用货币时，再将其他金融资产出售以换回现金。另外，在信用制度发达的经济中，有相当一部分交易可以通过债权债务的相互抵消来结算，这也减少了货币的需求量。一般来说，货币需求量与信用的发达程度呈负相关关系。

（4）市场利率。在正常情况下，货币需求与市场利率呈负相关关系。市场利率上升，货币需求减少；反之则是市场利率下降，货币需求增加。

（5）消费倾向。货币需求与消费倾向一般呈同方向变动关系，即消费倾向越大，所需要用作购买手段的货币持有量就越大，消费倾向越小，所需要用作购买手段的货币持有量就越小。

（6）心理预期。货币需求在很大程度上还受到人们的心理预期的影响。影响人们货币需求的心理预期主要有三种：一是对市场利率变动的预期；二是对物价水平的预期；三是对投资收益率的预期。当人们预期市场利率要上升时，会增加货币需求，反之则会减少货币需求；当人们预期物价水平要上升时，则会减少货币持有量，反之则会增加货币持有量；当人们预期投资收益率上升时,也会减少货币持有量,反之则会增加货币持有量。

7.1.3 货币需求理论

西方货币理论中争论最激烈的部分就是货币需求理论。它是一种关于货币需求的构成要素及其相互关系、货币需求数量、货币需求动机等内容的理论。经过漫长的发展,货币需求理论经历了古典经济学派货币需求理论、马克思货币需求理论、凯恩斯学派货币需求理论、现代货币学派货币需求理论4个发展阶段。

1. 古典经济学派货币需求理论

早期的货币数量说并不把货币需求作为直接的研究对象,而是研究名义国民收入及物价是如何决定的。但由于它建立了名义国民收入同货币量的关系,从而从一个侧面说明了在一定名义国民收入条件下需要的货币量。随着货币数量说的发展,其作为货币需求理论的特征越来越明显。

(1) 现金交易数量说。美国经济学家爱尔文·费雪(Irving Fisher)在《货币购买力》一书中,对古典的货币数量论做了最清晰的阐述。货币的唯一职能是充当交换媒介,人们需要货币仅仅是因为货币具有购买力,可以用来交换商品和劳务。因此,一定时期内社会所需要的货币总额必定等于同时期内参加交易的各种商品和劳务的价值总和。交易方程式为:

$$MV = PT$$

式中 M 代表在一定时期内货币的流通数量;V 代表货币流通速度,也就是一美元每年用来购买最终产品和劳务总量的平均次数;P 代表所有交易中商品的平均价格,即一般物价水平;T 代表全部商品和劳务的总交易量。因此,PT 代表的是该时期内商品或劳务交易的总价值。

假设货币流通速度 V 是相对稳定的,可视为不变的常数,T 可以视为常数,名义收入仅决定于货币数量的变动,货币数量 M 的变动将导致物价 P 的同比例同方向的变动。

(2) 现金余额数量说。现金余额数量说是由马歇尔(A. Marshall)、庇古(A. C. Pigou)等剑桥学派的经济学家创立的。货币首先可被视为一种资产,个人在持有货币的数量上有一定的弹性,并不仅仅受交易制度的约束,与之对应,他们没有排除利率对货币需求的影响。人们之所以持有货币,是由于货币具有交易媒介和财富储藏的作用,使持有者可以便利交易和预防意外。货币持有额的多少,取决于以下几个方面:个人财富总额的限制、持有货币的机会成本、货币持有者对未来收入、支出和物价的预期。剑桥方程式为:

$$M_d = KPY$$

式中 M_d 代表货币需求;K 为比例系数,即人们愿意以货币形式持有的名义收入的比例;P 代表一般物价水平;Y 代表总产出。

假定 Y、K 是稳定的,于是货币数量 M 的变动将导致物价 P 的同比例同方向的变动。

2. 马克思货币需求理论

马克思关于流通中货币量的分析是以金币流通为假设条件。其理论观点包括:商品价格取决于商品的价值和黄金的价值,而价值取决于生产过程,所以商品是带着价格进入流通的;商品价格有多大,就需要有多少金币来实现它;商品与货币交换后,商品退出流通,黄金却留在流通之中可以使另外的商品得以出售。关系式为:

$$\text{执行流通手段职能的货币量} = \frac{\text{商品价格总额}}{\text{同名货币流通速度}}$$

货币量取决于价格的水平、进入流通的商品数量和货币的流通速度这几个因素。

马克思进而分析了纸币流通条件下货币量与价格之间的关系。他指出，当金属货币的流通被纸币及不兑现信用货币流通所取代时，货币供给就会对货币需求产生反作用。用公式表示为：

$$\text{单位纸币代表的金属货币量} = \frac{\text{流通中需要的金属货币量}}{\text{流通中的纸币总量}}$$

纸币本身没有价值，只有流通才能体现出价值。由于流通所能吸收的金量是客观决定的，所以无论向流通中投入多少纸币，所能代表的也只是客观所能吸收的金量。马克思概括的纸币流通规律是：纸币的发行限于它代表的金或银的实际流通的数量。这样，纸币投入越多，每一单位纸币所能代表的金量越少，即纸币贬值，物价就上涨。所以在纸币流通条件下，纸币数量的增减成为商品价格涨跌的决定因素。

3. 凯恩斯学派货币需求理论

（1）凯恩斯的流动性偏好理论。凯恩斯（John Maynard Keynes）是马歇尔的学生，早期是现金余额说的忠实信徒和重要代表。在《就业、利息和货币通论》中，他虽然继承了剑桥学派的分析方法，但放弃了剑桥学派将货币流通速度视为常数的观点，并认为利率对货币需求非常重要。

凯恩斯的货币需求理论被称为流动性偏好理论。

流动性偏好是指人们宁愿持有流动性高但不能生利的现金和活期存款而不愿持有股票和债券等虽能生利但不易变现的资产。因此，流动性偏好实质上就是人们对货币的需求。

产生货币需求的三个动机为：交易动机、预防动机和投机动机。

交易动机：企业或个人为了应付日常的交易而愿意持有一部分货币，这是由货币的交易媒介职能而引致的一种货币需求。货币需求的交易动机与收入成正比。

预防动机：企业或个人为了应付突然发生的意外支出或未能预见的有利时机而保留一定量的货币余额。凯恩斯认为，未来是不确定的，人们总要在日常的支出计划之外，留出一部分货币，以应付诸如生病、原材料涨价等突发事件，或者捕捉一些意料之外的购买机会，如商品降价等。出于预防动机的货币持有与收入成正比。

投机动机：人们为了在未来的某一适当时机进行投机活动而保持一定数量的货币。投机层面的货币需求与利率呈负相关关系。

凯恩斯的货币需求公式为：

$$\frac{M_d}{P} = L_1(Y) + L_2(i)$$

式中 M_d 表示货币需求；P 表示一般物价水平；L_1 表示货币的交易动机和预防动机；Y 表示实际收入；L_2 表示货币的投机动机；i 表示利率。货币的交易动机和预防动机层面的货币需求 L_1 基本与利率 i 无关，主要取决于实际收入水平 Y，并与 Y 同方向变动。

（2）凯恩斯流动性偏好理论与传统的货币数量理论的比较：

第一，货币需求是不稳定的，与利率相关。由于利率的波动和对未来正常利率水平预期的不确定性，导致货币需求与利率和实际收入之间缺乏稳定的关系。因此，货币需求不仅是波动的，而且是难以预测的。

第二，货币流通速度并非常量。一方面，货币流通速度随利率的变动而波动。货币流通速度与利率正相关。另一方面，对未来正常利率水平的预期也会对货币流通速度产生影响。持有债券的预期回报将下降，货币的吸引力增加，结果货币需求增加，导致货币流通速度 V 下降。

第三，货币量 M 与名义收入 PY 之间不可能有稳定的关系。

4. 现代货币学派货币需求理论

（1）影响人们货币持有量的因素：

1）财富总额。货币是人们持有财富的一种形式，因此货币持有量不可能超过其财富总额，并且以永久性收入代表财富总额。

2）人力财富和非人力财富占财富总额的比例。人力财富向非人力财富的转化过程中，人们必须持有一定量的货币以备急需。人力财富占财富总额的比例越大，对货币的需求越大。

3）持有货币和其他资产的预期收益率。究竟以何种形式持有财富，很大程度上取决于各种财富形式预期收益率的比较。持有货币的预期收益来源于银行为持有人提供的便利和利息；非货币资产中债券的预期收益包括债券的利息和价格变动时的资本利得；股票的预期收益包括股票的股息红利和资本溢价；而商品的预期收益可以用预期物价上涨率来替代。货币需求与各种资产的相对收益率有关。如果非货币资产相对于货币资产的预期收益率上升，则货币需求减少；如果非货币资产相对于货币资产的预期收益率下降，则货币需求增加。

4）其他因素。其他因素包括人们持有货币所得到的效用及影响这种效用的收入以外的其他各种因素，如人们对货币的主观偏好、对未来经济稳定性的预期、各种技术和制度因素等。

（2）弗里德曼的货币需求函数：

$$\frac{M_d}{P} = f(Y, w, r_m, r_b, r_e, g_P, u)$$

式中 M_d 表示名义货币需求量；P 表示物价水平；M_d/P 为实际货币需求；Y 表示名义恒久收入；w 表示非人力财富占总财富的比例；r_m 表示货币的预期名义收益率；r_b 表示债券的预期收益率；r_e 表示股票的预期收益率；g_P 表示物价水平的预期变动率，也就是实物资产的预期收益率；u 表示影响货币需求的其他因素。

（3）观点：

1）永久性收入是决定货币需求的主要因素，货币需求对利率不敏感。

2）货币需求函数的稳定性，只要货币需求稳定且可以预测的，货币流通速度也是稳定的可以预测的。

3）货币流通速度的变动直接引起名义国民收入和物价水平的变动，所以货币是决定总支出的主要因素。

7.2 货币供给

研究货币供给是为了使社会实际提供的货币量能够与商品流通和经济发展对货币的需求相吻合。从中央银行能够运用货币政策工具扩张和收缩货币供给量看，货币供给量首先是一个外生变量，但货币供给量除受中央银行货币政策工具操作左右外，还决定于经济社会中其他经济主体的货币收付行为，因而货币供给量同时又是一个内生变量。所以，货币供给及其控制是一个需要不断研究的课题。

7.2.1 货币供给与货币供给量

（1）货币供给是指一定时期内一国银行系统，包括中央银行在内的金融机构向经济中投入、创造、扩张（或收缩）货币的行为，是银行系统向经济中注入货币的过程。

货币供给主要研究由谁来提供货币、提供什么货币、怎样提供货币和提供多少货币等问题，从而引出了货币供给的主体、货币供给机制、货币供给的控制等诸多理论与实际问题。

（2）货币供给量是指一国经济中在某一时点被个人、企事业单位和政府部门持有的可用于各种交易的货币总量。

货币供给量是货币供给过程的结果，其源头是中央银行初始供给的基础货币，经过存款货币银行的业务活动可以出现数倍的货币扩张。

货币供给有两条途径：一是中央银行通过提供基础货币来进行；二是商业银行等金融机构通过创造存款货币的功能来进行的。

7.2.2 商业银行存款货币的创造

1. 原始存款与派生存款

原始存款是指商业银行吸收的、能增加其存款准备金的存款。就单家商业银行来说，原始存款不仅来源于现金存款，也来源于接受其他银行的转账支付。

派生存款是指商业银行用转账结算方式发放贷款或进行其他资产业务时所转化而来的存款。

2. 存款准备金与法定存款准备金率

各商业银行在中央银行都有法定存款准备金，简称法定准备金。法定存款准备金的多少不是由各商业银行自行决定的，而是由中央银行决定的。规定的商业银行在中央银行的法定存款准备金占该银行吸收的存款总额的比率，叫作法定存款准备金率，简称法定准备金率。

存款准备金、存款总额之间的数量关系可以表示为：

$$存款准备金 = 法定准备金 + 超额准备金$$
$$法定准备金 = 存款总额 \times 法定准备金率$$

3. 存款货币的创造条件

（1）部分准备金制度。这是指客户将现金或支票存入商业银行后，商业银行不必将全部资金放在保险柜里或存入中央银行，而是要保留一部分资金的储备，其余资金可用于银行贷款、贴现和投资的制度。

部分准备金是相对于全额准备金而言的，早期的货币兑换所和金匠代客户保管现金是100%的准备金，这时客户如果存入1000元现金，货币兑换所和金匠除了把它锁入保险柜外，不会再有进一步的活动。因此，除了存入的1000元外，不会有别的存款增加，也就没有存款创造。由于货币兑换所和金匠代保管货币又不能从存款中获得任何好处，因此不能支付利息，反倒要征收管理费。全额准备金制度演变为部分准备金制度既是货币兑换所和金匠演变为现代银行的基础,也是商业银行存款创造的前提条件。

(2) 部分现金提取。假定法定存款准备金为20%,商业银行在收到1000元存款,扣除200元法定存款准备金后,就可以把余下的800元贷出去。但是,如果借款人获得这笔贷款后,立即以现金的形式将它全部从这家银行取走,而且在贷款归还前,始终在公众手中流通而不再存入商业银行,这时商业银行也不会有存款创造。因为收入这1000元存款的商业银行在800元存款被提走以后,就不再有多余的资金来扩张贷款了,从而也就不能创造出新的存款。同时这笔现金也没有被存入其他银行,所以整个银行系统存款和贷款的增加都是一次性的,不存在多倍存款创造。

4. 存款货币的创造过程

为了说明商业银行创造存款货币的过程,首先做出如下假设:① 商业银行只保留法定准备金,超额准备金为零;② 零现金提取;③ 法定存款准备金率为10%。

假定某客户将1000元现金作为活期存款存入A银行,从而使A银行的准备金资产和现金存款负债都增加了1000元,用T型账户表示为:

A 银行

资产	负债
存款准备金 +1000	现金存款 +1000

由于A银行在提取100元的法定准备金后还有900元,假定全部用于贷款,则此时商业银行A的T型账户变为:

A 银行

资产	负债
存款准备金 +100 贷款 +900	现金存款 +1000

当得到这笔贷款的客户甲收到贷款后,将这笔钱存入银行B,银行B按规定提足10%的法定准备金90元后又将全部余额贷给客户乙,则此时B银行的T型账户表示为:

B 银行

资产	负债
存款准备金 +90 贷款 +810	现金存款 +900

道理同上,B银行的贷款810元最终又存入到C银行,则C银行的T形账户为:

C 银行

资产	负债
存款准备金 +81 贷款 +729	现金存款 +810

此时,银行最初的1000元存款已增加为2710元(1000+900+810),但存款扩张的过程还远未结束,一直继续到整个银行系统没有超额准备金的存在为止。这一过程如表7-1所示。

表 7-1　存款扩张过程示例

商业银行	存款增加额	派生存款增加额	贷款增加额	准备金增加额
A	1000	0	910	100
B	900	900	810	90
C	810	810	729	81
D	729	729	656.1	72.9
E	656.1	656.1	590.49	65.61
⋮	⋮	⋮	⋮	⋮

5．派生倍数的推导

从上表可以看出，派生存款增加额呈如下递减级数：

$$1000 \times (1 - 10\%) \text{元} = 900 \text{元}$$
$$900 \times (1 - 10\%) \text{元} = 810 \text{元}$$
$$810 \times (1 - 10\%) \text{元} = 729 \text{元}$$
$$\vdots$$

派生存款总额为：

$$900 + 810 + 729 + \cdots \text{元} = 9000 \text{元}$$

最初的原始存款为 1000 元，存款总额为：

$$1000 + 9000 \text{元} = 10000 \text{元}$$

如果用 D_d 表示存款总额，用 ΔD_d 表示派生存款增加额，用 ΔR 表示原始存款增加额，用 r_d 表示法定存款准备金率，则存在以下关系：

$$D_d = \Delta D_d + \Delta R$$

$$D_d = \frac{\Delta R \times 1}{r_d}$$

也就是说，由原始存款 1000 元通过存款货币创造机制，共可以获得

$$1000 \times \frac{1}{10\%} \text{元}$$
$$= 1000 \times 10 \text{元}$$
$$= 10000 \text{元}$$

的存款货币，也就是说存款总额较原始存款扩张了 10 倍，这个倍数是由存款准备金率决定的。我们把存款准备金率的倒数定义为派生倍数或存款乘数，用 K 表示，则有如下关系：

$$K = \frac{1}{r_d}$$

在上面的例子中，假设了客户没有提现行为且银行只保留法定准备金，在现实中，我们在计算派生倍数的时候还要考虑现金漏损、银行需要保留超额准备金以及定期存款准备金率等因素的制约。

（1）超额准备金。为了应付客户存款的提现和机动放款的需要，商业银行除了按照要求缴纳法定存款准备金之外，还会保留一部分超额准备金。在存款创造过程中，超额准备金与法定准备金所起的作用一样，都代表着资金的漏出。如果各家银行都持有一定的超额准备

金，则存款创造的能力下降。如果用 e 表示超额准备金与存款总额之比，即超额准备金率，则存款乘数 K 可修正为：

$$K = \frac{1}{r_d + e}$$

（2）现金漏损。在存款创造的过程中，难免有部分现金流出银行体系，保留在人们的手中而不再流回。由于现金外流，银行可用于放款部分的资金减少，因而削弱了银行体系创造存款货币的能力。现金漏损与存款总额之比称为现金漏损率，用 c 来表示，则存款乘数为：

$$K = \frac{1}{r_d + e + c}$$

（3）定期存款准备金。存款人把一部分活期存款转化为定期存款的行为会对存款乘数产生影响。我们用 D_t 表示定期存款；r_t 表示定期存款的法定准备金率；D_d 表示活期存款；t 表示定期存款与活期存款的比例。因为定期存款也要按一定的法定准备率提取准备金，按 $r_t t$ 提取的这部分准备金尽管仍保留在商业银行手中，即仍包括在实有准备金之中，但它不能去支持活期存款的存款创造。故这部分对存款乘数的影响，可视同为法定准备金率的进一步提高。考虑该因素，存款乘数进一步修正为：

$$m = \frac{1}{r + e + k + r_t t}$$

7.2.3 货币供给的决定因素

存款货币是货币供给量的组成部分。在上一节中，我们分析了商业银行创造存款货币的过程，找到了如下的关系：

$$D_d = \frac{\Delta R \times 1}{r_d} = \Delta R \cdot K$$

通过上面的关系式，我们可以发现，中央银行要想控制存款货币的规模，可以从两个方面考虑：存款乘数和存款准备金。但是这个公式有两个基本的不足：首先，它没有包括货币供给量的另一个重要组成部分——流通中的现金；其次，由于流通中的现金和存款准备金的转化是很频繁的，而且取决于公众的行为，因此中央银行很难单独地控制存款准备金的数量，而只能控制流通中的现金和存款准备金的总额。

这个总额具有一定的稳定性，不论存款提现，还是将现金转化为存款，这个总额是不变的，并且中央银行通过控制这个总额，可以同时控制流通中的现金和存款准备金，从而达到控制货币供给量的目的，我们把这个总额定义为基础货币。

1. 基础货币

（1）基础货币的定义。基础货币，又叫作高能货币、强力货币，是指流通中的现金和商业银行存款准备金的总和，它是商业银行创造存款货币的源头和基础。一般用 M_b 表示基础货币，用 C 表示流通中的现金，用 R 表示银行存款准备金。公式表示为：

$$M_b = C + R$$

（2）影响基础货币变动的因素：

1）中央银行对商业银行的信贷规模。中央银行对商业银行提供信用支持，主要以票据再贴现和放款两种形式进行。前者是商业银行把自己贴现的票据送到中央银行进行再贴现，其规模会影响商业银行在中央的银行的存款准备金，后者则直接标记在商业银行在中央银行的准备金账户。

2）中央银行对财政的债权规模。中央银行主要以向财政贷款或购买财政债券的形式构成对财政的债权。增加的财政金库存款是要支用的，一旦支用就会使商业银行存款准备金增加。

3）国际储备。国际储备中的黄金、外汇储备是中央银行投放基础货币的主要渠道之一。黄金收购量大于销售量，黄金储备增加，中央银行投入的基础货币增加；相反，黄金销售量大于收购量，黄金储备减少，中央银行收回基础货币，使货币供应量减少。外汇储备增减主要取决于一个国家的国际收支状况。一个国家的国际收支如果是顺差，则增加外汇储备，中央银行增加基础货币投放，货币供应量扩张；反之，国际收支如果是逆差，则减少外汇储备，中央银行收回基础货币，货币供应量缩减。

2. 货币乘数

（1）概念。货币乘数是指用以说明货币供给量与基础货币之间的倍数关系的一种系数，代表着每一元基础货币的变动所能引起的货币供给量的变动。我们用 m 表示货币乘数，用 M_s 表示货币供给，用 M_b 表示基础货币。公式表示为：

$$m = \frac{C+D}{C+R} = \frac{M_s}{M_b}$$

（2）货币乘数的数学表达。M_1 层次的货币乘数，因为 $M_b = C+R$，$M_1 = C+D$，所以：

$$m_1 = \frac{M_1}{M_b} = \frac{C+D}{C+R} = \frac{1+c}{r_d + r_t t + e + c}$$

M_2 层次的货币乘数，因为 $M_b = C+R$，$M_2 = C+D+D_t$，所以：

$$m_2 = \frac{M_2}{M_b} = \frac{C+D+D_t}{C+R} = \frac{1+c+t}{r_d + r_t t + e + c}$$

式中 c 为流通中的现金 C 与活期存款 D 的比率；r_d 为活期存款的法定准备金率；r_t 为定期存款的法定准备金率；t 为定期存款与活期存款的比率；e 为超额准备金率。

知识链接

弗里德曼—施瓦茨货币供应模型：

1. 模型的产生

弗里德曼与施瓦茨于1963年出版的《1867—1960年美国货币史》一书中提出一种货币供给决定模型，分析了各种主客观因素对货币供给的影响，指出决定货币供给的主要因素有三个：基础货币（H）、存款准备金比率 $\left(\dfrac{D}{R}\right)$ 和存款通货比 $\left(\dfrac{D}{C}\right)$。这三个因素分别取决于货币当局、银行体系和社会公众。

2. 模型介绍

首先，货币存量可分为两部分：一是货币当局的负债，即社会公众所持有的通货；二是银行的负债，即银行存款，包括活期存款、定期存款和储蓄存款。如假设 M 为货币存量，C 为社会公众所持有的通货，D 为商业银行的存款，则：$M = C+D$。其次，在货币存量中只有一部分货币可为中央银行所能直接控制，弗里德曼和施瓦茨称之为高能货币或强力货币，它由两部分构成：一是社会公众所持有的通货；二是商业银行的准备金，包括库存现金和存在中央银行的准备金存款。所谓的高能货币，实际上就是基础货币。如以 H 表示高能货币，以 R 表示商业银行的准备金，则：$H = C + R$。

由此，得 $\dfrac{M}{H} = \dfrac{C+D}{C+R} = \dfrac{\frac{C+D}{CR}}{\frac{C+R}{CR}} = \dfrac{\frac{1}{R}+\frac{D}{R}\times\frac{1}{C}}{\frac{1}{R}+\frac{1}{C}} = \dfrac{\frac{D}{R}+\frac{D}{R}\times\frac{D}{C}}{\frac{D}{R}+\frac{D}{C}} = \dfrac{\frac{D}{R}\left(1+\frac{D}{C}\right)}{\frac{D}{R}+\frac{D}{C}}$

令 $m = \dfrac{\frac{D}{R}\left(1+\frac{D}{C}\right)}{\frac{D}{R}+\frac{D}{C}}$

则 $M = Hm$，其中 m 为货币乘数。

由上述货币供给模型可知，货币存量是由三个因素共同决定的：一是高能货币 H；二是商业银行的存款与准备金的比率 $\dfrac{D}{R}$；三是商业银行的存款与社会公众持有的通货的比率 $\dfrac{D}{C}$。

三个因素中，第二、第三个因素共同决定了货币乘数。在高能货币一定的条件下，这两个因素就决定了货币的存量。根据弗里德曼和施瓦茨的分析，决定货币供给的经济主体有三个：一是货币当局，它决定高能货币；二是商业银行，它决定存款对准备金的比率；三是社会公众，它决定存款对通货的比率。而且，弗里德曼和施瓦茨还对 1881 年～1960 年的货币供给量进行了实证分析，结果发现货币供应量变动的 86% 是由基础货币引起，$\dfrac{D}{R}$ 和 $\dfrac{D}{C}$ 的变动只占到 9% 和 3%。因此，他们认为基础货币的变化是广义货币供给长期变化的原因，那么货币供给实质上是由中央银行决定的外生变量。这也为弗里德曼强调货币政策有效性提供了理论上的依据。

由于分子和分母都含有 $\dfrac{D}{R}$ 和 $\dfrac{D}{C}$，无法判定这两者的变动如何引起货币乘数的变动，进而货币存量如何变动，弗里德曼和施瓦茨对此未做进一步的分析。可以考虑的一种解决方法是分别求 $\dfrac{D}{R}$ 和 $\dfrac{D}{C}$ 的偏导数，通过计算得出二者都大于零，则货币乘数大于零，进而货币存量分别为 $\dfrac{D}{R}$ 和 $\dfrac{D}{C}$ 的递增函数，即 $\dfrac{D}{R}$ 和 $\dfrac{D}{C}$ 的变化会引起货币乘数和货币存量同方向的变化。

得到的结论是：高能货币数量的变化是广义货币存量长期性变化和主要的周期性变化的主要原因，$\dfrac{D}{R}$ 和 $\dfrac{D}{C}$ 的变化对金融危机条件下的货币运动有着决定性影响。同时，$\dfrac{D}{C}$ 还对货币存量长期缓慢的周期性变化起重要作用。

知识链接

我国的货币供给：

1. 我国货币供应量定义及其理论模型

根据我国金融发展程度和对货币供应量的内涵，我国对货币供应量的定义如下：

$$M_0 = 流通中的现金$$
$$M_1 = C + D$$

式中 C 为流通中的现金即 M_0；D 为活期存款，包括企业活期存款、机关团体存款及农村存款。

$$M_2 = M_1 + T_D$$

式中 T_D 为准货币，包括居民储蓄存款、企业定期存款、信托类存款与其他存款。

$$B = C + R$$

式中 B 为基础货币，R 为各类金融机构在中央银行的存款准备金。

2. 我国货币供应量的乘数

根据上述对货币供应量的定义，可以分别计算 M_1 和 M_2 的乘数：

$$m_1 = \frac{1+k}{(r_t+r_e)(1+t)+k}$$

$$m_2 = \frac{1+k+t}{(r_t+r_e)(1+t)+k}$$

式中 m_1，m_2 分别为 M_1 和 M_2 的乘数；k 为通货存款比率，$k = \frac{C}{D}$；t 为准货币占活期存款的比率 $\left(t = \frac{T_D}{D}\right)$；$r$ 为总准备金率 $\left(r = \frac{R}{D} + T_D = r_t + r_e\right)$；$r_t$ 为法定存款准备率；r_e 为超额准备率。

我国的货币乘数具有的特点是：①m_1，m_2 有明显的顺周期波动的特征，即在经济高涨时期趋于扩张，在经济调整时期趋于收缩；②超额准备金比率在众因素中对货币乘数的影响最大，它的变动大致决定了货币乘数变动的基本趋势，并且超额准备率本身的变动具有逆周期波动的趋势。

货币乘数有顺周期特征的原因是：超额准备金水平主要取决于银行贷款利率的高低。经济高涨时，投资需求增加造成对货币的需求增加，必然使贷款利率提高，这将增加持有超额准备金的机会成本，银行会减少超额准备金水平，降低准备率，增大货币乘数。经济衰退期，贷款利率的下降会使银行增加超额准备金，降低货币乘数。货币乘数变动表现出的顺周期波动特征，反映了我国货币乘数的内生性质。

3. 我国基础货币的影响因素

（1）中央银行对中央政府的债权。由于法律禁止中央政府向中央银行进行透支，主要是中央银行持有的政府债券的数量变化会对基础货币产生影响。

（2）商业银行再贷款数量的变化。来自再贷款的资金会对基础货币产生影响，中央银行通过发行金融债券为政策性银行融资，最终也会产生向商业银行再贷款的效果。

（3）外汇储备存量的变化。随着我国外汇制度的改革和外贸顺差不断加大，央行通过外汇公开操作业务大量买入外汇，外汇资产的增加必然导致基础货币的大量投放。

4. 我国货币供应的特点

（1）货币供应量偏多。货币供应持续高速增长，广义货币 M_2 与 GDP 比值呈连续上升趋势。M_2 主要由银行贷款创造，该比率过高说明我国的信用过分集中于银行，容易积累金融风险。同时，货币供给持续快速增长令我国中长期的通货膨胀压力巨大。

（2）我国货币供给与经济增长具有明显的正相关性，特别是 M_2 与 GDP 增长的相关系数最高，但货币供给的增长滞后于经济增长，不具有服务经济的主动性。同时，我国货币供给增长率的波动性较大。广义货币 M_2 年增长率的波动幅度在 14%~38%，导致我国的货币供给量很难准确预期，以现在的划分标准确定的 M_2 不宜成为中央银行调控的对象。

5. 我国的流动性过剩问题

货币的流动性是指某种资产转换为支付清偿手段或变现的难易程度，宏观经济层面常将流动性直接理解为不同层次、不同统计口径的货币信贷总量。流动性过剩是指准货币（M_2-M_1）的持续增加甚至扩大的状态，表明现实的货币供给已经超过了实体经济需求。我国流动性过剩的问题逐步显现，主要表现在：① 金融机构存、贷款增幅迅猛；② 存贷差不断扩大；③ 贷存比不断降低；④ M_2-M_1 不断扩大；⑤ 对比其他国家，货币化程度过高。

6. 我国流动性过剩的原因

（1）经济结构性失衡是流动性过剩的根源。表现为货币的结构性过剩和结构性短缺同时存在，货币流动性过剩和资本相对稀缺并存。我国金融市场长期存在结构失衡、投资渠道过少、储蓄存款过快增长、资金在货币市场和资本市场之间难以流通、间接融资比重过大和直接融资比重过小等问题。结构性问题使资金供给结构与需求结构不适应，进而导致流动性过剩。

（2）外汇占款大幅度增长。现行的结售汇和人民币汇率制度下，经常项目和资本项目的"双顺差"导致我国外汇储备、外汇占款不断攀高，对人民币升值构成了很大压力。为保持人民币汇率的相对稳定，央行不得不通过公开市场操作，向市场投入大量的流动性以冲销外汇，投入市场的基础货币过多，商业银行流动性显著增加。

（3）外部冲击的不利影响。美国、日本、欧盟全球三大经济体长时间的宽松货币政策使全球流动性过剩，并在我国出口快速增长及人民币汇率制度改革的背景下输入了我国。

7.3 货币供求均衡

货币均衡在社会总供求均衡中居于核心地位，货币供给与需求的变化直接影响到经济中的各个部门和市场，因而货币供求关系在宏观调控中也居于核心地位。货币供求的变化会产生什么样的效果？货币政策如何与其他经济政策相结合达到预期的宏观经济目的？本章主要讲解这方面的内容。

7.3.1 货币均衡与货币失衡

1. 经济中均衡的概念

"均衡"在经济学中主要用于描述和分析市场供求的对比状态，以发现其运行的态势和规律，进而研究调控的措施和方法。经济学家关于"均衡"的理论主要有四种：瓦尔拉斯一般均衡理论、马歇尔局部均衡理论、凯恩斯充分就业均衡理论，以及科尔内短缺均衡理论。

2. 货币均衡与货币失衡

（1）货币均衡。西方学者的货币均衡理论对究竟什么是"货币均衡"的问题也存在着分歧，其解释主要有：货币供给与货币需求相等、货币利率与自然利率相等、储蓄与投资相等这三种。我国的经济学家对货币均衡的理解普遍采取上述第一种看法，即货币均衡为货币供求平衡，是货币供给量与货币需求量基本相等，以 M_s 表示货币供给量，M_d 表示货币需求量，则 $M_s = M_d$。所谓"基本相等"是指货币供给与货币需求的大体一致，而不是数量上两者完全相等。因此，从经济学中对"均衡"的界定来看，货币均衡是一种非瓦尔拉斯均衡。

（2）货币失衡。货币失衡即货币非均衡，是经济生活中一种普遍的现象。一旦货币供给量与客观经济过程对货币的需求不一致时，就出现了货币失衡现象。

7.3.2 货币均衡与社会总供求平衡

社会总需求是指一国在一定时期内社会各方面实际占用或使用的全部产出之和。社会总供给是指全部产品和劳务的价值及市场上其他金融资产的价值之和。社会总供求的平衡是货币均衡而不是实物均衡，而且这种均衡是市场总体的动态均衡。

在现代经济中，当社会总需求大于总供给时，就会产生社会供应紧张、物价上涨和社会不稳定的现象；相反，如果总需求小于总供给，就会出现市场疲软、企业开工不足、失业率上升和经济萧条的现象。政府调控经济的目的就是要使社会在总供求基本平衡的状态下运行，并且社会总供求的平衡与货币均衡之间有着密切联系。社会供给的目的是获得等值的货币，是社会需求的重要决定因素，而社会对商品劳务的总需求在一定程度上又是由于货币供给形成的。另一方面，社会总需求在很大程度上决定了社会总供给，而货币需求决定了货币供给。用 A_s 表示总供给，A_d 表示总需求，M_s 和 M_d 分别表示货币供给和货币需求，它们的关系如图 7-1 所示。

在图 7-1 中，如果 $A_s = A_d$，则 $M_s = M_d$。说明，只要货币供给是按照总供给决定的货币需求来决定的，并且货币供给在形成总需求的过程中处于常态，那么总需求和总供给就会达到均衡。这就说明，货币供求的均衡是整个宏观经济平衡的关键，如果货币供求不均衡，那么宏观经济的平衡就不可能实现。因此，保持货币的供给与经济中实施的货币需求相互适应，不只对于金融市场，对于整个国民经济的发展都有重要作用。

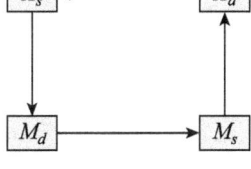

图 7-1 货币供求与社会总供求的关系

> **知识链接**

从国际角度看，货币价值表示为与外国货币的兑换能力，它具体反映在汇率的变动上。这时货币贬值就是指一单位本国货币兑换外国货币能力的降低，而本国货币对外汇价的下降。

例如，如果 100 美元去年兑换 300 元人民币，今年兑换 400 元人民币，则人民币贬值了。货币贬值在国内引起物价上涨现象。但由于货币贬值在一定条件下能刺激生产，并且降低本国商品在国外的价格，有利于扩大出口和减少进口，因此第二次世界大战后，许多国家把它作为反经济危机、刺激经济发展的一种手段。

7.3.3 货币失衡及其调整

如果货币的供给偏离了货币的需求，则称为货币失衡。由于货币失衡表现为货币供给量大于或小于货币需求量，所以需要分两种情况来分析货币失衡的原因。

1. 货币失衡的原因

（1）货币供给量小于货币需求量的原因是：在商品生产和商品流通规模扩大的情况下，货币供给量没有及时增加；在货币均衡的情况下，货币当局紧缩银根，减少货币供给量，从而使本来均衡的货币供求走向失衡的状态。

（2）货币供给量大于货币需求量的原因是：在纸币流通条件下，货币供给量大于货币需求量是一种经常出现的失衡现象。其直接原因是中央银行采用了扩张的货币政策，不适当地放松了银根，使得货币供给超过了实际的货币需求量。更深层次的原因有：货币供给支持了没有物资对应的过度需求；经济结构失衡，使一部分持币者无法购买到所需商品，从而有一部分货币无法被商品流通吸收；财政出现赤字向银行透支，而银行又无法压缩信贷规模，凭空创造流通手段与支付手段来弥补财政赤字；银行脱离物资基础发放贷款，使信贷资金与物资运动脱离；国民经济整体效益不佳，使流通中的货币失去了相应的物资基础；外汇收支方面的问题也会导致货币供给量大于实际的货币需求量。

2. 对货币失衡的调节

（1）供给型调节。这是指在货币供求不均衡时，从控制货币供给量入手，实现货币供求的均衡。主要措施有：中央银行通过公开市场操作，在金融市场上买卖有价证券；调节法定准备金率；控制基础货币；商业银行控制信贷；财政部门控制财政拨款，发行政府债券，调节税率和加强税收管理等。这种调节方式在短期内会收到显著效果，但往往会导致经济萎缩，影响经济发展。

（2）需求型调节。这是指在货币供求失衡时，从货币需求量入手加以控制，从而使货币供求达到均衡。主要措施有：国家利用物资后备与商品储备手段，控制商品供应量；银行利用外汇储备与黄金储备，外贸部门利用进出口，控制商品供用量；调节商品价格，吸引或释放购买力等。

（3）混合型调节。这是指综合运用供给型和需求型手段，通过两者的双管齐下，实现货币均衡。

本章小结

本章主要介绍了货币理论的两大基础：货币供给与货币需求。货币需求是在一定的时间内，在一定的经济条件下，整个社会需要用于执行交易媒介、支付手段和价值储藏的货币数量。货币需求研究数量如何决定、受到哪些经济因素的影响，以及在此基础上的货币政策抉择。传统的货币数量论研究货币数量与商品价格之间的关系，并认为在充分就业条件下货币需求取决于收入而与其他经济变量无关。凯恩斯货币需求理论是其总需求管理理论的重要组成部分，在货币需求动机中引入投机性动机使凯恩斯的货币需求与利率紧密地联系在一起。在随后的发展中，托宾、惠伦、鲍莫尔等人创造性地发展了这一理论。弗里德曼货币需求理论在更为广泛的资产领域中研究货币需求的决定，并通过实证分析得出货币需求及其稳定的结论。世界各国中央银行都有自己的货币供给口径。货币供给量的决定机制是极为复杂的。货币供给量决定于两大因素，即基础货币和货币乘数。影响基础货币变动的因素是：中央银行对商业银行的信贷规模、中央银行对财政的债权规模和国际储备。货币乘数主要决定于法定存款准备金率、定期存款准备金率、超额存款准备金率、现金漏损率等因素。

习　题

一、复习题

1．选择题

（1）下列关于货币需求概念理解不正确的有（　　）。

　　A．以一定时期为前提　　　　　　B．以一定时点为背景

　　C．既定的经济和技术条件　　　　D．特定部门为对象

（2）下列哪一项是对货币需求量概念的错误理解？（　　）

　　A．理论上的预测值　　　　　　　B．仅指对现金货币的需求

　　C．能力与愿望的统一　　　　　　D．存量概念

（3）下列哪一项不属于决定和影响货币需求量的因素？（　　）

　　A．金融资产收益率　　　　　　　B．公务员规模

　　C．利率　　　　　　　　　　　　D．刷卡消费比率

（4）下列哪一项不属于决定和影响货币需求量的因素？（　　）

　　A．农业劳动力人数

　　B．财政收支状况

　　C．货币流通速度

　　D．高速铁路等现代交通工具的发达程度

（5）下列哪一项不属于决定和影响货币需求量的因素？（　　）

　　A．商品和劳务的可供量　　　　　B．企业家对利润的预期

　　C．货币流通速度　　　　　　　　D．边际消费倾向

（6）通常认为（　　）与货币需求总量呈反方向变动。

　　A．收入　　　B．价格　　　C．财政赤字　　　D．货币流通速度

（7）通常认为（　　）与货币需求总量呈正相关关系。

　　A．利率　　　B．收入分配结构　　　C．财政盈余　　　D．货币流通速度

（8）根据凯恩斯的解释，下列哪一项为非生息资产？（　　）

　　A．货币　　　B．存款　　　C．债券　　　D．股票

（9）根据凯恩斯的解释，（　　）是投机性货币需求的递减函数。

　　A．价格　　　　　　　　　　　　B．收入

　　C．利率　　　　　　　　　　　　D．金融资产收益率

(10) 凯恩斯分析投机性货币需求时所指的利率是（　　）。
　　A. 现行利率　　B. 既往利率　　C. 预期利率　　D. 全不是

2. 判断题

(1) 货币需求量并非为实测值。（　）
(2) 名义货币需求与实际货币需求的根本区别在于是否剔除了通货膨胀因素。（　）
(3) 货币需求量可看作是宏观管理当局的一个预测值。（　）
(4) 根据凯恩斯的解释，交易性货币需求与收入水平存在着稳定的正相关关系。
　（　）
(5) 投机动机分析是凯恩斯货币需求理论中最具特色的内容。（　）
(6) 为满足投机动机而保有的货币量相当于储蓄的货币。（　）
(7) 投机动机的货币需求不同于预防性货币需求，而类同于交易性货币需求，为收入的递减函数。（　）
(8) 在凯恩斯的货币需求理论假设中，货币资产是非生息资产。（　）
(9) 投机性货币需求与金融资产收益率成正相关关系。（　）
(10) 不管是交易性货币需求还是投机性货币需求，其均为市场利率递减函数。（　）

3. 问答题

(1) 怎样理解货币需求的含义？
(2) 什么是名义货币需求和实际货币需求？区别何在？
(3) 简述费雪方程式与剑桥方程式的区别。
(4) 如何理解马克思的货币需求理论？
(5) 简述凯恩斯的货币需求理论。
(6) 如何理解凯恩斯主义货币需求理论中的"流动性陷阱"的经济含义？
(7) 简述弗里德曼的货币需求理论。
(8) 我国货币需求主要受哪些因素影响？
(9) 基础货币的变化主要受哪些因素影响？
(10) 影响货币乘数的因素有哪些？阐述货币乘数产生的内在机理。
(11) 什么是货币均衡？试述不同经济体制下货币均衡问题的差异。

二、案例应用分析

中国及西方历史上的通货膨胀

1. 通货膨胀的历史

最早的通货膨胀可以追溯到中世纪时期。但是，之前的通货膨胀与后来的20世纪相比，社会经济的影响较小，并且局限于少数国家，比如葡萄牙、西班牙，持续时间与价格涨幅相对有限。尽管18世纪以后，英国及其他欧洲国家的通货膨胀也吸引了当时经济学家和经济历史学家的注意，但除了拿破仑战争时期和19世纪50年代曾有过价格的飙升，总的价格水平还是比较平稳且轨迹呈现下斜趋势，1895年英国的币值甚至还要高于拿破仑战争的末期。

进入20世纪，通货膨胀成为世界上所有国家的严重社会经济问题。1895年以后，欧洲国家的商品价格就开始以相对较低的涨幅上升，直到第一次世界大战爆发，价格进入高速上涨时期。后来，第二次世界大战再次让人们看到通货膨胀的降临，虽然期间价格涨幅相对于第一次世界大战较小，但一个严重的问题是，"二战"后并不像"一战"结束后价格就趋于稳定，除了极少数的几个国家，从西方到亚洲，从发达国家到欠发达国家，都不同程度地经受了持续通货膨胀的影响。绝大多数市场经济国家在1949年~1953年价格都出现飞涨，比如奥地利、法国、日本和韩国的市场价格指数最高分别达到114.28、111.30、109.08和134.900。

在紧接着的15年中，绝大多数拉丁美洲国家经历了严重的通货膨胀，一些国家的年均价格指数超过了125。这一时期，工业发达国家的通货膨胀相对温和，年通货膨胀率平均为3.7%，其中奥地利、法国、日本较高，美国、瑞典较低。

1969年以后，通货膨胀又开始在所有的开放型经济国家加剧，这些国家的通货膨胀率达到8.0%以上，这是1968年主要工业国家通货膨胀率的2.5倍，到1974年达到最高峰。在20世纪最后的20年，全世界关于通货膨胀的关注更多地转移到一些发展中国家。

2. 中国的通货膨胀

1992年~1994年粮价先涨的严重通货膨胀。1993年物价狂起，国内的通货膨胀率为13.2%。到了1994年，中国35个大中城市的食品类价格竟比上年同期上涨34.1%，1994年是物价涨幅最高的一年，达到了21.7%。起因主要是固定资产投资规模扩张过猛与金融秩序的混乱。有人形象地将此次通货膨胀的表现总结为"四热"（房地产热、开发区热、集资热、股票热）、"四高"（高投资膨胀、高工业增长、高货币发行和信贷投放、高物价上涨）、"四紧"（交通运输紧张、能源紧张、重要原材料紧张、资金紧张）和"一乱"（经济秩序特别是金融秩序混乱）。这次通货膨胀以粮食价格的上涨为先行，呈现逐年上升的明显的通货膨胀趋势。

从体制基础上看，1994年通货膨胀的背景是1991年~1993年大范围放开工业生产资料、工业消费品和服务价格，1992年4月起分期分地区放开粮食的购销价格等，市场化进程加速使得绝大部分商品价格放开由市场调节，"双轨制"基本上退出历史舞台。由于利益刚性的存在，这种调整必然带动价格总水平的上升。

从需求方面看，需求膨胀特别是投资膨胀是该次通货膨胀的主要诱因。1991年~1993年，固定资产投资增速逐年攀高，从23.9%上升到44.4%，进而升至61.8%，增幅创改革开放以来之最。从供给方面看，通货膨胀的峰值出现在1994年，当年商品零售价格上涨21.7%，除食品外的工业消费品涨幅也显著上升。

3. 通货膨胀在美国

（1）1956年~1957年的通货膨胀。朝鲜战争结束后，货币供应量提高过快，居民家用汽车、居住消费和商业投资浪潮的形成，美国经济呈现高速增长之势。从1956年开始，美国物价一直保持了高速的增长。实际与预期需求总和的过度扩大，刺激了部分行业，并且直接导致了这些耐用消费品行业的工资水平快速上升，并由此更广泛地推动了其他行业工资水平与全社会物价水平的提高。

（2）1966年~1968年的通货膨胀。此期间居民消费价格指数快速上升，特别是食品、服务和居住价格出现较大幅度上涨。社会总需求的过快上涨以超过劳动生产率增速的速度提升了工资水平，一系列财政货币政策，如额外冲资、投资税收信用减免等是这一时期价格上升的主要原因。

(3) 1971年~1975年的通货膨胀。主要表现在三个方面：一是由于年成不好造成农产品歉收，加上库存不足、进口困难、世界需求提高，食品价格涨幅达到年均19%；二是由于全世界需求剧增，基础产品出现了量缩价升的趋势，1973年~1974年，美国石油批发价格上升了51%；三是新的货币支付平衡政策导致了美元较大程度的贬值。

(4) 1978年~1980年的通货膨胀。这是第二次世界大战后美国最为严重的一次通货膨胀，美国的CPI从1978年的106.5冲高到1980年的113.8。两个原因导致了价格的走高：一是受制于劳动工会的压力，单位劳动成本再一次提升，成本推动成为此次通货膨胀的主要特点；二是第二次石油价格波动严重地破坏了全美油价定价机制，进而造成更广泛的全社会商品与服务价格的失控。

4. 通货膨胀在德国

近百年来，德国经济在增长的过程中也遭遇了多次通货膨胀：第一次世界大战后的恶性通货膨胀；第二次世界大战及战后的通货膨胀；20世纪90年代初两德统一后，1992年第二季度经济开始陷入萧条，而同时货币供应量的大增，通货膨胀再次爆发。

在第一次世界大战以前，德国的货币供应量大约只有60亿马克，但到了1918年11月17日宣战为止已经增加到了284亿马克，相当于一战前货币发行量的473%。一战的硝烟渐渐远去，德国的通货膨胀并没有随着大战的结束而终结，相反在战后出现了奔腾式发展，最终陷入了恶性通货膨胀的深渊。从1922年初到1923年底，在两年的时间里，德国的货币发行量上升到天文数字。1923年底，德国的货币流通总量相当于战前的1280亿倍。

1918年11月停战的时候，德国的物价已较1913年上涨了117%。战后物价上涨速度加快，次年物价上涨了247%，是4年大战期间总涨幅的1.5倍，一年后大涨约11倍。1921年11月，物价开始步入疯狂的攀升阶段，1922年批发物价指数为45205，是1913年物价的448倍。1922年后，物价指数螺旋式上升进入加速阶段，至1923年底物价指数已高达约1432万亿，是战前物价的1.4亿倍多，战后5年物价上涨了66亿倍。

5. 通货膨胀在日本

第二次世界大战后日本也发生了严重的通货膨胀，这是典型的财政通货膨胀，症结在于战后供应能力极端缩小。原因是多方面的：长期战争积累了强大的购买力，而消费品的供应能力却因战争破坏下降了；滥发的临时经费加剧了通货膨胀；以转产为由的银行贷款增多和存款减少；银行券的大量发行；存款挤兑；物资被隐藏和生产上人为的开工不足；大资本家为避免资产被没收而减产或转产。

20世纪的百年中，日本也没有能摆脱掉通货膨胀，曾在很长一段时间里深受通货膨胀之苦。

1960年~1968年的通货膨胀：在这一期间，日本经历了其历史上从未有过的经济高速增长，经济结构迅速变化，政府的货币财政政策取向的赤字化。在这9年中，日本的年平均CPI达到105.4。

1969年~1972年的通货膨胀：这次通货膨胀的主要有三个原因：一是货币供应量过大导致供需失衡；二是其他国家通货膨胀提高了日本的产品出口竞争力，带动了日本产品的出口量和产品价格，从而影响国内价格走高；三是进口原材料价格上升对于工业"两头在外"

的日本来说,自然地带动了国内价格的上涨。

1972年~1974年的通货膨胀:这是日本战后最为严重的一次通货膨胀,是内外部因素共同作用的结果。外部压力来自1972年第四季度后食物、纺织材料、木料和皮革物品的进口价格水平持续以20%以上的速度上升,原油的上涨更是起到了推波助澜的作用;内在因素是由于国内的宽松货币政策、资金的流动乘数进一步扩大和全社会有效需求呈爆炸式增长。

问题:
1. 怎样克服通货膨胀?
2. 这些案例给了你什么启示?

【阅读材料】

我国的货币需求

在波澜壮阔的中国经济体制改革前后,微观经济主体的货币需求行为发生并继续经历着巨大的历史性的变化,而这种行为机制变化的根源则是中国经济体制的变迁。经济体制涉及产权关系、分配关系、交换关系及宏观管理方式等方面,它与一定时期的经济政策相结合,构成了微观主体的经济运作环境。这种环境如果存在根本性差异,就会形成不同的货币需求行为。纵观这一过程,可分两个阶段来考察货币需求:计划经济体制下的货币需求和向社会主义市场经济体制转轨过程中的货币需求。

1. 计划经济体制的背景分析

传统的计划经济体制可概括为两个方面的特点:一方面是产品经济模式。国家集中了社会的大部分资源,并通过条款下达各种有约束力的指令性计划,以行政手段直接干预经济,组织生产和分配。另一方面是国民经济的非货币化倾向。在上述的产品生产模式下,商品货币关系受到人为抑制。由于生产资料非商品性,市场被压缩到只有消费资料这一块,并且由于相当多的消费品实施计划供应和限量供应,因此即使在消费品市场,也只有部分消费品能比较充分地体现等价交换的商品货币关系。所以,国民经济在生产分配等方面表现出一种比较显著的非货币化倾向,即一种试图摆脱商品货币关系及价值规律的倾向。这体现在三个方面:一是货币职能的萎缩,在这种体制下,货币作为一般等价物的职能受到严格限制,计划的分配份额比货币更重要,交换的手段往往是份额而非货币,人们需要货币首先需要占有份额;二是银行职能受约束,总体上"大财政,小银行"的格局使得银行在很大程度上成为按计划分配部分流动资金的国家出纳部门;三是信用形式的单一及金融市场的缺位。在这种体制下,商业信用、国家信用、租赁信用等信用形式几乎不存在,仅存单一的银行信用。与这种状况相关的是金融市场不存在,没有证券的发行及流通,利率受管制,不反映资金供求关系,资金供求也没有利率弹性。

(1) 居民的货币需求。在传统的计划经济体制下,居民家庭的经济功能受到极度的限制和削弱。在农村,集体生产组织形式使农户家庭独立自主的生产经营活动近乎绝灭;在城市,僵化的劳动就业制度和户籍制度扼制了非国有经济的发展,也使家庭的独立经济功能受到极大的管束。国家限制居民独立经济功能发展的一个重要手段便是控制和压低城乡居民的货币工资收入。对居民来说，持有货币的功能仅仅在于购买维持最基本生活必需品，且这种购买也受各种商品供应短缺的限制，与消费者的自主需求结构往往不一致。与货币有限的功能相适应，当时体制下居民的货币需求在属性上一般也属于以购买消费品为目的的交易性货币需求。当时信用形式单一及金融市场缺乏，除银行储蓄之外，不存在可供个人选择的投资渠道，个人直接投资是被禁止的，所以居民不存在投资性的货币需求。而且由于国家对职工生老病死实行全部保障制度，以及对农村更多地以实物形式存在的社会保障，居民出于谨慎动机的货币需求也是很有限的。计划体制下，居民的目标函数固然仍是追求效用极大化，但这是在种种制度约束条件下的极大化行为。各类约束中，最为主要的是低收入约束和商品短缺约束。低收入水平这一规模变量约束使得居民的货币需求的规模受到严格限制，商品短缺约束又使得货币支出的规模和范围萎缩，因而造成一定规模收入水平下的非自愿储蓄，或称为强制储蓄，即剩余收入不能转化为商品需求而被迫储蓄起来。这是一种隐性的通货膨胀，因为它也是由于名义货币量超过实际货币需求量引起的，是货币供求不平衡的一种表现形式。

(2) 企业的货币需求。在计划经济体制下，由于国民经济的非货币化倾向，货币职能受到压抑，特别是生产资料的生产与流通是以产品经济模式进行的，货币趋于中性，在很多情况下，并不对国民经济发生实质性影响。因此，企业对货币的需求也是中性的。所谓中性的货币需求不是说企业不需要货币，而是说企业所需要的仅仅是一种名义上的或形式上的货币。对企业而言，计划的份额远比货币更重要。国有企业只是执行计划当局生产计划指标的生产工厂，资金、设备和原材料等由计划当局调拨，生产计划、指标由计划当局下达，收入分配方案由国家劳动工资计划确定，企业的产出由计划当局统包统销。在这种统收统支、统购包销的计划生产体系中，企业的行为极度异化，丧失了经营主动性。对企业来说，既定的计划生产指标和收入分配方案构成两大约束条件，企业职工追求固定收入下的闲暇极大化，从而使企业行为目标严重偏离利润极大化的合理规范。在这种条件下，企业没有独立的货币需求。企业掌握的极少的现金也只是用于零星的管理性支出等，从而构成规模狭小的准交易性货币需求。由于企业处于严格被管制状态，封闭式的生产体系使企业与不确定的市场环境相隔绝，故而几乎不存在独立的预防性货币需求。由于企业缺乏生产经营主动性，掌握的货币资金规模狭小，且无自由处置权，因而企业没有为自主投资而持有货币的能力。但同时，企业还存在很高的投资愿望，因为投资纯粹是一种对资金的无偿占有，并可因此获得很多好处，争取扩大投资就成为所有企业的一种本能冲动。在这种情况下，决定投资分配及额度的是国家的投资率，是条款之间以及内部的平衡与协调，而不是企业收益率、利率等市场因素，投资货币需求对这些市场变量几乎没有弹性。

(3) 政府机构的货币需求。计划经济体制下的一个重要特点就是国家行政体系拥有对全部社会资源和绝大部分经济资源的控制权，行政系统通过指令性计划对经济体系实施全面控制。行政系统代理了居民家庭和企业的货币需求意愿的表达，并按照计划者理性的要求，规定了企业和家庭意愿货币需求所能实现的程度。就行政系统自身而言，其货币需求主要源于行政管理费用支出之需。由于各级行政机构的财务收支处于高度计划监控状态，预算外收入的规模相当小，因而行政机构缺乏自身的利益动机，其自身货币需求数量并不大，且受到计划当局的严格监管。

2. 转轨体制背景分析

转轨体制是一个由计划经济体制向市场经济体制过渡的动态过程，有两方面的特点：一方面是商品经济的迅速发展，国民经济运行摆脱了传统的产品经济模式，生产、分配更多的是借助市场来进行。原来的国有企业被推向市场，按照市场供求状况来组织生产，成为独立自主的市场行为主体。指令性计划指标对经济的控制作用逐渐减弱，宏观调控主要依靠市场来实现。特别是对多种经济成分的承认，使非国有经济迅速发展。另一方面是国民经济货币化程度的加深，货币在国民经济中的地位和作用越来越深远，这体现在：① 货币职能的回归。商品经济关系的重新确立使生产资料、消费资料得以实现商品化，货币也就可以实现其一般价值形态的职能，自由地与所有商品实现等价交换。同时，货币的形态也扩展了，不同形态的货币在不同的层次上执行着货币的各种具体职能。② 银行体系的健全，银行摆脱了对财政的从属地位，货币资金能更加有效地分配。③ 信用形式的丰富及金融市场的建立和完善。国家信用、商业信用等各种信用形式都有了不同程度的发展，国债、企业债券、股票等信用工具发行量不断加大，客观上促进了金融市场的建立及进一步完善。从总体来看，经济的货币化程度在加深。

（1）居民的货币需求。在经济体制改革展开后的转型经济中，家庭的经济功能得到极大的增强。集体耕作制向农户耕作制的转变使农户成为独立的经济活动单位，各类副业、工商业的发展更使农户参与经济活动的深度和广度得到空前提高，农户的收入水平也有大幅度的增长。这些变化的一个直接的后果便是农户货币需求，尤其是交易性货币需求的规模迅速扩张。在城镇、国有企业改革和各类非国有经济成分的发展使城镇家庭的收入来源渠道日益多样化，劳动工资收入、奖金福利收入、各种经营性收入和灰色收入等，使城镇居民的实际收入空前增长。城乡居民家庭收入水平的提高，导致家庭在满足自身消费等需求后的自然形态的自愿储蓄在绝对规模水平和占全社会总储蓄量的相对比重两方面都迅猛增长，使居民个人储蓄成为社会投资的一个举足轻重的来源。收入水平的提高、消费品市场短缺的逐步缩减和消除、居民货币支出范围和数量的扩张，使得居民的狭义货币需求的规模日益增长，居民的交易性、预防性货币需求的独立性和自觉性大为提高。在中国转型经济中，体制变迁又引发了一种较为特殊的预防性货币需求。随着社会主义市场经济体制的各种改革措施的出台，原来由国家统包的一系列福利性制度都正在发生改变，特别是医疗、住房、教育、养老等方面的改革措施的逐步推行，增加了居民在这些项目上的支出，使居民对未来的收支结构变化的预期中的不确定性因素增强，居民的预防性储蓄动机相应得到明显加强。常规的预防性货币需求主要局限于当期的流动性极强的现金范围，而这种体制性的预防性货币需求则主要集中于储蓄存款的范畴，需求的目的主要是为未来因制度变化而引发的支出的突发性增长作预防性储蓄。这种预防性储蓄已构成我国预防性货币需求的一个相当重要的因素，并且由于它与制度变迁相连，因而尤其具有转型经济的特点。另外，伴随着居民收入水平的提高，金融体制改革和金融深化为金融意识逐步增强的居民家庭提供了更为广阔的资产选择空间，居民的资产负债结构日益丰富，资产组合安排能力不断提高，这又表现为居民资产性货币需求的自觉性获得了极大的提高。居民不但储蓄数量激增，而且储蓄的期限结构安排日益合理化，储蓄存款和证券投资替代、互补的组合能力大为增进。因此，在转轨体制下，居民货币需求的动机变得多样化，货币需求强度也随之增加。

（2）企业的货币需求。货币对于企业而言不再只是一种记账符号，企业市场化经营的扩展使企业生产营运资金规模扩大，从而增大了广义的交易性货币需求的规模。企业内外交易活动在引入市场机制之后也日趋扩大，为了降低交易成本，企业急需扩大狭义的交易性货币需求。踏入市场经济之后，企业逐步独立经营，其面临的市场不确定性增大，企业出于储备生产资料及应付日常不规则支出之需要求持有更多的广义和狭义货币余额，从而构成广、狭义预防性货币需求。在转型经济中，企业的资产性货币需求也在萌芽、壮大，这主要通过真实资产与货币余额的替代关系表现出来，即在持有货币、持有证券与持有实物资产之间的资产选择。在市场条件下，它受银行利率、证券收益率和预期物价上涨率等市场因素的影响程度在不断加大。这些巨大的变化表明企业的货币需求已具有较强的独立性和自觉性。同时我国经济和金融的体制特点及发展水平又使企业的货币需求与西方企业存在较大的区别，一个重要的方面便是企业的货币需求中包含着大量的以企业存款等广义货币形式出现的货币资金需求部分。这是由我国金融改革深化不足、企业经营机制转轨未完成等客观条件决定的。中国的企业改革遵循着放权让利的思路展开，利润留成、利改税、承包制和股份制等改革措施使国有企业的经营自主权逐步扩大。在这过程中，企业经营的行为目标也发生着深刻的变化，大致上经历了两个阶段：第一阶段是企业在逐渐获得并扩大企业剩余处置权后，企业的经理人员与工人力图使企业截留利润不断扩大的阶段。这表现在企业与计划当局谈判中，尽量降低上缴利润数额，扩大货币资金需求，提高利润留成份额。由于企业产权制度不健全，经理人员不关心国有资产的保值与增值，企业的积累和发展受到严重忽视。相反，经理和职工竭力扩大收入分配，提高自身福利。因为企业经理人员在这个阶段对职工不具有多少处置权，所以在组织企业生产过程中反而迁就职工的要求。职工追求闲暇扩大和收入增长双重目标，于是企业通过扩大货币资金对有效劳动的要素替代，依靠资金要素密集化来提高产出和收入，同时减少有效劳动支出，增加在职闲暇。第二阶段是企业经理阶层与职工利益逐步分离，经理层目标主导企业经营目标的阶段。随着下岗、待岗等劳动优化组合措施的实行，企业经理人员对职工的处置权增大，在较大程度上已不再迁就职工的要求。同时产权制度改革不力的现状又使国家缺乏监督企业经理人员，使其承担起维护国有资产保值增值重任的有效机制，因而企业经理人员的自身利益不断膨胀，其局部利益主导着企业的经营目标。这表现为，在企业与国家的谈判关系中，企业仍然极力扩大利润截留，而在企业与职工的利益分配关系中，去除上缴税收后的企业内部可支配收入的分割向经理阶层倾斜，经理人员在保证职工收入一定程度增长的前提下尽量增加其自身的收入份额。不管怎么说，这些变化都是建立在企业严重忽略自身积累、收入超分配基础上的，而这又对企业的货币与资金需求的属性产生重大的影响。一个重要的方面便是企业的集团性和个人性消费支出随收入超分配而必然扩张，进而使得企业的消费性货币需求过度增长。由于正常渠道的现金和存款持有不利于企业扩大消费性支出，企业便通过小金库、公款私存等渠道来实现消费性货币需求的扩张。这种消费性货币需求形成的利益刚性使得企业积累严重不足，使部分企业长期处于亏损状态而通过无限制的银行信贷仍然维持较高的消费支出水平，并使企业通过拖欠商业信用来实现消费性货币需求，进而使三角债在一定程度上得以持续化。在转型经济体制下，国有企业生产经营过程中一个相当重要的特点便是资金需求，包括货币需求的不断膨胀，而实现这种扩张的现实途径便是企业货币需求的约束条件严重软化。对企业货币资金需求的扩张构成约束的因素主要有：企业自身积累状况，即内源融资的限度；银行体系信贷供给量；小金库、三角债等非常规融资渠道。转型经济中的国有企业一个相当普遍而又显著的特点就是企业收入超分配，自身积累严重不足。

（3）政府的货币需求。伴随着政府职能的转变，政府机构已逐步成为与企业、居民并列，具有独立意义的货币需求主体。政府货币需求中最为重要的是交易性货币需求，它又由职能性货币需求和行政性货币需求两部分组成。职能性货币需求是指与政府系统履行其承担的公共职能，特别是完成财政职能有关的货币需求。行政性货币需求则是指政府部门正常运转所必需的与行政管理费用相连的货币需求，它对政府完成公共职能来说具有间接性。政府的货币需求有其自身的特点：首先，政府部门可以量出为入，财政支出的数量可以远远超过财政收入和历年节余的范围，从而财政意愿货币需求的实现量大大高出了自身货币持有量。因为政府部门凭借其信誉，可以通过举借公债来扩大货币持有量，把实际货币持有量提高到意愿货币需求的水平。其次，政府的职能性货币需求具有较强的计划性和季节性。这一特点源于财政收支的计划性和季节性。在转型经济中，中国财政年度收支平衡的原则被逐渐放弃，财政赤字几乎连年发生，使政府部门的职能性货币需求无法单纯依靠税收、企业收入等常规的非转移性财政收入实现，而需要开辟新的货币收入来源渠道，如发行国债、向中央银行融资、向企业增加税收种类，并征集各种准税收性质的基金类、向国外借款、地方政府向企业的强制性摊派等。政府部门的行政性货币需求源于政府机构行政管理费用开支之需。改革开放以来，中国的财政收支始终处于相当紧张的状态，但行政系统的管理费用却有不断上升之势，它是促成政府的行政性货币需求持续增长的主要原因。行政性货币需求在持有形式上较多地以期限较短、流动性较高的财政存款甚至现金形式存在。同时，政府部门为了获取更大的货币自主支配权，往往拥有相当数量的现金小金库，以逃避上级主管部门对行政开支的监督与制约。这些小金库中的资金常常是由于寻租活动所提供的收入。随着传统计划经济向社会主义市场经济的转型，中国各级政府机构的寻租行为动机变得日益明显和强烈。政府机构的寻租行为是扩大行政性货币需求实现量的一个有力工具，它为满足政府部门的行政性货币需求服务。因此政府机构往往利用各类行政审批权、提供公共产品和服务中的定价权来进行寻租活动，满足自身的货币需求。

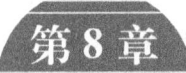

第8章
通货膨胀与通货紧缩

【教学目标】

通过本章的学习,掌握通货膨胀与通货紧缩的概念与分类、通货膨胀与通货紧缩的治理措施,了解通货膨胀与通货紧缩的危害。

【导入案例】

通货膨胀在巴西

巴西的通货膨胀主要发生自 20 世纪的后半个世纪。

1952 年~1964 年,巴西年平均通货膨胀率达到了 16.3%。这期间有三个经济现象值得我们总结:一是国家财政赤字,货币投放过快,持续的工资增长和汇率的不断下跌是巴西国内通货膨胀的原因;二是这个时期的通货膨胀还表现了一定程度的"通胀积累",并由此刺激巴西国内经济的加速发展;三是 1963 年后,政府为了解决收入不公和社会危机问题,鼓励工会以有力的手段进行工资的谈判,工资成为推进通货膨胀的加速器,导致 1963 年、1964 两年的平均通货膨胀率达到 70% 以上。1973 年,新一轮通货膨胀又开始加剧,并在 1974 年的 5 月、6 月达到峰顶,1974 年巴西通货膨胀率达到了 34%。巴西经济外向度的提高是这一时期通货膨胀的最重要原因。石油危机造成的世界性通货膨胀就毫无疑问地影响着巴西。此外,这一时期资金流动性过剩和产出差异的下降也是导致新一轮高通货膨胀的重要因素。20 世纪 90 年代初中期巴西又一次出现通货膨胀,特别是在 1989 年~1990 年和 1994 年~1995 年,月平均通货膨胀率在 30% 左右。1995 年,巴西政府采取了"REALPLAN"实行新流通货币,并由此成功地克服了通货膨胀。

通货膨胀是指纸币的发行量超过流通中所需要的数量,从而引起纸币贬值、物价上涨的经济现象,其实质是社会总需求大于社会总供给。通货紧缩是与通货膨胀相反的一种经济现象,是在经济相对萎缩时期,物价总水平较长时间内持续下降、货币不断升值的经济现象,其实质是社会总需求持续小于社会总供给。二者都是由社会总需求与社会总供给不平衡造成的,即流通中实际需要的货币量与发行量不平衡造成的,都会使价格信号失真,影响正常的经济生活和社会经济秩序。

8.1 通货膨胀及其度量

8.1.1 通货膨胀的含义

综合来说,要准确地定义通货膨胀,需要把握好以下几点:

（1）通货膨胀不是指一次性或短期的价格总水平的上升，而是一个持续的过程。在这个过程中有上涨的趋势，只有当价格持续地作为上涨趋势且不可逆转时，才可称为通货膨胀。

（2）通货膨胀不是指个别商品和劳务价格的上涨，而是指价格总水平的上涨，局部性的或地区性的价格上涨不是通货膨胀。

（3）通货膨胀是价格总水平的明显上升。

（4）强调把商品和劳务作为考查的对象。目的在于与股票、债券以及其他金融资产的价格相区别。

（5）强调"货币价格"，即每单位商品、劳务用货币数量标出来的价格。这是因为通货膨胀分析中关注的是商品、劳务和货币的关系，而不是商品、劳务与商品劳务之间的对比关系。

（6）通货膨胀不只是指公开形式的物价上涨。在存在隐蔽性通货膨胀的条件下，消费品供不应求的矛盾主要是以非价格的方式表现出来的。如国家牌价和自由市场价格之间存在巨大差价，一些商品在价格不变的情况下，质量下降、索取价外报酬等。在政府对物价进行管制的情况下，它表现为供应短缺、黑市活跃、配给制等。

（7）通货膨胀存在于现代信用货币制度下。在足值的金属流通的条件下，一般不会出现货币过多、物价上涨的现象。因为金属货币本身具有内在价值，它可以通过自身数量的变动，自发的调节货币流通量，从而控制物价上涨，使货币流通与商品流通相适应。纸币条件下之所以会产生通货膨胀，是由纸币的性质所决定的。因为纸币本身没有价值，发行多少也不会自动退出流通，往往在发行数量越多时，单位货币所代表的价值越少，人们就会产生进一步贬值的预期，从而更多地抛出手中的货币，使流通中货币的数量增多。

知识链接

什么是通货膨胀？通货膨胀应该如何定义？学术界迄今为止还没有形成一致的观点。从现有文献来看，归纳起来有下面几种：

1. 马克思的通货膨胀定义

通货膨胀是指在纸币流通的条件下，由于货币的发行量超过商品流通中的实际需要量，从而引起纸币贬值、一般物价水平上涨的经济现象。马克思对通货膨胀的定义隐含着两层含义：①通货膨胀产生的前提条件是纸币流通；②通货膨胀与物价上涨之间相互联系又有区别。

2. 弗里德曼的通货膨胀定义

物价的普遍上涨就叫作通货膨胀，通货膨胀在任何时空条件下都是一种货币现象。

3. 哈耶克的通货膨胀定义

通货膨胀是指货币数量的过度增长，这种增长合乎规律地导致物价上涨。

4. 萨缪尔森的通货膨胀定义

通货膨胀是指物品和生产要素的价格普遍上升的时期。

8.1.2 通货膨胀的类型

从不同的角度，用不同的标准，可以把通货膨胀进行不同的分类。常见的通货膨胀分类方法主要有：

1. 根据通货膨胀的程度分为爬行式、温和式、奔腾式与恶性通货膨胀

爬行式通货膨胀是指价格总水平上涨的年率不超过2%~3%，并且在经济生活中没有形成通货膨胀的预期。温和式通货膨胀是指价格总水平上涨比爬行式高，但又不是很快，具体百分比没有一个统一的说法。奔腾式通货膨胀是指物价总水平上涨率在两位数以上，且发展速度很快。它是一种不稳定的、迅速恶化的、加速的通货膨胀。在这种通货膨胀发生时，通货膨胀率较高，人们对货币的信心产生动摇，经济社会产生动荡，是一种较危险的通货膨胀。

恶性的或脱缰的通货膨胀也称为极度的通货膨胀、超速的通货膨胀。这种通货膨胀一旦发生，通货膨胀率非常高，一般达到3位数以上，而且完全失去控制。其结果是导致社会物价持续飞速上涨，货币大幅度贬值，人们对货币彻底失去信心。

知识链接

目前公认的恶性通货膨胀在世界范围内只出现过3次。第一次发生在1923年的德国，当时第一次世界大战刚结束，德国的物价在一个月内上涨了2500%，一个马克的价值下降到仅及战前价值的一万亿分之一。第二次发生在1946年的匈牙利，当时匈牙利的货币最高金额为100 000 000 000 000 000 000帕戈钞票，成为历史上最高面额的发行货币。第三次发生在中国，从1937年6月~1949年5月，伪法币的发行量增加了1445亿倍，同期物价指数上涨了36807亿倍。

2. 按市场机制的作用分为公开型通货膨胀与隐蔽型通货膨胀

公开型通货膨胀是指在市场机制充分运行和政府对物价不加控制的情况下完全通过一般物价水平上涨形式反映出来的通货膨胀。

隐蔽型通货膨胀是指在严格实行价格管制的国家里，物价上升的趋势可能被人为地压抑，表面上物价并未上涨，但实际上却可能存在着商品的严重短缺，人们为获得一定量的商品必须支付较高的额外成本，如排队、托关系甚至黑市交易。

3. 按市场对通货膨胀的预期分为可预期的通货膨胀与不可预期的通货膨胀

可预期到的通货膨胀是指在较平稳的经济运行过程中，物价水平年复一年地按照某一比例或幅度上升，因而该国国民根据这一上升比例可以预测到未来一年的物价水平，并根据可预测到的价格水平调整自己的消费行为和储蓄行为。

但是，并不是所有的通货膨胀都是可以预期的。在一个开放的世界中，由于影响价格水平变动的因素多种多样，并且变化莫测，因此，在大多数情况下，通货膨胀都是不可预期的，包括普通居民和经济学家。不可预期的通货膨胀如果出现，通常会改变收入财富在人们之间既定的分配比例，一些人可能因此而变得富裕，而另一些人可能因此而变得贫穷。

4. **按照通货膨胀发生的原因分为需求拉上型通货膨胀、成本推进型通货膨胀与结构型通货膨胀**

这种分类方式在下面分析通货膨胀的成因时将会具体阐述。

8.1.3 通货膨胀的度量

通货膨胀的必然结果是物价总水平上涨,通过计算物价水平的上涨幅度,就可以大致测定通货膨胀的程度。因此,我们把物价水平的上涨幅度定义为通货膨胀率,它是用一个时期到另一时期价格水平变动的百分比来计算的,计算公式为:

$$\pi_t = \frac{P_t - P_{t-1}}{P_{t-1}}$$

式中 π_t 表示 t 时期的通货膨胀率;P_t 和 P_{t-1} 分别表示 t 时期和 $t-1$ 时期的物价水平。

在计算通货膨胀率时,世界上应用较多的价格指数有以下三种:消费物价指数、批发物价指数和国民生产总值物价平减指数。

1. 消费物价指数

消费物价指数是根据家庭消费的有代表性的商品和劳务的价格变动状况而编制的。其优点在于资料容易搜集,能及时地反映影响社会公众生活费用的物价趋势;缺点在于范围较窄,不能够反映各种资本品及进出口商品和劳务的价格变动趋势。

2. 批发物价指数

批发物价指数是根据制成品和原料的批发价格编制,反映包括原材料、中间品及最终产品在内的各种商品的批发价格的变动状况的物价指数,又称为生产者物价指数。其优点是能灵敏地反映生产者生产成本的变化状况;缺点是没有将各种劳务包括之内,且对一般居民的生活影响不够直接。

3. 国民生产总值物价平减指数

国民生产总值物价平减指数是按现行价格计算的国民生产总值与按不变价格计算的国民生产总值的比率。其优点是包括的范围广,能较全面地反映一般物价水平的变动趋势;缺点是编制该指数需要收集大量资料,一般只能一年公布两次,因而不能及时反映物价的变动趋势。

8.2 通货膨胀的成因及其治理

8.2.1 通货膨胀的成因

通货膨胀的成因和机理比较复杂,对此各国经济学家从不同的角度出发做出了各种分析,提出了需求拉动论、成本推动论、供求混合说、结构说等不同的理论解释,并依其成因形成了通货膨胀的需求拉动论、成本推动论、供求混合推动论、结构性通货膨胀论和预期论等理论。

1. 需求拉动论

西方经济学界早期主要从需求的角度分析通货膨胀,需求拉动论是西方出现最早的通货膨胀理论。在20世纪50年代中期以前，需求拉动论是被大多数经济学家广泛接受的通货膨胀理论。需求拉动型通货膨胀是由于商品和劳物的总需求量超过商品的总供给量，拉动了一般物价水平上升而造成的。因此，要克服需求拉动型通货膨胀，就必须实行紧缩性的财政政策和货币政策，以消除过多的总需求。

(1) 凯恩斯的需求拉动论。凯恩斯认为，一般物价水平的上升是由于总需求的过度增加所引起，而总需求的过度增加却不一定由货币增加所引起。

凯恩斯对充分就业和非充分就业做了区分。存在大量失业和闲置资源时，如果货币供给数量增加不会使一般物价水平上升，而只能促使就业增加和产出增加，那么当经济达到充分就业后，货币供给量增加所形成的过度总需求会使一般物价水平与货币数量同比例上升，产生"真正的通货膨胀"；当经济逐渐接近充分就业时，货币供给增加所形成的过度的总需求一方面使产出增加，另一方面又使物价逐渐上升，从而产生所谓的"半通货膨胀"现象。需求拉动型通货膨胀示意图如图8-1所示。

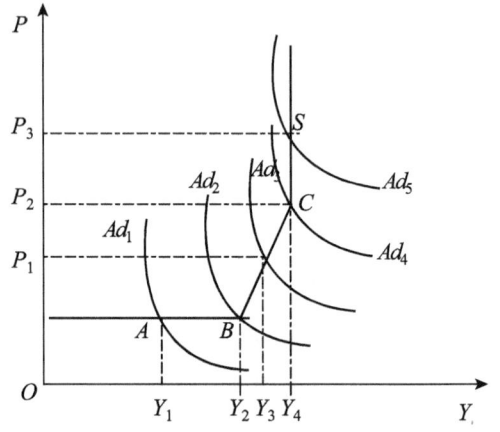

图8-1 需求拉动型通货膨胀示意图

在图8-1中，横轴代表总产出或国民收入Y，纵轴代表物价水平P，总供给曲线为$ABCS$。其中，AB段总供给曲线呈水平状，表示社会上存在着大量的闲置资源或大量的失业人口，此时供给弹性无限大；BC段表示社会上的闲置资源已很少，整个社会逐渐接近充分就业状态；CS段总供给曲线呈垂直状，表示社会的生产资源已经被充分利用，不存在任何闲置资源，供给已经毫无弹性，这就是充分就业状态。在AB段，随着总需求曲线从Ad_1增加到Ad_2，物价水平并没有上涨，这是因为此时总供给的增加潜力很大，总需求的上升带动总供给以同等规模上升。因此，物价水平可以保持不变，而国民收入却从Y_1增加到Y_2。在BC段，随着总需求曲线从Ad_2上升到Ad_3，物价水平增加到P_1，随着总需求曲线Ad_3上升到Ad_4，物价水平进一步提高到P_2，国民收入也从Y_2增加到Y_3，进而增加到Y_4，可以明显地看出，国民收入上升的速度较AB段有所减缓，这就是被凯恩斯称为"半通货膨胀"的情况。在CS段，随着总需求曲线的进一步上移，从Ad_4上升到Ad_5，物价水平从P_2同比例上升到P_3，而与此同时，国民收入却没有变化，这就是被凯恩斯称为"真正的通货膨胀"的情形。

(2) 货币学派的"需求拉动论"。该学派强调货币供给对通货膨胀的决定作用，认为通货膨胀无论何时何地都是一种货币现象。

费雪的现金交易数量说、马歇尔的现金余额数量说、弗里德曼的现代货币数量说，均把价格和货币需求通过方程联系起来，认为在货币乘数相对稳定、社会经济的产出在达到充分就业后不会出现明显的增长，货币供给的增加将直接引起物价水平的上涨。

2. 成本推进论

进入20世纪70年代后，西方发达国家普遍经历了高失业和高通货膨胀并存的"滞胀"局面。这种情况下的通货膨胀显然无法通过需求过度理论来加以解释。因为按照上述理论，只有在达到充分就业水平之后，才会出现由于总需求过大产生的通货膨胀。因此，许多经济学家转而从供给方面去寻找通货膨胀的根源，提出了成本推动的通货膨胀理论，即认为通货膨胀的原因在于成本上升引起了总供给曲线的上移。

（1）工资推进型通货膨胀理论。该理论是以存在强大的工会组织，从而存在不完全竞争的劳动市场为假定前提的。在一些发达国家，工会的力量十分强大，它们作为一个垄断性的组织，与雇主集体议定工人工资水平，使得工人有可能获得高于平均水平的工资。并且由于工资的增长率超过劳动生产率，企业就会因人力成本的加大而提高产品价格以维持盈利水平。

（2）利润推进型通货膨胀理论。该理论是由于一些垄断经济组织控制了某些重要原材料的生产和销售，它们为了获得高额的垄断利润而操纵价格，使价格的上涨速度超过成本支出的增加速度。如果这种行为的作用大到一定程度，就会形成利润推进型通货膨胀。这种类型的通货膨胀又被称为供给冲击型通货膨胀，如图 8-2 所示。

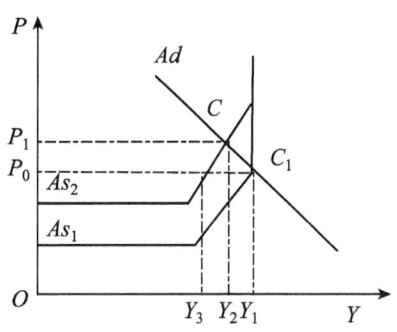

图 8-2 利润推进型通货膨胀示意图

> **知识链接**
>
> 利润推进型通货膨胀比较典型的例子是在 1973 年~1974 年，石油输出国组织（OPEC）将石油价格提高了 4 倍，到 1979 年，石油价格又被再一次提高。这两次石油提价对西方发达国家经济产生了强烈的影响，以至于他们惊呼出现了"石油危机"。各种使成本上升的因素还交织在一起，使通货膨胀进一步加剧。例如，在 1973 年石油提价的同时，由于连年的粮食歉收，世界粮价也出现了暴涨，同时许多国家的工资增长也进一步升温。例如，美国和日本在 1973 年~1975 年的工时报酬年增长率都达到了 30% 以上。

在图 8-2 中，Ad 表示总需求曲线，As 表示总供给曲线。假设开始时经济处于充分就业的均衡点 C_1，现在由于原材料（或工资）等价格的上升，使得短期内供给曲线上移到 As_2，在原来的价格水平上，总需求 Y_1 和新的总供给水平 Y_3 之间有缺口，即在原有的价格水平上，人们对商品产生了超额需求，这个总需求超过总供给的部分将带来通货膨胀的压力，并最终使价格上涨到总需求和总供给相等时的均衡价格水平 P_1。我们不难想到，价格上升的结果又反过来造成增加工资的需求，并使总供给曲线上移，通货膨胀就会不断继续下去，这就是通货膨胀螺旋。正如弗里德曼所指出的那样，在货币供给不变的条件下，由成本上升导致的总供给曲线上移只能是一次性的。成本推动仅仅是物价上涨的最初动因，只有货币才有持续的扩张能力。而且在很多情况下，只要通货膨胀一开始，这两个过程（需求拉动和成本推进）几乎同样地发挥着作用。因此，我们实际上很难辨认出某种通货膨胀是成本推动的还是需求拉动的，即使导致通货膨胀的初始原因（需求或是成本的因素）消失了，通货膨胀也可以自行持续下去。例如，当工人们预期物价会上涨时，他们就会坚持要求增加工资；而工资的上升，使厂家成本增加，从而又导致更高的价格水平。

3. 供求混合推动论

现代经济复杂多变，很多经济学家认为通货膨胀不是单一的，而是混合的。该种理论认为虽然从理论上可以区分为需求拉动型与成本推动型通货膨胀,而事实上在经济生活中,需求拉动的作用与成本推动的作用常常是混合在一起的,任何单方面的作用只会暂时引起物价上涨,并不能引起物价总水平的持续上涨。只有总需求与总供给互相推动,才会导致通货膨胀的发生,即"拉中有推,推中有拉"。

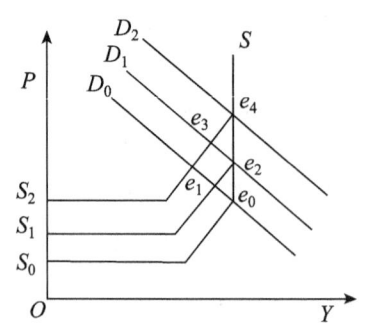

图8-3 供求混合型通货膨胀示意图

需求与成本的共同作用,必然演化成"螺旋式"混合型通货膨胀,如图8-3所示。

在图8-3中,随着总成本曲线从 S_0S 向 S_1S、S_2S 方向移动,为了不减少实际产量和出现过高的失业率,政府通常会通过增加货币供给和扩大投资支出来增加需求,这样总需求曲线就会由 D_0 向 D_1、D_2 方向移动。在总成本曲线和总需求曲线分别向上方移动过程中,价格水平沿着 e_0 到 e_1、到 e_2、到 e_3 再到 e_4 这样的轨迹"螺旋式"上升,出现了明显的持续性通货膨胀现象。

4. 结构型通货膨胀论

有些经济学家认为,在总需求和总供给处于平衡状态时,由于经济结构、部门结构方面的因素发生变化,也可能引起物价水平的上涨,这种通货膨胀被称为结构型通货膨胀。具体又可以分为三种:

(1)需求转移型通货膨胀。由于社会对产品和服务的需求不是一成不变的,在总需求不变的情况下,一部分需求转移到其他部门,而劳动力和生产要素却不能及时转移,这样原先处于均衡状态的经济结构可能因需求的移动而出现新的失衡。那些需求增加的行业,价格和工资将上升;另一些需求减少的行业,由于价格和工资刚性的存在,却未必会发生价格和工资的下降,最终结果导致物价的总体上升。

(2)部门差异型通货膨胀。部门差异型通货膨胀是指经济部门,如产业部门和服务部门之间由于劳动生产率、价格弹性、收入弹性等方面存在差异,但货币工资增长率却趋于一致,加上价格和工资的向上刚性,从而引起的总体物价上涨。许多西方经济学家相信,工人对相对实际工资的关心要超过对绝对实际工资的关心。因此,货币工资的整体增长水平便与较先进部门一致,结果就是落后部门的生产成本上升,并进而推动总体价格水平上升。还有一种情况是由"瓶颈"制约而引起的部门间差异,如在有些国家,由于缺乏有效的资源配置机制,资源在各部门之间的配置严重失衡,有些行业生产能力过剩,而另一些行业如农业、能源、交通等部门却严重滞后,形成经济发展的"瓶颈"。当这些"瓶颈"部门的价格因供不应求而上涨时,便引起其他部门,包括生产过剩部门的价格上涨。

(3)北欧型通货膨胀。北欧型通货膨胀是由北欧学派提出的,它以实行开放经济的小国为探讨背景。在这些国家,经济部门可以分为开放的经济部门和不开放的经济部门。由于小国一般只能在国际市场上充当价格接受者的角色,世界通货膨胀就会通过一系列机制首先传递到它们的开放经济部门,并进而带动不开放经济部门,最后导致价格总体水平上升,如图8-4所示。

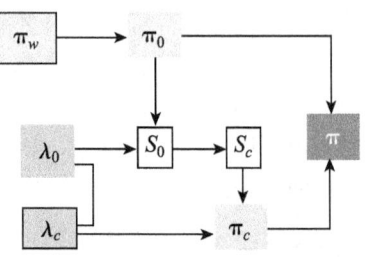

图8-4 北欧型通货膨胀示意图

在图 8-4 中，世界市场上的通货膨胀 π_w 首先传递给了该国开放经济部门，使其通货膨胀率为 π_0，开放经济部门的通货膨胀率 π_0 和劳动生产增长率 λ_0 决定该部门的工资增长率 S_0；开放经济部门的工资增长率 S_0 影响到非开放经济部门的工资增长率 S_c，两者趋于一致；非开放部门的工资增长率 S_c 和两部门之间的劳动生产增长率之差 $(\lambda_0 - \lambda_c)$ 决定非开放部门的通货膨胀率 π_c；最后，它们按照各自在国民经济中的比重加权，共同决定整个国家的通货膨胀率 π。由此可以得出结论：经济开放型小国的通货膨胀率是由外生变量（π_w、λ_0 和 λ_c）和部门结构（两部门在经济中的比重）共同决定的。

5. 预期论

在实际中，一旦形成通货膨胀，便会持续一段时间，这种现象被称为通货膨胀惯性。对通货膨胀惯性的一种解释是指人们对于通货膨胀做出相应的预期。预期对人们的经济行为有重要的影响，人们对通货膨胀的预期会导致通货膨胀具有惯性，如人们预期的通货膨胀率为 10%，在订立有关合同的时候，厂商会要求价格上涨 10%，而工人与厂商签订合同时也会要求增加 10% 的工资。这样，在其他条件不变的情况下，每单位商品的成本会增加 10%，从而通货膨胀率按 10% 持续下去，必然形成通货膨胀惯性。

8.2.2 通货膨胀的治理

1. 需求政策

由于通货膨胀的一个直接原因在于总需求大于总供给，因此当经济运行中出现较大的通货膨胀压力时，政府往往采取紧缩性的货币政策和财政政策以抑制过旺的总需求。

（1）紧缩性货币政策。紧缩性货币政策是指中央银行通过减少货币发行来降低流通中的货币量来抑制通货膨胀。运用紧缩性货币政策来抑制通货膨胀主要通过两条途径来实现：一是降低货币供应量的增长率；二是提高利率。

（2）紧缩性财政政策。紧缩性财政政策主要是指通过削减政府支出和增加财政收入来抑制通货膨胀。运用财政政策来治理通货膨胀主要是通过以下几种方式：一是增加税收，使企业和个人的利润和收入减少，从而使其投资和消费支出减少；二是削减政府的财政支出，以消除财政赤字、平衡预算，从而消除通货膨胀的隐患；三是减少政府转移支付，减少社会福利开支，从而起到抑制个人收入增加的作用。

2. 收入政策

收入政策的理论基础是成本推进型的通货膨胀。收入政策是指政府在通货膨胀时期用来限制货币收入水平和物价水平的经济政策，它通常是由政府制定一套关于物价和工资的行为准则，由价格决定者（劳资双方）共同遵守。其目的在于力图控制通货膨胀而不至于陷于"滞胀"。

收入政策一般包括下列几方面内容：

（1）确定工资—物价指导线，以限制工资—物价的上升。这种指导线是由政府当局在一定年份内允许总货币收入增加的一个目标数值线，即根据统计的平均生产力的增长，政府当局估算出货币收入的最大限度增长，而每个部门的工资增长率应等于全社会劳动生产率增长趋势，不允许超过。只有这样，才能维持整个经济中每单位产量的劳动成本的稳定，从而预定的货币收入增长就会使物价总水平保持不变。

（2）工资管制（或冻结工资），即强制推行的控制全社会职工货币工资增长总额和幅度，或政府强制性规定职工工资在若干时期内再增加必须固定在一定水平上的措施。管制或冻结工资被认为能降低产品成本，从而减轻成本推动通货膨胀的压力。这是通货膨胀相当严重时采取的非常措施，但因为通货膨胀严重，人民收入生活水平持续下降，从而使冻结或管制工资措施实施起来更为困难。

（3）以纳税为基础的收入政策。这是指通过一种对过多地增加工资的企业按工资增长超额比率征以特别税款的办法，来抑制通货膨胀。一般认为，实行这种税收罚款办法，可以使企业公司有所依靠，拒绝工资超额提高，并同工会达成工资协定，从而降低工资增长率，减缓通货膨胀率。

3. 供给政策

以拉弗等为首的供给派认为，通货膨胀是与供给联系在一起的。无论什么原因的通货膨胀最终的结果都是物价上涨，物价上涨在竞争的市场环境下总是表现为与货币购买力相比的商品供给不足。因此，治本的方法就是增加生产和供给，即提高劳动生产率，降低商品成本，增加有效供给。供应政策的主要内容包括：①减税，即降低边际税率；②削减社会福利开支；③稳定币值；④精简规章制度、给企业松绑，提高企业创新积极性和生产率等。

4. 收入指数化政策

收入指数化政策又称为指数联动政策，是指对货币性契约订立物价指数条款，让工资、利息、证券收益及其他收益部分或全部地与物价指数相联系，使各种收入随物价指数的升降而升降。这种政策在反通货膨胀的过程中，不仅能压缩社会总需求，而且在经济结构调整和增加社会有效供给方面都能发挥重要的作用。

总之，通货膨胀是一个十分复杂的经济现象，其产生的原因是多方面的，需要我们有针对性地根据原因采取不同的治理对策，对症下药。这种对症下药，并不是简单地根据原因分析一一对应，也不能机械僵化地照搬别人或自己以往的经验。而且对症下药也要以某一方案为主或优先，同时结合其他治理方案综合进行。也就是说，治理通货膨胀是一项系统工程，各治理方案相互配合才能取得理想的效果。

8.3 通货膨胀的社会经济效应

8.3.1 产出效应

1. 促进论

持这种观点的人认为通货膨胀可以促进经济的增长。这是以弗兰克斯、西尔斯、巴伊尔和泰勒等人为代表的结构主义者的看法。他们认为，在资本主义经济长期处于有效需求不足、生产要素尚未充分有效地使用、劳动者没有充分就业的情况下，实际经济增长率低于潜在的经济增长率。因此政府可以选择通货膨胀政策，实行财政赤字预算，扩大货币发行，增加政府的投资性支出，以扩大总需求，劳动总供给增加，从而刺激经济增长。这样由于投资乘数，即增加投资可以引起几倍投资量的国民收入增长的作用，在通货膨胀的同时，实际产量也增加了。

2. 促退论

持这种观点的人认为，通货膨胀与经济增长呈负相关，不仅不会促进经济增长，而且还会损害经济的发展。通货膨胀必然会阻碍经济增长和导致低效率，这是因为：①较长时期的通货膨胀会增加生产性投资的风险经营成本，使生产性投资下降；②它会造成对资金的过度需求，迫使金融机构加强信贷配额，降低金融体系的效率；③它会打乱正常的资金分配流向，使资金流向非生产部门，不利于经济的长期增长；④在社会公众对通货膨胀产生预期之后，政府可能会加强全国的价格管制，从而使经济运行更加缺乏竞争性和活力。

3. 中性论

持这种观点的人认为，人们对通货膨胀的预期最终会综合它对经济的各种效应。由于公众存预期，在一段时间内，他们会对物价上涨做出合理的行为调整，因此，通货膨胀的各种效应的作用就会相互抵消。通货膨胀对经济增长既无正效应，也无负效应，它是"中性"的。

8.3.2　强制储蓄效应

值得注意的是，这里所说的储蓄是指用于投资的货币积累。归纳起来，这种积累的来源主要有三种：一是家庭；二是企业；三是政府。上述三个部门的储蓄有其各自的形成规律：家庭部门的储蓄由收入减去消费支出构成；企业的储蓄由用于扩张生产的利润和折旧基金构成；政府的储蓄从来源上说比较特殊，可以有两种形式：如果政府用增加税收的办法来筹资用于生产性投资，那么这部分储蓄是从其他两部分储蓄中挤兑出来的，从而全社会储蓄的总量并不增加；如果政府向中央银行借款，从而直接或间接地增发货币，就会增加全社会的储蓄总量，结果将是物价上涨。在公众名义收入不变的前提条件下，按原来的模式和数量进行消费和储蓄，两者的实际额均减少，其减少的部分大体相当于政府运用通货膨胀强制储蓄的部分。

上面的分析是基于这样的假定，即经济已经达到充分就业的水平，因此用扩张货币的政策来强制储蓄会引起物价总水平的上涨。在实际经济运行中，可能尚未达到充分就业的水平，实际 GNP 大大低于潜在的 GNP，生产要素大量闲置，这时政府如果扩张有效需求，虽然也是一种强制储蓄，但是并不会引发持续的物价上涨。

8.3.3　收入分配效应

在通货膨胀时期，人们的名义货币收入与实际货币收入之间会产生差距，只有剔除物价的影响，才能看出人们实际收入的变化。由于社会各阶层人们收入的来源是不同的，因此在物价总水平上涨时，有些人的收入水平会下降，有些人的收入水平反而会提高。这种由物价上涨造成的社会再分配，就是通货膨胀的收入分配效应。

一般来说，依靠固定薪金维持生活的职员，由于薪金的调整总是慢于物价的上升，因此是主要的受害群体；工人和雇员也是受害者，其受害的程度跟他们所在的行业和企业在通货膨胀中的利润变动有关，处在产品价格大幅上升的企业的工人或雇员，名义工资可能增加得较快，通货膨胀的损失得到的补偿也就快些，受害的程度也就小一些。作为雇主，一般都会让工资上涨的幅度小于物价上涨的幅度，以谋求最大的盈利，因此雇主，尤其是从事商业活动的雇主会是通货膨胀的受益者。其中，最大的受益者是那些经营垄断性商品、从事囤积居奇的专门的投机商和不法经营者。在债权、债务关系中，那些以一定的利率借得货币的债务人，由于通货膨胀降低了实际利率等因素，使得他们的债务减轻，因而是受益者，而那些以获得一定的利息为报酬获得债权的人，则是受损者。

8.3.4 资产结构调整效应

一个家庭的资产由两部分构成：实物资产和金融资产。

在通货膨胀的条件下，实物资产的货币值大体上是随着通货膨胀率的变动而相应升降的。金融资产则比较复杂，例如，股票的行市是可变的，一般在通货膨胀下，会呈上升的趋势，但是由于影响股票价格的因素有很多，所以股票绝不是通胀中稳妥的保值资产的形式，尽管有些股票在通货膨胀之中令其持有者获得大大超出保值的收益。一般情况下，表明货币债权债务的各种金融资产，都有一个共同的特征，就是有确定的货币金额，这样的名义货币金额并不会随着通货膨胀发生与否而变化。显然，物价上涨，实际的货币额就会减少；物价下跌，实际的货币额就会增多。在这一领域中，防止通货膨胀损失的办法通常是提高利息率或采用浮动利率。但是，在严重的通货膨胀条件下，这样的措施往往难以弥补损失。所以一般来说，通货膨胀有利于债务人资产的增加，而易于导致债权人资产的减少。

8.4 通货紧缩

8.4.1 通货紧缩的含义

通货紧缩是通货膨胀的对应称呼，描述的是与通货膨胀完全相反的货币经济现象。经济学家对于什么是通货紧缩同样有着不同意见。

1. 物价总水平下降说

同意这种观点的有萨缪尔森、斯蒂格利茨斯等人。萨缪尔森和诺德豪斯在其《经济学》中的定义是："价格和成本正在普遍下降"；在《MIT 现代经济学辞典》中定义为："价格总水平的持续下降"；英国戴维·皮尔斯主编的《现代经济学辞典》中对通货紧缩定义是：通货紧缩是指一般物价水平的持续下降，表示为单位时间内一般物价水平减少的百分比；"物价总水平的持续下降"表现在：第一，价格总水平持续在零值以下，表现为 CPI 和全国零售物价上涨率连续负增长；第二，持续下降的时间在 6 个月以上。

2. 三个要素说

认为通货紧缩主要是指这样一种连续状态：在一定时期内，随着价格水平的不断下降，总需求没有相应的增长。主要内容包括：一定时期界定为 18 个月以上；价格主要是居民消费价格商品零售价格和固定资产投资价格；社会总需求下降的标志是通货量和货币供给量下降。总需求没有相应增长是指：一是低位徘徊；二是处于停滞状态；三是严格单调下降。定义通货紧缩时，价格、时间、需求三个要素一个都不能少，否则是不完整的。

综合来说，所谓通货紧缩是指由于货币供应量过少，不能满足市场商品流通的正常需要，从而引起货币升值、市场物价水平持续下跌的一种现象。

8.4.2 通货紧缩的分类

按照不同的标准，可以将通货紧缩进行不同的分类。主要的分类标准有：

1. 以通货紧缩的后果为标准，通货紧缩可分为危害型通货紧缩和无害型通货紧缩

危害型通货紧缩又称为无益型通货紧缩，是指由于生产能力过剩和需求低迷所致的通货紧缩。它表现为实际产出与潜在生产能力之间的"产出缺口"不断扩大。这类通货紧缩不仅降低总体物价水平，而且减少了总产出，极大地损害经济发展，甚至引起社会危机。

无害型通货紧缩又称为技术进步型通货紧缩，这种通货紧缩最重要的现象是价格水平下降，但总产出水平增加。它常常是由于技术进步加快，降低了生产成本，从而促进了产品价格下降所致。它对经济发展是有益的。

2. 通货紧缩以其紧缩程度为标准，可分为温和型通货紧缩和严重型通货紧缩

温和型通货紧缩是指物价水平在 -3%~0 之间波动，持续时间不超过 6 个月的轻微的通货紧缩。

严重型通货紧缩是指物价水平跌破 -3%，并且持续时间在 6 个月以上的通货紧缩。

3. 通货紧缩以其成因为标准，可以分为需求不足型通货紧缩、结构型通货紧缩、微观效益型通货紧缩和政策失误型通货紧缩

需求不足型通货紧缩是指由于社会有效需求严重不足引起的通货紧缩，一般表现为供给总量过剩（生产能力过剩）。

结构型通货紧缩是指由于需求结构与供给结构严重错位及比例失衡引起的通货紧缩，一般表现为结构型过剩与市场结构性萎缩。

微观效益型通货紧缩是指由于生产成本的上升，企业经济效益下降引发的通货紧缩。通货紧缩作为宏观经济现象，其生成机理在微观经济。

政策失误型通货紧缩是指由于国家的宏观经济政策失误造成的通货紧缩。

4. 通货紧缩以预期与否为标志，可分为预期型通货紧缩和非预期型通货紧缩

1929 年~1933 年经济大萧条之前发生的通货紧缩大都是未被预期的，第二次世界大战以后资本主义各国发生的通货紧缩多数为预期型的。20 世纪 90 年代，日本、韩国及东南亚各国发生的通货紧缩基本上都是在经济过热和泡沫经济之后发生的，是早已被理智的政府和经济界人士所预料到的。

8.4.3 通货紧缩的成因

1. 纯货币的通货紧缩理论：货币数量的减少

根据费雪方程 $MV = PY$，当货币流通速度 V 与真实产出 Y 趋于稳定时，货币存量的下降导致通货紧缩。20 世纪以前的通货紧缩时常伴有货币数量减少，货币数量说解释物价水平的下降方面占支配地位。20 世纪初是各国通货紧缩的高发时期，许多学者将货币数量论作为解释通货紧缩的重要理论基础。

郝特雷（R. G. Hawtrey）对通缩的纯货币解释为：银行收缩信用—利率提高—生产活动压缩—消费者收入减少—总需求减少—价格下降—批发商的订货减少—生产者的订单减少—生产活动再压缩—消费者收入再减—总需求再减—价格再降。

2. 金融结构性通货紧缩理论：对借贷的管理太松

费雪的债务—通货紧缩理论认为通货紧缩来自于过度负债，产生机理在于"经济繁荣—负债增加—过度负债—流动性缺乏—降价抛售—物价下跌—债务真实价值上升—破产的可能性加大—再降价"。在通货紧缩过程中，债务清算的速度永远赶不上债务真实价值增长的步伐。只有当过度负债被大规模的企业破产强制性消除以后，通货紧缩才能停止，新一轮繁荣与萧条的更替才会重新开始。

3. 非货币金融的通货紧缩理论

（1）生产能力过剩。投资过度论认为：通货紧缩的原因是生产结构的失调，生产结构的失调在于繁荣时期投资结构的失调——生产性投资过度。消费品的供给增加了，而需求却在降低，价格必然下跌。并非仅由于银行准备金不充分而造成的资金不足。

（2）实质需求不足。预期看淡或制度性障碍会造成投资不足和消费不足。消费不足既可能起因于投资过度下的资本积累使生产超过消费力，也可能是由收入分配的不平等、人口老龄化、社会保障的恶化等引起的，或者由本币高估造成外需不足。

（3）技术进步。技术进步会通过降低单位商品的劳动量而引起通货紧缩。

8.4.4 通货紧缩对社会经济的影响

1. 通货紧缩对就业的影响——会加重失业的可能

（1）通货紧缩的经济衰退效应表明，通货紧缩多与经济衰退相伴随。通货紧缩的最主要的特征是物价持续与普遍的下跌，通货紧缩的经济衰退效应可以理解为物价的持续与普遍下跌对经济的促退作用。物价的普遍下跌主要通过以下途径对经济产生促退作用：产品价格下降，利润减少。物价的持续与普遍下跌使得生产者所生产的产品价格降低，从而使企业利润减少甚至亏损，严重打击生产者的积极性，这将使生产者减少生产或停产，进而使全社会的经济增长速度受到抑制。因此，通货紧缩意味着投资机会的锐减，亦即可能容纳就业的机会的锐减。

（2）在通货紧缩条件下，实际利率居高不下。通货紧缩会加重借债人的负担，而现代企业经营所需的资金大部分是借来的，在这样的情况下，势必会使企业生产陷入停顿状态。因此，通货紧缩将导致生产过程的低落，从而会导致失业的增多。通货紧缩造成物价的持续与普遍下跌，使实际利率居高不下，这是一种有利于债权人而损害债务人的制度安排。社会上的债务人大多是生产者和投资者，债务负担加重，无疑会使他们的生产与投资活动受到影响。通货紧缩抑制了生产者的积极性，企业减产甚至停产的增多，下岗人员自然增多。

（3）在通货紧缩条件下，物价下跌使生产者的利润减少，生产积极性降低。这又将影响到居民的收入水平和就业状况，居民收入水平的降低意味着消费需求减少，加重社会总需求不足的状况。非自愿失业增多，标志着社会远未达到充分就业状态，实际经济增长低于自然增长。

2. 通货紧缩对投资的影响

通货紧缩对投资的影响主要通过投资成本和投资收益的变化而发生作用。

（1）通货紧缩对投资成本的影响。在通货紧缩条件下，从全社会投资来看，投资倾向会随着通货紧缩加剧而有所减弱。其中，投资实际成本的上升起着重要作用。名义利率的下降又使新发行的企业债券成本上升,通货紧缩对投资的影响可以从投资倾向的变化进行分析。通货紧缩时的实际利率有所提高,社会投资实际成本随之增加,这种实际成本的增加还使投资项目处于劣势,因为相关投资项目未来重置成本趋于下降,这就使当期投资决策不合算。这一点对许多新开工项目所产生的制约较大,这就迫使投资倾向下降。从投资方面来看,通货紧缩可以通过降低社会投资倾向对经济稳定发展会产生较大的影响。

(2) 通货紧缩对投资收益的影响。通货紧缩可使投资预期收益下降。投资的预期收益主要由商品的未来市场性和价格趋势所决定,通货紧缩使远期市场供过于求的态势有所加剧,而且价格下降。在通货紧缩条件下,产品市场供过于求的矛盾比较突出,据此,理性的投资者的预期价格会进一步下降,公司的预期利润有所下降。因而投资者不仅会推迟新的投资项目实施,而且会努力缩减产量以减少投资项目亏损。这还会使公司收入降低,股票价格趋于下降。通货紧缩还可通过资产价格变化而对投资产生间接影响。格雷格提出:"对通货紧缩惧怕的程度要比对通货膨胀惧怕的程度更大,因为通货紧缩往往伴随证券市场的萎缩"。

(3) 通货紧缩对投资倾向的影响。从广义的投资来看,通货紧缩对投资决策产生较大影响。当出现严重通货紧缩时,投资者会提前偿还其债务并同时购买债券,因为通货紧缩条件下债务偿还成本有所增加,各种形式的债务利息负担会自动上升。随着金融创新的发展,投资会蕴含更大的风险。在通货紧缩的情况下,资产价值可能因实际形成的内生性紧缩政策向下调整。股价看跌,债务实际负担有所加重需要提前偿还,同时股票资产出现缩水,这样对于股票投资来说通货紧缩与预期收益下降并存。

3. 通货紧缩的财富效应

(1) 通货紧缩与财富缩水。通货紧缩对收入与消费的影响是通过财富收缩效应实现的。这里所谓的财富,是指全社会的财富总量,财富缩水即全社会财富的减少。

1) 企业财富的缩水。通货紧缩使企业产品价格下降,企业盈利减少,企业盈利能力减退,而市场对企业资产的定价一般是以它的盈利能力为标准确定的,盈利能力降低,其资产价格也相应降低。通货紧缩使企业资产价格下降的另一个原因是企业的负债率上升。在通货紧缩情况下,企业大多利润降低且产品销售不畅,企业的债务率一般是上升的。与此同时,在名义利率下降的程度不及物价的下降程度时,企业借入的每一笔债务,过了一段时间以后,实际将不得不偿还更多的钱,这就会使企业的债务负担加重。加重的债务负担一方面削减企业的净资产,另一方面将使企业陷入债务的泥潭。正如美国经济学家欧文·费雪所说的,在通货紧缩的条件下,负债人越是还债,它们的债就越多。

2) 居民财富的缩水。收入是居民财富的源泉。在通货紧缩条件下,下岗失业职工较多,劳动力市场明显供过于求,在完全市场条件下,工资将会降低。考虑到工资本身的刚性和粘性,即便工资没有降低或小有上升,但由于下岗失业人员的收入绝对减少,居民整体的收入难以达到正常的增长。

居民已有资产也将缩水。居民所有的资产大多为消费用的资产,在通货紧缩条件下,消费用资产的价格也是大幅降低。这些消费用资产占居民家庭财富主要部分,其货币价的降低就意味着居民财富的缩水。

3) 政府财富的缩水。政府财富,可分为存量和流量两部分。其存量部分,如属于生产性的资产，则可视同前面所分析的企业资产，在通货紧缩的情况下是收缩的；如属于消费性资产，则可视同居民的消费品，其价值随着消费品价格的降低而缩水。政府财富的流量部分，为政府的收入与支出。集中反映政府收支状况的指标，自然是非政府赤字指标莫属。从20世纪90年代以来中国政府赤字的变化情况可以看出，自1998年出现明显通货紧缩以来，中国财政赤字有了显著的增长。

（2）社会财富在企业与居民之间的再分配。凯恩斯认为：通货紧缩使社会生产活动限于低落。通货紧缩的分配效应可以分为两个方面来考查，即社会财富在债务人与债权人之间的分配，以及社会财富在政府与企业、居民之间的分配。从总体而言，经济中的债务人一般为企业，而债权人一般为居民，因此社会财富在债务人与债权人之间的分配也就是在居民与企业之间的分配。在通货紧缩的情况，物价持续下跌，但名义利率的下跌一般赶不上物价下跌的速度，因此实际利率呈现上升的趋势。这一变化使社会财富产生了巨大的再分配效应。

8.4.5 治理通货紧缩的一般措施

按照货币学派的观点，通货膨胀无论何时何地都是一种货币现象，通货紧缩是逆通货膨胀，自然也不例外。用最抽象的方法去思维，我们可以把市场上的流转物分作两堆，一堆是商品和劳务，另一堆是货币。这两堆流转物在对流或交换过程中，相对数量如果出现大起大落的变化，就会出现物价的涨跌，这种涨跌达到一定幅度或持续超过一定时期，就发生了经济学家们所说的通货膨胀或通货紧缩。这种最为简单的解释中似乎也包含了解决问题的答案：要解决通货紧缩问题，一定要解决上面所说的"另一堆"问题，即如何想方设法增加货币数量。

1. 扩张性货币政策

要通过降低法定存款准备金率、降低再贴现利率、进行公开市场购买等方式增加货币供给量。在实行利率管制的国家，中央银行要直接下调存贷款利率，刺激企业投资和人们对耐用消费品的消费需求。在通货紧缩时期，扩张性的货币政策效果不佳，其主要原因是人们对经济不景气的预期抑制了企业的投资动机和消费者的消费需求，抑制了银行的贷款增加，各方因素均阻碍总需求的增长，使经济很难走出通货紧缩的困境。

2. 扩张性财政政策

政府通过进行一些基础设施的投资建设，能在相当程度上拉动固定资产投资，带动相关产业的投资需求，同时还可增加就业和部分人的收入，促进消费需求。政府应通过减税的方式鼓励企业投资，减税能增加企业的可用资金，减少由于财务困难陷入破产的企业数量，也可防范由于企业破产而出现的失业。政府应通过增加转移支付的方式增加一部分人的收入，这是刺激消费需求的重要途径。

知识链接

2017年12月2日，美国参议院以51票对49票通过税改法案，该事件再次吸引了全球关注。其中最有代表性的三种观点为：一是"阴谋论"，认为美国税改是针对中国的"税收战争"；二是"赞歌论"，认为美国税改将引发企业回归，最终税收不减反增；三是"不负责任论"，认为美国税改是"美国优先"内顾型政策的突出体现，必将引起全球竞相减税。

此前众议院已通过众议院版税改法案，接下来参众两院将就最终版本进行协商。如果此次税改法案能通过，将成为自里根政府以来最大的税改法案。此次税改旨在通过简化税法、鼓励企业增加投资、刺激居民消费，使美国企业税率与其他国家相比更具竞争力，主要内容包括三个方面：一是在个人所得税方面，众议院版本税改法案将联邦个人所得税率从7档简化为4档，最高联邦个人所得税率维持在39.6%不变；参议院版本税改法案仍维持联邦个人所得税率7档，但最高联邦个人所得税率降至38.5%；二是将企业所得税从35%大幅降至20%，此外，对跨国企业目前为避税而囤积在海外的2.6万亿美元利润，只需一次性缴纳14%便可合法汇回美国；三是将目前的全球征税体制转变为属地征税体制，对海外子公司股息所得税予以豁免。但同时，此次税改针对跨国企业新增了20%的"执行税"，以限制这些企业通过和美国以外分支机构的内部交易来避税。

3. 调整产业政策

政府要进行产业结构调整，压缩供给过剩的产品生产以抑制此产业的扩张，支持适销对路、技术含量高和附加值高产品的生产，优化产业结构。对重点产业要给予优惠政策，解决因结构性供给过剩导致的消费需求下降和投资需求下降，抑制通货紧缩的持续。

4. 价格管理政策

政府要对一些行业的产品或服务的价格进行直接或间接管制，如禁止某些产品的不正当价格竞争，对违反规定者依法罚款或通过道德教育让厂家放弃降价促销等做法。此政策仅可在短期内奏效，不能从根本上解决问题。

本章小结

通货膨胀与通货紧缩从表面上看都是一种货币现象，但其根源在经济本身。通货膨胀是指纸币的发行量超过流通中所需要的数量，从而引起纸币贬值、物价上涨的经济现象，其实质是社会总需求大于社会总供给。通货紧缩是与通货膨胀相反的一种经济现象，是指在经济相对萎缩时期，物价总水平较长时间内持续下降、货币不断升值的经济现象，其实质是社会总需求持续小于社会总供给。

从不同的角度，用不同的标准，可以把通货膨胀进行不同的分类。常见的通货膨胀分类方法有：根据通货膨胀的程度分为爬行式、温和式、奔腾式与恶性通货膨胀；按市场机制的作用分为公开型通货膨胀与隐蔽型通货膨胀；按市场对通货膨胀的预期分为可预期的通货膨胀与不可预期的通货膨胀；按照通货膨胀发生的原因分为需求拉上型通货膨胀、成本推进型通货膨胀、结构型通货膨胀与预期型通货膨胀。

通货膨胀的成因和机理比较复杂，对此各国经济学家从不同的角度出发做出了各种分析，提出了需求拉上论、成本推动论、供求混合说、结构说等不同的理论解释，并依其成因形成了通货膨胀的需求拉上论、成本推动论、供求混合推动论和结构性通货膨胀论等理论。

通货膨胀的治理措施有：需求政策、收入政策、供给政策和收入指数化政策。

通货紧缩是通货膨胀的对应称呼，描述的是与通货膨胀完全相反的货币经济现象。经济学家对于什么是通货紧缩同样有着不同意见。按照不同的标准，可以将通货紧缩进行不同的分类。主要的分类标准有：以通货紧缩的后果为标准，通货紧缩可分为危害型通货紧缩和无害型通货紧缩；以通货紧缩的程度为标准，可分为温和型通货紧缩和严重型通货紧缩；以通货紧缩的成因为标准，可以分为需求不足型通货紧缩、结构型通货紧缩、微观效益型通货紧缩、政策失误型通货紧缩；以通货紧缩预期与否为标志，可分为预期型通货紧缩和非预期型通货紧缩。

习　题

一、复习题

1. 选择题

(1) 下列关于通货膨胀的表述中，不正确的是（　　）。
　　A. 通货膨胀是物价持续上涨　　　　B. 通货膨胀是物价总水平的上涨
　　C. 通货膨胀是指物价的上涨　　　　D. 通货膨胀是纸币流通所特有的

(2) 通货膨胀时期债权人将（　　）。
　　A. 增加收益　　　　　　　　　　　B. 损失严重
　　C. 不受影响　　　　　　　　　　　D. 短期损失长期收益更大

(3) 我国目前主要是以（　　）反映通货膨胀的程度。
　　A. 居民消费价格指数　　　　　　　B. GDP 平减指数
　　C. 批发物价指数　　　　　　　　　D. GNP 平减指数

(4) 成本推动说解释通货膨胀时的前提是（　　）。
　　A. 总需求给定　　　　　　　　　　B. 总供给给定
　　C. 货币需求给定　　　　　　　　　D. 货币供给给定

(5) 在完全竞争市场上，不可能产生的通货膨胀类型是（　　）。
　　A. 需求拉上型通货膨胀　　　　　　B. 结构性通货膨胀
　　C. 成本推进型通货膨胀　　　　　　D. 预期型通货膨胀

(6) 对于需求拉上型通货膨胀，调节和控制（　　）是个关键。
　　A. 社会总需求　　B. 收入分配　　C. 财政收支　　D. 经济结构

(7) 下列各项政策中，（　　）可以解决通货膨胀中收入分配不公的问题。
　　A. 限价政策　　　　　　　　　　　B. 指数化政策
　　C. 减税政策　　　　　　　　　　　D. 增加供给的政策

(8) 通货膨胀对社会成员的主要影响是改变了原有收入和财富分配的比例，这是通货膨胀的（　　）。
　　A. 强制储蓄效应　　　　　　　　　B. 收入分配效应
　　C. 资产结构调整效应　　　　　　　D. 财富分配效应

(9) 认为通货紧缩完全是一种货币现象是（　　）的观点。
　　A. 凯恩斯主义　　　　　　　　　　B. 后凯恩斯学派
　　C. 货币主义学派　　　　　　　　　D. 马克思主义

(10) 认为通货膨胀表现在流通领域，根源于生产和流通领域，是（　　）的观点。
　　A. 凯恩斯主义　　　　　　　　　B. 后凯恩斯学派
　　C. 货币主义学派　　　　　　　　D. 马克思主义
(11) 通货膨胀对策中，通过公开市场业务出售政府债券属于（　　）。
　　A. 控制需求　　　　　　　　　　B. 改善供给
　　C. 收入指数化政策　　　　　　　D. 紧缩性财政政策
(12) 通货膨胀对策中，压缩财政支出属于（　　）。
　　A. 改善供给　　　　　　　　　　B. 紧缩性收入政策
　　C. 收入指数化政策　　　　　　　D. 紧缩性财政政策
(13) 通货膨胀对策中，冻结工资和物价属于（　　）。
　　A. 控制需求　　　　　　　　　　B. 改善供给
　　C. 收入指数化政策　　　　　　　D. 紧缩性财政政策
(14) 下列（　　）不属于通货紧缩有害的方面。
　　A. 储蓄增加的同时个人消费相应减少
　　B. 实际利率上升，债务人负担加重
　　C. 实际利率上升，投资吸引力下降
　　D. 促进企业在市场竞争中占领市场份额而运用降价促销战略
(15) 下列（　　）不是通货膨胀的成因。
　　A. 银行信用膨胀　　　　　　　　B. 财政赤字
　　C. 经常项目顺差　　　　　　　　D. 资本项目逆差
(16)（　　）认为通货紧缩可能的原因是资产泡沫破灭对经济产生的致命的影响。
　　A. 凯恩斯　　B. 格林斯潘　　C. 弗里德曼　　D. 舒尔茨
(17) 在通货紧缩成因分析中，（　　）认为严重通货紧缩是货币紧缩的结果。
　　A. 凯恩斯　　B. 格林斯潘　　C. 迈耶　　　　D. 舒尔茨
(18) 下列（　　）说法明显是错误的。
　　A. 物价水平的持续下降意味着实际利率的上升，投资项目的吸引力下降
　　B. 物价水平的持续下降意味着货币购买力不断提高，从而消费者会增加消费，减少储蓄
　　C. 通货紧缩可能引发银行业危机
　　D. 通货紧缩制约了货币政策的实施

2. 判断题

(1) 使用 GDP 平减指数衡量通货膨胀的优点在于其能度量各种商品价格变动对价格总水平的影响。（　　）
(2) 需求拉上说解释通货膨胀时是以总供给给定为前提的。（　　）
(3) 工资—价格螺旋上涨引发的通货膨胀是需求拉上型通货膨胀。（　　）
(4) 所谓通货膨胀促进论是指通货膨胀具有正的产出效应。（　　）
(5) 一般说来通货膨胀有利于债权人而不利于债务人。（　　）
(6) 需求拉上论认为通货膨胀的原因在于产品成本的提高，因而推动着物价上涨。（　　）

(7) 通货膨胀得以实现的前提是现代货币供给的形成机制。　　　　　(　　)
(8) 通货紧缩时物价下降，货币购买力增强，使居民生活水平提高，对经济有利。(　　)
(9) 经济学的稳定目标中应包含不要陷入通货紧缩的要求。　　　　　(　　)
(10) 隐蔽型通货膨胀没有物价的上涨，因此无法用指标来衡量。　　(　　)

3. 问答题

(1) 你认为应该如何定义通货膨胀？
(2) 试分析中华人民共和国成立后我国历次的通货膨胀。
(3) 试分析通货膨胀对社会的影响。
(4) 谈谈你对我国通货紧缩成因的看法。
(5) 试评析我国治理通货紧缩的各项政策。

二、案例应用分析

纵观人类社会经济发展历史，通货紧缩是一种比较普遍的经济现象。最具代表性的，当属美国1929年～1933年经济大萧条期间出现的严重通货紧缩，以及日本产生于20世纪90年代并延续至今的螺旋式的通货紧缩。无论是美国还是日本，其通货紧缩的产生和发展都与证券市场有着密不可分的关系。

1. 美国1929年～1933年的通货紧缩

在大萧条之前的1922年～1929年被称为是美国"繁荣的七年"，股票市场（以下简称股市）上，投机之风可谓空前绝后。据统计，在此期间，有价证券的发行额为490亿美元，而股指居然上涨了5倍。1929年10月24日，美国股市出现恐慌性抛售，当天的交易量达到1300万股，证券市场一天之内蒙受的损失创造了历史最高纪录。至1932年6月，以S&P500指数（标准－普尔500指数）为代表的股票价格已平均下降了86%。股市的暴跌成为引发美国其后5年严重的通货紧缩的导火线。

美国1929年～1933年的通货紧缩主要表现为：

(1) 居民消费价格指数（CPI）大幅下降。1929年8月至1933年4月，CPI下降了28%。可见，通货紧缩是美国大萧条时期的首要特征。

(2) 国民生产总值（GNP）大幅回落。1929年～1933年，美国的GNP下降近24%，平均每年有接近8.3%的负增长。

(3) 工厂、银行大量倒闭。大萧条期间，美国倒闭的工厂超过14万家，倒闭的银行超过5100家。

(4) 失业率大幅上升。1929年～1933年，失业率从3%上升至25%。

(5) 消费萎缩，投资暴跌。1929年～1933年，物价平均下跌了6.7%，美国企业投资额由1929年的560.2亿美元下降到1933年的84.4亿美元。

(6) 证券市场筹资额锐减。1929年，美国企业债券、股票的筹资额近80亿美元，而1930年锐减至44.83亿美元，至1933年筹资额只有1.6亿美元。

2. 日本的通货紧缩

1985年～1989年，日本经历了泡沫经济形成、发展和最后破灭的过程。由于极度扩张性的货币政策，大量的过剩资金涌入股票和房地产市场，导致股票和房地产价格暴涨。1989

年底,以日经指数由 38915 点的历史高位急剧下挫为标志,日本的泡沫经济宣告破灭,从此进入战后持续时间最长的经济萧条时期。尤其是 1998 年之后,各种迹象表明日本经济已处在"通货紧缩螺旋"的边缘。

当前日本经济形势,在一定程度上出现了与美国大萧条时期相似的通货紧缩特点,主要表现为:

(1) 物价下跌。日本 CPI 从 1999 年起连续 27 个月下降,2001 年 CPI 更是下跌 0.8%,跌幅创历史纪录。

(2) 经济增长陷入停顿。1992 年~1995 年日本实际 GDP 增长率不到 1%,1998 年则下降到 -2.8%,是战后经济增长表现最糟糕的一年。

(3) 企业生产能力下降。日本生产能力指数曲线从 1998 年以来一直处于下降趋势,截至 2001 年 2 月,破产企业负债额为 23.61 万亿日元。

(4) 就业形势严峻。20 世纪 90 年代初以来,日本年均失业人数连续增多,2000 年完全失业率达 4.9%,2001 年再次创纪录地达到 5.4%。

(5) 资产价格下跌。"泡沫经济"崩溃以来,日本地价持续下跌。2001 年年初商业用地的地价下跌 7.5%,仅为最高值(1990 年 9 月)时的 18%,跌至 1981 年的水平。

(6) 股市低迷。"泡沫经济"崩溃之后,股市一蹶不振,至 2002 年 11 月 14 日,日经指数以 8303.39 点报收,创下 1983 年 3 月以来的最低水平。

问题:谈谈美日通货紧缩的启示。

第 9 章 中央银行

【教学目标】

通过本章的学习，了解建立中央银行的必要性、中央银行产生与发展的过程、主要职能及主要业务，认识中央银行在金融机构和整个经济中的地位和作用。

【导入案例】

广场协议引发日本经济噩梦

美国财长及中央银行行长会同英、法、西德、日四国财长和央行行长达成协议，并以签署地美国纽约广场饭店命名了会议的成果——"广场协议"。协议要求以各国联合干预的方式促成美元对日元、马克贬值，力求借此扭转美日之间的巨额贸易逆差。任谁也不会料及，就在这一天，日本经济的发展被施以了魔咒。

在经历了 20 世纪七八十年代的高速增长之后，日本于 20 世纪 80 年代末跃升为仅次于美国的经济第二大国。然而，在 20 世纪 80 年代中晚期，日本逐次经历了痛苦的经济泡沫爆发、崩溃、通货紧缩乃至一蹶不振的长期停滞。撇开经济从高潮到衰退背后的制度性因素，无可否认，"广场协议"带动的日元大幅升值是日本经济发生转折最直接的祸首。

1985 年 9 月 22 日，美国财长及中央银行行长会同英、法、西德、日四国财长和央行行长达成了"广场协议"。此协议一经签订，日元在 3 个月内就从 1 美元兑 240 日元上升到 1 美元兑 200 日元，到 1988 年甚至戏剧性地攀升至 1 美元兑 120 日元的高位。

为了抵消日元升值对本国出口贸易的负面效应，日本政府从 1987 年 2 月～1989 年 5 月一直实行 2.5% 的超低利率。在超低利率刺激下，日本国内泡沫空前膨胀。日经平均股价在 4 年中上涨了 2 倍。

1989 年最后一天，日本市场交易创下接近 4 万日元的历史最高股价，得意忘形的人们认为"明年股价可望达到 5 万日元"。然而以这一天为转折点，1990 年市场交易的第一天，股价就落入了地狱。

自 1985 年起，日本六大城市土地价格每年以两位数的百分比上升，1987 年住宅用地价格竟上升了 30.7%，商业用地则跳升了 46.8%。土地价格的急剧上升造成土地担保价值上升，土地所有者能借此从金融机构借到更多的钱，并以此为本金再去购买别的土地。然而，到了 1997 年时，住宅用地价格比最高价时已下降了 52%，商业用地更是下降了 74%。泡沫的崩溃造成土地交易几乎无法成交，而金融机构则被坏账紧紧包裹无法动弹。

日元升值使海外企业和土地等资产价格以及金融资产相对比较便宜，于是日本企业和投资家意气风发地大量接收已开始出现泡沫破灭征兆的美国国内资产。美国则借由美元贬值等因素成功转移了泡沫破裂成本和外债负担，充分利用这个缓冲期发展以信息产业为龙头的新经济。

20世纪90年代，日元再演币值上升风云，1995年一度达到1美元兑换80日元，此番升值对制造业产生了实实在在的影响。企业通过加强管理来提高生产率的余地几乎全部消失，日元升值已经达到了日本经济无法承受的水平。随后，在美国的干预下日元开始贬值并引发了"抛售日本"狂潮，日本经济的增长潜力笼罩在阴影中。泡沫破裂后，由于日元贬值造成日本银行资本充足率下降，再加上日本金融体系中固有的信息不透明等问题，使银行体系受到市场的严厉惩罚，一些大银行纷纷破产或重组。自此，日本从"十年衰退"状态进入"退休日本"状态。

无论本币升值还是贬值均对经济的持续稳定发展起到了破坏作用，汇率政策在日本何以失灵？表面上看是政府经济金融政策操作失当，进一步深究则发现日本金融系统的市场观滞后于时代的发展。在政党、官僚、财阀铁三角的钳制下，政府实施的渐进性改革没有解决金融系统效率低下的问题，即便拥有全世界最大量的外汇储备也无法支撑独立、自主、国际化的日元。

在日本经济起飞时期，其管制性产业金融体制为日本的制造业提供了大量廉价资金，有效推动了日本模式走向成功。但随着经济全球化步伐加快，日本金融业却无法成功应对日元升值贬值对经济体带来的冲击，金融体系的低效已成为阻碍日本经济获得长期增长潜力的绊脚石。

9.1 中央银行的产生与发展

当今世界上大多数国家都实行中央银行制度，各国的中央银行或类似于中央银行的金融管理机构，均处于金融体系的核心地位，对整个国民经济发挥着宏观调控的作用。中央银行关系到一国宏观经济的方方面面，本节主要讨论中央银行的产生、演进、职能等相关问题。

9.1.1 中央银行产生的客观必然性

中央银行是银行业发展到一定阶段的产物，具体来说，是基于以下几个方面的需求而产生的：

1. 统一发行银行券的需要

所谓的"银行券"，是由银行发行的一种债务凭证。在银行业发展的初期，并无商业银行和发行银行之分，众多的银行均可以从事银行券的发行。这种分散的银行券逐步暴露出来极其严重的缺点：①不利于货币流通的稳定，因为众多的中小银行信用实力薄弱，其发行的银行券常常不能兑现，尤其在危机时期，不能兑现的情况非常普遍，容易使货币流通陷入混乱局面；②许多分散的小银行，其信用活动领域有地区的限制，因此他们所发行的银行券也只能在有限地区使用，不利于商品流通的进一步扩大。随着资本主义经济的发展，商品流通范围的扩展就需要一种能在全国市场上广泛流通的信用工具，而这样的流通工具显然只能由拥有大量资本、在全国范围内具有威信的大银行才能胜任。在这样的基础上，国家遂以法令形式限制或取消一般银行的发行权，而把集中发行权集中于专门发行银行券的中央银行。

2. 票据清算的需要

银行林立、银行业务不断扩大，债券债务关系错综复杂，票据交换及清算如果不能及时、合理地处理，会阻碍经济顺畅运行。于是，客观上也要求国家建立一个全国统一的、公正的清算结构。

3. "最后贷款人"角色的需要

在经济周期发展过程中，商业银行往往陷入资金调度不灵的窘境，有时会因自己支付能力不足而破产。银行缺乏稳固性，不利于经济和社会的发展，因此客观上需要有一个统一的金融机构作为众多银行的后盾，发挥"最后贷款人"的角色，在必要时为他们提供货币资金（即流动性）。

4. 金融宏观调控的需要

银行业的竞争与其他行业的竞争一样，异常激烈。银行业竞争中的破产、倒闭给经济造成的动荡要比其他行业大得多。因此，需要一个能够代表政府意志的专门机构进行监督管理。中央银行是最早承担起金融监管职责的机构，也是目前世界上绝大多数国家金融监管的最主要机构。

9.1.2 中央银行产生与发展的历史阶段

中央银行的产生与发展经历了一个漫长的过程，大体上我们将其分为四个阶段：

1. 中央银行的起源阶段

通常谈及中央银行的起源，首先要提到的是瑞典银行和英格兰银行。前者成立于1656年，后者成立于1694年，但它们成立之初并不是中央银行。瑞典银行初建时为一般私营银行，后于1668年改组为国家银行，一直到1897年它才独占货币发行权。真正最早全面发挥中央银行功能的应该是英格兰银行。

英格兰银行作为世界上最早的私人股份制银行，自其成立之初已具有与其他银行不同的特权，比如接受政府存款并向政府提供贷款，以及在发行银行券上的优势等。但使其成为中央银行决定性的一步则是在1844年之后的事情：基本垄断货币发行权。1844年通过的《银行法》，结束了在英国有279家银行发行银行券的局面。同时，因为其他商业银行需要银行券的时候只能从英格兰银行提取，所以必须在英格兰银行有存款，这就使英格兰银行成为集中其他商业银行准备金的银行，奠定了英格兰银行作为中央银行的基础。1854年英格兰银行成为英国票据交换的中心，1872年开始肩负起对其他银行资金困难时提供资金支持的责任，即"最后贷款人"的责任。这使其具有了相当程度的全国金融监管机构的色彩，英格兰银行向中央银行的演变也基本成型。

2. 19世纪初到第一次世界大战前中央银行产生的第一次高潮

从19世纪初到第一次世界大战爆发前期，出现了成立中央银行的第一次高潮。例如，成立于1800年的法兰西银行到1848年垄断了整个法国的货币发行权，并于19世纪70年代完成了向中央银行的过渡；德国于1875年将原来普鲁士银行改为国家银行，于20世纪初基本独享货币发行权等。1913年美国联邦储备系统的建立，是这阶段最后形成的中央银行制度。在此期间，世界上约有29家中央银行相继设立，绝大部分是在欧洲国家。

3. 20世纪初中央银行成立的第二次高潮

第一次世界大战结束以后，面对世界性的金融恐慌和严重的通货膨胀，1920年在比利时首都布鲁塞尔召开的国际会议,与全国要求尚未设立中央银行的国家尽快建立中央银行,以共同维持国际货币体系和经济的稳定。由此掀起了中央银行成立的第二次高潮,如澳大利亚联邦银行于1924年、旧中国中央银行、希腊银行、土耳其中央银行于1928年、墨西哥中央银行于1932年、新西兰储备银行于1934年、加拿大银行、印度储备银行、阿根廷中央银行于1935年分别成立。中央银行的三大职能——发行的银行、银行的银行、国家的银行,在这段迅速扩张时期中逐渐完善。

4. 第二次世界大战结束后经济落后国家中央银行的建立

第二次世界大战结束以后,一批经济落后的国家摆脱了宗主国或殖民者的统治,将建立中央银行视为巩固民族独立和国家主权的一大标志,使中央银行的成立再次达到高潮。由于有老的中央银行创立和发展经验可循,此后成立的中央银行大都是利用政府力量直接设立,并且一开始就从法律上确立其特殊的职能定位。

中央银行制度在世界各国日渐普及的同时,中央银行的各项职能也不断明确和完善。20世纪30年代大危机以后,各国开始重视政府对经济的干预作用,而货币政策和财政政策是政府干预经济的主要工具,中央银行作为货币政策的制定者和实施者,其地位也不断巩固和提高。与此对应的是政府对中央银行的控制也在加强,主要体现在两个方面:①中央银行的国有化。在此之前,中央银行虽然作为政府的银行存在,但它们的股本大多是私人持有,如英格兰银行和法兰西银行基本上都是私人股份银行。战后,各国中央银行的私人股份先后转化为国有,有些新建银行一开始就是由政府出资,即使继续维持私有或公私合营的中央银行也都加强了国家的控制;②制定新的银行法。战后各国纷纷制定新的银行法,明确中央银行的主要职责就是贯彻执行货币金融政策,维持货币金融的稳定。

9.1.3 中央银行制度的基本类型

各国的中央银行制度大致可归纳为四种类型:单一中央银行制度、复合中央银行制度、跨国中央银行制度及准中央银行制度。

1. 单一中央银行制度

单一银行制度是指国家单独建立中央银行机构,使之全面纯粹地行使中央银行职能的制度。目前,单一银行制度具有如下两种具体形式:

(1)一元式中央银行。这种体制是指在一个国家内只建立一家统一的中央银行,机构设置一般采取总分行制。目前世界上绝大多数国家采用这种体制,中国也是如此。

(2)二元式中央银行。这种体制是指在一国国内建立中央和地方两级中央银行机构,中央级机构是最高权力管理机构,但地方机构也有一定的独立权力。这是一种带有联邦特色的中央银行制度,属于这种类型的国家有美国、德国等。美国的联邦储备体系将全国一共分为十二个储备区,每个区设一个联邦储备银行,每家联邦储备银行在其辖区内的一些重要城市设立分行。这些联邦储备银行不受州政府和地方政府的管辖,各有自己的理事会,有权发行联邦储备券和根据本地区实际情况执行中央银行的特殊信用业务。在各联邦储备银行之上设立联邦储备委员会,进行领导和管理,制定全国的货币政策。同时,在联邦储备体系内设置的联邦公开市场委员会和联邦顾问委员会等平等管理机构。联邦储备委员会是整个体系的最高决策机构,是实际上的美国中央银行总行,直接对国会负责。

2. 复合中央银行制度

复合中央银行制度是指一个国家不设立专门的中央银行机构,而是由一家大银行集中中央银行职能和一般存款银行于一身的银行体制。这种复合制度主要存在于过去的苏联和东欧等国家,我国在1983年以前也是采用这种银行制度。

3. 跨国中央银行制度

跨国中央银行制度是指由参加某一货币联盟的所有成员国联合组成的中央银行制度。第二次世界大战后,一些地域相邻的欠发达国家建立了货币联盟,并在联盟内成立了由成员国共同拥有的中央银行。这种跨国的中央银行为成员国发行共同使用的货币和制定统一的货币金融政策,监督各成员国的金融机构及金融市场,对成员国的政府进行融资,办理成员国共同商定并授权的金融事项等。实行跨国中央银行制度的国家主要在非洲和东加勒比海地区,目前,西非货币联盟、中非货币联盟、东加勒比海货币区属于跨国中央银行的组织形式。

对全球影响深远的是于1998年7月成立的欧洲中央银行,总部设在法兰克福,是一个典型的跨国中央银行,由欧洲经济货币联盟的成员国共同设立,框架结构采用德国中央银行的二元制模式,主要职责是发行统一的货币——欧元,并制定和实施欧元区的货币政策,维持欧元区内的币值稳定。

4. 准中央银行制度

准中央银行制度是指有些国家或地区只设置类似于中央银行的机构,或由政府授权某个或某几个商业银行行使部分中央银行职能的体制。新加坡的中央银行制度中国香港属于此种类型。新加坡设有金融管理局和货币委员会两个机构来行使中央银行的职能,前者负责制定货币政策和金融业的发展政策,执行中央银行除了货币发行以外的一切职能;后者主要负责发行货币、保管发行准备金和维护新加坡货币的稳定性。中国香港也是实行准中央银行制度,金融监管局作为香港的金融监管机构,但不具备货币发行权,发钞权主要集中在汇丰银行、渣打银行、中国银行手中,票据结算一直由汇丰银行负责管理,而政府的银行这项职能一直由商业银行执行。

9.2 中央银行的性质与职能

9.2.1 中央银行的性质

世界各国的中央银行按资本性质可以划分为三类:一类是属于国家的中央银行,即资本属于国家所有。有些设立较早的中央银行,国家为了加强对经济的干预,将其逐渐国有化。另一类是属于半国家性质的中央银行,即中央银行的资本部分由国家持有,部分由私人持有。还有一类是属于私人股份资本的中央银行。中央银行的资本性质,无论是国家的、半国家的,还是私人股份的,都是执行国际货币政策的机构,受国家直接控制和监督,中央银行的负责人由国家任命,必须完成国家赋予的任务。对于私人持有者,在中央银行既无决策权,又无经营管理权,只能按规定取得股息。

9.2.2 中央银行的职能

中央银行代表国家管理金融、制定和执行金融方针政策，但又不同于一般的国家行政管理机构。除赋予的特定金融行政管理职责采取通常的行政管理方式外，其主要管理职责都是寓于金融业务的经营过程之中，那就是以其所拥有的经济力量对金融领域乃至整个经济领域的活动进行调节和控制。

中央银行的活动特征有以下几点：一是不以营利为目的；二是不经营普通银行业务；三是在制定和实施国家货币方针政策时，中央银行具有相对的独立性。

因此，中央银行的职能，一般被概括为发行的银行、银行的银行和国家的银行三大类。中央银行正是通过这些职能来影响货币供给量、利率等指标，实现其对金融领域乃至整个经济的调节作用。

1. 发行的银行

所谓发行的银行，是指中央银行垄断银行券的发行权，成为全国唯一的现钞发行机构。发行银行券是中央银行最重要的资金来源。由中央银行发行的银行券，一部分形成银行等金融机构的库存现金，大部分则形成流通中的现金，它们与存款机构在中央银行的准备金存款一起，共同构成基础货币，是中央银行货币控制的主要目标之一。

2. 银行的银行

中央银行办理各种特定的金融业务，但其业务对象不是企业和个人，而主要是商业银行等金融机构。中央银行与商业银行的业务联系主要表现在三个方面：

（1）集中存款准备金。商业银行按照规定比例将存款的一部分交存中央银行，作为法定存款准备金。中央银行作为法定存款准备金的唯一保管者，在必要时，可以允许商业银行动用其在中央银行的法定存款准备金，增加其清偿能力。但是在绝大多数的情况下，法定存款准备金制度是中央银行调节和控制商业银行信用活动的政策工具。

（2）对商业银行发放贷款。当商业银行资金周转出现困难或需要扩大信贷规模时，可向中央银行申请再贴现和再贷款，中央银行作为"最后贷款人"为商业银行提供资金支持，同时也将其作为调节和控制商业银行信用活动的工具。

（3）办理全国银行间的清算。在中央银行制度下，各商业银行须在中央银行开立清算账户，商业银行之间的清算都通过各自在中央银行账户上存款的相互划转来完成。对于商业银行来讲，集中办理清算，成本低、效率高、安全可靠。对于中央银行来讲，在发挥服务功能的同时，可以加强对资金流量和流向的控制。

3. 国家的银行

所谓国家的银行，有时又称为政府的银行，是指中央银行代表国家执行货币财政金融政策，代理国库收支以及为国家提供各种金融服务。这一职能主要通过以下几个方面予以体现：

（1）代理国库。中央银行代理经办政府的财政预算收支，充当政府的出纳。政府的收入和支出都通过财政部在中央银行开设的各种账户进行。

（2）保管外汇和黄金储备，进行外汇、黄金的买卖和管理。中央银行为国家保管和管理黄金外汇储备，根据国内外情况，适时、适量购进或抛售某种外汇或黄金，以达到稳定币值和汇率、调节国际收支、促进经济增长等目的。

(3) 对国家财政予以信贷支持。中央银行作为国家的银行，在国家财政出现收不抵支的情况时，负有信贷支持的义务。这种信贷支持主要采取以下两种方式：一是直接给国家财政以贷款；二是购买国家公债。但是一般情况下，大多数国家都严格禁止中央银行与政府财政之间的直接信用联系。

(4) 在国际金融交往中，代表政府与有关方面建立业务联系，出席各种国际金融会议，处理各种国际金融事务。

(5) 制定和实施货币政策。货币政策是政府对经济实行宏观调控的基本经济政策之一，各国一般都是通过法律赋予中央银行制定和实施货币政策的职责。货币政策必须与国家经济社会发展的根本利益和长远利益保持一致，并通过货币政策的具体实施达到稳定币值和物价、促进经济增长的目的。

(6) 制定并监督执行有关金融管理法规。在法律赋予的权限内，中央银行本身或者同其他金融管理机构一起，对各商业银行及其他金融机构进行监督管理。

9.3 中央银行业务

现代中央银行的任务和职责基本相同，其业务活动也大同小异，可以分为资产业务、负债业务和中间业务，资产负债表的内容也基本接近。表9-1为根据国际货币基金组织编制的《国际金融统计》中货币当局资产负债表的主要项目。

表9-1 简化的中央银行资产负债表

资　产	负　债
国外资产	储备货币
对中央政府的债权	定期储备和外币存款
对各级地方政府的债权	发行债券
对存款货币银行的债权	进口抵押和限制存款
对非金融政府企业的债权	对外负债
对特定机构的债权	中央政府存款
对私人部门的债权	对等基金
	政府贷款基金
	资本项目
	其他

9.3.1 资产业务

中央银行的资产业务包括再贷款业务、再贴现业务、证券业务、黄金外汇占款。

1. 再贷款业务

中央银行的再贷款业务，是指对商业银行和其他金融机构发放的贷款，解决这些机构短期资金周转困难问题。这种贷款利率较优惠，贷款数量一般有限定，期限较短，而且大多以有价证券做抵押。

2. 再贴现业务

中央银行的再贴现业务是指中央银行买进商业银行所持有的未到期的商业票据,它是商业银行先从工商企业买进的,或者说是工商企业将未到期的票据拿到商业银行进行贴现,商业银行再将其拿到中央银行进行二次贴现,所以称作再贴现。

3. 证券业务

中央银行的证券业务是指在金融市场上买卖有价证券的活动,这种证券主要是国家债券。

4. 黄金外汇占款

中央银行所持有的黄金、白银和外汇占用的资金,是中央银行重要的资金业务之一。黄金和外汇是国际重要的支付手段和购买手段,世界各国都非常重视增加国家的黄金外汇储备,以增强本国的经济实力。

以上几项是各国中央银行最基本的、最主要的业务,有些国家在某些时期还经营一些其他资产业务。

9.3.2 负债业务

中央银行的负债业务主要包括自有资本、货币发行、集中存款准备金和代理财政金库。

1. 自有资本

中央银行虽不以营利为目的,但也必须有一定的自有资本,以保证正常业务的开展。中央银行自有资本主要有政府出资、混合持股、银行持股或私人持股等几种形式。

2. 货币发行

货币发行是银行的重要负债——资金来源之一,各国都通过法律形式确定货币发行权委任于中央银行。为了保持国家通货的基本稳定,防止中央银行滥用发行权,各国采取不同方法限制货币发行数量。

3. 集中存款准备金

集中商业银行和其他金融机构的法定存款准备金是中央银行的重要负债业务,具有强制的法定性,中央银行一般对这部分存款不支付利息,或只支付较少的利息。

4. 代理财政金库

一国财政收入是先分散由基层逐步上划到中央财政,而财政的支出一般要集中到一定数量再拨付使用,使用单位也是逐渐支出使用。这种先收后支的时间差和收大于支的数量差就形成一个十分可观的余额,可以被中央银行占用,形成中央银行的负债。中央银行占用财政金库资金,一般不支付利息,或仅付很少的利息,因此中央银行也不向政府收取代理手续费。

9.3.3 中间业务

中央银行的中间业务,主要是中央银行为商业银行和其他金融机构办理资金的划拨清算和资金转移。

1. 资金的划拨清算

各商业银行之间由于交换各种支付凭证所产生的应收应付款项，可以通过中央银行的存款账户划拨，从而使中央银行成为全国的清算中心，各国中央银行都设立专门的票据清算机构，处理各商业银行的票据并结清各银行的差额。参加中央银行交换票据的银行要在中央银行开立往来账户，交纳一定的交换保证金。只有清算银行才能参加中央银行的票据交换，非清算银行则不能参与，其票据清算只能委托清算银行办理。

2. 资金转移

中央银行在全国范围内为金融机构办理异地资金的转移，资金转移主要靠中央银行强大的资金划拨网进行。

中央银行所从事的资产业务、负债业务和中间业务与其他金融机构所从事的业务的根本区别在于，中央银行所从事的三大业务的目的不是为了营利，是为了实现国家宏观经济目标服务，这是由中央银行所处的地位和性质决定的。

9.3.4 中央银行体系下的支付清算系统

除了资产、负债业务之外，中央银行还有支付清算业务。

当前经济社会中，由于债权债务关系，当事人往往并不在同一个银行开设账户，所以转账结算需要银行间的账户设置和一定的结算方式实现经济行为引发的债权债务清偿和资金划转。不仅是为客户提供转账支付服务，还需要建立银行间的结算关系，银行在其自身的经营行为中也需要与其他金融机构发生业务往来，由此产生的大量的债权债务关系需要进行清偿，这个清偿活动被称为"清算"。尽管清算可以通过金融机构双边的清算协议实现，但伴随着金融机构双边之间关系的复杂化，依靠双边清算协议难以完成其清算，于是出现了专门提供清算服务的组织和支付系统。支付清算系统顺利运作、债权债务关系得到及时清算是商品交易、劳务供应、金融活动和消费行为顺利进行的保证，而私人机构提供支付清算服务并不能保证系统总是顺利运转。另外，中央银行作为金融机构在其资产负债业务进行中，也必然发生与其业务对象之间的债权债务关系的清算。同时，由于中央银行的非营利性质和垄断货币发行的特殊地位，因此，中央银行不存在信用风险和流动风险。中央银行还接受商业银行的法定存款准备金，金融机构都愿意在中央银行开设账户，从而为金融机构间的清算创造了便利。

1. 中央银行的支付清算系统的构成要素

中央银行的支付清算系统的构成要素包括清算机构、支付系统和清算制度。

（1）清算机构。清算机构是指为金融机构提供资金清算服务的中介组织，在各国的支付清算体系中占有重要位置。清算机构在不同国家有不同的组织形式，一般有票据交换所、清算中心、清算协会等类型。如为金融机构提供票据交换与清算服务的票据交换所，是最传统、最典型的清算机构。随着现代科技在金融领域的应用，在很多国家和地区，票据交换所已经广泛地实现了票据交换的电子化和自动化。一般来说，清算机构通常同时经营支付系统。

（2）支付系统。支付系统是指由提供支付清算服务的中介机构和实现支付指令传送及资金清算的专业技术手段共同组成,用以实现债权债务清偿及资金转移的一种金融安排,有时也称为清算系统。支付系统的任务是快速、有序、安全地实现货币所有权在积极活动参与者之间的转移。中央银行为商业银行提供支付清算服务,并通过服务贯彻中央银行宏观货币政策、维护金融稳定、繁荣市场,对国民经济实施宏观调控的系统。它是完成专业银行之间支付和中央银行与专业银行之间支付活动的最终的资金清算与结算系统,并对联系各个金融和货币市场、实现货币政策的有效传导机制的畅通有重要作用。

(3) 支付清算制度。支付结算制度是指关于结算活动的规章政策、操作程序、实施范围等的规定与安排。中央银行作为国家的货币权力机构,有义务根据国家经济发展状况、金融体系构成、金融基础设施及银行业务能力等,会同有关部门共同制定支付结算制度。中央银行负有结算监督职权,并根据经济与社会发展需要,对支付结算制度实施变革。

2. 中央银行支付清算业务的主要内容

尽管各国中央银行提供支付清算服务的方式与范围有所不同,但业务运行原理基本一致。金融机构需要在中央银行开立清算账户,并通过行间支付系统实现资金清算。中央银行的支付清算服务主要包括:组织票据交换清算、办理异地跨行清算、为私营清算机构提供差额清算服务、证券和金融衍生工具交易清算服务,以及跨国支付服务等。

3. 中央银行支付清算服务的重要性

(1) 保障社会经济生活正常运转。中央银行提供的支付清算服务,对优化资源配置、提高资金转移效率、保障经济发展和社会生活正常进行具有极为重要的意义。

(2) 对货币政策实施的重要影响。公开市场操作是央行实施货币政策的主要手段,大额支付系统已经成为央行货币政策传导机制的重要工具。大额支付系统的高效运行以及快捷、低成本的行间清算有助于货币市场运作和货币市场流动性的增强,有利于中央银行更灵活、有效地实施货币政策。中央银行规定的存款准备率水平和准备金可否用于支付结算,对支付系统的风险倾向具有重要影响,会影响商业银行在净额结算和实时全额结算之间的选择。支付系统运行过程包括支付指令的传送和支付资金的转移,二者不同步时,即产生在途资金,影响货币政策制定的准确性。中央银行在提供支付清算服务的同时,向金融机构提供透支便利,导致商业银行负债增加,进而直接影响货币供应量。支付系统因技术故障或遭遇突发事件而中断时,会对中央银行的公开市场操作和货币政策实施产生冲击和干扰。

(3) 与金融稳定具有密切的相关性。中央银行参与支付清算活动对于保障支付系统的稳健运行,进而维护金融稳定具有重要意义。必要时,中央银行提供临时信贷维持银行的清偿能力也十分重要。

4. 我国中央银行支付清算系统的发展历史

2002年10月8日,大额实时支付系统在北京、武汉成功投产试运行,成为中国现代化支付系统建设的重要里程碑。

2003年4月,上海等11个城市大额支付系统成功推广上线运行;2003年12月1日,石家庄等19个城市大额支付系统切换上线取得了圆满的成功。至此,大额支付系统已成功推广覆盖到所有省会城市和深圳市,并与电子联行系统混合运行。香港清算行也于2004年2月接入支付系统办理人民币汇款业务。

目前,大额支付系统连接到32个城市的近2万个银行机构网点,为银行间提供快速、高效、安全的跨行实时支付清算服务。这种系统日均处理支付业务达 30 万笔，金额近 4000 亿元，每笔支付业务在 1 分钟之内即可到账。为确保大额支付系统的安全稳定运行，中国人民银行发布了系统运行管理和清算风险管理的一系列制度规定，加大对商业银行流动性情况的监测力度，加强对清算账户头寸的监视和管理，有效防范了支付清算风险。从运行情况看，大额支付系统业务处理正确，资金清算无误，系统运行稳定。小额支付系统（BEPS）的开发建设工作于 2005 年 9 月正式启动，2005 年 11 月底完成了在部分城市的试点，2006 年 6 月投入使用。我国已基本形成了以中国现代化支付系统为核心，以商业银行电子汇兑系统为基础，各地同城票据交换所及电子汇兑系统并存，银行卡系统联网通用的支付系统布局体系。

本章小结

中央银行是在商业银行的基础上发展演变而来的。中央银行是一国金融体系的核心和管理机构，中央银行的特征是发行的银行、银行的银行、国家的银行。中央银行的职能有宏观调控职能、维护金融安全与稳定职能、金融服务职能。中央银行业务经营的主要宗旨与商业银行和其他金融机构不同，它不是以营利为目的，而是通过制定和推行货币政策，调整自身资产和负债结构，影响存款机构准备金数额，间接调节金融机构的信贷规模和信贷方向，影响货币市场流通量，管理全国金融，调节国际金融关系，实行对经济金融的宏观调控。

习 题

一、复习题

1. 选择题

（1）相对于货币需求量，货币供给量是一个（　　）。
　　A. 预测值　　　　B. 确切值　　　　C. 预测区间　　　　D. 理想值

（2）假设央行从 A 中购进国债 100 元，而 A 将所得存入银行 B 中，其存款准备金率若为 20%，则在简单存款创造机制下，这 100 元的原始存款最终将变为（　　）元。
　　A. 100　　　　　B. 300　　　　　C. 400　　　　　　D. 500

（3）高能货币是人们对（　　）的另一个称谓。
　　A. 金币　　　　　B. 银币　　　　　C. 债券　　　　　　D. 基础货币

（4）央行通过公开市场业务购入一定数额的证券，将会使基础货币呈现（　　）的变动情况。
　　A. 减少相应数额　　　　　　　　　B. 增加相应数额
　　C. 保持不变　　　　　　　　　　　D. 不确定

（5）政府为了应对财政赤字所采用的（　　）政策，会对基础货币产生间接影响。
　　A. 增加税收　　B. 减少转移支付　　C. 发行债券　　　　D. 发行货币

2. 判断题

(1) 二元银行体制是由中央银行和政策性银行所组成的。　　　　　　　(　)
(2) 准货币就是活期存款、定期存款、储蓄存款和外汇存款的总和。　　(　)
(3) 货币当局可以直接调控货币供给数量。　　　　　　　　　　　　　(　)
(4) 中央银行可以通过公开市场业务增加或减少基础货币。　　　　　　(　)
(5) 存款准备金率是通过影响商业银行借款成本来调控基础货币的。　　(　)
(6) 基础货币就是流通中的现金和银行存款的总和。　　　　　　　　　(　)
(7) 由于基础货币中的银行准备金具有存款创造功能，所以货币乘数一般都是大于1的。　　　　　　　　　　　　　　　　　　　　　　　　　　(　)
(8) 由于货币供给主要是由中央银行、银行和非银行公众三者共同决定的，所以不会受到来自预算赤字、外汇市场等方面的影响。　　　　　　　　(　)

3. 问答题

(1) 简述中央银行产生的必要性。
(2) 简述中央银行的功能。
(3) 目前中央银行作为"最后贷款人"的角色日益受到重视的原因是什么？

二、案例应用分析

2007年央行加息的案例分析

2007年8月21日晚间，中国人民银行宣布，自22日起上调金融机构人民币存贷款基准利率，这是央行继3月18日、5月19日、7月21日三度加息后，该年第四次提高存贷款基准利率，也是2004年10月起不到三年内的第八次上调基准利率，目的是为了合理调控货币信贷投放，稳定通货膨胀预期。

根据决定，金融机构一年期存款基准利率上调0.27个百分点，由现行的3.33%提高到3.60%；一年期贷款基准利率上调0.18个百分点，由现行的6.84%提高到7.02%；其他各档次存贷款基准利率也相应调整。个人住房公积金贷款利率相应上调0.09个百分点。

值得注意的是，央行这次采取的是非对称加息，即存款利率的提高幅度高于贷款利率的提高幅度。这种"非对称加息"有其深意。

第一，政府对于近期股票市场的再度大幅上涨有一定的担心。很明显，股票市场的快速上涨明显地分流了原来聚集在银行体系的存款。2007年以来，企业和居民更加倾向于活期存款，这可能意味着，越来越多的存款资金准备择机而动，进入股票市场。央行在股票市场大涨之后选择非对称加息，并非时间上的巧合。

第二，由于2007年以CPI为代表的物价指数不断上升，6月份和7月份的CPI分别达到了4.4%和5.6%，物价指数在第二季度后月度环比逐渐上升，再度超过了一年期存款利率，又出现了所谓"负利率"的现象。为了提高存款者的实际利率，采取非对称加息似乎是一个合理的选择。

第三，过去提高利率难以抑制银行信贷扩张的一个重要原因就在于活期存款利率基本上保持不变，但每提高一次利率，按照存续期来计算，存贷利率就会有一次相应的增加，这反而刺激了银行扩张更多信贷资产的意愿，这也是为什么过去提高利率总会造成银行股随之大幅上涨并进而带动股票市场进一步上涨的重要原因。今年的两次非对称加息，逐步缩小存贷利差，某种意义上是对商业银行"不配合"货币紧缩的激进行为的一种"惩罚"，因存贷利差的缩小会减少银行体系的利润至少 300 亿元以上。如果这一效果加入到了投资者对银行股的估值预期中，那么，这一非对称性加息可能会起到惩罚无节制的银行信贷扩张和延缓股票市场上涨速度的一箭双雕的作用。

第四，美国的次级抵押贷款危机也会让中国在加息时提高警惕，因为美联储的连续 17 次加息极大地加重了一些次级抵押借款者的偿付负担，并最终爆发了偿付危机。或许正因为央行考虑到利率上升对房贷者负担的影响，所以在 2006 年 8 月份加息时就将住房抵押贷款利率向下浮动的区间扩大到了 15%。然而，现在超过了 7% 的贷款利率，至少已与企业总体的资产利润率相当接近，这可能会加大那些产品价格上涨幅度较小、资产利润率较低的行业中企业的偿还负担。随着央行多次提高贷款利率效果的逐步显现，金融机构的贷款违约率可能会逐步上升。这大概也是央行现在运用利率政策时所不得不顾虑的。这次央行调整利率之前，国家外汇管理局先是调整了企业经常账户的政策，继而宣布在滨海新区试点个人直接投资于香港股票市场，而中国人民银行最近又宣布在银行间外汇市场推出了外汇货币掉期交易。所有这些政策的调整都不是孤立的事件，它既有利于推进我国的货币可兑换改革，为进一步完善汇率机制创造条件，同时也是我国央行原有的货币政策工具在应对流动性扩张方面不得已而为之的政策选择。因此，政府不再单纯为了宏观调控而简单地改变利率或法定准备金比率，而将真正通过改革促进宏观调控。这对于央行的流动性管理、控制货币与信贷的增长显然是有积极意义的。

根据国家统计局日前数据显示，受食品价格快速攀升影响，从 7 月份宏观经济数据看，通胀预期还是很高。上一次加息以后，国内物价上涨速度并没有平抑下来，此次加息是预料之中的事。7 月份全国居民消费价格总水平同比上涨达到 5.6%，这是我国 CPI 连续 5 个月同比上涨达到 3% 以上，也是近 10 年来 CPI 月度涨幅最高的一个月。近年来我国固定资产投资增长较快、银行信贷增长过猛、流动性过剩问题依然突出，因此，央行 2007 年已经第四次运用利率杠杆实施宏观调控。央行此次最新加息决定的时间有点出人意料，但表明央行急于修正实际利率为负值的局面，特别是考虑到 A 股市场重拾升势，同时也是为了稳定总体通货膨胀预期。而时间上的出其不意，正好体现了国家宏观调控政策的成熟。

问题：
1. 此次上调人民币存贷款基准利率的宏观经济背景是什么？为什么存款利率上调幅度大于贷款利率上调幅度？
2. 如果说前几次加息对抑制通胀效果不大，那么，这一次会步前几次的后尘吗？
3. 商业性个人住房贷款利率有什么变化趋势？

第10章 货币政策

【教学目标】

通过本章的学习,了解货币政策在经济政策中的地位、货币政策的目标及实现货币政策目标的手段,掌握货币政策及实现这一政策的具体措施。

【导入案例】

1998年我国中央银行公开市场业务操作分析

1998年,中国人民银行取消对商业银行贷款规模限额控制,改革存款准备金制度,三次调低存款利率。这些措施增强了金融机构信贷供给能力,有利于扩大货币供应,同时也促进了中国人民银行对货币信贷总量的调控向间接方式的转变,相应也就迫切地需要建立起能够代替规模管理进行总量控制的间接货币政策工具。

从货币市场的发展情况来看,自1997年6月银行间债券市场开办以来,银行间同业市场不断发展,交易主体不断增加,交易日趋活跃,利率弹性增强,货币市场已逐步成为商业银行调剂头寸⊖的首选和主要场所。特别是中央结算公司托管的可在银行间债券市场交易的债券种类和数量大量增加,为中国人民银行开展公开市场业务提供了必要条件。

为保证1998年经济增长目标的实现,中国人民银行陆续出台了一系列货币政策措施。作为1998年重要的货币政策措施之一,中国人民银行于1998年5月16日恢复公开市场业务,加大操作力度,灵活有效地管理基础货币,保证商业银行增加贷款的资金需要,支持经济发展。

中国人民银行于1998年5月26日恢复公开市场业务债券交易。截至1998年年底,当年中国人民银行共进行了36次操作,累计融出资金1761.3亿元,净投放基础货币701.5亿元,占中国人民银行总资产的比例从年初的0上升到2.22%,成为1998年中国人民银行投放基础货币的重要渠道。

从交易品种看,正回购成交量为1720.5亿元。其中:14天、28天、91天、182天和364天5个品种的成交量分别为322.2亿元、1047.6亿元、299.3亿元、48.9亿元和2.5亿元,5个品种的未到期余额分别为300.5亿元、172.5亿元、136.3亿元、48.9亿元和2.5亿元。现金交易量为中国人民银行单向买入债券40.8亿元,其中建设国债35亿元,政策金融债券5.8亿元。

从交易工具看,国债、中央银行债券和政策金融债券的成交量分别为735.9亿元、38.4

⊖ 头寸也称为"头衬",就是款项的意思,是金融界及商业界的流行用语。头寸指投资者拥有或借用的资金数量。——校者注

亿元和 987 亿元。

从交易对象看，一级交易商积极参加。在 29 家一级交易商中，已参加交易的有 22 家，其中中国银行、中国农业银行和中国工商银行的成交量分别为 565 亿元、350 亿元和 300 亿元，分别占总成交量的 32%、20% 和 17%。从交易对象性质来看，国有独资商业银行成交 1215 亿元，股份制商业银行成交 435.5 亿元，城市商业银行成交 110.8 亿元。

从分月来看，公开市场业务债券成交量逐月增加。5 月和 6 月当月的成交量分别为 18.1 亿元和 89.1 亿元。从 7 月份起，每月的成交量均在 160 亿元以上，特别是 9 月和 12 月，债券成交量分别达到 384 亿元和 537.8 亿元。

10.1 货币政策及其构成

货币政策是国家宏观经济政策的重要组成部分，其制定与实施直接关系到整个国民经济的运行和发展。

10.1.1 货币政策的含义

货币政策是指中央银行为实现既定的经济目标，运用各种政策工具调节货币供求，进而影响宏观经济的诸多方针和措施的总和。货币政策的实质，是中央银行通过改变实体经济中的货币供应量，达到影响商品市场价格和经济主体行为的目的。货币政策是国家宏观调控的重要组成部分。

10.1.2 货币政策的构成要素

为实现货币政策目标，中央银行首先要制定货币政策的最终目标，然后利用货币政策工具来实现货币政策的操作目标，进而实现货币政策效果目标。其中操作目标和效果目标统称为中介目标，最终促成货币政策最终目标的实现。这一货币政策的作用过程、传导机制等，就构成了货币政策体系。其中货币政策最终目标、操作目标以及中间目标相互联系并相互影响，构成货币政策目标体系。

因此，货币政策的构成要素包括：最终目标、政策工具、中介目标、传导机制、政策效果等，这构成了货币政策体系的总体框架。

10.1.3 货币政策的调控机理

货币政策体系运行的一般原理为：中央银行在确定了货币政策目标之后，根据政策目标的要求，制定出一些能在短期内观测、调整并能实现的金融指标，即操作目标和效果目标。再运用政策工具来实现这些指标，并通过不断地调整和实现这些指标来实现货币政策预期目标。

10.2 货币政策的目标

10.2.1 货币政策的最终目标

中央银行无论是作为发行的银行、银行的银行还是国家的银行，其所有的特征与职能都与货币政策的制定、贯彻和日常管理紧密相连。因此货币政策是中央银行行使其职能的核心所在。

货币政策是指中央银行为实现其特定的目标,所采用的各种控制和调节货币供应量和信贷规模的方针和措施的总和。

货币政策的最终目标是指货币政策在一段较长时间内所达到的目标。最终目标相对固定,基本上与一国的宏观经济目标一致,因此,最终目标也被称为货币政策的战略目标或长期目标。一般说来,各国的当局货币政策所追求的最终目标主要有四个:物价稳定、充分就业、经济增长和国际收支平衡。

物价稳定是指一般物价水平在短期内不发生显著的波动,以维持国内币值的稳定。由于在现代信用货币流通条件下,物价波动总体呈上升趋势,因此,货币政策的首要目标就是将一般物价水平的上升控制在一定的范围内,以防止通货膨胀。至于物价水平控制的范围,根据各国国情不同,所设定的允许变动的幅度也不同。就各国货币政策的实际操作来看,一般比较保守,物价上涨率控制在2%~3%之间。

充分就业是指在某一工资水平之下,所有愿意接受工作的人都获得了就业机会。充分就业并不等于全部就业,而是仍然存在一定的失业,此时劳动力市场处于均衡状态。劳动力市场处于均衡时的失业率,称为"自然失业率"。在不同国家和不同时期,有不同的自然失业率的具体数值,各国政府可以依据具体情况来确定本国特定时期是否实现了充分就业。以美国这个现代市场经济最为发达的国家为例,20世纪50~60年代的自然失业率为3.5%~4.5%,即95.5%~96.5%的劳动力人口就业率就是充分就业状态;20世纪70年代的自然失业率为4.5%~5.5%,即94.5%~95.5%的劳动力人口就业率就是充分就业状态;20世纪80年代的自然失业率为5.5%~6.5%,即93.5%~94.5%的劳动力人口就业率就是充分就业状态。

经济增长通常是指在一个较长的时间跨度上,一个国家人均产出(或人均收入)水平的持续增加。一般来说,经济增长的含义是指在一定时间内,一个经济体系生产内部成员生活所需要商品与劳务潜在生产力之扩大,即生产可能曲线向外扩张。生产力之成长主要决定于一个国家自然资源禀赋、实质资本数量累积与质量提升、人力资本累积、技术水准提升,以及制度环境改善。因此,经济增长也包括决定生产力的诸多因素的扩展与改善。

现代经济学从不同的角度将经济增长的方式分成两类,即粗放型经济和集约型经济。粗放型经济增长方式是指主要依靠增加资金、资源的投入来增加产品的数量,推动经济增长的方式。集约型经济增长方式则是主要依靠科技进步和提高劳动者的素质来增加产品的数量和提高产品的质量,推动经济增长的方式。经济增长方式的选择应坚持以下三条原则:①是否有利于持续、协调的经济增长;②是否有利于投入产出效益的提高;③是否有利于满足社会需要,即有利于经济结构优化、社会福利改善和使环境得到保护等。

国际收支平衡,是指一国国际收支净额即净出口与净资本流出的差额为零,或者是略有顺差或逆差。由于国际收支状况与国内市场货币供应量有着密切关系,所以对于开放型的经济而言,一国货币政策的独立性和有效性越来越受到挑战。

1. 西方发达国家的货币政策目标

不同国家和地区的经济、金融环境不同,在货币政策的目标选择上必然存在差异。如德国、澳大利亚等国家就比较注重对币值和物价稳定的维护，因而其货币当局历来认为货币政策的目标只有一个，就是物价稳定。而美、英等国家则将全面追求经济增长、充分就业、物价稳定和国际收支平衡作为货币政策目标。当然，美、英等国家的货币政策目标选择并不是在各个历史时期都是相同的。在作为国家干预经济的政策之一的货币政策刚刚问世不久，在20世纪40年代中期，充分就业成为目标之一，并且是比物价稳定还要重要的目标；20世纪50年代后期，受各种经济理论的影响，各国的货币政策目标普遍突出经济增长；从20世纪60年代起，国际收支平衡、汇率波动越来越成为影响经济正常运行的因素，因此，货币政策目标中又加进了国际收支平衡这项内容；20世纪70年代中后期之后，"滞胀"促使一些西方国家的货币政策目标先后转为以稳定货币为主；20世纪80年代中期以后，出现了更加严重的通货膨胀，因此，在20世纪80年代末90年代初开始，全世界再一次将降低通货膨胀作为货币政策的主要目标，很多国家更是直接采用通货膨胀目标作为货币政策目标，以降低异常高的通货膨胀。21世纪初的前几年，一些负面事件使经济受到打击，当时很多国家货币政策的主要目标转为促进经济增长。近几年，价格稳定重新成为各国货币政策的主要目标。同时，随着世界经济的放缓，多数国家将促进经济增长及增加就业作为货币政策的目标之一。

2. 货币政策目标之间的矛盾及协调

在货币政策的实际操作中，货币政策的四大目标并不是协调一致的，相互间不仅存在着替代相关关系，还有矛盾。

（1）充分就业和稳定物价之间的矛盾。对于二者之间的关系，最为经典的描述是菲利普斯曲线，它是澳大利亚籍经济学家菲利普斯在研究了1861年～1957年英国的失业率和物价变动之间的关系后所描述出的一条曲线。该曲线表明，失业率与工资物价变动率之间存在着一种此消彼长的相互替代关系，如图10-1所示。

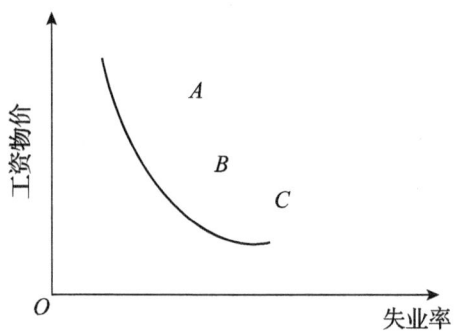

图10-1 菲利普斯曲线

这一曲线说明，货币政策追求的目标，可在物价稳定和充分就业的多种组合中做出选择，或者是低失业率和高物价上涨率（如 A 点），或者是低物价涨上涨率和高失业率（如 B 点），或者是同时兼顾物价稳定和充分就业，以适度的失业率的增加，换取物价的下降（A 点向下移动），以适度的物价上涨换取失业率的下降（B 点向上移动），使物价上涨率和失业率均保持在社会可以承受的水平（如 C 点）。之所以这样选择是因为：如果失业率过高，货币政策目标必然追求充分就业，那就用扩张信用和增加货币供应量，以刺激投资和消费，其结果是生产扩大、就业增加的同时，一般物价水平由于总需求的拉动而趋于上涨，货币政策目标开始背离物价稳定；如果物价上涨率过高，货币政策目标必然追求物价稳定，那就要紧缩信用和减少货币供应量，以抑制投资和消费，其结果是一般物价水平由于总需求减弱而回落，但失业率却由于投资和消费的萎缩、生产规模的缩小而上升。由此可见，一个国家在某个时期，不能同时使物价水平和失业率都降到最低水平，因为物价水平的降低以失业率的上升为代价，失业率的下降也以物价的上升为代价，二者如何搭配，就要看该经济中最突出和最急需解决的问题是哪一个。

(2) 物价稳定与经济增长之间的矛盾。对于物价稳定与经济增长之间是否存在矛盾仍存在争议。一般的观点是：经济增长大多伴随着物价上涨，总需求的扩展和经济增长往往会引起物价水平的上涨，而总需求的减少和经济衰退往往会引起物价的下跌。

(3) 经济增长与国际收支平衡之间的矛盾。一般来说，国内经济的增长，一方面会导致贸易收支的逆差，因为经济增长会导致国民收入的增加和支付能力增强，如果此时出口贸易的增长不足以抵消进口需求的增长，必然会导致贸易逆差；另一方面也有可能形成资本与金融账户的顺差，因为，经济增长需要大量的资金投入，这在一定程度上可以弥补由贸易逆差导致的国际收支赤字。但是能否确保国际收支平衡依赖于二者能否相互持平。因为外资流入后还会有支付到期本息、分红、利润汇出、撤资等后续流出要求，所以是否平衡最终要取决于外资的实际利用效果。

(4) 物价稳定与国际收支平衡之间的矛盾。对于开放经济条件下的宏观经济而言，中央银行稳定国内物价的努力往往会导致经常项目和资本与金融账户的双顺差。例如，国内发生严重的通货膨胀，货币当局为了抑制物价上涨，有可能提高利率以降低货币供应量。在资本自由流动的条件下，利率的提高会导致资本的流入，资本项目出现顺差。同时由于国内物价上涨势头的减缓和总需求的减少，出口增加而进口减少，经常项目也可能出现顺差。由此可见，稳定物价与国际收支平衡也并非总是协调一致的。

由于货币政策最终目标之间存在矛盾，货币当局在进行目标选择时，必须有所侧重、有所取舍，不能面面俱到。因此，国际国币基金组织和其他国家金融组织对于货币政策的主流观点都是强调单目标的稳定币值。

3. 我国货币政策的目标

长期以来，中国理论界对货币政策最终目标的理解与认识一直存在着分歧。比较有代表性的观点有两种：单一目标论和双重目标论。前者主张以稳定货币或经济增长为货币政策目标，后者认为货币政策目标不应该是单一的，而应该同时兼顾发展经济和稳定物价两个方面的要求。

从实践来看，对政策目标的提法也不断地发生变化。1986年国务院制定的《中华人民共和国银行管理条例》中首次对包括中央银行和商业银行在内的所有金融机构的"任务"做了界定，即"发展经济、稳定货币、提高社会经济效益"，这是对中国货币政策目标的首次表述。1994年国务院《关于金融体制改革的决定》及1995年通过的《中国人民银行法》中，货币政策的目标被表述为"保持币值的稳定，并依此促进经济的增长"。

10.2.2 货币政策的中介目标与操作指标

1. 货币政策的中介目标

(1) 货币政策中介目标的含义。货币政策的中介目标又称为货币政策的中介指标、中间变量等，它是介于货币政策工具变量（操作目标）和货币政策目标变量（最终目标）之间的变量指标。货币政策目标一经确定，中央银行必须选择相应的中介变量，编制具体贯彻货币政策的指标体系，以便具体的政策操作和检查政策的实施效果。货币政策是实现一定目标的货币供给，其直接作用对象必然是决定货币供给的主要变量。中央银行采取一系列宏观金融调控措施来操纵货币供给，改变中央银行能够施以直接影响的中介变量值，进而指导和影响社会经济活动，保证国家的宏观经济目标得以实现。从操纵货币供给到影响中介目标的过程则是中央银行调控宏观金融的操作过程。因此，就货币政策的基本环节而言，工具变量、中介变量和目标变量的设置及相互间的关系，是中央银行宏观金融调控决策的基本内容。

(2) 货币政策中介目标设置的必要性。货币政策中介目标有以下三种功能：第一，测度功能。货币政策最终目标是一个长期目标，从货币政策工具的运用到最终目标的实现，有一个较长的作用过程。在这个过程中间必须设置短期的、数量化的金融变量来测定货币政策工具的作用和效果，预计最终目标的实现程度。第二，传导功能。事实上，货币当局本身并不能直接控制和实现货币政策最终目标。只能通过操作货币政策工具来影响最终目标。在这个过程中间，需要一个承前启后的中介或桥梁来传导。第三，缓冲功能。中介目标的设置是实现货币政策间接调控的基本条件之一，它能使货币政策工具对宏观经济的影响有一个缓冲过程。货币当局可根据反映出来的信息，及时调整货币政策工具及其操作力度，避免经济的急剧波动。

(3) 货币政策中介目标选择的标准。理想的货币政策中介目标应符合以下几个要求：必须具有内生性，即必须是反映货币均衡状况或均衡水平的内生变量；必须具有传递的直接性，即它的构成或变动，直接对宏观经济的主要变量，如经济增长率、物价总水平等发生作用；必须具有可控性，即货币当局通过调控工具能够做复的控制或调整；必须具有可测性，即它必须是可计量的因素，并且能在金融部门的有关统计资料中及时反映出来。除内生性为货币政策中介变量的内涵要求外，一般将其概括为：可测性、可控性、相关性。

第一，可测性。可测性是指中央银行所选择的作为中介目标的金融变量的变动情况能够被迅速、准确地观测。或者说，中央银行能够迅速收集到反映这些金融变量变动情况的准确数据资料，并据以进行有关定量分析。显然，如果某一金融变量的变动情况无法被观测，那么把它作为中介目标就没有意义。

第二，可控性。可控性是指作为中介目标的金融变量能够被中央银行所控制。也就是说，中央银行能够运用货币政策工具，作用于这些金融变量，并能有效控制其变动。

第三，相关性。相关性是指中介目标的变动与货币政策最终目标的实现之间存在密切的关系。也就是要求中介目标与适用的货币政策工具和希望实现的最终目标之间有密切的、稳定的合同及数量上的关系，货币政策工具、中介目标和最终目标之间相互作用明显，从而使中央银行能够通过对中介目标的调节和控制实现其最终目标。

根据上述标准确定的货币政策中介目标通常有两类：一类是总量目标，如货币供应量等；另一类是利率指标，如长期利率等。

2. 货币政策可供选择的中介目标

通常而言，货币政策的中介目标体系一般包括利率、货币供应量、超额准备金和基础货币。这些中介目标对货币政策工具反应的先后和作用于最终目标的过程不完全相同，中央银行对它们的控制力度也不一样。

(1) 利率。利率作为货币政策的中介目标已经有相当长的历史。因为中央银行能够直接影响利率的变动，而利率的变动又能直接、迅速地对经济产生影响，利率资料也容易获取。利率作为中介目标主要是指中长期利率，这是凯恩斯学派所极力推崇的，20世纪70年代以前被多数西方国家的中央银行采纳。利率作为货币政策的中介目标的理由是：一是可控性强，中央银行可以直接控制再贴现率，或者通过公开市场业务和再贴现政策调节市场利率；二是中央银行在任何时候都能观察到市场利率的水平及结构，可以随时进行分析和调整；三是与最终目标的相关性强，凯恩斯主义者认为，中长期利率对投资有着显著的影响，尤其是对不动产及机器设备的投资，因此利率与收入水平直接相关。

凯恩斯学派主张将充分就业作为最终目标，为了达到充分就业，认为货币政策的中间目标应该是利率而不是货币供应量。他们认为：在利率很低的情况下，货币供应量即使很大，也会被公众吸收、储藏，成为休闲货币，掉入流动性陷阱，对社会经济的影响微不足道。因此，在凯恩斯主义经济思想的影响下，美国等西方国家过去都是以市场利率为主要的中介目标的。

然而，在现实经济生活中，由于利率具有复杂性、易变性和利率调整的时滞性，特别是真实利率具有不易测量的性质，这些都使得利率难以成为理想的中介目标。此外，利率兼具经济变量、政策变量特性。作为经济变量，利率变动与经济周期顺循环，即经济景气时，利率趋于上升，经济不景气时，利率趋于下降；作为政策变量，利率变动应与社会总需求的变动方向一致，即当社会总需求过高时提高利率，社会总需求不足时降低利率。但是，对中央银行来说，判断利率的变动性质就有了问题。换言之，中央银行难以知道当前的利率变动是利率作为经济变量的变动，还是作为政策变量的变动，或者在多大程度上是作为经济变量的变动。而这也就决定了中央银行难以知道货币政策的执行效果。总之，以利率作为中介目标，中央银行在实际操作中常常会因为其政策效果与非政策效果混淆难辨，或者是在政策尚未奏效时误以为调控成功，或者是难以确定政策是否有效。

(2) 货币供应量。货币供应量也称为总量目标，这是以弗里德曼为代表的现代货币主义者所推崇的中介目标。货币供应量能够成为货币政策中介目标是因为其符合中介目标的标准：一是可测性，它们都分别反映在中央银行、商业银行和非银行金融机构的资产负债表内，可以随时进行量的测算和分析；二是可控性，M_1和M_2虽不由中央银行直接控制，但中央银行可以通过对基础货币的控制、调整准备金率及其他措施间接地控制；三是相关性，在相关性方面货币供应量存在一些问题，因为货币供应量代表当期的社会有效需求总量，对最终目标的实现直接相关。但在M_1和M_2中，究竟哪一个指标与最终目标的相关性最强？以货币供应量作为货币政策的中介目标，最大的问题就是指标口径的选择。

现代货币学派认为，利率在货币政策传导机制中并不起重要作用，而更强调货币供应量在整个传导机制中的直接效果，即货币实际余额的变动可直接影响支出和收入，而不需要通过利率对投资和收入的间接传导。鉴于此，现代货币主义则主要以反通货膨胀为货币政策的主要目标。他们提出"单一规则"的货币政策：将货币供应量（M_2）作为货币政策主要的中介目标，主张把货币供应量增长率与国内生产总值增长率保持在一个固定的比率上。在现代货币主义政策思想影响下，美国联邦储备体系也在1979年以后改为以货币供应量为货币政策主要的中介目标。

目前将货币供应量作为中介目标所面临的问题是：随着金融产品的不断创新，货币的范围在逐渐扩大并有超出中央银行控制的趋势；货币供应量与经济活动之间的稳定关系也在逐渐破裂，例如，金融资产的财富效应会刺激人们的需求欲望，导致总需求的扩大，而这是中央银行所无法控制的。

3. 货币政策的操作指标

操作指标也称近期目标，介于货币政策工具和中介目标之间。从货币政策发挥作用的全过程来看，操作指标离货币政策工具最近，是货币政策工具直接作用的对象，随工具变量的改变而迅速改变。中央银行正式借助货币政策工具作用于操作指标，进而影响中介目标并实现货币政策的最终目标。操作指标的选择同样要符合可测性、可控性和相关性三个标准。除此之外，操作指标的选择在很大程度上还取决于中介目标的选择。具体而言，如果以总量指标为中介目标，则操作指标也应该选取总量指标；如果以利率为中介目标，则操作指标的选择就应该以利率指标为宜。从主要工业化国家中央银行的操作实践来看，被选作操作指标的主要有短期利率、银行体系的基础货币和存款准备金。

（1）短期利率。短期的市场利率，即能够反映市场资金供求状况、变动灵活的利率。在具体操作中，中央银行将银行间同业拆借利率作为货币政策的操作指标，主要是因为银行同业拆借利率的水平和变动情况很容易就可以得到，因此它的可测性很好。中央银行调控短期利率的手段是公开市场操作和再贴现窗口，具有较强的灵活性。但其作为操作指标存在的最大问题是利率对经济产生作用存在时滞，且容易形成货币供给的周期性膨胀和紧缩。

（2）基础货币。基础货币又称为高能货币，是指处于流通界为公众所持有的现金和商业银行所持有的准备金总和。从数量关系上说，货币供应量等于基础货币与货币乘数之积。因此基础货币的增加和减少，是货币供应量倍数伸缩的基础。

基础货币是比较理想的操作指标。第一，从可测性来看，基础货币为中央银行资产负债表上的负债，其数量大小随时在中央银行的资产负债表上被反映出来，中央银行很容易获得相关数据；第二，基础货币中的现金，其数量是由中央银行直接控制的，金融机构的存款准备金总量则取决于中央货币政策工具的操作，因而具有较强的可控性；第三，从相关性来看，中央银行通过对基础货币的操作，一方面能使商业银行及社会大众调整其资产构成，改变货币乘数；另一方面通过货币基数的变化直接影响货币供应总量，从而影响到市场利率、价格以及国民收入，实现货币政策的最终目标。

（3）存款准备金。银行体系的存款准备金是由银行体系的库存现金与其在中央银行的准备金存款组成的存款准备金，也可以当作货币政策的中介目标，因为存款准备金的变动一般较容易为中央银行测度、控制，并对货币政策的最终目标的实现产生影响。

第一，就可测性而言，无论是法定准备金还是超额准备金，中央银行只要翻开自己的统计报表就可以很方便地得到或者通过相应的估测得到；第二，中央银行可以通过公开市场业务、再贷款政策和对存款准备金率的调整，保证准备金的可控性；第三，关于相关性，因为基础货币由流通中的现金和银行准备金组成，通过调控银行准备金就可以改变基础货币，从而改变货币供应量。

尽管如此，由于准备金中超额准备部分决定着银行体系的信贷扩张能力，而超额准备金的大小取决于银行的贷款意愿，而不由中央银行决定。从这个意义上来说，中央银行对货币政策目标的控制能力是有限度的。

10.2.3 货币政策目标的新发展

近年来，现代中央银行逐步形成物价稳定和金融稳定两大目标。从中央银行政策实践看，各主要发达国家的中央银行在控制通货膨胀方面取得了很大成效，但与此同时，资产价格波动对中央银行政策决策的影响越来越大。资产价格的波动不仅对中央银行价格稳定目标产生影响，更多次引发信贷紧缩、银行危机等系统性金融风险。

1. 通货膨胀目标控制

20 世纪 90 年代以来，在国际货币政策领域出现了一个新框架——通货膨胀目标制。在这种政策框架下，稳定物价成为中央银行货币政策的首要目标。中央银行根据通货膨胀预测值的变化进行政策操作，以引导通货膨胀预期向预定水平靠拢。通货膨胀是否得到有效控制是公众评价货币政策绩效的重要依据。自 1990 年新西兰率先采用通货膨胀目标制以来，到 2005 年，已有加拿大、英国、瑞典等 22 个国家先后实行。通货膨胀目标制的盛行，引起了国内外金融理论界的广泛关注。

通货膨胀目标制的基本含义是：货币当局明确以物价稳定为首要目标，并将当局在未来一段时间所要达到的目标通货膨胀率向外界公布，同时，通过一定的预测方法对目标期的通货膨胀率进行预测得到目标期通货膨胀率的预测值，然后根据预测结果和目标通货膨胀率之间的差距来决定货币政策的调整和操作，使得实际通货膨胀率接近目标通货膨胀率。如果预测结果高于目标通货膨胀率，则采取紧缩性货币政策；如果预测结果低于目标通货膨胀率，则采取扩张性货币政策；如果预测结果接近于目标通货膨胀率，则保持货币政策不变。

通货膨胀目标制下，传统的货币政策体系发生了重大变化，在政策工具与最终目标之间不再设立中介目标，货币政策的决策依据主要依靠定期对通货膨胀的预测。政府或中央银行根据预测提前确定本国未来一段时期内的中长期通货膨胀目标，中央银行在公众的监督下运用相应的货币政策工具使通货膨胀的实际值和预测目标相吻合。

2. 金融稳定

世界银行的研究表明，自 20 世纪 70 年代以来，共有 93 个国家先后爆发 117 起系统性银行危机，还有 45 个国家发生了 51 起局部性银行危机，促进金融稳定日益成为各国中央银行的核心职能。而我国在加入世界贸易组织以后，金融体系面临巨大的挑战和新的风险，维护金融稳定已经成为促进经济增长的关键因素，是国民经济健康稳定发展和社会长治久安的保障。

金融稳定是一个具有丰富内涵、动态的概念，它反映的是一种金融运行的状态，体现了资源配置不断优化的要求，服务于金融发展的根本目标。具体而言，金融稳定具有以下特点：

（1）金融稳定具有全局性。作为金融机构的"最后贷款人"和支付清算体系的提供者和维护者，中央银行应立足于维护整个宏观金融体系的稳定。在密切关注银行业运行态势的同时，将证券、保险等领域的动态及风险纳入视野，重视关键性金融机构及市场的运营状况，注意监测和防范金融风险的跨市场、跨机构乃至跨国境的传递，及时采取有力措施处置可能酿成全局性、系统性风险的不良金融机构，保持金融系统的整体稳定。

（2）金融稳定具有动态性。金融稳定是一个动态、不断发展的概念，其标准和内涵随着经济金融的发展而发生相应的改变，并非是一成不变而固化的金融运行状态。健康的金融机构、稳定的金融市场、充分的监管框架和高效的支付清算体系的内部及相互之间会进行策略、结构和机制等方面的调整及互动博弈，形成了一种调节和控制系统性金融风险的整体的流动性制度架构，以适应不断发展变化的金融形势。

（3）金融稳定具有效益性。金融稳定不是静止的、欠缺福利改进的运行状态，而是增进效益下的稳定。一国金融体系的稳定，要着眼于促进储蓄向投资转化效率的提升，改进和完善资源在全社会范围内的优化配置。建立在效率不断提升、资源优化配置和抵御风险能力增强等基础上的金融稳定，有助于构建具有可持续性、较强竞争力和良好经济效益的金融体系。

（4）金融稳定具有综合性。金融稳定作为金融运行的一种状态，需要采取不同的政策措施及方式，包括货币政策和金融监管的手段等，影响或作用于金融机构、市场和实体经济才能实现，从而在客观上要求对金融稳定实施的手段或政策工具兼具综合性的整体考量。

一般来说，相对较低且稳定的通货膨胀率可以给市场主体以稳定的预期，保持实体经济的正常运转，为经济的持续增长创造良好的条件。在欠缺价格稳定的经济环境下，市场主体面临的不确定性增加，金融交易及金融制度运行的成本升高，储蓄转化投资的机制易遭遇"梗阻"，从而增加了金融体系的脆弱性，难以保持金融稳定。

当然，价格稳定并非实现金融稳定的充分条件。金融失衡或不稳定的情形在稳定的价格环境下有时也会累积和发生。例如，20世纪80年代后期日本经济的物价水平相当稳定，但其后不久资产市场崩溃，金融机构积累了巨额不良资产乃至倒闭，进入长达10年的衰退期。

在物价稳定和金融稳定之间存在冲突的情况下，中央银行在维护两大目标中面临政策选择的困境。一方面，通货膨胀目标货币政策可能导致资产价格波动，进而影响金融稳定的实现。在低通胀情况下，以通货膨胀为目标的中央银行会保持利率水平的稳定。而前面分析到，利率水平的稳定会导致投资者预期不确定的下降，风险承担意愿上升，同时利率的稳定意味着投资者预期债务成本的稳定，两方面因素都会导致投资者敢于投入更多的资金购买资产，从而导致资产价格的上升；另一方面，维护金融稳定可能影响通货膨胀目标的实现。金融不稳定导致金融体系内部流动性不足，这时货币当局扩张性的货币政策十分必要，可以增加金融机构向企业的贷款供给，同时降低企业融资的成本。但扩张性的货币政策可能使通胀率偏离目标。

10.3 货币政策工具

中央银行对经济的宏观调节是通过货币政策工具的运用来实现的。中央银行货币政策工具就是中央银行为实现货币政策目标，进行金融控制和调节所运用的策略手段。中央银行所运用的策略工具有一般性使用的货币政策工具和选择性使用的货币政策工具。

10.3.1 一般性货币政策工具

一般性政策工具是从市场全局的角度或者是从总量的角度对货币和信用进行调节和控制，从而对整个经济体系发生普遍性影响的工具。这类工具主要有三个：存款准备金政策、再贴现政策和公开市场业务。人们习惯上将其称为传统的信用控制工具或中央银行货币政策的"三大法宝"。

1. 存款准备金政策

存款准备金政策是指中央银行在法律所赋予的权力范围内，通过调整存款准备金比率来改变货币乘数、控制商业银行的信用创造能力,从而间接地控制社会货币供应量的活动。

(1) 法定存款准备金政策的由来与发展。将存款准备金集中于中央银行的做法最早始于英国,但以法律的形式规定商业银行必须向中央银行缴存存款准备金则始于 1913 年美国的联邦储备法。该法案硬性规定了法定准备率,目的是确保银行体系不因过渡放款而发生清偿危机。法定存款准备金率作为中央银行调节货币供给的政策工具,普遍始于 20 世纪 30 年经济大危机以后。就目前而言,凡是实行中央银行制度的国家,一般都实行法定存款准备金制度。

目前,存款准备金政策的一个重要发展趋势是主要发达国家普遍大幅度降低法定存款准备率,在有些国家,准备金率甚至下降至零。导致这种变化的原因可归结为 20 世纪 70 年代以来的金融创新、金融自由化及 20 世纪 90 年代以来的金融全球化浪潮。

(2) 法定存款准备金政策的作用机理。存款准备金率的变动对商业银行的作用过程如下:当中央银行提高法定准备金率时,商业银行可提供放款及创造信用的能力就下降。因为准备金率提高,货币乘数就变小,从而降低了整个商业银行体系创造信用、扩大信用规模的能力,其结果是社会的银根[⊖]偏紧,货币供应量减少,利息率提高,投资及社会支出都相应缩减;反之,当中央银行降低法定准备金率时,商业银行可提供放款及创造信用的能力就提高。

(3) 法定存款准备金政策的特点。法定存款准备金率,被认为是货币政策中最猛烈的工具之一,其政策效果表现在:①法定存款准备金率是通过货币乘数来影响货币供给量的,因此,即使法定存款准备金率调整很小,也会引起货币供应量的巨大波动;②即使法定存款准备金率不变,它也在很大程度上限制了存款机构的创造派生存款的能力;③即使存款机构由于种种原因持有超额准备金,法定存款准备金率的调整也会产生效果,一旦提高法定存款准备金率,就会冻结一部分超额准备金,如表 10-1 所示。

但是,法定存款准备金制度存在着局限性:①由于效果过于强烈,不易作为中央银行日常调节货币的工具;②由于同样的原因,它的调整对整个经济和社会心理预期都会产生显著的影响,以致使它有了固定化的倾向;③存款准备金对各类银行的影响不同,因而货币政策实现的效果可能因为这些复杂情况而不易把握。

表 10-1 历年法定存款准备金率调整的数据

次数	时间	调整前	调整后	调整幅度	备注
50	2015 年 10 月 24 日	(大型金融机构) 18.00%	17.50%	↓0.5%	
49	2015 年 08 月 25 日	(大型金融机构) 18.50%	18.00%	↓0.5%	
48	2015 年 04 月 09 日	(大型金融机构) 19.50%	18.50	↓1.0%	

⊖ 银根是指中国旧时表示金融市场上资金供应状况的习称。如市场上借款者多,出借者少,即市场资金供给小于需求,叫作"银根紧俏"或"银根紧";反之,则叫作"银根松疲"或"银根松"。——校者注

（续）

次数	时间	调整前	调整后	调整幅度	备注
47	2015年02月04日	（大型金融机构）20.00%	19.50	↓0.5%	
46	2012年05月12日	（大型金融机构）20.50%	20.00%	↓0.5%	
		（中小型金融机构）17.00%	16.50%	↓0.5%	
45	2012年02月24日	（大型金融机构）21.00%	20.50%	↓0.5%	
		（中小型金融机构）17.50%	17.00%	↓0.5%	
44	2011年12月5日	（大型金融机构）21.50%	21.00%	↓0.5%	
		（中小型金融机构）18.00%	17.50%	↓0.5%	
43	2011年06月20日	（大型金融机构）21.00%	21.50%	↑0.5%	
		（中小型金融机构）17.50%	18.00%	↑0.5%	
42	2011年05月18日	（大型金融机构）20.50%	21.00%	↑0.5%	
		（中小型金融机构）17.00%	17.50%	↑0.5%	
41	2011年04月21日	（大型金融机构）20.00%	20.50%	↑0.5%	
		（中小型金融机构）16.50%	17.00%	↑0.5%	
40	2011年03月25日	（大型金融机构）19.50%	20.00%	↑0.5%	
		（中小型金融机构）16.00%	16.50%	↑0.5%	
39	2011年02月24日	（大型金融机构）19.00%	19.50%	↑0.5%	
		（中小型金融机构）15.50%	16.00%	↑0.5%	

(续)

次数	时间	调整前	调整后	调整幅度	备注
38	2011年01月20日	（大型金融机构）18.50%	19.00%	↑0.5%	
		（中小型金融机构）15.00%	15.50%	↑0.5%	
37	2010年12月20日	（大型金融机构）18.00%	18.50%	↑0.5%	
		（中小型金融机构）14.50%	15.00%	↑0.5%	
36	2010年11月29日	（大型金融机构）17.50%	18.00%	↑0.5%	
		（中小型金融机构）14.00%	14.50%	↑0.5%	
35	2010年11月16日	（大型金融机构）17.00%	17.50%	↑0.5%	
		（中小型金融机构）13.50%	14.00%	↑0.5%	
34	2010年05月10日	（大型金融机构）16.50%	17.00%	↑0.5%	
		（中小型金融机构）13.50%	不调整	—	
33	2010年02月25日	（大型金融机构）16.00%	16.50%	↑0.5%	
		（中小型金融机构）13.50%	不调整	—	为加大对"三农"和县域经济的支持力度，农村信用社等小型金融机构暂不上调
32	2010年01月18日	（大型金融机构）15.5%	16%	↑0.5%	
		（中小型金融机构）13.5%	不调整	—	为增强支农资金实力，支持春耕备耕，农村信用社等中小型金融机构暂不上调
31	2008年12月25日	（大型金融机构）16%	15.5%	↓0.5%	
		（中小型金融机构）14%	13.5%	↓0.5%	

（续）

次数	时间	调整前	调整后	调整幅度	备注
30	2008年12月05日	（大型金融机构）17%	16%	↓1%	下调工行、农行、中行、建行、交通银行、邮政储蓄银行等大型金融机构存款准备金率1个百分点
		（中小型金融机构）16%	14%	↓2%	中国人民银行决定自12月5日起，下调中小金融机构存款准备金率2个百分点
29	2008年10月15日	（大型金融机构）17.5%	17%	↓0.5%	
		（中小型金融机构）16.5%	16%	↓0.5%	
28	2008年09月25日	（大型金融机构）17.50%	不调整	—	除工商银行、农业银行、中国银行、建设银行、交通银行、邮政储蓄银行暂不下调外，其他存款类金融机构人民币存款准备金率下调1个百分点，汶川地震重灾区地方法人金融机构存款准备金率下调2个百分点
		（中小型金融机构）17.5%	16.5%	↓1%	
27	2008年06月25日	17%	17.5%	↑0.5%	汶川地震重灾区法人金融机构暂不上调
26	2008年06月15日	16.5%	17%	↑0.5%	汶川地震重灾区法人金融机构暂不上调
25	2008年05月20日	16%	16.5%	↑0.5%	
24	2008年04月25日	15.5%	16%	↑0.5%	
23	2008年03月25日	15%	15.5%	↑0.5%	
22	2008年01月25日	14.5%	15%	↑0.5%	
21	2007年12月25日	13.5%	14.5%	↑1%	
20	2007年11月10日	13%	13.5%	↑0.5%	
19	2007年10月25日	12.5%	13%	↑0.5%	
18	2007年09月25日	12%	12.5%	↑0.5%	
17	2007年08月15日	11.5%	12%	↑0.5%	

(续)

次数	时间	调整前	调整后	调整幅度	备注
16	2007年06月05日	11%	11.5%	↑0.5%	
15	2007年05月15日	10.5%	11%	↑0.5%	
14	2007年04月16日	10%	10.5%	↑0.5%	
13	2007年02月25日	9.5%	10%	↑0.5%	
12	2007年01月05日	9%	9.5%	↑0.5%	
11	2006年11月15日	8.5%	9%	↑0.5%	
10	2006年08月15日	8%	8.5%	↑0.5%	
9	2006年07月05日	7.5%	8%	↑0.5%	
8	2004年04月25日	7%	7.5%	↑0.5%	并对部分城市商业银行和城市信用社实施差别存款准备金率
7	2003年09月21日	6%	7%	↑1%	
6	1999年11月21日	8%	6%	↓2%	
5	1998年03月21日	13%	8%	↓5%	
4	1988年09月	12%	13%	↑1%	
3	1987年	10%	12%	↑2%	
2	1985年	央行将法定存款准备金率统一调整为10%			
1	1984年	央行按存款种类规定法定存款准备金率，企业存款20%，农村存款25%，储蓄存款40%			

注：资料来源：人民银行网站。

2. 再贴现政策

再贴现政策，就是中央银行通过制订或调整再贴现利率来干预和影响市场利率及货币市场的供应和需求，从而调节市场货币供应量的一种金融政策。

（1）再贴现政策的内容。再贴现政策是中央银行最早拥有的货币政策工具，现代许多国家的中央银行都把再贴现作为控制信用的一项主要的货币政策工具。再贴现是指商业银行或其他金融机构将贴现所获得的未到期票据向中央银行转让。对中央银行来说，再贴现是买进商业银行持有的票据，流出现实货币，扩大货币供应量。对商业银行来说，再贴现是出让已贴现的票据，解决一时的资金短缺。整个再贴现过程，实际上就是商业银行和中央银行之间的票据买卖和资金让渡的过程。

一般来讲，再贴现政策包括两方面内容：一是再贴现率的调整；二是向中央银行申请再贴现的资格。前者着眼于短期，主要影响商业银行的准备金和社会的资金供求；后者着眼于长期，主要影响商业银行及全社会的资金投向。

（2）再贴现政策的作用机理。再贴现政策的作用，在于影响银行融资成本，从而影响商业银行的准备金，以达到松紧银根的目的。如中央银行要实现经济增长和充分就业目标，可以降低再贴现率，使其低于市场一般利率水平。商业银行通过再贴现获得资金成本下降，促使其增加向中央银行借款或贴现，结果商业银行超额准备金增加，相应的扩大对社会公众的贷款，从而引起货币供应量的增加和市场利率的降低，进而刺激有效需求的扩大，达到经济增长和充分就业的目的。反之，可采用提高贴现率的方法来促使物价目标的实现。

（3）再贴现政策的特点。再贴现政策有以下几个作用：①能影响商业银行的资金成本和超额准备，从而影响商业银行的融资决策，使其改变放款和投资活动；②能产生告示效果，通常能表明中央银行的政策意向，从而影响到商业银行及社会公众的预期；③能决定何种票据具有再贴现资格，从而影响商业银行的资金投向。

再贴现政策的局限性在于：①从控制货币供应量来看，再贴现政策并不是一个理想的控制工具。首先，中央银行处于被动地位。商业银行是否愿意到中央银行申请贴现，或者贴现多少，决定于商业银行，如果商业银行可以通过其他途径筹措资金，而不依赖于再贴现，则中央银行就不能有效地控制货币供应量。其次，增加对中央银行的压力。如商业银行依赖于中央银行再贴现，这就增加了对中央银行的压力，从而削弱控制货币供应量的能力。再次，再贴现率高低有一定限度，而在经济繁荣或经济萧条时期，再贴现率无论高低，都无法限制或阻止商业银行向中央银行再贴现或借款，这也使中央银行难以有效地控制货币供应量。②从对利率的影响看，调整再贴现利率，通常不能改变利率的结构，只能影响利率水平。即使是要影响利率水平，也必须具备两个假定条件：一是中央银行能随时准备按其规定的再贴现率自由地提供贷款，以此来调整对商业银行的放款量；二是商业银行为了尽可能地增加利润，愿意从中央银行借款。当市场利率低于再贴利率，而利差足以弥补承担的风险和放款管理费用时，商业银行就向中央银行借款然后再放出去；当市场利率低于再贴现率的利差，不足以弥补上述费用时，商业银行就从市场上收回放款，并偿还其向中央银行的借款。只有在这样的条件下，中央银行的再贴现率才能支配市场利率。然而，实际情况往往并非完全如此。③再贴现政策缺乏弹性。一方面，再贴现率的随时调整，通常会引起市场利率的经常性波动，这会使企业或商业银行无所适从；另一方面，再贴现率不随时调整，又不利于中央银行灵活地调节市场货币供应量。因此，再贴现政策的弹性是很小的。

上述缺点决定了再贴政策并不是十分理想的货币政策工具。当然，再贴现政策效果能否很好地发挥，还要看货币市场的弹性。一般说来，有些国家商业银行主要靠中央银行融通资金，再贴现政策在货币市场的弹性较大，效果也就较大。相反有些国家商业银行依靠中央银行融通资金数量较小，再贴现政策在货币市场上的弹性较小，效果也就较小。尽管如此，再贴现率的调整，对货币市场仍有较广泛的影响。

3. 公开市场业务

公开市场业务是指中央银行通过买进或卖出有价证券，吞吐基础货币，调节货币供应量的活动。与一般金融机构所从事的证券买卖不同，中央银行买卖证券的目的不是为了盈利，而是为了调节货币供应量。

（1）公开市场业务的作用机理。根据经济形势的发展，当中央银行认为需要收缩银根时，便卖出证券，相应地收回一部分基础货币，减少金融机构可用资金的数量；相反，当中央银行认为需要放松银根时，便买进证券，扩大基础货币供应，直接增加金融机构可用资金的数量。

目前，越来越多国家的中央银行将公开市场业务作为其主要的货币政策工具。20世纪50年代以来，美国联邦储备委员会（即美国中央银行）90%的货币吞吐是通过公开市场业务进行的，德国、法国等国家也大量采用公开市场业务调节货币供应量。从20世纪80年代开始，许多发展中国家将公开市场业务作为货币政策工具。

（2）公开市场业务的特点。公开市场业务与其他货币政策工具相比，具有主动性、灵活性和时效性等特点。公开市场业务可以由中央银行充分控制其规模，中央银行有相当大的主动权。公开市场业务是灵活的，多买少卖、多卖少买都可以，对货币供应既可以进行"微调"，也可以进行较大幅度的调整，具有较大的弹性。公开市场业务操作的时效性强，当中央银行发出购买或出售的意向时，交易立即可以执行，参加交易的金融机构的超额储备金相应发生变化。公开市场业务可以经常、连续地操作，必要时还可以逆向操作，由买入有价证券转为卖出有价证券，使该项政策工具不会对整个金融市场产生大的波动。

当然，公开市场市场业务也有局限性，即中央银行只能在储备变化的方向上而不能在数量上准确地实现自己的目的。并且，通过公开市场业务影响银行储备需要时间，不能立即生效，而要通过银行体系共同的一系列买卖活动才能实现。公开市场业务发挥作用的先决条件是证券市场必须高度发达，并具有相当的深度、广度和弹性等特征。同时，中央银行必须拥有相当的库存证券。

10.3.2 选择性货币政策工具

选择性货币政策工具是指中央银行针对某些特殊的经济领域或特殊用途的信贷而采用的信用调节工具。在以市场经济为主体的国家，中央银行的货币政策主要通过三大"法宝"来实施，即存款准备金率、贴现窗口政策和公开市场业务，这三种政策工具也被称为一般性货币政策工具。事实上，中央银行货币政策的工具还有选择性的货币政策工具。与一般性的货币政策工具不同，选择性的货币政策工具对货币政策与国家经济的运行的影响不是全局性的，而是局部性的，但也可以作用于货币政策的总体目标。选择性的货币政策工具是指中央银行针对个别部门、个别企业或某些特定用途的信贷所采用的货币政策工具。比如消费者信用控制、证券市场信用控制和不动产信用控制等。

1. 消费者信用控制

消费者信用控制是指中央银行对不动产以外的各种耐用消费品的销售融资予以控制。控制的主要内容有：①规定以分期付款的方式购买各种耐用消费品时第一次付款的最低限额；②规定分期付款的最长期限；③规定可用消费信贷购买的耐用消费品的种类，并就不同的耐用消费品规定相应的信贷条件等。

2. 证券市场信用控制

证券市场信用控制是指中央银行对有关证券交易的各种贷款进行限制，目的在于限制对证券市场的信贷数量，稳定证券市场的价格如规定一定比例的证券保证金比率。所谓证券信用交易的保证金比率，是指证券购买人首次支付占证券交易价款的最低比率，即通常所说的保证金比率。中央银行根据金融市场状况选择调高或调低保证金比率，就可以间接控制证券市场的信贷资金流入量，从而控制住最高放款额度。

3. 不动产信用控制

不动产信用控制是指中央银行对金融机构在房地产放款方面的限制措施，如规定贷款限额、最长期限及首次付款比例等，目的是抑制房地产投机。

4. 优惠利率

优惠利率是指中央银行对国家产业政策要求重点发展的经济部门或产业，规定较低的贷款利率，以支持其发展。其多用于不发达国家。

5. 预缴进口保证金

预缴进口保证金，即中央银行要求进口商预缴相当于进口商品总值一定比例的保证金，以抑制进口的过快增长，多为国际收支出现赤字的国家采用。

10.3.3 直接信用控制

直接信用控制是指以行政命令或其他方式，从质和量两个方面直接对金融机构尤其是商业银行的信用活动进行控制。其手段包括利率最高限额、信用配额、规定商业银行的流动性比率和直接干预等。

1. 利率最高限额

利率最高限额即规定商业银行对定期级储蓄存款所能支付的最高利率，目的是防止银行用抬高利率的办法竞相吸收存款和为谋取高额利润而进行高风险存贷，如美国 1980 年前的 Q 条例。该条例规定，不准对活期存款付息，定期存款和储蓄存款利率不得超过上限。

2. 信用配额

信用配额是指中央银行根据金融市场状况以及宏观经济需要，分别对各个商业银行的信用规模加以分配，限制其最高数量。这种办法在资金供给严重不足的发展中国家被广泛地采用。

3. 规定商业银行的流动性比率

流动性比率是指流动资产占存款的比例，商业银行要保持中央银行规定的流动性比率，必须缩减长期贷款，扩大短期贷款和增加易变现的资产，从而限制信用扩张。

4. 直接干预

直接干预是指中央银行直接对商业银行的信贷业务、放款范围等加以干预，如直接干预商业银行对存款的吸收，对经营不当的银行拒绝再贴现或采取惩罚利率等。

10.3.4 间接信用控制

间接信用控制主要是指中央银行通过道义劝告、窗口指导等办法间接影响商业银行的信用创造。

道义劝告是指中央银行利用其声望和地位，对商业银行和其他金融机构经常发出通告、指示或与各金融机构负责人进行面谈，劝告其遵守政府政策并自动采取贯彻政策的措施。比如在国际收支出现赤字时劝告各金融机构减少海外贷款，在房地产和证券投机盛行时要求商业银行减少对这两个市场的贷款等。

窗口指导是指中央银行根据产业行情、物价趋势和金融市场动向，规定商业银行每季度贷款的增减额，并要求其执行。如商业银行不执行，中央银行可削减对该银行的贷款额度甚至采取停止提供信用等制裁措施。虽然窗口指导没有法律约束力，但其作用有时也很大。窗口指导在二战以后的很长时期都是日本中央银行货币政策的主要工具。

间接信用指导的优点是较为灵活，但要发挥作用，必须是中央银行在金融体系中有较高的地位和威望、拥有足够的信用才能行使的法律权力和手段。

10.4 货币政策传导机制

中央银行制定货币政策后，从政策的实施到发挥作用必须经历一系列的传导过程，货币政策传导机制就是描述货币政策影响经济变量这一过程。中央银行运用货币政策工具影响中介指标，进而最终实现既定政策目标的传导途径与作用机理。货币传导机制是否完善及提高，直接影响货币政策的实施效果以及对经济的贡献。

10.4.1 货币政策传导过程

下图是人们一般认为的货币政策的传导途径和顺序（如图 10-2 所示）。

图 10-2 说明中央银行货币政策的传导有以下两条基本途径：

一条是商业银行。货币政策实施后可以改变商业银行从中央银行融资的成本，改变商业银行的准备金头寸，然后商业银行通过调整信贷规模、利率、贷款期限等，使企业和居民的消费、储蓄和投资活动受到影响，进而使全社会的总支出量和总产出量发生改变。这种改变最终反映了经济增长、就业、物价、国际收支等货币政策最终目标的实现程度。

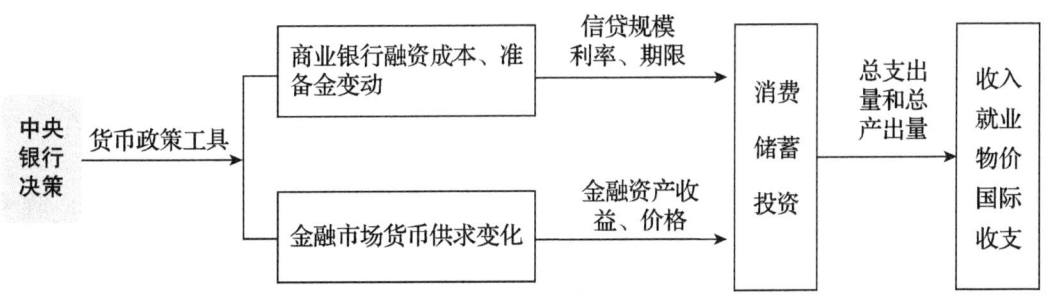

图 10-2 货币政策传导机制

另一条基本途径是金融市场。货币政策工具实施后，如进行公开市场操作后，金融市场的货币供给和货币需求发生改变，引起各种资产的收益和价格的变化，这种变化同样会影响企业、居民等经济主体的消费、储蓄和投资，并最终影响货币政策目标的实现。图 10-2 还表明，货币政策的传导顺序一般是先由中央银行作用于商业银行和金融市场，再由商业银行、金融市场作用于企业、居民等经济活动主体，最后由各经济主体作用于各种宏观经济变量。

在货币政策传导过程中，哪一种变量起主要作用，在西方货币理论中存在很大分歧。凯恩斯学派强调利率的作用，而货币学派则强调货币供应量的作用，由此形成了凯恩斯学派的传导机制理论和货币学派的传导机制理论。

10.4.2 货币政策传导的主要途径

1. 投资效应途径

投资效应途径,主要看的是货币政策怎样影响到投资 I。其影响主要体现为三个效应,分别是利率投资效应、资产价格投资效应和信贷投资效应。在此,我们以实行扩张的货币政策为例进行分析。

(1) 利率投资效应。在实行扩张的货币政策时,流通中的货币供应量 M 会增加,此时,市场上利率 r 会下降,这对于市场中的投资主体来讲,使用资金的成本会下降,直接会增加投资 I 的支出。

(2) 资产价格投资效应。实行扩张的货币政策,货币供给 M 增加,资本市场资金充裕,企业的融资规模扩大,进而增加资产的投资。

(3) 信贷投资效应。信贷投资效应通过信贷可得性效应和非对称信息效应发挥作用。当实行扩张的货币政策时,银行可贷资金充裕,会有多的企业获得信贷资格,进而增加整个社会的投资 I。同样,在实行扩张的货币政策时,资本市场现金流充足,股票等现金流量增加,会降低资本市场的道德风险和逆向选择带来的负面效应,银行会增加贷款,进而增加整个社会的投资 I。

2. 消费支出途径

我们同样以实行扩张的货币政策来分析,消费支出效应可以从三个层面上看:

(1) 耐用消费品支出效应。当货币当局实行扩张的货币政策,市场中货币供给 M 增加,利率 r 下降,消费主体的筹资成本下降,进而会增加消费支出 C。

(2) 货币政策财富效应。当市场中货币供给 M 增加时,利率 r 下降,金融资产价格会上升,消费者所持有的总的资产价值上升,即货币财富增加,会增加消费支出 C。

(3) 货币政策流动性效应。当市场中货币供给 M 增加时,流动性资金增加,会引起消费支出 C 的增加。

3. 汇率效应途径

汇率效应途径又称为国际贸易途径。一般说来,当货币当局实行扩张的货币政策,货币供应量 M 增加,利率 r 下降,投资消费的增加会助涨物价水平,进而表现为本币贬值,本币相对于外币贬值会减少进口,增加出口,从而使得净进口增加,进而增加国民收入。

10.5 货币政策效应

10.5.1 货币政策有效性理论

货币政策有效性就是指货币政策能否立足于特定的经济金融环境,运用特定的政策工具与政策手段选择,通过不同的传导机制,影响现实经济金融运行,引导社会资金的合理流动,提高资源配置的有效性,顺利实现其预定的调控目标。

在西方经济学者看来,货币政策是否有效,即货币是否中性,是指货币供应量的变动能否影响需求和产出等真实经济变量。若货币供应量的变动引起的仅仅是名义价格水平的变动,对经济变量不产生影响,则货币是中性的,货币政策无效。相反,若货币供应量的变动能带来产出等实际经济变量的变动,则货币是非中性的,货币政策有效。货币是否中性、货币政策是否有效的问题,其实质就是货币金融与实际经济的关系问题。目前主要存在以下理论:

1. 货币政策无效论

主张货币政策无效论的主要有古典学派和理性预期学派。古典学派认为,货币数量的增加只会导致物价的同比例上涨,而对产出等经济变量没有影响。在他们看来,通过市场的自发调节机制就可以实现充分就业。古典学派的这一理论是以"萨伊定律"为基础,并以完全竞争为前提的。首先,根据萨伊定律,货币的唯一职能就是充当商品交换的媒介。若货币数量增加,则人们的货币支出也增加。但在充分就业条件下,商品供应量并不增加,这样货币数量的增加必然使一般物价水平同比例上涨。其次,在完全竞争条件下,工作、物价和利率均可自由伸缩。古典学派认为,劳动的需求是劳动边际产出的函数,而劳动的供给是实际工资的函数,凡愿意接受现行工资和现行劳动条件的劳动者都可以找到工作。如果存在失业,则通过劳动者之间的自由竞争,货币工资必然下降,直到实现充分就业为止。物价的自由升降可调节商品的供求,故总供给恒等于总需求,普遍的生产过剩不可能出现。利率的自由升降可调节资本供求,即调节储蓄和投资,使储蓄全部转化为投资。这样,劳动市场、商品市场和资本市场都自动趋于均衡。也就是说,货币供应的增减会引起货币工资和物价水平按同一比例升降,实际工资则不变,产出和就业也不变,货币政策无效。

以卢卡斯为代表的理性预期学派,基于工资、价格完全可伸缩和理性预期的假定,提出宏观政策完全无效论。按照理性预期学派的观点,经济主体以一切可能获得的信息对未来进行合乎理性的预测,这种预期不一定完全正确,但误差是随机的,其平均值为0。因此,政府的任何反周期政策都会被理性预期所抵消。

2. 货币政策有效论

瑞典学派创始人维克塞尔是最早论述货币政策有效的经济学家之一。他认为,古典货币论存在两大缺陷,即假定货币流通速度不变,以及因强调硬币和纸币的交换作用而低估信用票据的功能。他在《利息与价格》一书中分析了影响货币流通速度的各种因素,尤其是分析了现代信用经济制度和银行制度,指出货币流通速度是一个弹性很大的变量。维克塞尔把利率分为自然利率与货币利率,自然利率是指物质资本存量的边际收益率,货币利率是指市场信贷利率。若货币利率低于自然利率,投资将增加,经济处于扩张阶段,这时假设资源没有实现充分就业,则产量、就业和价格将增加;否则,只有价格上涨,而没有产量和就业的增加。反之,当货币利率高于自然利率时,投资下降,经济收缩,产量、就业和价格呈下降趋势。

凯恩斯是一位货币政策有效论者。1936年,在《就业、利息和货币通论》一书中,他从价格分析转到面向就业与产出的更为一般的货币理论研究,认为货币供给与产出和就业有密切关系,其影响主要是通过利率这一渠道产生的。政府通过扩张性货币政策来降低利率、刺激投资,通过投资乘数效应,带动产出和就业的上升。凯恩斯认为,财政政策和货币政策各有其传导机制和制约因素,在不同的经济环境下效果各不相同,主辅地位也各不相同，因此政策操作应"相机抉择㊀"。

货币主义的代表人物弗里德曼认为货币最重要，货币数量说明产量、就业和物价变化的主要因素。他还认为，货币政策相比财政政策更有效、更重要，离开货币政策支持的财政政策完全无效。在政策操作上，由于货币供应量的变动对利率的影响和后来对利率的影响是反方向的，因此当货币供应增加时，起初会降低利率，但是后来，由于增加开支刺激价格上涨，引起借贷需求的增加，从而促使利率上升。所以利率不能成为货币政策传导的主轴，不能作为货币政策的中介目标。货币主义倾向于以货币供应量作为货币政策的中介目标。在货币政策规则上，货币主义认为，由于人们的认识能力和知识水平难以把握大量的临时性需求扰乱因素、难以把握和琢磨时滞、难以确定经济周期波动阶段等，政府根据有限的经验只是进行"相机抉择"的反周期调控货币供应的货币政策，常常成为经济稳定增长的扰动因素。因此，政府应置短期问题于不顾，使货币供应量的增长率与经济的长期自然增长率、最终产品的长期稳定价格等一致，实行"单一规则"，公开宣布并长期采用一个固定不变的货币供应增长率。

以萨缪尔森为代表的一些经济学家认为，当代既没有纯粹的市场经济国家，也没有纯粹的计划经济国家，大多数国家（地区）实行的是一种混合经济。因此，市场调节和宏观调控都不可少，在宏观调控中，货币政策、财政政策、收入分配及经济主体的理性预期都会对经济运行和实际产出产生重大影响。萨缪尔森提出了补偿性货币政策，其含义是：中央银行在萧条时期放松信用，增加货币供给，降低利率，以刺激投资和社会总需求；在繁荣时期则紧缩信用，减少货币供给，提高利率，以抑制总需求。这与凯恩斯的"逆风向行事"和"相机抉择"的货币政策基本一致。

以上的几种货币政策有效理论是货币产生在不同的历史时期和所体现出来的不同的内容。当然，理性预期派的理论假设与实际不符，货币政策无效论与历史和现实不符。货币政策的有效性问题一直是经济学家争论的热点之一，了解争论的历史，关注争论的发展，对于我们加深对货币政策的实施效果的理解很有益处。

10.5.2 影响货币政策效应的因素

在货币政策的传导过程中，各种可能政策效应产生影响的因素同样需要引起人们的关注。这方面的因素主要有以下几点：

1. 货币政策时滞

货币政策时滞是指货币政策从研究、制定到实施后发挥实际效果的全部时间的过程。

（1）货币政策时滞的构成。货币政策时滞由内部时滞和外部时滞构成。

1）内部时滞是指从政策制定到货币当局采取行动的这段时间，它又分为两个阶段：①从形势变化需要货币当局采取行动到它认识到这种需要的时距，称为认识时滞；②从货币当局认识到需要采取行动到实际采取行动这段时间，称为行动时滞。内部时滞的长短取决于

㊀ 相机抉择是指中央银行在货币政策操作过程中不受任何固定程序或原则的约束，而是依据经济运行态势灵活取舍，"逆风向行事"平抑经济周期，以实现货币政策目标。——校者注

货币当局对经济形势发展的预见能力、判定对策的效率和行动的决心等。

2）外部时滞，又称影响时滞，是指从货币当局采取行动开始到对政策目标产生影响为止的这段过程。外部时滞主要取决于客观的经济与金融条件。外部时滞又可分为操作时滞和市场时滞两个阶段：①操作时滞是指从调整政策工具到对中介目标发生作用的时距；②市场时滞是指从中介目标发生反应到其对最终目标产生作用所需要的时间。

（2）时滞对货币政策效果的影响。一般说来，时滞短，则政策见效快，也便于中央银行及时调整货币政策的方向和力度。但相对来说，时滞长短对政策效果的影响不是最重要的，最重要的是时滞是否稳定、可预测。如果时滞不稳定、难以预测，那么，即使货币政策措施是正确的，出台的时机也合适，但货币政策可能会在错误的时点上生效，结果可能适得其反。

2. 货币流通速度的影响

货币流通速度如果不稳定、难以预测，则货币政策的效果不仅可能被削弱，而且货币政策可能会成为影响经济稳定的根源。这是因为，社会总需求从流量上看，表现为一定时期内的货币支出总量，它等于货币供应量与货币流通速度的乘积。如果货币流通速度是一个难以预测的波动不定的量，那么，即使中央银行能完全按照预定的目标调节货币供应量，也难以使总需求和GDP达到预期的水平，货币政策也就难以达到预期的效果。

3. 微观主体预期的抵消作用

当一项政策措施出台时，各种微观经济主体立即会根据可能获得的各种信息，预测政策的后果，从而很快做出对策，而且很少有时滞。如果微观主体广泛采取具有抵消性作用的对策，货币当局的政策可能归于无效。不过，实际情况是，公众的预测即使非常准确，实施对策即使很快，其效应的发挥也有个过程。因此，货币政策仍会部分有效。

4. 其他经济政治因素的影响

（1）宏观经济条件的变化。一项既定的货币政策出台后，要保持一定的稳定性和持续性，不能朝令夕改。在这段时间内，如果经济出现某些始料不及的情况，而货币政策又难以做出相应调整时，就可能出现货币政策效果下降甚至失效的情况。

（2）既得利益者的政治压力。货币政策的实施，可能会影响到一些阶层、集团、部门或地方的既得利益，这些主体会做出强烈反应，形成压力，迫使货币政策调整。

本章小结

中央银行货币政策的目标是充分就业、物价稳定、经济增长和国际收支平衡。四大目标并不是中央银行能够直接控制的，因此中央银行往往需要制定中介目标，中介目标是实现货币政策的传导与桥梁。货币传导机制理论主要有凯恩斯学派、货币学派和金融中介学派的信用传导机制理论。而货币政策的效应主要受时滞、货币流通速度、微观主体预期抵消和其他的一些经济政治因素的影响。

现实经济生活中，货币政策的四大目标之间往往会产生矛盾，各国根据本国的实际情况，权衡轻重缓急，选择主要目标和次要目标。

习 题

一、复习题

1. 选择题

（1）（   ）因具备调控力度大、效果好、灵活性大等优点，而成为各国进行宏观经济调控最常用的手段。

　　A. 财政政策　　　　B. 货币政策　　　　C. 产业政策　　　　D. 收入政策

（2）自 20 世纪 90 年代以来，主要发达国家都把（   ）作为其货币政策的唯一目标。

　　A. 稳定物价　　　　B. 经济增长　　　　C. 充分就业　　　　D. 国际收支均衡

（3）中介目标必须与最终目标密切相关，是指中介目标具备（   ）。

　　A. 相容性　　　　　B. 可控性　　　　　C. 相关性　　　　　D. 准确性

（4）中央银行降低法定存款准备金率，意味着商业银行的（   ）。

　　A. 可贷资金量减少　　　　　　　　　　B. 可贷资金量增加

　　C. 可贷资金量不受影响　　　　　　　　D. 可贷资金量不确定

（5）凯恩斯学派主张以（   ）作为货币政策的中介目标。

　　A. 货币供给量　　　B. 利率　　　　　　C. 法定准备金　　　D. 超额准备金

（6）货币学派认为在货币政策传导机制中起主要作用的是（   ）。

　　A. 货币供应量　　　B. 基础货币　　　　C. 利率　　　　　　D. 超额准备金

（7）下列不是货币政策最终目标之间的主要冲突的是（   ）。

　　A. 稳定物价与充分就业　　　　　　　　B. 稳定物价与国际收支平衡

　　C. 经济增长与国际收支平衡　　　　　　D. 经济增长与充分就业

（8）法定准备金率政策可以通过影响商业银行的（   ）而发挥作用。

　　A. 资金成本　　　　B. 超额准备金　　　C. 贷款利率　　　　D. 存款利率

（9）公开市场业务可以通过影响商业银行的（   ）而发挥作用。

　　A. 资金成本　　　　B. 准备金　　　　　C. 贷款利率　　　　D. 存款利率

（10）在调节货币和信用时，迫使中央银行处于被动地位的政策工具是（   ）。

　　A. 公开市场业务　　　　　　　　　　　B. 再贴现政策

　　C. 法定存款准备金政策　　　　　　　　D. 利率管制

（11）一般来说，中央银行提高再贴现率，会使商业银行（   ）。

　　A. 提高贷款利率　　　　　　　　　　　B. 降低贷款利率

　　C. 贷款利率升降不确定　　　　　　　　D. 贷款利率不受影响

（12）下列属于紧缩的货币政策的是（   ）。

　　A. 降低法定存款准备金率　　　　　　　B. 降低再贴现利率

　　C. 加强公开市场业务　　　　　　　　　D. 扩大消费者信用

2. 判断题

（1）中央银行的货币政策目标与政府的宏观经济目标是一致的。　　　　　　　　（　　）

(2) 菲利普斯曲线描述的是稳定物价与经济增长之间的此消彼长的置换关系。（   ）
(3) 中央银行的各种政策工具不可能直接作用于最终目标。（   ）
(4) 在一般性货币政策工具中，中央银行实施再贴现政策时具有较强的主动性。（   ）
(5) 运用公开市场业务有利于中央银行进行经常性、连续性的货币政策操作。（   ）
(6) 一般而言，中央银行对基础货币的控制能力弱于对货币供应量的控制。（   ）
(7) 衡量货币政策的效应时，最主要的还是衡量效应发挥的快慢，而不是效应发挥的大小。（   ）
(8) 货币政策时滞越短，越有利于实现货币政策目标。（   ）
(9) 一般而言，运用货币政策比运用财政政策更有利于实现经济扩张的目标。（   ）

3. 问答题

(1) 简述货币政策的内容。
(2) 简述货币政策的目标及其内部关系。
(3) 简述货币政策工具体系。
(4) 简述凯恩斯主义关于货币政策传导机制的理论。
(5) 简述货币主义关于货币政策传导机制的理论。
(6) 简述货币政策信用传导机制的主要内容。
(7) 简述货币政策中介目标的选择标准和相关内容。
(8) 简述影响货币政策效应的影响因素。
(9) 结合我国实际，试论述我国货币政策的一般性工具的运用及其效果和局限性。

二、案例应用分析

美国的量化宽松货币政策

经历过 2008 年的金融危机之后，美国经济进入了寒冬时期，失业率居高不下，国家经济严重低迷。为了刺激美国经济的发展，使得美国尽快走出金融危机的影响，美国进行了一系列的量化宽松货币政策。

QE1 启动：2008 年 11 月 25 日，美联储宣布，将购买政府支持企业（简称 GSE）房利美、房地美、联邦住房贷款银行与房地产有关的直接债务，还将购买由两房、联邦国民抵押贷款协会（Finnie Mae）所担保的抵押贷款支持证券（MBS）。这是美联储首次公布将购买机构债和 MBS，标志着首轮定量宽松政策的开始。

美联储指出，最高将购买价值 1000 亿美元的 GSE 直接债务，采购将在 2008 年 11 月 25 日的后一周进行。联储还称，最高还将购买 5000 亿美元的 MBS，这方面的采购预定于 2008 年底前启动。

QE1 扩大（第一轮宽松正式启动）：2009 年 3 月 18 日，机构抵押贷款支持证券 2009 年的采购额最高增至 1.25 万亿美元，机构债的采购额最高增至 2000 亿美元。此外，为促进私有信贷市场状况的改善，美联储还决定在未来六个月中最高再购买 3000 亿美元的较长期国债证券。

QE1 结束：2010 年 4 月 28 日，美联储在利率会议后发表的声明中未再提及购买机构抵押贷款支持证券和机构债的问题。这标志着联储的首轮定量宽松政策正式结束。加上 2009

年3月至当年秋天结束前所购买的3000亿美元较长期国债证券,美联储在首轮定量宽松政策的执行期间共购买了1.725万亿美元资产,这就是说首轮定量宽松总计为金融系统及市场提供了1.725万亿美元流动性。

QE1的效果:使得纳斯达克工业指数从2008年12月底的8675点升至2010年2月底的10400点左右,涨幅超过19%。虽然大宗商品和股市在持续攀升,但金融机构仍处于去杠杆化的过程中,而且经济走势仍有极大的不确定性,由此带来的借贷心理造成滞留在金融体系内部的流动性不能转化为对实体经济的信贷,从而难以促进投资,就业率上升也就无从谈起。

美国失业率从2008年底的7.4%一路上升,在2009年第四季度达到10%以上,其后虽有所回落,但目前仍然停留在9.6%的高位。

"虽然在第一轮量化宽松货币政策刺激下,道琼斯工业指数大幅上涨,但美国就业率没有根本改善。"接受《每日经济新闻》采访的银河证券首席经济学家左小蕾向记者表示,"这说明(QE1)没有起到太大的作用。"

2009年6月至12月,美国纽约银行、高盛集团、摩根大通、花旗银行等先后归还了政府救助资金。之后,AIG通过出售旗下保险公司筹到了367亿美元,以偿还纽约联邦储备银行部分贷款。种种迹象表明,在QE1执行期间,在美联储廉价资金以及财政部资助下,华尔街金融机构正在恢复元气。

QE1已经把华尔街的金融公司从破产边缘拯救了出来,而美国经济仍在苦苦挣扎。

第二次量化宽松(QE2):自2010年4月份美国的经济数据开始令人失望,进入步履蹒跚的复苏以来,美联储一直受压于需要推出新一次的量化宽松:第二次量化宽松(QE2)。伯南克在2010年8月份在杰克逊霍尔的联储官员聚会中为第二次量化宽松打开了大门。但他同时谨慎地指出,量化宽松不是一个成熟的补救办法,而且也不是所有的人都支持量化宽松政策。美国联邦储备委员会公开市场委员会(FOMC)宣布,将再次实施6000亿美元的"量化宽松"计划,美联储发货币购买财政部发行的长期债券,每个月购买额为750亿美元,直到2011年第二季度。这就是QE2,即所谓的美联储的第二次量化宽松政策。

QE2的目的是通过大量购买美国国债,压低长期利率,借此提振美国经济,特别是避免通货紧缩,并降低高达9.6%的失业率。

问题:谈谈美国的量化宽松政策的效果。

第 11 章 国际金融

【教学目标】

通过本章的学习，掌握国际收支、国际储备、外汇及汇率的相关概念，掌握国际收支的平衡、失衡及其调节的相关知识；了解我国的汇率制度及其改革发展方向，了解国际金融机构的形成、发展以及主要的国际金融机构。

【导入案例】

2015 年：那些值得记住的国际金融大事——人民币加入 SDR

2015 年，由中国人民银行《金融时报》和中国银行国际金融研究所联合选出 2015 年国际金融十大新闻事件，其中之一就是人民币加入 SDR（特别提款权）。

2015 年 11 月 30 日，国际货币基金组织（IMF）执行董事会完成特别提款权（SDR）审议，认为人民币符合所有现有标准，批准人民币加入 SDR 货币篮子。2015 年 12 月 1 日，IMF 正式宣布，人民币将于 2016 年 10 月 1 日加入 SDR 货币篮子，人民币成为 SDR 货币篮子中除美元、欧元、日元与英镑以外的第五种货币，权重为 10.92%，超过日元与英镑份额，成为继美元、欧元之后的 SDR 篮子第三大货币，对人民币的地位产生了重大影响。在微观层面，人民币加入 SDR 后，中国央行将有更多空间调整短期汇率政策。但有分析认为，鉴于中国决策层致力于进一步推进人民币国际化且十分重视国际政治影响以及海外经济影响因素，人民币汇率仍将保持相对稳定和强势。在宏观层面，人民币加入 SDR 意味着所有 IMF 成员国的主权基金、外汇储备投资或使用人民币的制度障碍已经扫清。但具体到操作层面，其他国家是否在资产配置中像对待美元一样对人民币持高度认可，还要看人民币资产是否能够提供更高的回报、更低的风险、快捷的结算支付、丰富的产品、高效的服务等多方面因素。

人民币加入 SDR，标志着人民币迈入国际货币行列，是 IMF 对人民币的国际背书，极大地提振了市场信心。从长远来看，随着人民币国际地位的提高，人民币将成为全球央行外汇储备货币的重要选项之一，市场资产配置需求也将逐步扩大，金融交易与国际储备职能有望进一步夯实。有深度、流动性良好、透明安全、按国际规则运行的金融体系将成为中国未来建设发展的重点。与此同时，人民币国际接纳度的提升，将与我国"一带一路"倡议形成协同效应，有利于开启我国对外开放新局面，实现资源全球化配置，提升金融话语权。然而，我们也应该认识到，人民币加入 SDR 只是阶段性成果，人民币国际化道路依然漫长。人民币国际化的后续动力有赖于中国经济的转型升级，实体经济仍是货币金融的基石。人民币加入 SDR 也意味着更多的风险与责任。未来，中国应稳妥推进金融改革，协调改革与开放之间的关系，加强宏观审慎框架与资本流动管理，防范区域性、系统性金融风险。随着人民币成为储备货币，国际社会对中国也产生了更多的期许，中国需要树立国际视野，在经济金融事务中承担更多的大国责任，为全球经济增长与金融稳定发挥积极作用。

11.1 国际收支

进入21世纪以来，各国之间的交往日益频繁。在全球经济一体化背景下，国与国之间的金融联系也日益密切。特别是在开放条件下，货币汇率政策事关内外均衡和国家经济安全，是国内外各经济主体博弈的结果。同时，各国金融体系之间的高度关联性使得金融危机具有很强的传递能力和破坏性。在此背景下，不了解国际收支很难以开放的姿态融入国际金融体系，参与全球范围的经济竞争。

11.1.1 国际收支的内容

1. 国际收支的定义

所谓国际收支，即一国在一定时期内全部对外往来的、系统的货币记录。

理解国际收支这一概念，需要注意以下四点：第一，就对象而言，国际收支记录的是对外往来的内容，即一国居民与非居民的交易；第二，就形式而言，国际收支是系统的货币记录，其反映的内容以交易为基础；第三，就属性而言，国际收支是一个流量概念，一般是指对一年内的交易进行的总结；第四，就时间特性而言，国际收支是一个事后的概念，属于历史记录，定义中的"一定时期"通常是指过去的一个会计年度。

2. 国际收支的内容

一般说来，国际收支平衡表的主要项目包括：经常项目、资本项目和结算或平衡项目。

（1）经常项目。经常项目是国际收支中最重要的项目，是本国与外国之间经常发生的国际收支项目。经常项目又分为贸易收支、劳务收支和转移收支三项。

贸易收支又称为有形贸易收支，包含进口和出口贸易收支。按IMF规定，进出口商品价格都应按离岸价格（FOB）计算，但事实上，各国掌握的尺度并不一致。一般说来，大多数国家对出口商品价格都按离岸价格计算，而进口商品价格则按到岸价格（CIF）计算。

劳务收支又称为无形贸易收支，其内容有运输、保险、通信、旅游等各种服务的收入和支出，以及由于资本输出输入、信贷和投资所引起的利息、股息和利润的收入和支出。还包括其他劳务收支，如使馆费用、广告费、专利费等。

转移收支又称为单方面转移，包括官方和私人的赠款、汇款、赔款和援助。所谓单方面转移，也就是赠方不想索取经济代价，收方不需要还本付息的转移，是无交易的国际经济活动。

（2）资本项目。资本项目是国际收支平衡表的第二大类项目，表示官方和私人长期与短期的资本流入和流出。资本项目记载的是金融资本的交易，国际资本流动交易对象有民间的和政府的。

（3）结算或平衡项目。该项目包括错误与遗漏、分配特别提款权和官方储备等。在编制国际收支平衡表时，各个项目涉及的范围十分广泛而复杂，来源于各个方面，统计数据和资料的不及时、不完全和不准确是经常存在的。

11.1.2　国际收支调节

国际收支可能处于平衡状态,也可能处于失衡状态,国际收支调节主要是针对失衡进行干预的政策机制。以下主要从失衡的原因及失衡调节机制的角度来分析国际收支调节。

知识链接

国际收支不平衡是指一国对外经济活动的不平衡,简称对外不平衡或外部不平衡。一国的国际收支不平衡,可以由多种原因引起。不同原因引起的国际收支失衡,应采用不同的办法来加以调节。国际收支失衡可分为:临时性不平衡、结构性不平衡、货币性不平衡、周期性不平衡和收入性不平衡等类型。

1. 国际收支失衡的主要原因

(1) 临时性不平衡是指短期的、由非确定或偶然因素引起的国际收支失衡。这种性质的国际收支失衡,程度一般较轻,持续时间不长,带有可逆性。因此,可以认为是一种正常现象。在浮动汇率制度下,这种性质的国际收支失衡有时根本不需要政策调节,市场汇率的波动有时就能将其纠正。

(2) 结构性不平衡是指国内经济、产业结构不能适应世界市场的变化而发生的国际收支失衡。结构性失衡通常反映在贸易账户或经常账户上。结构性失衡含有两层含义:第一层含义是指因经济困难和产业结构变动的滞后所引起的国际收支失衡。比如,一国的国际贸易在一定的生产条件和消费需求下处于均衡状态,当国际市场发生变化、新产品不断淘汰老产品、新款式高质量产品不断淘汰旧款式低质量产品、新的替代品不断出现的时候,如果该国的生产结构不能及时根据形势加以调整,那么其原有的贸易平衡就会遭到破坏,贸易逆差就会出现。像这种含义的结构性不平衡,在发达国家和发展中国家都有发生。另一层含义的结构性不平衡,是指一国的产业结构比较单一,或其生产的产品出口需求的收入弹性低,或出口需求的价格弹性高而进口需求的价格弹性低所引起的国际收支失衡。这层含义的结构性不平衡,在发展中国家表现得尤为突出。结构性不平衡与临时性不平衡不一样,它具有长期的性质,扭转起来相当困难。

(3) 货币性不平衡是指一定汇率下国内货币成本与一般物价上升而引起出口货物价格相对高昂、进口货物价格相对便宜,从而导致的国际收支失衡。在这里,国内货币成本与一般物价上升的原因被认为是货币供应量的过分增加。因此,究其根源,国际收支失衡的原因是货币性的。货币性失衡可以是短期的,也可以是中期的或长期的。

(4) 周期性不平衡是指一国经济周期波动所引起的国际收支失衡。当一国经济处于衰退期时,社会总需求下降,进口需求也相应下降,国际收支发生盈余。反之,如果一国经济处于扩张和繁荣时期,国内投资与消费需求旺盛,对进口的需求也相应增加,国际收支便出现逆差。周期性不平衡在第二次世界大战前的发达资本主义国家中表现得比较明显。在"二战"后,其周期性并不显著。比如,1981年~1982年发达资本主义国家在衰退期普遍伴有巨额国际收支逆差。再比如,美国在1990年~1992年衰退期中,就伴有对日本的贸易逆差(日本当时还没有进入衰退期)。

(5) 收入性不平衡是一个比较笼统的概念,统称为一国国民收入相对快速增长而导致进口需求的增长超过出口增长所引起的国际收支失衡。国民收入相对快速增长的原因可以是多种多样的,可以是周期性的、货币性的,或经济处在高速增长阶段所引起的。

2. 国际收支失衡的调节:自动调节和政策调节

(1) 国际收支失衡的自动调节。"货币—价格自动调节机制"的过程可以分为以下五个环节:一是国际收支逆差;二是货币外流增加,货币存量减少;三是国内一般价格水平下降;四是出口价格下降,出口增加;五是贸易收支改善,这一过程描述的是国内货币存量与一般物价水平变动对国际收支的影响。

收入机制的自动调节过程可以表述为:国际收支逆差引起对外支付增加,继而国民收入下降导致社会总需求减少;伴随着进口需求下滑,最终国际收支状况得到改善。国民收入下降不仅能改善贸易收支,也能改善经常项目收支和资本项目收支。国民收入下降会使对外国劳务和金融资产的需求都程度不同地下降,从而整个国际收支得以改善。

利率机制对国际收支失衡的调节过程是:自由市场经济条件下,当国际收支发生逆差时,本国货币的存量(供应量)相对减少,利率上升;而利率上升,表明本国金融资产的收益率上升,从而对本国金融资产的需求相对上升,对外国金融资产的需求相对减少,资金外流减少或资金内流增加,国际收支改善。在浮动汇率条件下,利率与本国货币的汇率具有交替作用。本国利率上升,本国货币汇率则下降。本国货币汇率下降使外国金融资产的价格相对昂贵,从而对本国金融资产的需求相对上升和对外国金融资产的需求相对下降,国际收支得以改善。

(2) 国际收支失衡的政策调节。需求调节政策,按对需求的不同影响,国际收支的各种调节政策可分为支出增减型政策和支出转移型政策两大类。区分国际收支调节政策的这两种类型具有很重要的意义,有助于国际收支调节政策的正确使用和搭配,以便当国际收支失衡时,能以较小的代价来达到国际收支的平衡和均衡。

支出增减型政策(Expenditure-Changing Policy),是指改变社会总需求或国民经济中支出总水平的政策。这类政策旨在通过改变社会总需求或总支出水平来改变对外国商品、劳务和金融资产的需求,从而达到调节国际收支的目的。这类政策主要是指财政政策和货币政策。紧缩性的财政政策和货币政策,具有压低社会总需求和总支出的作用。当社会总需求和总支出下降时,对外国商品、劳务和金融资产的需求也相应下降,从而国际收支得以改善。反之,扩张性的财政货币政策具有增加社会总需求和总支出的作用。当社会总需求和总支出增加时,对外国商品、劳务和金融资产的需求也相应增加,从而国际收支逆差增加(或顺差减少)。其结果是,在纠正国际收支失衡的同时,有可能同时引发失业增加、经济活动活力降低和社会动荡。

支出转换型政策(Expenditure-Switching Policy),是指不改变社会总需求和总支出而改变需求和支出方向的政策。这类政策主要有汇率政策、补贴和关税政策及直接管制。所谓改变支出方向,是指将国内支出从外国商品和劳务转移到国内商品和劳务上来。汇率的下浮或贬值,对进口商品和劳务课以较高的关税或减少补贴,都会使进口商品和劳务的价格相对上升。

供给调节政策有产业政策和科技政策。产业政策和科技政策旨在改善一国的经济结构和产业结构、增加出口商品和劳务的生产、提高产品质量和降低生产成本,以此达到增加社会产品（包括出口产品和进口替代品）的供给、改善国际收支的目的。

资金融通政策，简称融资政策，包括官方储备的使用和国际信贷便利的使用。从一国宏观调控角度看，主要体现为国际储备政策。

搭配调节政策，一般来说，对不同性质的国际收支失衡要采用不同的调节方法。比如，以资金融通来纠正临时性的国际收支不平衡，以紧缩性的预算和货币政策来纠正货币性不平衡。但有时候，情况并不是这样的。比如，由预算赤字和货币宽松引起的货币性收支失衡，可采用以下三种方法进行调整：支出增减型、支出增减型与融资型的搭配、支出增减型与支出转换型的搭配。

11.1.3 国际储备

国际储备是"二战"后国际货币制度改革的重要问题之一，它不仅关系到各国调节国际收支和稳定汇率的能力，而且影响世界总体物价水平和国际贸易的发展。以下将从国际储备的基本特征、构成及管理等方面来进行介绍。

1. 国际储备的基本特征

（1）官方持有性。官方持有性是指作为国际储备的资产必须是中央货币当局直接掌握并予以使用的，这种直接"掌握"与"使用"可以看成是一国中央货币当局的一种"特权"。

（2）自由兑换性。自由兑换性是指作为国际储备的资产必须可以自由地与其他金融资产相交换，充分体现储备资产的国际性。

（3）充分流动性。充分流动性是指作为国际储备的资产必须是随时都能够动用的资产，如存放在银行里的活期外汇存款、有价证券等。

（4）普遍接受性。普遍接受性是指作为国际储备的资产，必须能够为世界各国普遍认同、接受与使用。

2. 国际储备的构成

国际储备的构成一般包括以下四个部分：黄金储备、外汇储备、普通提款权和特别提款权。

（1）黄金储备（Gold Reserve）是指一国货币当局持有的、用以平衡国际收支、维持或影响汇率水平、作为金融资产持有的黄金。

（2）外汇储备（Foreign Exchange Reserve）又称为外汇存底，是指为了应付国际支付的需要，各国的中央银行及其他政府机构所集中掌握的外汇资产。

（3）普通提款权（General Drawing Right，GDR）又称为在IMF的储备头寸，是国家外汇储备的一部分。储备头寸（Reserve Position）是指成员在IMF的储备部分提款权余额，再加上向IMF提供的可兑换货币贷款余额。

（4）特别提款权（Special Drawing Right，SDR）又称为"纸黄金"（Paper Gold），最早发行于1969年，是IMF根据会员国认缴的份额分配的，可用于偿还IMF债务、弥补会员国政府之间国际收支逆差的一种账面资产。其价值目前由美元、欧元、人民币、日元和英镑组成的一篮子储备货币决定。

3. 国际储备的管理

国际储备管理是指一国政府或货币当局根据一定时期内本国的国际收支状况和经济发展的要求，对国际储备的规模、结构和储备资产的使用进行调整、控制，从而实现储备资产的规模适度化、结构最优化和使用高效化的整个过程。一个国家的国际储备管理包括两个方面：一是国际储备规模的管理，以求得适度的储备水平；二是国际储备结构的管理，使储备资产的结构得以优化。通过国际储备管理，一方面可以维持一国国际收支的正常进行，另一方面可以提高一国国际储备的使用效率。

国际储备规模管理又称为总量管理或水平管理，就是对国际储备的规模进行有效的选择和确定，以便把国际储备规模维持在一个相对合理的水平上。国际储备规模管理的内容主要包括国际储备的供给和国际储备的需求两个方面。

国际储备结构管理是指各国货币当局对储备资产所进行的最佳配置，使黄金储备、外汇储备、普通提款权和特别提款权四种形式的国际储备资产的持有量及其构成要素之间保持合理比例，以便分散风险、获取收益，充分发挥国际储备资产应有的作用。

11.2 外汇与外汇制度

开放经济条件下，外汇对促进国际的经济、贸易的发展，调剂国际资金余缺等方面所发挥的作用是无可替代的。同时，外汇也是一个国家国际储备的重要组成部分，是清偿国际债务的主要支付手段。以下内容将从外汇与外汇制度入手，对外汇、汇率及汇率制度等进行比较系统的介绍。

11.2.1 外汇与汇率

1. 外汇的含义与分类

（1）一般地，外汇概念有动态和静态之分。静态的外汇是指外国货币或以外国货币表示的能用于国际结算的支付手段。动态的外汇是指一个国家的货币兑换成另外一个国家的货币，借以清偿国际债权、债务关系的一种专门性的经营活动。从这个意义上讲，外汇也就等同于国际结算或外汇交易活动。在现实的国际结算中，人们并不是把不同的货币在不同国家之间运来运去，而主要是通过国际信用工具（如外汇汇票）在国家间进行传递，将各种债权债务关系集中到银行账户上加以冲抵和划转来实现最终的支付。

知识链接

我国1996年颁布的《外汇管理条例》第三条对外汇的具体内容做出如下规定：外汇是指①外国货币，包括纸币、铸币；②外币支付凭证，包括票据、银行的付款凭证、邮政储蓄凭证等；③外币有价证券，包括政府债券、公司债券和股票等；④特别提款权、欧洲货币单位；⑤其他外币计值的资产。

（2）外汇的分类。按照不同的标准，可以把外汇分为不同的类型。结合国际金融实践，外汇的分类主要包括以下几种：一是按照外汇进行兑换时的受限制程度，可分为自由兑换外汇、有限自由兑换外汇和记账外汇；二是根据外汇的来源与用途不同，可以分为贸易外汇、非贸易外汇和金融外汇；三是根据外汇汇率的市场走势不同，外汇又可区分为硬外汇和软外汇。

2. 汇率及其标价法

（1）汇率的概念。国家不同，使用的货币也不同。当一种商品或劳务参与国际交换时，就有一个把该商品或劳务以本国货币表示的价格折算成以外币表示的价格的问题，这种折算是按汇率来进行的。所谓汇率（Exchange Rate），就是两种不同货币之间的折算比价，也就是以一种货币表示的另一种货币的相对价格。简言之，汇率是一国货币同另一国货币兑换的比率。如果把外国货币作为商品，那么汇率就是买卖外汇的价格，是以一种货币表示另一种货币的价格，因此也称为汇价。

（2）汇率的标价方法。确定两种不同货币之间的比价，先要确定用哪个国家的货币作为标准。由于确定的标准不同，于是便产生了不同的外汇汇率标价方法。主要包括：直接标价法、间接标价法和美元标价法。

直接标价法又称为应付标价法，是以一定单位（1、100、1000、10000）的外国货币为标准来计算应付付出多少单位本国货币。

间接标价法又称为应收标价法，它是以一定单位（如1个单位）的本国货币为标准，来计算应收若干单位的外汇货币。在国际外汇市场上，欧元、英镑和澳元等均为间接标价法。

美元标价法又称为纽约标价法，是指在纽约国际金融市场上，除对英镑用直接标价法外，对其他外国货币用间接标价法的标价方法。美元标价法由美国在1978年9月1日制定，是目前国际金融市场上通行的标价法。

3. 汇率的种类

（1）从制定汇率的角度来考察，汇率可分为基准汇率和交叉汇率。基准汇率（Basic Rate），通常选择一种国际经济交易中最常使用、在外汇储备中所占的比重最大的可自由兑换的关键货币作为主要对象，与本国货币对比，订出汇率，这种汇率就是基本汇率。目前作为关键货币的通常是美元，把本国货币对美元的汇率作为基准汇率。

交叉汇率（Cross Rate）也称为套算汇率。在制定出基本汇率后，本币对其他外国货币的汇率就可以通过基本汇率加以套算得出。

（2）从汇率制度角度考察，汇率可分为固定汇率和浮动汇率。固定汇率（Fixed Rate）是指一国货币同另一国货币的汇率基本固定，汇率波动幅度很小。在金本位制度下，固定汇率决定于两国金铸币的含金量，波动的界限是引起黄金输出输入的汇率水平，波动的幅度是在两国之间运送黄金的费用。

浮动汇率（Floating Rate）是指一国货币当局不规定本国货币对其他货币的官方汇率，也无任何汇率波动幅度的上下限，本币任由外汇市场的供求关系决定，自由涨落。

（3）从银行买卖外汇的角度考察，汇率可分为买入汇率、卖出汇率和中间汇率。买入汇率（Buying Rate）又称为买入价，是外汇银行向客户买进外汇时使用的价格。

卖出汇率（Selling Rate）又称外汇卖出价，是指银行向客户卖出外汇时所使用的汇率。

中间汇率（Closing Midpoint）则是买入价与卖出价的平均数。报刊报导汇率消息时常用中间汇率。

（4）从外汇交易支付通知方式角度考察，汇率可分为电汇汇率、信汇汇率和标汇汇率。电汇汇率是指银行卖出外汇后，以电报为传递工具，通知其国外分行或代理行付款给收款人时所使用的一种汇率。

信汇汇率是指在银行卖出外汇后，用信函方式通知付款地银行转汇收款人的一种汇款方式。由于邮寄需要时间较长，银行可在邮寄期内利用客户的资金，故信汇汇率较电汇汇率低。

标汇汇率是指银行在卖出外汇时，开立一张由其国外分支机构或代理行付款的汇票交给汇款人，由其自带或寄往国外取款。

（5）从外汇交易交割期限长短考察，汇率可分为即期汇率和远期汇率。即期汇率（Spot Rate）是指即期外汇买卖的汇率，即外汇买卖成交后，买卖双方在当天或在两个营业日内进行交割所使用的汇率。

远期汇率（Forward Rate）是指在未来一定时期进行交割，而事先由买卖双方签订合同，达成协议的汇率。

> **知识链接**
>
> 远期汇率是以即期汇率为基础的，用即期汇率的"升水""贴水""平价"来表示。其中，如果远期汇率比即期汇率贵，高出的差额称作升水（Premium）；如果远期汇率比即期汇率便宜，低出的差额称作贴水（Discount）；如果远期汇率与即期汇率相等，则没有升水和贴水，称作平价（Par）。
>
> 即期汇率、远期汇率之间的互换汇率关系可用如下计算公式表示：
>
> 在直接标价法下：远期汇率 = 即期汇率 + 升水；远期汇率 = 即期汇率 - 贴水
>
> 在间接标价法下：远期汇率 = 即期汇率 - 升水；远期汇率 = 即期汇率 + 贴水

（6）从外汇银行营业时间的角度考察。汇率主要包括开盘汇率和收盘汇率。开盘汇率是指外汇银行在一个营业日刚开始营业、进行外汇买卖时用的汇率。

收盘汇率是指外汇银行在一个营业日的外汇交易终了时的汇率。

（7）其他汇率。伴随着国际金融实践，出现的其他汇率主要有现钞汇率、官方汇率、黑市汇率、名义汇率和实际汇率。现钞汇率（Bank Notes Rate）又称为现钞买卖价，是指银行买入或卖出外币现钞时所使用的汇率。

官方汇率（Official Rate）是指由一个国家的外汇管理机构制定公布的汇率。

黑市汇率（Black Market Exchange Rate）是指在外汇黑市市场上买卖外汇的汇率。

名义汇率（Nominal Rate of Exchange）也称为市场汇率，与实际汇率相对，是一种货币能兑换另一种货币的数量。

实际汇率（Real Exchange Rate）是指用两国价格水平对名义汇率进行调整后的汇率。

4. 汇率的影响因素

作为一国货币对外价格的表示形式，汇率受到国内和国际因素的影响。因此，汇率的变动常常捉摸不定，预测也十分困难。除经济因素外，货币作为国家主权的一种象征，还常常受到政治和社会因素的影响。这里，我们仅考虑经济因素，选择国际收支、相对通货膨胀率、相对利率、总需求与总供给、心理预期、财政赤字和国际储备等七个最常用的变量来分析它们对汇率的影响。

（1）国际收支。非严格地说，它是指一国对外经济活动中所发生的收入和支出。当一国的国际收入大于支出时，即为国际收支顺差。在外汇市场上，国际收支顺差表现为外汇（币）的供应大于需求，使本国货币价格上升，外国货币价格下降。相反，当一国的国际收入小于支出时，即为国际收支逆差，在外汇市场上就表现为外汇（币）的供应小于需求，因而本国货币价格下降，外国货币价格上升。

（2）相对通货膨胀率。一般来说，相对通货膨胀率持续较高的国家，表示其货币的国内价值的持续下降速度相对较快，其汇率也将随之下降。

（3）相对利率。利率的上升将推动本国货币价格的上升。但是我们在考察利率变动的影响时，也要注意比较：一是比较外国利率的情况；二是比较本国通货膨胀率，即考察相对利率。如果本国利率上升，但幅度不如外国利率的上升幅度，或不如国内通货膨胀率的上升，则不能导致本国货币价格的上升。

（4）总需求与总供给。如果总需求的整体增长快于总供给的整体增长，满足不了的那部分总需求将转向国外，引起进口增长，从而导致本国货币价格下降。当总需求的增长从整体上快于总供给的增加时，还会导致货币的超额发行和赤字的增加，从而间接导致本国货币价格下降。

（5）心理预期。就经济方面而言，心理预期包括对国际收支状况、相对物价水平（通货膨胀率）、相对利率或相对的资产收益率，以及对汇率本身的预期等。心理预期通常是以捕捉刚刚出现的某些信号来进行的。因此，有意地或无意地发出一些与之相对冲的信号，有时可以改变心理预期的方向。

（6）财政赤字。财政赤字的增加或减少，也会影响汇率的变动方向。财政赤字往往导致货币供应增加和需求增加。因此，赤字的增加将导致本国货币价格的下降。

（7）国际储备。较多的国际储备表明政府干预外汇市场、稳定货币汇率的能力较强。因此，储备增加能加强外汇市场对本国货币的信心，有助于本国货币价格的上升。反之，储备下降则会引诱本国货币价格下降。

11.2.2 汇率制度

汇率制度（Exchange Rate Arrangement）又称为汇率安排，是指各国或国际社会对于确定、维持、调整与管理汇率的原则、方法、方式和机构等所做出的系统规定。传统上，按照汇率变动的幅度，将汇率制度分为两大类型：固定汇率制度和浮动汇率制度。以下内容将围绕固定汇率制度、浮动汇率制度及我国的汇率制度进行简要的介绍。

1. 固定汇率制度

固定汇率制度（Fixed Exchange Rate System）是指货币当局把本国国币兑换其他货币的汇率加以固定，并把两国货币比价的波动幅度控制在一定的范围之内。从历史发展进程来看，自19世纪中末期金本位制在西方各国确定以来，一直到1973年，世界各国的汇率制度基本上属于固定汇率制度。固定汇率制度经历了两个阶段：一是从1816年到第二次世界大战前国际金本位制度时期的固定汇率制;二是从1944年~1973年的布雷顿森林体系下的固定汇率制度。后来由于美元危机,布雷顿森林体系崩溃,固定汇率制度时代终结。

(1) 金本位制度下的固定汇率制度。在实行金本位制度的国家,其货币汇率是由铸币平价决定的。由于金币可以自由铸造、银行券可以自由兑换金币、黄金可以自由输出输入,汇率受黄金输送点的限制,波动幅度局限于很狭窄的范围内,可以说金本位制度下的固定汇率制度是典型的固定汇率制度。

(2) 布雷顿森林体系下的固定汇率制度。1944年,在美国布雷顿森林召开了一次国际货币金融会议,确定了以美元为中心的汇率制度,被称为布雷顿森林体系下的固定汇率制度,也称为以美元为中心的固定汇率制。其核心内容为:美元规定含金量,其他货币与美元挂钩,两种货币兑换比率由黄金平价决定,各国的中央银行有义务使本国货币与美元汇率围绕黄金平价在规定的幅度内波动,各国中央银行持有的美元可按黄金官价向美国兑取黄金。

2. 浮动汇率制度

浮动汇率制度(Floating Exchange Rate System)是指汇率完全由市场的供求决定,政府不加任何干预的汇率制度。事实上,完全任凭市场供求自发地形成汇率,而不采取任何干预措施的国家很少或几乎没有。各国政府往往都要根据本国的具体情况,或明或暗地对外汇市场进行不同程度的干预。鉴于各国对浮动汇率的管理方式和宽松程度不同,浮动汇率制度又有诸多分类。

(1) 按政府是否干预,可以分为自由浮动和管理浮动。自由浮动,又称为清洁浮动,是指汇率完全由外汇市场上的供求状况决定,自由涨落、自由调节,政府不加干预的汇率制度。管理浮动又称为肮脏浮动,是指一国货币当局为使本国货币对外的汇率不致波动过大或使汇率向着有利于本国经济发展的方向变动,通过各种方式,或明或暗地对外汇市场进行干预的汇率制度。

(2) 按浮动形式,可分为单独浮动和联合浮动。联合浮动汇率是指当一些经济关系密切的国家组成集团,在成员国货币之间进行固定汇率制的同时,对非成员国货币实行共升共降的浮动汇率。比较典型的例子是欧元区。

(3) 按被盯住的货币不同,可分为盯住单一货币的浮动和盯住合成货币的浮动。盯住单一货币的浮动是指由于历史、地理等诸方面原因,有些国家的对外贸易、金融往来主要集中于某一工业发达国家,或主要使用某一外国货币。为使这种贸易、金融关系得到稳定发展,免受相互间汇率频繁变动的不利影响,这些国家通常使本币盯住该工业发达国家的货币,如一些美洲国家的货币盯住美元浮动、一些前法国殖民地国家的货币盯住法国法郎浮动等。盯住合成货币的浮动又称为盯住"一篮子"(也称为"一揽子")货币的浮动。一篮子货币通常是由几种世界主要货币或由与本国经济联系最为密切的国家的货币组成的。特别提款权是一种最有名的一篮子货币,它由美元、日元、英镑、马克和法国法郎等五种货币按不同的比例构成,其价格随着这五种货币的汇率变化每日进行调整,由国际货币基金组织逐日对外公布。其他一篮子货币的货币构成都是由实行盯住政策的国家自由选择和调整的。这种浮动有两个特点:一是保值;二是波动幅度小,汇率走势稳定。实行这种汇率制度的主要目的是避免本国货币受某一国货币的支配。

3. 我国的汇率制度

固定汇率制和浮动汇率制都不适合我国的国情,因此人民币汇率制度的选择应当考虑介于两者之间的、较有弹性的汇率制度。有管理的浮动汇率制度是较优的选择，因为它吸收了浮动汇率制下汇率的灵活性和固定汇率之下汇率相对稳定性的特点，是一种较为灵活的汇率机制，比较适合我国的国情以及我国经济、金融未来发展的态势。首先，我国的经济金融市场还不完善，宏观经济预期具有较大的不稳定性。改革开放以来，我国的经济体制和经济结构已经发生了巨大的变化，但还存在着许多问题，金融市场还不是完善、有效的市场，还不具备健全的金融法规、高水平的监管队伍、高素质的专业人才和良好的投资理念等条件。同时，在我国进一步改革和扩大对外开放的过程中，对宏观经济波动的预期具有高度的不确定性，实际对外开放的程度也比较低，不能过高地依靠汇率对经济增长的调节作用，因此不适宜采用完全浮动的汇率制度。其次，我国的经济自由化程度还比较低。我国在贸易领域、投资领域还存在着较多的管制，人民币利率还是非市场化利率。在这种情况下形成的价格就不能真实反映市场供求，因此货币当局需要对这种状况进行及时纠正，即所谓的"有管理"就十分必要。最后，目前人民币还未实现资本项目下可兑换，因此也就不宜采取完全浮动的汇率制度。但是，面对日益频繁的国际资本流动，特别是我国融入世界经济一体化程度的不断加深，从长期来看，放松对资本流动和外汇管制是必经的过程，而且我国的主要贸易伙伴国大部分都采用了灵活的汇率制度，因此我国采用有管理的浮动汇率制是科学的、正确的选择。

有管理的浮动汇率制中的"管理"表现在人民币汇率改革的方向被明确为：实行以市场供求为基础、参考一篮子货币进行调节、有管理的浮动汇率制度。这里就一篮子货币而言，是按照我国对外经济发展的实际情况，选择若干种主要货币，赋予相应的权重，组成一个货币篮子。这里不仅有币种问题，更重要的是有权重问题。即使我国央行公布了其中币种的构成，但权重还是保密。参考一篮子货币表明外币之间的汇率变化会影响人民币汇率，但参考一篮子货币不等于盯住一篮子货币，它还需要将市场供求关系作为另一重要依据，据此形成有管理的浮动汇率。这也就是为什么有那么多的外资银行的经济学家们热衷于计算出这一篮子货币中各币种的权重到底是多少，以为就此可以掌握人民币汇率的波动走势。殊不知，即使计算出各币种的权重，但是央行对人民币汇率的调节只是参照调整，不是直接挂钩，而是根据国内外经济金融形势，以市场供求为基础，参考一篮子货币计算人民币多边汇率指数的变化，对人民币汇率进行管理和调节，其灵活性和可控性是很大的。也就是说，新体制为我国央行进行汇率调控留下了很大的空间。也正因为如此，同时增大了汇率形成的影响因素和汇率变动的不确定性。这就相对增加了人民币汇率的弹性，同时又给中央银行干预外汇市场留下了足够的空间，从而保证了人民币汇率在合理均衡水平上的基本稳定。这正是我国的有管理的浮动汇率制的科学性和正确性所在。

"管理"还表现为人民币汇率改革坚持主动性、可控性和渐进性的原则。这里所讲的主动性，就是主要根据我国自身改革和发展的需要，决定汇率改革的方式、内容和时机。汇率改革要充分考虑对宏观经济稳定、经济增长和就业的影响。这里所讲的可控性，就是人民币汇率的变化要在宏观管理上能够控制得住，既要推进改革，又不能失去控制，避免出现金融市场动荡和经济大的波动。这里所讲的渐进性，就是根据市场变化，充分考虑各方面的承受能力，有步骤地推进改革。

实践证明，我国央行2005年年中开始的汇率改革是非常成功的，事实说明央行有管理的浮动汇率制度的选择是科学的正确的。2005年年底，国家统计局局长李德水在答记者问时指出:"汇制改革是一个重大的改革,也是充满智慧的改革方案。这个方案的出台时间才半年,实践证明是成功的,我们不可能朝令夕改,老是变化,这个政策会长期保持下去,汇率政策不应该经常、随意地变动,这是很慎重的事情。"

11.3 国际货币制度

国际货币制度是支配各国货币关系的规则,以及国际交易支付所依据的一套安排和惯例。国际货币制度对维持国际金融市场秩序发挥不可替代的作用,迄今为止经历了从国际金本位制到布雷顿森林体系再到牙买加体系的演变过程。以下内容将从国际货币制度的产生与发展切入,对浮动汇率制做进一步分析,在此基础上,简要分析欧元的诞生及其意义。

11.3.1 国际货币制度的产生与发展

国际货币制度又称为国际货币体系,是指国际货币制度、国际货币金融机构以及由习惯和历史沿革形成的约定俗成的国际货币秩序的总和。所谓体系,是指某种有规则有秩序的整合体。国际货币体系就是这样一种整合体,它既包括有法律约束力的关于货币国际关系的规章和制度,也包括具有传统约束力的各国已经在实践中共同遵守的某些规则和做法,还包括在国际货币关系中起协调、监督作用的国际金融机构——国际货币基金组织和其他一些全球或地区性的多边官方金融机构。

国际货币体系是历史的产物。可以说,它与以货币为媒介的国际经贸往来是同时产生的。只不过,早期的货币体系主要不是依靠法律的强制力,而是依靠约定俗成的做法形成的。随着国际经贸往来的不断增长,货币的国际往来越来越频繁,参与的国家及货币种类也越来越多,国际货币体系的法律和行政色彩也相应增加、内容覆盖面日益广阔。因此,一种体系可以是习惯缓慢发展的结果,可以是某些法律文件和行政手段的结果,也可以是以上两个因素共同作用的结果。第二次世界大战后的国际货币体系就是习惯与法律的联合产物。

货币主权是国家主权的一个重要组成部分。世界上有180多个主权国家,相应就有180多种主权货币。具有法律约束力的国际货币制度往往同各国的货币主权有这样或那样的矛盾和冲突。因此,国际货币制度只能是在讨价还价的基础上,依据各国在国际经济中的相对实力而建立。因此,它不可避免地具有一种"被动性",即对事实和已有做法的承认,其权威性不断受到各国相对实力变化的挑战。另一方面,国际货币制度一经建立,又能在一定程度上影响国际货币关系的进程和有关做法,从而影响国际货币制度本身的未来发展。总而言之,传统的、约定俗成的国际货币惯例与做法是基础,具有法律约束力的国际货币制度则是传统的做法与惯例的法律反映,而国际货币基金组织则是一种协调与监督。如此三位一体的国际货币体系,对世界经济的发展和各国的国际货币行为,起着重要的影响和制约。

国际货币制度的演变主要包括五个不同的发展阶段:一是1880年~1914年,国际金本位制度;二是1918年~1939年,国际金本位制度的恢复时期;三是1944年~1973年,布雷顿森林体系时期;四是1973年~1976年,向浮动汇率制度过渡时期;五是1976年至今,牙买加体系时期。

11.3.2 浮动汇率制度

自从1973年以美元为中心的固定汇率制度崩溃后，主要西方国家普遍实行了浮动汇率制度。但浮动汇率制度却不是1973年以后才出现的新的汇率制度。

美国在1879年开始正式实行金本位制以前，曾在不太长的时间内，实行过浮动汇率制度。在各国普遍实行金本位制以后，一些银本位国家的汇率仍然经常波动。例如，印度在1893年以前一直实行银本位制，印度卢比与金本位制国家货币之间的汇率就经常随着金银比价的变化而波动。奥匈帝国的货币盾在1891年金本位制法案正式通过前，也曾一度处于浮动状态，甚至在1891年以后，仍有一段短暂的浮动时期。俄国的卢布在1897年实行金本位制以前，也曾经实行过浮动汇率制度。

1919年3月~1926年（1924年除外），法国实行法郎完全无管制的浮动汇率制度。在20世纪30年代大危机时期，英国曾于1932年底试行浮动汇率制。美国从1933年4月~1934年1月也实行浮动汇率制度。即使在以美元为中心的固定汇率制度时期，也照样有许多国家在其中某段时期实行过浮动汇率制度。

加拿大于1950年9月实行浮动汇率，一直到1962年5月底再恢复为固定汇率，但1970年5月底又实行了浮动汇率制。1971年5月，联邦德国与荷兰实行浮动汇率制。1971年8月美国政府停止美元兑换黄金后，大多数西方国家都实行浮动汇率制，直到1971年12月《华盛顿协议》（Washington Accord）后，才恢复固定汇率。1973年初，又爆发了一次新的美元危机，各主要金融市场大量抛售美元，抢购马克和日元，金价上涨，外汇市场关闭。同年2月12日，美国政府再次将美元贬值10%，黄金官价从每盎司38美元提高到42.23美元。

美元第二次贬值后，西方各国普遍实行浮动汇率制。1976年1月。国际货币基金组织正式承认浮动汇率制度。1978年4月，国际货币基金组织理事会通过"关于第二次修改协定条例"，正式废止以美元为中心的国际货币体系。至此，浮动汇率制度在世界范围取得了合法的地位。

11.3.3 欧元的诞生及其意义

（1）欧元的诞生。1969年3月，当时的欧共体6国领导人聚会荷兰海牙，提出建立欧洲货币联盟的构想，并委托当时任卢森堡首相的皮埃尔·维尔纳就此提出具体建议。1971年3月，被后人称作"维尔纳计划"的方案得以通过，欧洲单一货币建设迈出了第一步。"维尔纳计划"主张在10年内分三个阶段建成欧洲经济货币联盟，实现资本完全自由流通，各成员国确定货币固定汇率，最终以单一货币取代各国货币。但是，随后发生的石油危机和金融风暴，致使"维尔纳计划"搁浅。

1979年3月，在法国和德国的倡导和努力下，欧洲货币体系宣告建立，同时欧洲货币单位"埃居"诞生。1989年6月，欧共体12国在马德里召开的首脑会议，通过了欧共体委员会主席德洛尔提交的"德洛尔报告"。与"维尔纳计划"类似，该报告主张分三个阶段创建欧洲经济货币联盟：第一步完全实现资本自由流通；第二步建立欧洲货币局（即欧洲中央银行的前身）；第三步建立和实施经济和货币联盟，以单一货币取代成员国货币。

1991年12月10日，欧共体首脑会议在荷兰小城马斯特里赫特召开，通过了《欧洲联盟条约》，包括《欧洲经济货币联盟条约》和《欧洲政治联盟条约》（统称《马斯特里赫特条约》，简称《马约》），同时决定将欧共体改称为欧洲联盟。《马约》确定了加入经济货币联盟的"趋同标准"。《马约》规定，最迟在1999年1月1日，经欧洲理事会确认，如达到"趋同标准"的成员国超过7个，即可开始实施单一货币。1995年11月，欧盟成员国扩大到15个，12月15日，在马德里举行的欧盟首脑会议决定将欧洲单一货币定名为欧元，取代欧洲货币单位"埃居"，并一致同意单一货币于1999年1月1日正式启动，2002年1月1日开始进入流通领域，所有收入、支出包括工薪收入、税收等都要以欧元计算。2002年3月1日，"欧元"正式流通后，欧洲货币的旧名称消失。欧元纸币由各参与国中央银行责成的欧洲中央银行负责发行。欧元硬币由各个参与国政府负责发行，不同发行机构之间保持互相协调。

（2）欧元诞生的意义。从便利国际贸易与国际投资的角度分析，单一货币的实行对与欧盟经济关系密切的国家来说有着积极的影响。它们与欧盟国家相互之间的支付及兑换成本，因单一货币的引入必然降低，进出口结算和投资收益预期的稳定性都将得到提高，对欧元区的汇率风险也可能有所减弱。

11.4 国际金融机构

国际金融机构体系作为从事国际金融管理和国际金融活动的超国家性质的组织机构，按地区可分为全球性国际金融机构和地区性国际金融机构。以下内容将在简要介绍国际金融机构的形成和发展的基础上，对主要的全球性及区域性国际金融机构进行系统介绍。

11.4.1 国际金融机构的形成和发展

为适应国际经济发展的需要，曾先后出现各种从事国际金融业务的政府间国际金融机构。国际金融机构是指从事国际金融管理和国际金融活动的超国家性质的组织机构，能够在重大的国际经济金融事件中协调各国的行动，提供短期资金缓解国际收支逆差稳定汇率和长期资金促进各国经济发展。国际金融机构的发端可以追溯到1930年5月在瑞士巴塞尔成立的国际清算银行。第二次世界大战后，布雷顿森林国际货币体系建立，并相应地建立了几个全球性国际金融机构，作为实施这一国际货币体系的组织机构。国际金融机构按地区可分为全球性的国际金融机构和区域性的国际金融机构。目前，全球性的国际金融机构主要包括：国际货币基金组织、世界银行、国际开发协会、国际金融公司、多边投资担保机构和国际清算银行等。1957年—20世纪70年代，欧洲、亚洲、非洲、拉丁美洲、中东地区的国家为满足发展本地区经济的需要，通过互助合作方式，先后建立起区域性的国际金融机构，如亚洲开发银行、非洲开发银行和泛美开发银行等。

11.4.2 主要国际金融机构简介

伴随着国际金融实践，全球性和区域性国际金融机构数量快速增长，全球性国际金融机构主要包括国际货币基金组织、世界银行、国际开发协会和国际金融公司等；区域性国际金融机构主要包括亚洲开发银行、非洲开发银行以及亚洲投资开发银行等。

1. 国际货币基金组织

（1）产生背景。国际货币基金组织（IMF）与世界银行集团（World Bank）、关税与贸易总协定（General Agreement on Tariff and Trade，GATT，1999年起正式改称为世界贸易组织，World Trade Organization，WTO）共同构成战后国际经济秩序的三大支柱。虽然国际货币基金组织正式成立于1946年3月，1947年3月才开始国际金融领域的活动，但是有关建立这一机构的酝酿活动在第二次世界大战结束前就已开始。

当时，对经济实力在战争期间迅速膨胀的美国而言，迫切需要建立一个以其为主导的国际机构，来实现其在战后控制国际金融活动、扩大商品和资本对外输出的目标。受战争重创的欧洲工业国面临在战后尽快恢复经济的任务，也希望借助国际金融机构来满足其对资金及国际金融秩序的需要，使其迫切的国内经济问题可以在稳定的外部环境中加快解决。国际货币基金组织正是在美国和其他工业国的推动下产生的。

国际货币基金组织的建立主要是围绕美国"怀特计划"和英国"凯恩斯计划"之间的较量展开的。"怀特计划"是美国财政部官员怀特提出的，以存款制为原则，一国获取资金的多少取决于缴纳的份额，而份额又取决于各国的黄金及外汇储备、国民收入和进出口规模等因素。在这些方面均占优势的美国，显然可以通过份额安排达到其操纵和控制基金组织，进而获得国际金融领域统治权的目的。"凯恩斯计划"是英国财政部顾问凯恩斯制订的，该方案采取透支原则，主张设立一个世界性的中央银行——国际清算联盟，各成员国在其中开设往来账户，排除黄金或外汇储备的缴纳，以不作货币流通的国际清算单位"班柯"的转账来清算各国官方的债权债务，从而将两国之间的支付扩大为国际多边清算。该方案还特别强调顺差国与逆差国均须对国际收支失衡采取调节措施，这对国际收支处于逆差地位的英国十分有利。

此番较量以美国凭借其政治经济实力迫使英国放弃"国际清算联盟"计划，接受美国方案而告终。不过，美国也对英国作了一些让步。因此，最后达成的协议包含了美英双方共同关心的问题，如解决经常项目的收支失衡、满足工业国战后的资金需要、寻求汇率的稳定等。在美英双方协议基础上形成的《国际货币基金协定》规定，国际货币基金组织的宗旨是：促进成员国在国际货币问题上的磋商与协作；促进汇率的稳定和有秩序的汇率安排，借此避免竞争性的汇率贬值；为经常项目收支建立一个多边支付和汇兑制度，努力消除不利世界贸易发展的外汇管制；在临时性的基础上和有保障的条件下，向成员国提供资金融通，使它们在无须采取有损于本国和国际经济繁荣的措施的情况下，纠正国际收支的不平衡；争取缩短国际收支不平衡的持续时间和程度，促进国际贸易的均衡发展，实现就业和实际收入水平的提高及生产能力的扩大。截至2000年6月，国际货币基金组织成员国已达182个国家和地区。中国是国际货币基金组织的创始国之一，我国的合法席位是1980年4月17日恢复的。

（2）组织构成。国际货币基金组织的最高决策机构是理事会（Board of Governors），其成员由各国中央银行行长或财政部长组成，每年秋季举行定期会议，决定IMF和国际货币体系的重大问题，如接纳新成员、修改基金协定、调整基金份额等。日常行政工作由执行董事会（Executive Board）负责，该机构由24名成员组成，其中，出资最多的美国、英国、法国、日本、德国、沙特阿拉伯各指派1名；中国和俄罗斯为单独选区，可各自选派1名；

其余 16 名各由包括若干国家和地区的 16 个选区分别选派 1 名，每 2 年改选 1 次。执行董事会另设主席 1 名，主席即为 IMF 总裁，每 5 年选举 1 次。总裁在通常情况下不参加执行董事会的投票，但若双方票数相等时，总裁可投决定性一票。

执行董事会是一个常设机构，在它和理事会之间还有两个机构：一个是"国际货币基金组织理事会关于国际货币制度的临时委员会"，简称"临时委员会"（Interim Committee）；另一个是"世界银行和国际货币基金组织理事会关于实际资源向发展中国家转移的联合部长级委员会"，简称"发展委员会"（Development Committee）。这两个委员会都是部长级委员会，每年开会 2~4 次，讨论国际货币体系和开发援助的重大问题。由于两个委员会的成员大都来自主要国家而且政治级别高，因此，其决议往往最后就是理事会的决议。

除理事会、执行董事会、临时委员会和发展委员会外，IMF 内部还有两大利益集团——代表发达国家利益的"十国集团"和代表发展中国家利益的"二十四国集团"，以及许多常设职能部门。

（3）主要职能。根据 IMF 的宗旨，其在国际金融领域中的职能主要表现在三个方面：第一，确立成员国在汇率政策、与经常项目有关的支付以及货币的兑换性方面需要遵守的行为准则，并实施监督。汇率监督是 IMF 的一项重要职能，其目的在于保证有秩序的汇兑安排和汇率体系的稳定，消除不利于国际贸易发展的外汇管制，避免成员国操纵汇率或采取歧视性的汇率政策以谋取不公平的竞争利益。IMF 反对成员国利用宏观经济政策、补贴或任何其他手段来操纵汇率，原则上反对成员国采取复汇率（包括双重汇率）或任何其他形式的差别汇率政策。第二，向国际收支发生困难的成员国提供必要的临时性资金融通，以使它们遵守上述行为准则，避免采取不利于其他国家经济发展的经济政策。第三，为成员国提供进行国际货币合作与协商的场所。虽然国际社会对 IMF 的作用颇有争议，但在国际经济依存性日益提高的情况下，为各国在国际金融领域提供一个合作与协调的场所确实是 IMF 十分重要的价值所在。

2. 世界银行

（1）产生背景。世界银行（International Bank for Reconstruction and Development）全称为国际复兴开发银行，英文简称为 IBRD 或 World Bank。1944 年 7 月在美国布雷顿森林举行的联合国货币金融会议上通过了《国际复兴开发银行协定》，1945 年 12 月 27 日，28 个国家政府的代表签署了这一协定，并宣布国际复兴开发银行正式成立。它在 1946 年 6 月 25 日开始营业，1947 年 11 月 5 日起成为联合国专门机构之一，是世界上最大的政府间金融机构之一。其总部设在美国华盛顿，并在巴黎、纽约、伦敦、东京、日内瓦等地设有办事处，此外还在 20 多个发展中成员国设立了办事处。

（2）组织构成。世界银行主要下设机构有：最高权力机构——理事会，由成员国的财政部长、中央银行行长或级别相当的官员担任理事，每年秋天与国际货币基金组织联合召开年会；执行董事会，由 21 名执行董事组成，其中 5 名由拥有股份最多的美、英、法、日、德委派，另外 16 名由其他成员国按地区选出。历届行长一般由美国总统提名，均为美国人。行长同时兼任国际开发协会会长、国际金融公司主席和多国投资保证机构的主席等职位。截至 2007 年 1 月，世界银行拥有 185 个成员，雇员 6400 人、顾问 1100 人，年度预算 14 亿美元，总资金额达 1882.2 亿美元。1980 年 5 月，中国恢复了在世界银行的合法席位。1981 年起，中国开始借用该行资金。

（3）主要职能。世界银行与国际货币基金组织两者起着相互配合的作用。国际货币基金组织主要负责国际货币事务方面的问题，其主要任务是向成员国提供解决国际收支暂时不平衡的短期外汇资金，以消除外汇管制，促进汇率稳定和国际贸易的扩大。世界银行则主要负责经济的复兴和发展，向各成员国提供发展经济的中长期贷款。按照《国际复兴开发银行协定》的规定，世界银行的宗旨是：第一，通过对生产事业的投资，协助成员国经济的复兴与建设，鼓励不发达国家对资源的开发；第二，通过担保或参加私人贷款及其他私人投资的方式，促进私人对外投资，当成员国不能在合理条件下获得私人资本时，可运用该行自有资本或筹集的资金来补充私人投资的不足；第三，鼓励国际投资，协助成员国提高生产能力，促进成员国国际贸易的平衡发展和国际收支状况的改善；第四，在提供贷款保证时，应与其他方面的国际贷款配合。

世界银行在成立之初，主要是资助西欧国家恢复被战争破坏了的经济，但在 1948 年后，欧洲各国开始主要依赖美国的"马歇尔计划"来恢复战后的经济，世界银行于是转向主要向发展中国家提供中长期贷款与投资，促进发展中国家经济和社会发展。

3. 国际开发协会

（1）产生背景。国际开发协会（International Development Association, IDA），成立于 1960 年，总部设在华盛顿。国际开发协会作为世界银行的一个附属机构，专门对较穷的发展中国家和地区发放条件较宽的长期贷款。国际开发协会的贷款条件优惠，与世界银行的贷款混合发放。国际开发协会的贷放部分被称为软贷款，实际上只贷给会员国的地方政府项目，不收利息，只收 0.75% 的手续费，对未用部分的信贷收 0.5% 的承担费，而且对贷款运作机构的贷款运作佣金也在国际上制定了不得超过 0.1%~0.2% 的规定。信贷期限较长，可达 50 年，并有 10 年的宽限期（头 10 年不必还本），第二个 10 年，每年还本 1%，其余 30 年每年还本 3%。

因为国际开发协会集中援助最贫穷国家及地区，其援助的项目具有这样的特点：投资收益率高，同时又能提高生产率；应用的技术较简单，使低收入阶层也能掌握，并可减少项目建设费用；平均费用低，以便能够建设更多的项目；提供一系列的投入因素，如在农业项目中提供良种、化肥、信贷、技术援助等，最大限度地提高生产率和收入。

国际开发协会（IDA）在支持世界银行完成减轻贫困的使命中发挥着关键的作用。IDA 通过为旨在推动经济增长和改善生活条件的方案提供无息贷款和赠款，帮助世界上最贫困的国家。IDA 与另一个贷款机构，即国际复兴开发银行（IBRD），相辅相成，后者的任务是通过资本投资和咨询服务帮助中等收入国家。IDA 的金融资源大部分来自富裕成员国政府的捐款，另外一个重要的资金来源是信贷偿还金，包括过去获得 IDA 援助但已经从 IDA "毕业"了的国家偿还信贷的资金。捐款国每三年聚会一次，以补充 IDA 的资金。这种补充安排确保方案具有充分的监督性和问责性，并保证成员国积极承担它们各自应尽的财政责任。美国、日本、英国、法国、意大利和加拿大一直是最大的捐款国。

（2）组织构成。国际开发协会的组织机构与世界银行相同。它的正副理事、正副执行董事由世界银行的相应人员兼任，经理、副经理由世界银行行长、副行长兼任，办事机构的各部门的负责人也都由世界银行相应部门的负责人兼任。但是国际开发协会又是一个独立的实体，有自己的协定、法规和财务系统，其资产和负债都与世界银行分开，业务活动也互不相关。

国际开发协会的最高权力机构是理事会，下设执行董事会处理日常业务。协会成员通过投票参与决策活动，成员国的投票权与其认缴的股本成正比。成立初期，每一个成员具有500票基本票，另外每认缴5000美元股本增加一票。在1975年第四次补充资金时，每成员国已有3850基本票。

（3）主要职能。国际开发协会的主要业务活动，是向欠发达的发展中国家的公共工程和发展项目，提供比世界银行贷款条件更优惠的长期贷款。这种贷款也称为开发信贷，有如下特点：①期限长。最初可长达50年，宽限期10年。1987年协会执行董事会通过协议，将贷款划分为两类：一是联合国确定为最不发达的国家，信贷期限为40年，包含10年宽限期；二是经济状况稍好一些的国家，信贷期限35年，也含10年宽限期。②免收利息。对已拨付的贷款余额免收利息，只收取0.75%的手续费。③信贷偿还压力小。第一类国家在宽限期过后的两个10年每年还本2%，以后20年每年还本4%；第二类国家在第二个10年每年还本2.5%，其后15年每年还本5%。由于国际开发协会的贷款基本上都是免息的，故被称为软贷款，而条件较为严格的世界银行贷款，则被称为硬贷款。

国际开发协会贷款的条件包括：借款国人均国民生产总值须低于635美元；借款国无法按借款信誉从传统渠道获得资金；所选定的贷款项目必须既能提高借款国的劳动生产率，又具有较高的投资收益率；贷款对象为成员国政府或私人企业（实际上都是贷给成员国政府）。

4. 国际金融公司

（1）产生背景。国际金融公司（International Finance Corporation，IFC），是总部位于美国华盛顿的多边国际金融机构，也是世界银行附属机构之一。它在1956年7月由177个成员出资设立，虽是世界银行的附属机构，但本身具有独立的法人地位。国际金融公司的主要出资股东包括美国、日本、德国、英国和法国。国际金融公司致力于为发展中国家和新兴市场的私营部门提供多样化的金融支持，包括股权投资、长期债权投资、基金和结构性融资等，由世界金融投融资集团（World Finance Investment and Financing Group，WFI）组织发行全球债券投资、基金、机构性融资和股权。近年来，随着金砖五国等新兴经济体逐步崛起，发展中国家的金融市场广阔，为国际金融投融资集团的发展壮大乃至全球化战略提供了良好的空间。随着WFI全球化进程的发展，WFI开始为更多的新兴经济体市场提供资金支持和渠道。

（2）组织构成。国际金融公司的组织机构和管理办法与世界银行相同，其最高权力机构是理事会。下设执行董事会，负责处理日常事务，正副理事、正副执行董事也就是世界银行的正副理事和正副执行董事。

（3）主要职能。国际金融公司的宗旨主要是：配合世界银行的业务活动，向成员国特别是其中的发展中国家的重点私人企业提供无须政府担保的贷款或投资，鼓励国际私人资本流向发展中国家，以推动这些国家的私人企业的成长，促进其经济发展。国际金融公司致力于促进发展中国家私营部门的可持续发展，尤其注重通过促进成员国生产企业和高效资本市场的成长来推动经济发展。国际金融公司在新兴市场公司和金融机构的投资能够创造就业、增强经济并带来税收。国际金融公司利用自有资源和在国际金融市场上筹集的资金为项目融资，同时它还向政府和企业提供技术援助和咨询。

国际金融公司是世界上为发展中国家提供股本金和贷款最多的多边金融机构。它提供长期的商业融资。国际金融公司的资本金来自175个成员，并由这些国家的政府共同制订政策、审批投资。国际金融公司与发起公司和融资伙伴共同承担风险，但不参与项目的管理。在项目投资总额当中国际金融公司只承担部分融资。国际金融公司每投资1美元，便能带来其他投资者和债权人5美元的投资。国际金融公司的章程规定它按照商业原则运作，获取利润。自成立之日起，公司每年都在盈利。国际金融公司投资不需要政府担保。由国际金融公司参与的项目通常能增强各方（如外国投资者、当地合作伙伴、其他债权人和政府机构）的信心，同时平衡各方的利益。

5. 亚洲开发银行

（1）产生背景。亚洲开发银行（Asian Development Bank，ADB），简称"亚行"，是亚洲和太平洋地区的区域性金融机构。它不是联合国下属机构，但它是联合国亚洲及太平洋经济社会委员会，简称联合国亚太经社会，赞助建立的机构，同联合国及其区域和专门机构有密切的联系。根据1963年12月在马尼拉由联合国亚太经社会主持召开的第一届亚洲经济合作部长级会议的决议，1965年11月—1965年12月在马尼拉召开的第二届会议通过了亚洲开发银行章程。亚行于1965年12月19日正式营业，总部设在菲律宾首都马尼拉。

（2）组织构成。亚行的组织机构主要有理事会和董事会。由所有成员代表组成的理事会是亚行最高权力和决策机构，负责接纳新成员、变动股本、选举董事和行长和修改章程等，通常每年举行一次会议，由亚行各成员派一名理事参加。亚行67个成员分成12个选区，每个选区各派出1个董事和副董事。董事会由12个董事和12个副董事组成。67个成员中，日本、美国和中国三大股东国是单独选区，各自派出自己的董事和副董事。其他成员组成9个多国选区，董事和副董事一职由选区内不同成员根据股份大小分别派出或轮流排出。行长是该行的合法代表，由理事会选举产生，任期5年，可连任。亚行在成立之初只有33个成员，如今成员数量已增至67个，其中48个成员来自亚太地区。

（3）主要职能。亚行的宗旨是帮助发展中成员减少贫困，提高人民生活水平，以实现"没有贫困的亚太地区"这一终极目标。亚行主要通过开展政策对话、提供贷款、担保、技术援助和赠款等方式支持其成员在基础设施、能源、环保、教育和卫生等领域的发展。亚洲开发银行的主要业务有：

1）贷款。亚洲开发银行所在地发放的贷款按条件划分，有硬贷款、软贷款和赠款三类。硬贷款的贷款利率为浮动利率，每半年调整一次，贷款期限为10~30年（包括2~7年宽限期）。软贷款也就是优惠贷款，只提供给人均国民收入低于670美元（1983年的美元）且还款能力有限的会员国或地区成员，贷款期限为40年（包括10年宽限期），没有利息，仅有1%的手续费。赠款用于技术援助，资金由技术援助特别基金提供，赠款额没有限制。亚洲开发银行贷款按方式划分有项目贷款、规划贷款、部门贷款、开发金融机构贷款、特别项目执行援助贷款和私营部门贷款等。

2）股本投资。股本投资是对私营部门开展的一项业务，也不要政府担保。除亚行直接经营的股本投资外，还通过发展中成员的金融机构进行小额的股本投资。自1983年开展对私营部门的投资业务以来,亚行已对12个国家约92个企业进行了股本投资,总金额达2.822亿美元。此外,亚行还对15个区域性机构或基金进行了总额约1.85亿美元的投资。

3）技术援助。技术援助可分为项目准备技术援助、项目执行援助、咨询技术援助和区域活动技术援助。技术援助项目由亚洲开发银行董事会批准,如果金融不超过35万美元,行长也有权批准,但须通报董事会。1967年~1996年期间,亚行批准的赠款技援项目435个,总金额达12.937亿美元,受益国家达36个。

4）联合融资和担保。亚行不仅自己为其发展中成员的发展提供资金,而且吸引多边、双边机构以及商业金融机构的资金,投向共同的项目。这是亚行所起的催化作用。这种做法对各方都有利。对收款国来说,增加了筹资渠道,而且条件比纯商业性贷款优惠;对亚行来说,克服了资金不足的困难;对联合融资者来说,可以节省对贷款的审查费用。从1967年开始联合融资业务到1996年年底,亚行共为435个项目安排了联合融资,总金额为246.01亿美元。

我国上海南浦大桥项目是联合融资项目,亚行提供了7000万美元的贷款,从商业渠道联合融资4800万美元。这是亚行在中国开展的第一个联合融资项目。此外,亚行还为山东莱芜钢厂和上海杨浦大桥项目进行了联合融资。亚行对参加联合融资和私营机构所提供的贷款还提供担保服务,担保服务可以帮助发展中成员从私营机构那里争取到优惠的贷款。亚行做的第一项担保业务是在1989年,亚行为担保服务收取一定的费用。

6. 非洲开发银行

（1）产生背景。1963年7月,非洲高级官员及专家会议和非洲国家部长级会议在喀土穆召开,通过了建立非洲开发银行（African Development Bank, ADB）的协议,并于1964年正式成立地区性国际开发银行。非洲开发银行是非洲最大的地区性政府间开发金融机构,1966年7月1日开业,其宗旨是促进非洲地区成员的经济发展与社会进步。非洲开发银行共有77个成员,包括53个非洲国家及24个非非洲区国家。

（2）组织机构。非洲开发银行最高权力机构为理事会,由各成员国委派理事和副理事各1名组成。理事一般由各国财政部或经济部部长担任,理事会每年举行一次。理事会的执行机构为董事会,共9名成员,由理事会选举,任期3年。董事会每月举行1次会议。经常性业务工作由银行行长负责。行长由董事会选举,任期5年,在董事会指导下开展工作。另设副行长1名,协助行长工作。此外,为满足该行贷款资金的需要,先后设立了以下合办机构：

1）非洲开发基金,1972年在经济合作与发展组织援助下设立。由该行和22个非洲以外的工业发达国家出资,其宗旨与职能是协助非洲开发银行对非洲29个最贫穷的国家贷款,重点是农业、乡村开发、卫生、教育事业等。此项基金对非洲国家提供长达50年的无息贷款（包括10年宽限期）,只收取少量手续费。其业务由非洲开发银行管理,其资金来源于各成员国认缴的股本。

2）尼日利亚信托基金,成立于1976年,由该行和尼日利亚政府共同建立。其主要目的是与其他基金合作,向成员国有关项目提供贷款。贷款期限25年,包括最长为5年的宽限期。

3）非洲投资与开发国际金融公司,1970年11月设立,总公司设在瑞士日内瓦。其主要目的是促进非洲企业生产力的发展。股东是国际金融公司以及美国和欧洲、亚洲各国约100家金融和工商业机构。该公司法定资本5000万美元,认缴资本1259万美元。

4）非洲再保险公司,1976年2月建立,1977年1月开始营业。其宗旨是加速发展非洲保险业,总公司设在拉各斯,法定资本1500万美元,非洲开发银行出资10%。

(3) 主要职能。非洲开发银行贷款的对象是非洲地区成员国,向成员国提供贷款,包括普通贷款和特别贷款,以发展公用事业、农业项目、工业项目以及交通运输项目,也包括卫生、教育和私营领域的投资项目。自1986年后,非洲开发银行还支持了一些非项目计划,如结构调整和改革贷款、技术援助和政策咨询方面的投资等。普通贷款业务包括用该行普通资本基金提供的贷款和担保贷款业务；特别贷款业务是用该行规定专门用途的"特别基金"开展的贷款业务,这一类贷款的条件非常优惠,不计利息,贷款期限最长可达50年,主要用于大型工程项目建设。此外,非洲开发银行还为开发规划或项目建设的筹资和实施提供技术援助。

7. 亚洲投资开发银行

(1) 产生背景。亚洲基础设施投资银行（Asian Infrastructure Investment Bank, AIIB）,简称亚投行是一个政府间性质的亚洲区域多边开发机构,重点支持基础设施建设,成立宗旨是促进亚洲区域的建设互联互通化和经济一体化的进程,并且加强中国及其他亚洲国家和地区的合作。2013年10月2日,习近平主席提出筹建倡议。2014年10月24日,包括中国、印度、新加坡等在内21个首批意向创始成员国的财长和授权代表在北京签约,共同决定成立亚洲基础设施投资银行。2015年4月15日,亚投行意向创始成员国确定为57个,其中区域内国家37个、区域外国家20个。2015年6月29日,《亚洲基础设施投资银行协定》签署仪式在北京举行,亚投行57个意向创始成员国财长或授权代表出席了签约仪式。2015年12月25日,亚洲基础设施投资银行正式成立,全球迎来首个由中国倡议设立的多边金融机构,总部设在北京,法定资本1000亿美元。2016年1月16日~18日,亚投行开业仪式暨理事会和董事会成立大会在北京举行。

(2) 组织机构。亚投行的治理结构分理事会、董事会和管理层3层。理事会是最高决策机构,每个成员在亚投行有正副理事各一名。董事会有12名董事,其中区域内9名,区域外3名。管理层由行长和5位副行长组成。中国财政部部长楼继伟被选举为亚投行首届理事会主席,金立群当选亚投行首任行长。2016年2月5日,亚洲基础设施投资银行正式宣布任命5位副行长,分别来自英国、德国、印度、韩国和印度尼西亚。英国前自由民主党部长丹尼·亚历山大（Danny Alexander）负责银行管理层、董事会、理事会之间及各自内部的沟通。英国是最早申请加入亚投行的G7国家。德国人冯·阿姆斯贝格（Joachim von Amsberg）目前为世界银行负责开发性金融的副行长,负责制定亚投行的投资组合运营政策等。德国是亚投行现阶段第四大股东,也是最大的域外股东。长期在印度联邦及州政府任职的D. J. Pandian负责基础设施建设投资项目的规划和监督。印度是亚投行目前仅次于中国的第二大股东。韩国产业银行行长洪起泽（Kyttack Hong）负责亚投行运营风险和财务风险控制。印度尼西亚政府官员Luky Eko Wuryanto负责行政管理。

(3) 主要职能。亚洲基础设施投资银行作为由中国提出创建的区域性金融机构,主要业务是援助亚太地区国家的基础设施建设。在全面投入运营后,亚洲基础设施投资银行将运用一系列支持方式为亚洲各国的基础设施项目提供融资支持，包括贷款、股权投资以及提供担保等，以振兴包括交通、能源、电信、农业和城市发展在内的各个行业投资。亚投行成立后的第一个目标就是投入"丝绸之路经济带"的建设，其中一项就是从北京到巴格达的铁路建设。此外，亚投行初期投资重点领域包括能源与电力、交通和电信、农村和农业基础设施、供水与污水处理、环境保护、城市发展以及物流等，首批贷款计划在2016年年中左右批准。

本章小结

本章主要介绍了国际收支、国际储备、外汇、汇率、汇率制度、国际货币制度和国际金融机构的相关概念，对国际收支的平衡、失衡及其调节，国际储备的基本特征、构成和管理，外汇、汇率与汇率制度的关系，国际货币制度、国际金融机构的产生和发展，以及主要的国际金融机构进行系统的介绍和分析。通过本章的学习，使读者能够对国际金融的基础知识有一个比较系统的了解，并为更好理解我国的有关国际金融实践提供知识基础。

习 题

一、复习题

1. 名词解释

国际收支　　国际借贷　　国际收支平衡表　　错误与遗漏　　顺差
逆差　　　　经常项目　　劳务收支　　　　　转移收支

2. 问答题

（1）简述国际收支与国际借贷的区别和联系。
（2）国际收支为什么会出现失衡状况？
（3）简述国际收支调节的一般原则。
（4）如何分析一张国际收支平衡表？

二、案例应用分析

狙击英镑

英镑在200年来一直是世界的主要货币，原来采取金本位制，与黄金挂钩时，英镑在世界金融市场占据了极为重要的地位。然而第一次世界大战及1929年的股市大崩溃，迫使英国政府放弃了金本位制而采取浮动制，英镑在世界市场的地位不断下降。

而作为保障市场稳定的重要机构——英格兰银行，是英国金融体制的强大支柱，具有极为丰富的市场经验和强大的实力。从未有人胆敢对抗这一国家的金融体制，甚至想都未敢想过。索罗斯却决定做一件前人所未做过的事，摇撼一下大不列颠这颗号称坚挺的大树，试一试它到底有多么强大的力量。

随着1989年11月柏林墙的轰然倒下，许多人认为一个新的、统一的德国将会迅速崛起和繁荣。但索罗斯经过冷静地分析，却认为新德国由于重建原东德，必将经历一段经济拮据时期。德国将会更加关注自己的经济问题，而无暇帮助其他欧洲国家渡过经济难关，这将对其他欧洲国家的经济及货币带来深远的影响。

在1990年，英国决定加入西欧国家创立的新货币体系——欧洲汇率体系（简称ERM）。索罗斯认为英国犯了一个决定性的错误。因为欧洲汇率体系将使西欧各国的货币不再盯住黄金或美元，而是相互盯住；每一种货币只允许在一定的汇率范围内浮动，一旦超出了规定的汇率浮动范围，各成员国的中央银行就有责任通过买卖本国货币进行市场干预，使该国货币汇率稳定到规定的范围之内。在规定的汇率浮动范围内，成员国的货币可以相对于其他成员国的货币进行浮动，而以德国马克为核心。早在英国加入欧洲汇率体系之前，英镑与德国马克的汇率已稳定在1英镑兑换2.95马克的汇率水平。但英国当时经济衰退，以维持如此高的汇率作为条件加入欧洲汇率体系，对英国来说，其代价是极其昂贵的。一方面，这将导致英国对德国的依赖，不能为解决自己的经济问题而大胆行事，如何时提高或降低利率、为保护本国经济利益而促使本国货币贬值；另一方面，英国中央银行是否有足够的能力维持其高汇率也值得怀疑。

特别是在1992年2月7日，欧盟12个成员国签订了《马斯特里赫特条约》，这一条约使一些欧洲货币如英镑、意大利里拉等显然被高估了，这些国家的中央银行将面临巨大的降息或贬值压力，它们能和经济实力雄厚的德国在有关经济政策方面保持协调一致吗？一旦这些国家市场发生动荡，它们无力抵御时，作为核心国的德国会牺牲自己的国家利益来帮助这些国家吗？

索罗斯早在《马斯特里赫特条约》签订之时已预见到欧洲汇率体系将会由于各国的经济实力以及各自的国家利益而很难保持协调一致。一旦构成欧洲汇率体系的一些"链条"出现松动，像他这样的投机者便会乘虚而入，对这些松动的"链条"发起进攻，而其他的潮流追随者也会闻风而动，使汇率更加摇摆不定，最终，对追风机制的依靠比市场接纳它们的容量大得多，直到整个体制被摧毁。

果然，在《马斯特里赫特条约》签订不到一年的时间里，一些欧洲国家便很难协调各自的经济政策。当英国经济长期不景气，正陷于重重困难的情况下，英国不可能维持高利率的政策，要想刺激本国经济发展，唯一可行的方法就是降低利率。但假如德国的利率不下调，英国单方面下调利率，将会削弱英镑，迫使英国退出欧洲汇率体系。此时此刻，索罗斯及其他一些投机者在过去的几个月里却在不断扩大头寸的规模，为狙击英镑作准备。

随着时间的推移，英国政府维持高利率的经济政策受到越来越大的压力，它请求德国联邦银行降低利率，但德国联邦银行却担心降息会导致国内的通货膨胀并有可能引发经济崩溃，拒绝了英国降息的请求。

英国经济日益衰退，英国政府需要贬值英镑，刺激出口，但英国政府却受到欧洲汇率体系的限制，必须勉力维持英镑对马克的汇价。英国政府的高利率政策受到许多金融专家的质疑，国内的商界领袖也强烈要求降低利率。在1992年夏季，英国的首相梅杰和财政大臣虽然在各种公开场合一再重申坚持现有政策不变，英国有能力将英镑留在欧洲汇率体系内，但索罗斯却深信英国不能保住它在欧洲汇率体系中的地位，英国政府只是虚张声势罢了。

英镑对马克的比价在不断地下跌，从2.95跌至2.85，又从2.85跌至2.7964。英国政府为了防止投机者使英镑对马克的比价低于欧洲汇率体系中所规定的下限2.7780，已下令英格兰银行购入33亿英镑来干预市场。但政府的干预并未产生好的预期，这使得索罗斯更加坚信自己以前的判断，他决定在危机凸显时出击。

1992年9月，投机者开始进攻欧洲汇率体系中那些疲软的货币，其中包括英镑、意大利里拉等。索罗斯及一些长期进行套汇经营的共同基金和跨国公司在市场上抛售疲软的欧洲货币，使得这些国家的中央银行不得不斥巨资来支持各自的货币价值。

英国政府计划从国际银行组织借入资金用来阻止英镑继续贬值，但这只是杯水车薪。仅索罗斯一人在这场与英国政府的较量中就动用了100亿美元。索罗斯在这场豪赌中抛售了70亿美元的英镑，购入60亿美元坚挺的货币——马克，同时，索罗斯考虑到一个国家货币的贬值（升值）通常会导致该国股市的上涨（下跌），又购入价值5亿美元的英国股票，并卖出德国股票。如果只是索罗斯一个人与英国较量，英国政府也许还有一丝希望，但世界许多投机者的参与使这较量的双方力量悬殊，注定了英国政府的失败。

索罗斯是这场"赌局"最大的赌徒。下完赌注，索罗斯开始等待。1992年9月中旬，危机终于爆发。市场上到处流传着意大利里拉即将贬值的谣言，里拉的抛盘大量涌出。9月13日，意大利里拉贬值7%，虽然仍在欧洲汇率体系限定的浮动范围内，但情况看起来却很悲观。这使索罗斯有充足的理由相信欧洲汇率体系的一些成员国最终将不会允许欧洲汇率体系来决定本国货币的价值，这些国家将退出欧洲汇率体系。

1992年9月15日，索罗斯决定大量放空英镑。英镑对马克的比价一路下跌至2.80，虽有消息说英格兰银行购入30亿英镑，但仍未能挡住英镑的跌势。到傍晚收市时，英镑对马克的比价差不多已跌至欧洲汇率体系规定的下限。英镑已处于退出欧洲汇率体系的边缘。

英国财政大臣采取了各种措施来应付这场危机。首先，他再一次请求德国降低利率，但德国再一次拒绝了；无奈，他请求首相将本国利率上调2%~12%，希望通过高利率来吸引货币的回流。一天之中，英格兰银行两次提高利率，利率已高达15%，但仍收效甚微，英镑的汇率还是未能站在2.778的最低限上。在这场捍卫英镑的行动中，英国政府动用了价值269亿美元的外汇储备，但最终还是遭受惨败，被迫退出欧洲汇率体系。英国人把1992年9月15日退出欧洲汇率体系的日子称作黑色星期三。

索罗斯却是这场袭击英镑行动中最大的赢家，曾被杂志称为打垮了英格兰银行的人。索罗斯从英镑空头交易中获利已接近10亿美元，在英国、法国和德国的利率期货上的多头和意大利里拉上的空头交易使他的总利润高达20亿美元，其中索罗斯个人收入为1/3。在这一年，索罗斯的基金增长了67.5%。

问题：在狙击英镑的过程中，索罗斯的行动计划是什么？

参考文献

[1] 曹凤岐. 中国商业银行改革与创新 [M]. 北京：中国金融出版社，2006.
[2] 陈耿钊. 信托公司在中国的起源和发展 [J]. 当代经理人（中旬刊），2006 (21).
[3] 陈信华，叶龙森. 金融衍生品 [M]. 上海：上海财经大学出版社，2007.
[4] 戴国强. 货币银行学 [M]. 上海：上海财经大学出版社，2001.
[5] 丁邦开，周仲飞. 金融监管学原理 [M]. 北京：北京大学出版社，2004.
[6] 窦祥胜. 国际金融学教程 [M]. 北京：经济科学出版社，2007.
[7] 贺显南，王园林. 中外投资银行比较 [M]. 广州：中山大学出版社，2004.
[8] 胡海峰，李雯. 投资银行学教程 [M]. 北京：中国人民大学出版社，2005.
[9] 黄达. 货币银行学 [M]. 成都：四川人民出版社，1992.
[10] 黄达. 金融学 [M]. 北京：中国人民大学出版社，2004.
[11] 霍文文. 金融市场学教程 [M]. 上海：复旦大学出版社，2005.
[12] 姜波克. 国际金融 [M]. 4版. 上海：复旦大学出版社，2008.
[13] 李成. 货币金融学 [M]. 北京：科学出版社，2004.
[14] 李健. 商业银行学 [M]. 上海：立信会计出版社，1998.
[15] 李曜. 证券投资基金学 [M]. 2版. 北京：清华大学出版社，2005.
[16] 马庆泉. 中国证券史：1978—1998 [M]. 北京：中信出版社，2003.
[17] 康书生，鲍静海. 货币银行学 [M]. 北京：高等教育出版社，2007.
[18] 林明根，王春江，等. 银行经营管理学 [M]. 北京：清华大学出版社，2007.
[19] 庄毓敏. 商业银行业务与经营 [M]. 北京：中国人民大学出版社，2008.
[20] 殷孟波. 货币金融学 [M]. 2版. 成都：西南财经大学出版社，2012.
[21] 殷孟波，翟立宏. 货币金融学 [M]. 北京：清华大学出版社，2013.
[22] 蒋先玲. 货币银行学 [M]. 北京：对外经济贸易大学出版社，2007.
[23] 贺瑛. 金融概论 [M]. 3版. 北京：高等教育出版社，2008.
[24] 张尚学. 货币银行学 [M]. 天津：南开大学出版社，2004.
[25] 巴曙松. 中国货币政策有效性的经济学分析 [M]. 北京：经济科学出版社，2000.
[26] 陈燕. 中央银行理论与实务 [M]. 2版. 北京：北京大学出版社，2012.
[27] 崔建军. 中央银行学 [M]. 北京：科学出版社，2005.